El líder emocionalmente sano

Otras obras de Peter Scazzero

Espiritualidad emocionalmente sana

Espiritualidad emocionalmente sana - Guía de estudio

Una iglesia emocionalmente sana

Espiritualidad emocionalmente sana Día a día

La mujer emocionalmente sana
(Geri Scazzero con Pete Scazzero)

El curso Espiritualidad emocionalmente sana (EES) (incluye el cuaderno de trabajo del curso Espiritualidad emocionalmente sana, el curso Espiritualidad emocionalmente sana: Un estudio en DVD, y Espiritualidad emocionalmente sana Día a día)

¿No hay bálsamo en Galaad? ¿No hay allí médico? Por fin el doctor Peter Scazzero responde esta búsqueda de tanto tiempo sobre los traumas emocionales en su libro *El líder emocionalmente sano*. Su enfoque es un excelente recurso lleno de ideas pragmáticas, prácticas, que son revolucionarias en su enfoque, hasta alcanzar mucho más allá de los enredos producidos por los clichés espirituales, para tocar los sufrimientos más profundos que se producen en el liderazgo con un bálsamo para el alma.

Obispo T. D. Jakes, Sr.
Presidente de TDJ Enterprises
Autor *best seller* del *New York Times*

Peter Scazzero es una de las autoridades mundiales en el tema de la salud emocional cuyas enseñanzas han causado un profundo impacto. Su enfoque profesional, producto de numerosos años de estudio, se combina de manera poderosa con su fuerte fe cristiana para ofrecerle una nueva esperanza a todo aquel que quiera crecer y desarrollar su manera de vivir.

Nicky Gumbel
Holy Trinity Brompton, Reino Unido
Fundador de Alpha Course

El líder emocionalmente sano es una oferta profundamente útil y penetrante. Con una notable franqueza acerca de su propio peregrinar, Pete describe los componentes clave de un liderazgo cristiano sano, inspirándonos a llevar nuestras personas en proceso de transformación a las comunidades a las que servimos, por la gloria de Dios, para abundancia en nuestra propia vida y para el bien de muchos.

Dra. Ruth Haley Barton
Fundadora y presidente de Transforming Center
y autora de la obra *Strengthening the Soul
of Your Leadership*

T0076939

El líder
emocionalmente
sano

Cómo el transformar tu vida interior
transformará profundamente tu iglesia, tu equipo y el mundo

Peter Scazzero

La misión de Editorial Vida es ser la compañía líder en satisfacer las necesidades de las personas con recursos cuyo contenido glorifique al Señor Jesucristo y promueva principios bíblicos.

EL LÍDER EMOCIONALMENTE SANO
Edición en español publicada por
Editorial Vida – 2016
Miami, Florida

©2016 por Peter Scazzero
Este título también está disponible en formato electrónico.

Originally published in the USA under the title:
The Emotionally Healthy Leader
Copyright ©2015 by Peter Scazzero
Published by permission of Zondervan, Grand Rapids, Michigan 49530.
All rights reserved
Further reproduction or distribution is prohibited

Editora en Jefe: *Graciela Lelli*
Traducción: *Andrés Carrodeguas*
Adaptación del diseño al español: *Grupo Nivel Uno, Inc.*

A menos que se indique lo contrario, todos los textos bíblicos han sido tomados de La Santa Biblia, Nueva Versión Internacional® NVI® © 1999 por Biblica, Inc.® Usados con permiso. Todos los derechos reservados mundialmente.

Las citas bíblicas marcadas «RSV1960» son de la Santa Biblia, Versión Reina-Valera 1960 © 1960 por Sociedades Bíblicas en América Latina, © renovado 1988 por Sociedades Bíblicas Unidas. Usada con permiso. Reina-Valera 1960® es una marca registrada de la American Bible Society y puede ser usada solamente bajo licencia.

Los enlaces de la Internet (sitios web, blog, etc.) y números de teléfono en este libro se ofrecen solo como un recurso. De ninguna manera representan ni implican aprobación o apoyo de parte de Editorial Vida, ni responde la editorial por el contenido de estos sitios web ni números durante la vida de este libro.

ISBN: 978-0-8297-5265-6

CATEGORÍA: Religión / Iglesia Cristiana / Liderazgo

IMPRESO EN ESTADOS UNIDOS DE AMÉRICA
PRINTED IN THE UNITED STATES OF AMERICA

HB 01.18.2024

A Geri,

quien me enseñó el significado
y las consecuencias de la palabra *integridad*.

CONTENIDO

Parte 1
La vida interior

Parte 2
La vida exterior

MI MARCHA A TRAVÉS
DE UN LIDERAZGO
EMOCIONALMENTE ENFERMO

Crecí en una familia italoamericana, en un suburbio de Nueva Jersey, a kiló-
metro y medio exacto de los rascacielos de Manhattan. Aunque vivíamos
a pocos minutos de una de las ciudades más diversas del mundo, nuestra vida
estaba estrechamente definida étnica, social y espiritualmente. Cuando tenía unos
diez años, recuerdo que mi padre enfatizó que éramos católicos romanos, aunque
vivíamos en una ciudad mayormente formada por blancos anglosajones protestantes. Me sentí confundido, porque todos nuestros amigos eran católicos romanos, y la mayoría de ellos eran italianos. ¿Acaso alguien podía ser algo diferente?

Mi padre era extremadamente leal a la iglesia, pero mi madre no. A ella le
encantaban los gitanos, los adivinos, los que leían las cartas Tarot y una variedad
de supersticiones más que se habían ido transmitiendo por generaciones en su
familia italiana. Por ejemplo, cuando nos enfermábamos, lo primero que hacía
mi mamá era llamar a «la Gorda Josie». La Gorda Josie era una médium que
recitaba ciertas oraciones sobre nosotros para determinar si nos habían hecho
«mal de ojo», la señal invisible de que alguien nos había lanzado una malvada
maldición. Entonces explicaba con detalle los pasos necesarios para eliminar «la
mala suerte».

Mis hermanos mayores y yo rechazamos tanto la iglesia como las supersticiones italianas cuando éramos adolescentes. Mis padres se sintieron destruidos
cuando mi hermano Anthony dejó la universidad para unirse a la Iglesia de la
Unificación, fundada por el autoproclamado mesías Sun Myung Moon. A mis
dieciséis años, yo ya era un agnóstico consagrado; de no haberlo sido, es posible
que hubiera seguido los pasos de mi hermano. Ninguno de nosotros lo había

sabido en aquellos momentos, pero esas decisiones a edades tan tempranas nos llevaron a unos caminos espirituales que continúan hasta hoy. Mi hermano sigue estando activamente dedicado a la Iglesia de la Unificación, y yo he pasado, no solo por una, sino por varias conversiones que han ido transformando mi vida.

Un camino espiritual con cuatro conversiones

Cuando le digo a la gente que he pasado por varias conversiones, lo estoy diciendo de una manera muy literal. De hecho, he experimentado cuatro conversiones drásticas y cada una de ellas hizo que mi vida girara en una dirección radicalmente nueva.

Conversión nº 1: De agnóstico a celoso líder cristiano

Como muchos de mis amigos, me pasé la mayor parte de mis años de adolescente buscando el amor perfecto en todos los lugares donde no se encontraba. Sin embargo, todo cambió en mi segundo año del colegio universitario, cuando un amigo me invitó a un concierto en una pequeña iglesia pentecostal que se hallaba cerca del recinto universitario. Al final del concierto, el que dirigía la adoración invitó a levantar la mano a todos aquellos que quisieran recibir a Cristo. Cuando yo relato esta historia, suelo decir: «Dios me levantó la mano sin pedirme permiso». Ciertamente, así fue como me sentí. Cuando se hizo el llamado al altar, salté de mi asiento y corrí hasta el frente de la iglesia con ambas manos levantadas, alabando a Dios. No conocía la diferencia entre el Antiguo Testamento y el Nuevo, pero sí sabía que antes había estado ciego y ahora podía ver. También sabía sin que me quedara la menor duda, que Dios me había transformado y había derramado su amor sobre mí. A los nueve meses, ya era presidente de un grupo cristiano formado por sesenta estudiantes, dedicado a enseñar y a guiar a partir de cuanto hubiera aprendido la semana anterior.

Eso sucedió en el año 1976.

Estaba tan profundamente agradecido por el amor de Jesús, que había vivido y muerto por mí, que no podía menos que compartir esa gran noticia con todo el que me quisiera escuchar, incluyendo los miembros de mi familia. Mi padre y yo en especial, tuvimos muchas largas conversaciones espirituales. Un fin de semana, estábamos sentados en la sala de estar, cuando traté otra vez de hablarle de Cristo, pero él se seguía sintiendo escéptico.

«Pete, si este cristianismo y este Jesús del que tú me estás hablando son ciertos», me dijo, «entonces ¿por qué nunca he oído hablar de esa cosa que tú llamas "relación personal"?».

Hizo una pausa por un instante, y pude ver en su rostro una mezcla de ira y de tristeza, mientras miraba hacia fuera por la ventana de la sala. «¿Y por qué nadie le habló a tu hermano antes que destruyera su vida... antes que destruyera a nuestra familia?». Volvió la vista hacia mí e hizo un amplio gesto con las manos. «¿Dónde están todos esos cristianos de los que me estás hablando? ¿Cómo es posible que yo tenga ya cincuenta y seis años, y nunca me haya encontrado con ninguno de ellos?».

No le respondí nada, porque sabía la respuesta. La mayoría de los cristianos, en especial los que habían crecido en hogares evangélicos, se mantenían aislados de nuestro mundo italoamericano. Aunque mi padre le entregaría más tarde su vida a Cristo, nunca olvidé esa conversación. Eso hizo que se prendiera un verdadero fuego en mis huesos, por lo que me decidí a atravesar esa brecha, comunicando el Evangelio a todo aquel que estuviera dispuesto a escucharme.

Mi carrera dentro del liderazgo en el ministerio continuó cuando pasé a formar parte del personal de InterVarsity Christian Fellowship, un ministerio interdenominacional que trabaja con los estudiantes en los recintos universitarios. Viajaba alrededor de las ciudades de Nueva York y Nueva Jersey, predicando al aire libre y movilizando a los estudiantes para que les hablaran de Cristo a sus amigos. En los tres años que formé parte del personal, vi numerosas vidas radicalmente transformadas por Jesucristo. Al mismo tiempo, se estaba desarrollando en mí una carga por la iglesia. Me preguntaba qué sucedería si las personas de una congregación local podían experimentar la riqueza y la vitalidad de lo que yo había visto con los estudiantes. ¿Cuánto más lejos se extendería aún la gloria de Cristo, si era posible transformar y movilizar a una iglesia entera?

Así que me marché con el fin de prepararme para el liderazgo en la iglesia con tres años de estudios superiores en los seminarios de Princeton y de Gordon-Conwell. En ese tiempo me casé con Geri, de quien había sido amigo durante ocho años, y que también estaba sirviendo a tiempo completo con InterVarsity. Poco después de la graduación, nos mudamos a Costa Rica para dedicar un año entero al estudio del idioma español. Yo tenía la visión de que regresaríamos a Nueva York para fundar una iglesia que superaría las barreras raciales, culturales, económicas y de sexos.

Cuando regresamos a Nueva York, trabajé un año como pastor auxiliar en una iglesia de inmigrantes de habla española, y di clases en un seminario en español. Durante ese tiempo, Geri y yo, no solo mejoramos nuestro español, sino que nos vimos inmersos en el mundo de dos millones de inmigrantes indocumentados procedentes de todos los rincones del planeta. Trabamos amistad con personas que habían huido de escuadrones de fusilamiento en El Salvador, carteles de drogas en Colombia, la guerra civil en Nicaragua, y la implacable pobreza que había en México y en la República Dominicana. Aquella era exactamente la preparación que nosotros necesitábamos para fundar una nueva iglesia en una sección de Queens multiétnica de clase trabajadora, donde más del setenta por ciento de los 2,4 millones de residentes son personas nacidas en el extranjero. Aquello también moldeó nuestra manera de comprender el poder del evangelio y de la iglesia, y lo mucho que esos pobres mayormente invisibles le pueden enseñar a la próspera iglesia estadounidense.

En septiembre de 1987, cuarenta y cinco personas asistieron al primer culto de adoración de la congregación New Life Fellowship Church. Dios se movió poderosamente en aquellos primeros años, y no pasó mucho tiempo antes de que la congregación hubiera crecido hasta estar formada por ciento sesenta personas. Después de tres años, comenzamos una congregación de habla hispana. A fines de nuestro sexto año, la asistencia al culto en inglés había alcanzado las cuatrocientas personas, y había doscientas cincuenta asistiendo al culto en español.

Para un pastor joven, se trataba de una experiencia emocionante y gratificante. Las personas estaban aceptando a Cristo. Se servía a los pobres de maneras nuevas y creativas. Estábamos preparando líderes, multiplicando grupos pequeños, alimentando indigentes y fundando nuevas iglesias. Sin embargo, no todo andaba bien debajo de la superficie, sobre todo en mi propia vida.

Conversión nº 2: De la ceguera emocional a la salud emocional

El alma se me estaba encogiendo.

Siempre nos parecía que teníamos demasiadas cosas que hacer y un tiempo demasiado escaso para hacerlas. Aunque era emocionante estar en la iglesia, ya no había gozo alguno en el liderazgo dentro del ministerio, sino solo un interminable deber de cumplir con una serie de responsabilidades que nadie agradecía. Después de trabajar, era muy poca la energía que me quedaba para dedicarme a nuestras hijas o para disfrutar de la compañía de Geri. De hecho, soñaba en secreto con jubilarme... ¡y solo andaba alrededor de los treinta y cinco años! También comencé a poner en tela de juicio la naturaleza del liderazgo cristiano. *¿Se supone que yo me tenga que sentir siempre abatido y bajo presión para que otra gente pueda experimentar el gozo en Dios?* De veras que era así como me sentía.

Luchaba con la envidia y los celos que sentía hacia otros pastores; los que tenían una iglesia más grande, un edificio de mejor calidad y una situación más fácil. No me quería convertir en un adicto al trabajo, como mi padre, o como otros pastores que conocía. Quería sentir contentamiento en Dios; hacer la obra del ministerio al mismo paso sin prisas que llevó Jesús. La pregunta era: *¿cómo?*

Todo se empezó a venir abajo en 1994, cuando nuestra congregación de habla hispana pasó por una división. Nunca olvidaré la sacudida que sentí el día que entré en el culto en español y nos faltaban doscientas personas; solo habían quedado cincuenta. Todos los demás se habían marchado para iniciar otra iglesia. Una gente que yo había llevado a Cristo, que había discipulado y pastoreado durante años, se había marchado sin decir ni una sola palabra.

Cuando se produjo aquella división, acepté toda la culpa por los problemas que la provocaron. Traté de seguir el ejemplo de Jesús, quedándome callado cuando me acusaran, como un cordero que llevan al matadero (Isaías 53.7). Pensaba continuamente: *Solo sopórtalo, Pete. Es lo que haría Jesús.* Pero también estaba lleno de una serie de emociones encontradas y sin resolver. Me sentía profundamente herido y enojado con el pastor auxiliar que había encabezado la división. Como el salmista, estaba destrozado por la traición de alguien con quien «me unía una bella amistad» (Salmos 55.14). Estaba lleno de rabia y de odio, unos sentimientos de los que no me podría liberar, por mucho que tratara de soltarme de ellos y de perdonar. Cuando me encontraba solo en mi auto, mis labios pronunciaban los insultos de una manera casi involuntaria: «¡Es un @#&%!».

Me había convertido en «el pastor maldiciente». No tenía teología para lo que me estaba sucediendo. Tampoco tenía un marco bíblico para la tristeza y la lamentación. Se supone que los buenos pastores cristianos amen a la gente y la perdonen. Pero ese no era yo. Cuando les hablaba a otros pastores sobre mis apuros, ellos temían que yo me estuviera deslizando hacia un abismo del que no podría salir. Sabía que estaba enojado y herido, pero en un nivel más profundo, permanecía inconsciente de mis sentimientos, y de lo que estaba sucediendo en realidad en mi vida interior. Mi mayor problema ahora ya no eran tanto las consecuencias de la división, sino el hecho de que mi sufrimiento se me estaba saliendo, y de maneras destructivas, sin poder controlarlo. Criticaba airadamente al pastor auxiliar que se había marchado. Le decía a Geri que no estaba seguro de que fuese cristiano todavía, ¡y mucho menos, de ser el pastor de una iglesia! El consejo más útil que me dieron fue remitirme a un consejero cristiano.

Geri y yo fijamos una cita y fuimos, pero me sentí humillado, como un niño que tiene que entrar a la oficina del director de la escuela. En nuestras sesiones, le echaba la culpa de mis problemas a todo aquello que me venía a la mente: a lo complejos que eran la vida y el ministerio en Queens, a las inagotables exigencias que trae consigo la fundación de una iglesia, a Geri, a nuestras cuatro niñas pequeñas, a la guerra espiritual, a otros líderes, a la falta de una cobertura de oración. Lo que todavía no se me había ocurrido era que mis problemas pudieran haber tenido sus raíces en algo que tenía que ver conmigo.

Me las arreglé como pude para seguir viviendo y ministrando un año más, hasta que por fin llegué al fondo del pozo. El 2 de enero de 1996, Geri me dijo que se marchaba de nuestra iglesia.[1] Aquello era el fin de cuanta ilusión yo pudiera haber tenido acerca de mi inocencia en cuanto al desastre en que se había convertido mi vida. Así que les notifiqué a los ancianos de la iglesia la decisión que había tomado Geri y reconocí que me sentía inseguro en cuanto a lo que debía suceder después de aquello. Los ancianos me sugirieron que Geri y yo asistiéramos a un retiro intensivo de una semana, para ver si podíamos poner las cosas en orden. Así que hicimos las maletas y nos fuimos a pasar cinco días completos con dos consejeros en un centro cercano. Mi meta para esa semana era hallar una forma rápida de arreglar a Geri y terminar con nuestro sufrimiento, de manera que pudiéramos regresar al verdadero trabajo de la vida y del ministerio. Lo que no me esperaba era que tendríamos un encuentro con Dios que nos transformaría.

Aquella fue mi segunda conversión y, de manera muy parecida a la primera, tuve la experiencia de saber que había estado ciego, y de repente había recibido la vista. Dios me abrió los ojos para que viera que era un *ser* humano, no una *máquina* humana, lo cual me daba permiso para sentir emociones tan difíciles como la ira y la tristeza. Así adquirí conciencia del significativo impacto que estaba produciendo mi familia de origen en mi vida, en mi matrimonio y en mi liderazgo. Aunque al principio me sorprendió todo aquello, el hecho de darme cuenta de la situación me ofreció una libertad recién descubierta. Dejé de fingir que era alguien que no era, y di mis primeros pasos para sentirme cómodo con el hecho de ser Pete Scazzero, con mi conjunto único de puntos fuertes, pasiones y debilidades. Además de eso, Geri y yo descubrimos la importancia que tiene el amor como la medida de la madurez, por lo que reorganizamos las prioridades que teníamos en nuestros planes, para poner nuestro matrimonio por delante del ministerio.[2]

No obstante, esta segunda conversión también me presentó unas dolorosas realidades que ya no podía seguir negando. Yo era un bebé emocional que estaba tratando de criar madres y padres en la fe. En mi vida había notables aspectos que aún no habían sido tocados por Jesucristo. Por ejemplo, no sabía hacer algo tan sencillo como estar realmente presente o escuchando con intensidad a otra persona. Aunque era el pastor principal de una gran iglesia en crecimiento, que había sido educado en dos importantes seminarios, que había asistido a las mejores conferencias sobre el tema del liderazgo, y había seguido lealmente a Cristo diecisiete años, tanto emocional como espiritualmente, seguía siendo un enano mal desarrollado.

Durante casi dos décadas, no había hecho caso del componente emocional que había en mi crecimiento espiritual y mi relación con Dios. No importaba la cantidad de libros que hubiera leído, ni lo mucho que me hubiera dedicado a la oración, porque seguiría estancado en unos ciclos repetidos de sufrimiento e inmadurez, a menos y mientras que no le permitiera a Cristo que transformara unos aspectos de mi vida que estaban profundamente por debajo de la superficie.

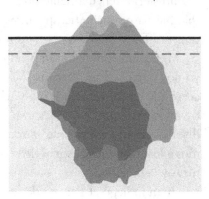

Modelo de iceberg
Lo que hay debajo de la superficie

Descubrí que mi vida se parece mucho a un iceberg, a un témpano de hielo: solo estaba consciente de una pequeña parte de ella y desconocía mayormente la inmensa masa que se hallaba escondida debajo de la superficie. Y era esa masa oculta la que había causado estragos en mi familia y en mi liderazgo.

Hasta que no entendí que esos componentes que se hallaban debajo de la superficie no habían sido transformados por Jesús, no descubrí el enlace inseparable que existe entre la salud emocional y la madurez espiritual; no me di cuenta de que es imposible ser espiritualmente maduro al mismo tiempo que se sigue siendo emocionalmente inmaduro. En los meses y años que siguieron, Geri y yo cambiamos muchas cosas con respecto a la forma en que llevábamos nuestra vida y el ministerio. Comenzamos por trabajar cinco días a la semana, no seis días y medio. La decisión de ser líderes basados en nuestro quebrantamiento y nuestras debilidades se convirtió en uno de los valores básicos. Amar bien era ahora la tarea más importante en medio de todo nuestro trabajo para Dios. Aminoramos el ritmo del ministerio en New Life. Al mismo tiempo que recorríamos nuestros propios témpanos de hielo a grandes profundidades, invitábamos a nuestros líderes a unirse a nosotros. El resultado fue nada menos que una revolución copernicana, tanto en mi caminar con Cristo como en mi familia y en mi liderazgo.[3] La congregación New Life Fellowship Church floreció.

Conversión n° 3: De la agitación a una espiritualidad calmada

Cuando me hice cristiano, me enamoré de Jesús. Atesoraba los momentos en que me hallaba a solas con él, mientras leía la Biblia y oraba. No obstante, casi de inmediato, la actividad de mi vida (el «hacer» para Jesús) comenzó a eclipsar la dimensión contemplativa de mi vida (el «estar» con Jesús). Había aprendido muy temprano lo importantes que eran las devociones diarias para alimentar mi relación con Cristo, pero en especial, desde que había entrado al liderazgo en el ministerio, sencillamente no me bastaba con un momento de tranquilidad al día. No pasó mucho tiempo antes que me encontrara dedicado a más actividades *para* Dios que las que mi estar *con* Dios podía sostener.

Mi tercera conversión se produjo entre los años 2003 y 2004, cuando Geri y yo nos tomamos un descanso sabático de cuatro meses. Había estado leyendo acerca de los movimientos monásticos desde mis tiempos de seminario, y ahora tuvimos el tiempo y el espacio para aprender realmente sobre ellos. Visitamos diversos monasterios (protestantes, ortodoxos y católicos romanos), y nos unimos a los ritmos monásticos de la soledad, el silencio, la meditación de las Escrituras y la oración.

Cuando llegó el tiempo de terminar el descanso sabático, Geri y yo habíamos hecho unos ajustes radicales destinados a aminorar el ritmo de nuestra vida. Pasar momentos en soledad y silencio, orar con el Oficio Diario y practicar semanalmente el Sabbat se convirtieron en nuestras disciplinas espirituales básicas. Estábamos experimentando tanto gozo y tanta libertad, en nuestro caminar con Cristo como en nuestro matrimonio, que nos preguntábamos si acaso Dios no nos estaría llamando a dejar atrás la intensidad de la ciudad de Nueva York para mudarnos a un lugar más lleno de paz. Pero pronto vimos con claridad que esas disciplinas eran de hecho las prácticas fundamentales que necesitábamos para quedarnos en Queens y seguir guiando a la iglesia.

Cuando comenzamos a enseñar el tema de la espiritualidad contemplativa (que defino como aminorar nuestro ritmo de vida para estar con Jesús), integrándola con lo que ya habíamos estado enseñando acerca de la salud emocional, en toda nuestra iglesia se desataron un poder y una vida maravillosos. En todos los ministerios, desde los grupos pequeños hasta los cultos de los domingos y las reuniones dedicadas a dar preparación, las personas experimentaban un resurgimiento radical de su vida en Cristo. Y yo mismo experimenté también un resurgimiento de mi liderazgo.

Dejé de orar para que Dios bendijera mis metas y comencé a orar para que se hiciera su voluntad.

Aprendí a esperar en el Señor por el Señor mismo, no por el deseo de recibir alguna bendición.

Yo trabajaba menos. Dios trabajaba más.

Me acogí a una manera más equilibrada de ver a Dios como inmanente y trascendente a la vez, y reconocí y reafirmé su obra, tanto dentro de nosotros como más allá.

Comencé a medir el éxito en el ministerio por la calidad de la vida transformada que llevaban las personas, en lugar de medirlo por el número de asistentes y por las cantidades de las ofrendas solamente. El impacto fue tan asombroso que me sentí impulsado a escribir acerca de lo que Dios estaba haciendo en medio de nosotros. El resultado fue la publicación de *La espiritualidad emocionalmente sana* en el año 2006. La iglesia estaba creciendo. Las vidas estaban pasando por una transformación. Yo me sentía más fuerte, tanto personal como profesionalmente. Sin embargo, en mi iceberg había un continente sin vencer que permanecía intacto. Era el liderazgo mismo.

Conversión nº 4: De la superficialidad a la integridad en el liderazgo

Aunque New Life estaba floreciendo en numerosos niveles, seguía existiendo una significativa desconexión entre lo que yo había aprendido acerca de la salud emocional y espiritual, y mi papel en el liderazgo como pastor principal. Concretamente, aunque estaba aplicando los principios de la espiritualidad emocionalmente sana (EES) a mi vida personal, a nuestra familia, a nuestros grupos pequeños y a los esfuerzos de discipular en la iglesia, no estaba aplicando esos mismos principios a mi liderazgo. Estaba consciente de que necesitaba insertar la EES más profundamente dentro de la organización, pero no sabía cómo hacerlo. Mientras leía libros y asistía a seminarios, pude ver con claridad que había muy pocos que hubieran logrado ese nivel de integración. Tampoco lo había logrado yo... por años.

Evitaba tomar decisiones personales, encargarme del personal y de los voluntarios clave, escribir descripciones de responsabilidades bien ponderadas, dedicar tiempo a planificar las reuniones o ir siguiendo los detalles en el desarrollo de los proyectos. En las escasas ocasiones en que hacía estas cosas, lo hacía con reticencia. Veía cosas que estaba claro que era necesario hacerlas, pero quería que otra persona las hiciera. Puesto que me sentía abrumado con demasiadas cosas que hacer y en qué ocuparme (sermones, decisiones pastorales, reuniones de entrenamiento para los líderes, crisis entre el personal y los miembros de la congregación), hacía las cosas de prisa y me iba abriendo paso de manera superficial a través de algunas de las responsabilidades más difíciles del liderazgo.

- Evitaba las reuniones que sabía que iban a ser difíciles o llenas de tensión.
- «Masajeaba» la verdad cuando me era demasiado incómodo ser totalmente sincero.
- Evitaba las evaluaciones sobre el rendimiento cuando alguien estaba haciendo un trabajo pobre.

- No hacía preguntas difíciles, ni hablaba con franqueza cuando algo estaba claramente equivocado.

- Llegaba a las reuniones importantes sin haberme tomado el tiempo necesario para tener claras mis metas y mi agenda, o para actuar con consideración y en un ambiente de oración con respecto a mis decisiones.

- No dedicaba el tiempo adecuado al cumplimiento de las cosas a las que me había comprometido, lo cual significaba que dejaba muchas cosas sin hacer, y le hacía difícil al personal el que pudiera realizar su trabajo de la mejor manera posible.

- Me costaba buscar el tiempo que necesitaba para estar en silencio y permanecer con Jesús durante los días de intensa planificación y de reuniones.

- Tal vez lo peor de todo fuera que tenía por costumbre no hacer caso a las dolorosas indicaciones de que mi vida y mi ministerio no marchaban tan bien como yo esperaba, o me imaginaba.

Todas esas conducta alcanzaron su punto crítico en el año 2007, cuando se juntaron varios acontecimientos difíciles que rompieron mis veinte años de negación ante el liderazgo. Entre ellos, el que tuve que reconocer que la iglesia misma había tropezado con un muro. Aunque habíamos crecido en número e incorporado la salud emocional y la espiritualidad contemplativa a la vida de nuestra gente, el funcionamiento de la iglesia desde el punto de vista ejecutivo había seguido siendo mayormente el mismo de antes. Y ahora era obvio que para enfrentarme a este fallo, tenía que comenzar conmigo mismo.

Aun así, quise que viniera otra persona para que «pusiera la casa en orden»; para que hiciera el trabajo sucio de contratar, despedir, redirigir y guiar a la iglesia a través de los dolorosos cambios que teníamos ante nosotros, de manera que yo pudiera seguir enfocándome en las cosas de las que disfrutaba, como la predicación y la enseñanza. Pero al tomar la decisión de evadir esas difíciles cuestiones relacionadas con el liderazgo, lo que estaba en juego era la integridad, tanto la mía como la de nuestra iglesia. Finalmente, admití cuál era la verdad: el mayor elemento disuasorio que impedía que la congregación New Life Fellowship Church llegara a ser lo que Dios quería que fuera, era *yo mismo*.

Una vez más, tuve que mirar seriamente por debajo de la superficie de mi vida; esta vez a la masa escondida de sufrimientos y fracasos relacionada con mi papel como líder. Cuando comencé a reflexionar sobre los cambios que tendría que hacer, me di cuenta muy pronto de que la aplicación de los principios de la espiritualidad emocionalmente sana a las tareas del liderazgo y a la creación de una cultura sana para la organización iba a ser mucho más complejo de lo que me había imaginado. Fue un proceso que me llevó hasta una intensa y sostenida exploración de mi vida interior y, en última instancia, a una cuarta conversión.

La prudencia común en la práctica del liderazgo consiste en delegarles los aspectos de mayor debilidad a aquellos que tengan una notable capacidad en esos aspectos específicos. Pero yo sabía que eso no era lo que necesitaba. En su lugar, convertí el aspecto más débil de mi liderazgo en un punto focal clave de mi trabajo incorporando formalmente a mi labor las responsabilidades de pastor ejecutivo. Algo loco, ¿no es cierto? Pero yo estaba decidido a aprender a desempeñar ese papel; al menos por una temporada. Cancelé los compromisos para dar conferencias fuera de New Life, formé un equipo de maestros, rechacé un contrato que se me ofrecía para que escribiera un libro, y me inscribí en una serie de reuniones intensivas de consejería con el fin de irme abriendo paso a través de mis propios bloqueos situados debajo de la superficie del témpano de hielo. Todo lo que estaba impidiendo que me convirtiera en un líder sano y eficaz.

A lo largo de los dos años siguientes, aprendí algunas habilidades clave, muchas de las cuales no me fueron fáciles. Mientras lo hacía, cometí errores que hirieron a la gente. Al mismo tiempo, también desarrollé más valentía, y la disposición de enfrentarme a las conversaciones difíciles, cumplir lo que prometía y reunir los datos y las realidades que hicieran falta antes de tomar las decisiones de importancia. Aprendí que el hecho de que me malentendieran, y de que hubiera unas cuantas personas que se marcharan de la iglesia como resultado de mis decisiones, era menos importante que el de perder mi integridad. Y aunque con frecuencia me resultaba muy doloroso, aprendí no solo a reconocer la verdad, sino también a buscarla, sin que me importara dónde me podría llevar.

Yo no era, ni soy aún, un pastor ejecutivo bien dotado. Sin embargo, por el hecho de haber invertido mi persona en ese papel durante un tiempo, Dios pudo resolver una serie de cuestiones que había en mi carácter, y que necesitaban una transformación para que la iglesia pudiera seguir adelante. Y fue específicamente por medio del crisol del liderazgo como Dios me pudo ir despojando de las capas de mi yo falso para enseñarme a integrar mi transformación por debajo de la superficie con las tareas y las responsabilidades pertinentes al liderazgo.

Te vas a ver retado

El líder emocionalmente sano nació de las luchas y del crecimiento que experimenté a continuación de mi cuarta conversión, en el año 2007. He ido anotando con cuidado un diario durante estos últimos ocho años, y en él he hecho una crónica de mis interrogantes, mis luchas internas con Dios, mis errores y mis éxitos ocasionales. Aun así, me sentía seriamente tentado a no escribir este libro. Me sigo sintiendo profundamente consciente de que soy un compañero averiado en este camino. Escribo con toda franqueza, desde las duras lecciones aprendidas en mis fracasos. Quisiera haber conocido en mis veintitantos, treinta y tantos y cuarenta y tantos años lo que describo aquí.

Todas y cada una de las páginas de este libro fueron escritas pensando en ti, el líder cristiano. Mientras escribía, me imaginaba con frecuencia que estaba sentado a la mesa frente a ti tomando un café, pidiéndote que me hablaras de tus esperanzas, y también de tus luchas y tus desafíos en el liderazgo. A partir de las conversaciones que he sostenido con los numerosos pastores y líderes que he entrenado, que les he servido de mentor y que les he dado consejería a lo largo de los años, me he imaginado que tú me dirías algo como lo que sigue:

> Yo *quiero ser un líder mejor. Estoy dispuesto y deseoso de aprender, pero no sé por dónde empezar.*

> Sé que hay algo que no anda bien. Me siento como si solo fuera cuestión de tiempo antes de que suceda algo malo.

> Ya no puedo seguir así. Me he tropezado con un muro y necesito ayuda para entender qué fue lo que salió mal, de manera que me pueda volver a poner en pie y guiar de una manera diferente.

> Estoy atascado en un ambiente que no puedo transformar. Soy un líder de nivel medio, y en una situación negativa, y me siento impotente en cuanto a cambiar las cosas.

> Yo estoy haciendo las cosas lo mejor que puedo, pero no estoy causando impacto alguno. Estoy dirigiendo programas, pero no estoy cambiando vidas. Siento que ya no puedo ni subir ni bajar; que estoy estancado.

> Estoy demasiado abrumado por mi trabajo para poder disfrutar de la vida con Dios, conmigo mismo y con los demás. Me estoy perdiendo por completo los gozos de la vida a causa de las aplastantes exigencias del liderazgo.

¿Te identificas con algunas de estas declaraciones? Si así es, entonces eres un candidato excelente para dar los pasos siguientes en el crecimiento del liderazgo y en su transformación. A medida que leas las páginas que siguen, tengo la esperanza de que te hagan tomar con mayor seriedad las verdades que puedas descubrir acerca de ti mismo y de tu liderazgo, pero no quiero que te desesperes en cuanto a tus posibilidades en el futuro. Yo soy una prueba viviente de que es realmente posible echar abajo las viejas maneras de pensar acerca del liderazgo cristiano y abrirles espacio a las nuevas. Quiero que te puedas extender al máximo, tanto teológica, como emocional y espiritualmente, al descubrir nuevas profundidades de las Escrituras para tu vida y tu liderazgo.

Si te tomas en serio este libro, es mucho lo que te va a exigir en cuanto a trabajo fuerte, perseverancia, vulnerabilidad, humildad y el estar dispuesto a cambiar. Puedes estar seguro de que te vas a sentir desafiado. Pero le pido al Señor que junto con ese desafío aparezca en tu vida una apasionante visión en cuanto a lo distintas que serán las cosas si aceptas las valientes decisiones que le van a permitir a Dios que te transforme a ti y transforme tu liderazgo. Espero que pronto te des cuenta de que estás comenzando a pensar cosas como estas:

Vaya, si ser líder puede ser muchísimo mejor de lo que yo me imaginaba.

Me siento como si hubiera atravesado una puerta que me ha traído a un mundo nuevo, y no quiero volver atrás nunca más.

Me es difícil enfrentarme a las formas en que he fallado, pero tengo una esperanza renovada en que puedo volver a ser líder.

Por fin siento que estoy creciendo. Voy camino a algún lugar, no puedo regresar a la forma en que guiaba y vivía antes.

¡Mi entusiasmo por servir como líder se ha reavivado!

Al compartir contigo mi historia y las difíciles lecciones que he aprendido a lo largo del camino, tengo la esperanza de ofrecerte la perspectiva exclusiva y personal de un pastor que ha estado profundamente comprometido con una iglesia local por más de veintiocho años. Durante veintiséis de esos años, serví como pastor principal; en los dos últimos, he sido pastor maestro y pastor sin asignación determinada. Nuestra iglesia de Queens, Nueva York, representa a una población más bien pobre de clase media baja, en la cual hay personas procedentes de setenta y tres naciones. La situación no es cómoda en sentido alguno, pero ha sido un campo rico y fértil para el crecimiento y la transformación, tanto personal como en mi liderazgo. He escrito este libro, movido por mi pasión de ver que la iglesia es fiel y fructífera en su misión a largo plazo. No obstante, si esperamos realmente transformar al mundo con las buenas nuevas de Jesús, necesitamos comenzar por embarcarnos en un viaje personal que nos va a llevar a través de una transformación profunda de nuestra vida muy por debajo de su superficie. En las páginas que siguen, te ofrezco una especie de mapa de carreteras para ese viaje, acompañado por ideas y prácticas específicas, para que te ayude a discernir los próximos pasos que Dios quiere que des. Es un mapa de carreteras, no solo para los pastores, sino para todos los líderes cristianos. Tanto si eres pastor principal, como si eres pastor ejecutivo, miembro del personal de la iglesia, anciano o diácono miembro de la junta, misionero o líder en el mundo de los negocios, le pido a Dios que encuentres aquí unas verdades y una orientación que no solo te ayuden a volverte más eficaz en el papel que desempeñas, sino que también produzcan en ti una transformación personal.

Cómo leer este libro

Los capítulos del libro se hallan reunidos en dos grupos. Uno de ellos se centra en la vida interior, mientras que el otro se centra en la vida exterior. En la parte 1, analizaremos las cuatro tareas básicas de la vida interior que deben llevar a cabo todos los líderes: enfrentarse a su propia sombra, ser líderes basados en su matrimonio o en su soltería, hacer más lento su ritmo para una unión llena de amor y practicar las delicias del Sabbat. Si tenemos la esperanza de levantar ministerios y organizaciones fuertes, estas prácticas y estos valores deben moldear profundamente nuestra espiritualidad.

En la parte 2, hemos ido edificando sobre el fundamento de una vida interior emocionalmente sana, a base de explorar cuatro tareas básicas de la vida exterior que tenemos que manejar continuamente durante el transcurso de nuestro liderazgo. Esas tareas son la planificación y la toma de decisiones, la formación de la cultura y del equipo, el poder y la sabiduría en la fijación de límites y, por último, los finales y los nuevos comienzos.

El líder emocionalmente sano no es un libro para leerlo rápido. Ha sido pensado para leerlo en un ambiente de oración y con detenimiento. Te invito a tener siempre contigo tu diario o un block de papel, a fin de tomar notas y escribir preguntas a medida que Dios te vaya hablando. Si quieres llevar al máximo el impacto de lo que leas, te animo a invitar por lo menos a otra persona, idealmente a todo tu equipo, para leer el libro y batallar a través de todo lo que dice junto contigo.

Tengo la esperanza de que esta obra te ofrezca una puerta que te haga pasar a una manera totalmente nueva de considerarte a ti mismo y una forma radicalmente novedosa de guiar a los demás. Así como nuestro padre Abraham fue llamado, creo que cada uno de nosotros es llamado a dejar el lugar que le es familiar, a fin de seguir la invitación de Dios para lanzarte a un nuevo territorio desconocido, pero lleno de promesa. Oro para que encuentres al Dios viviente de maneras nuevas y frescas mientras recorres estas páginas, descubriendo como Abraham que el Señor ha ido por delante de ti, preparando unas riquezas y una revelación que no solo te transformarán a ti, sino también a aquellos a quienes guíes.

Capítulo 1

El líder emocionalmente enfermo

¿Qué es lo primero que te viene a la mente cuando piensas en un líder emocionalmente enfermo? Tal vez sería mejor preguntarlo de esta manera: *¿quién* es el primero que te viene a la mente? ¿Es un jefe, un miembro del personal, un compañero de trabajo? ¿O quizás tú mismo? ¿Cómo describirías a esa persona? ¿Es alguien que se encuentra crónicamente malhumorado, que es controlador, agresivo? ¿O tal vez sea alguien que evade a los demás, que es inauténtico, pasivo? Aunque el liderazgo emocionalmente enfermo se expresa de todas estas formas y de muchas más, es posible que la definición fundamental de un líder emocionalmente enfermo sea más sencilla y polifacética que lo que podrías esperar:

> Un líder emocionalmente enfermo es alguien que opera bajo un estado continuo de déficit emocional y espiritual, y al que le faltan la madurez emocional y el «estar *con* Dios» lo suficiente como para sostener su «hacer *para* Dios».

Cuando hablamos de líderes cristianos emocionalmente enfermos, nos estamos refiriendo a los déficits emocionales y espirituales que causan un impacto en todos los aspectos de sus vidas. Esos *déficits emocionales* se manifiestan mayormente a través de una falta generalizada de sensibilidad. Por ejemplo, los líderes enfermos no están conscientes de sus propios sentimientos, de sus debilidades ni de sus limitaciones, de las formas en que su pasado causa un impacto en su presente, ni de cómo los demás los perciben. También les falta capacidad y habilidad para entrar de una manera profunda en los sentimientos y los puntos de vista de los demás. Cargan consigo esas inmadureces y las introducen en sus equipos y en todas las cosas que hacen.

Es típico de los *déficits emocionales* que se revelen en exceso de actividad. Los líderes enfermos se entregan a más actividades de las que sus reservas espirituales, físicas y emocionales combinadas son capaces de sostener. Dan *para* Dios más de lo que reciben *de* él. Sirven a los demás con el fin de compartir el gozo de Cristo, pero ese gozo es escurridizo para ellos mismos. Las exigencias y las presiones del liderazgo hacen casi imposible que establezcan un ritmo de vida coherente y sostenible. En sus momentos de mayor sinceridad, admiten que su copa con Dios está vacía, o en el mejor de los casos, medio llena, difícilmente desbordante con el gozo y el amor divino que proclaman delante de los demás.

Como consecuencia, los líderes emocionalmente enfermos actúan de manera superficial cuando levantan su ministerio. En lugar de seguir el ejemplo de Pablo y construir con materiales perdurables como el oro, la plata y las piedras preciosas (1 Corintios 3.10–15), se conforman con algo como madera, heno, hojarasca y lodo. Edifican con materiales de poca calidad que no van a resistir la prueba de una generación y mucho menos el fuego del juicio final. En medio de todo eso, oscurecen la belleza del Cristo que dicen querer que vea el mundo entero. Ningún líder bien intencionado se lanzaría a guiar a alguien de esta forma, pero eso sucede todo el tiempo.

Consideremos unos ejemplos tomados de la vida diaria de unos líderes que podrías reconocer.

Sara es una pastora de jóvenes sobrecargada de trabajo que necesita ayuda, pero siempre encuentra una razón para evitar la formación de un equipo de voluntarios adultos que podrían acudir a ayudarla y desarrollar el ministerio. No lo hace porque le falten dotes de liderazgo, sino porque es una persona que vive a la defensiva y se ofende con facilidad cuando otros no están de acuerdo con ella. Mientras tanto, el grupo de jóvenes se estanca y comienza a decaer lentamente.

Joseph es un dinámico líder de adoración que, sin embargo, continúa perdiendo voluntarios clave a causa de su impuntualidad y su espontaneidad. No ve por qué su «estilo» aleja de él a las personas que tienen un temperamento distinto. Puesto que piensa que todo lo que sucede es que él es «auténtico» y fiel a su manera de ser, no está dispuesto a hacer cambios, ni a adaptarse a otros estilos y temperamentos. La calidad de la música y su eficacia para dirigir a la gente a la presencia de Jesús en los cultos de fin de semana van disminuyendo a medida que se van marchando del equipo de adoración unos voluntarios que tienen dotes para la música y para la programación.

Jake es director de los voluntarios de un ministerio de grupos pequeños en su iglesia. Bajo su liderazgo, el ministerio ha comenzado a florecer: ¡se han formado cuatro grupos nuevos en los tres últimos meses! Veinticinco personas que antes no tenían conexión ninguna entre ellas, se reúnen ahora cada dos semanas para departir y crecer juntos en Cristo. Sin embargo, por debajo de todo ese entusiasmo se comienzan a dejar ver algunas grietas. El líder del grupo que está creciendo con mayor rapidez es nuevo en la iglesia y parece estar llevando al grupo en una dirección diferente a la de la iglesia en general. Jake está preocupado, pero evita hablar con él, por miedo a que su conversación no vaya bien. El líder de otro grupo pequeño ha mencionado de pasada que las cosas no están marchando bien en su hogar. Y en otro grupo más, un miembro problemático está hablando mucho más de lo debido y el grupo está perdiendo gente con rapidez. El líder del grupo le ha pedido ayuda a Jake, pero él está tratando de no involucrarse. Aunque es grandemente estimado por la mayoría, Jake es reacio a los conflictos. En secreto, mantiene la esperanza de que los problemas se resuelvan por sí mismos de alguna manera, sin que él tenga que involucrarse. Durante los seis meses siguientes, tres de los cuatro grupos nuevos desaparecen.

La lista de ejemplos podría seguir, pero creo que has comprendido lo que te quiero decir. Cuando nos dedicamos a alcanzar al mundo para Cristo, al mismo tiempo que no hacemos caso de nuestra propia salud emocional y espiritual, en el mejor de los casos, nuestro liderazgo es miope. En el peor, somos negligentes, estamos hiriendo sin necesidad a otras personas y socavando el deseo de Dios de extender su reino por medio de nosotros. El liderazgo es duro. Se sufre en él. Sin embargo, hay una gran diferencia entre sufrir por el evangelio, tal como lo describe Pablo (2 Timoteo 2.8) y un sufrimiento innecesario que es consecuencia de nuestra falta de disposición para enfrentarnos con franqueza a las tareas difíciles y desafiantes que comprende el liderazgo.

Cuatro características del líder emocionalmente enfermo

Las carencias de los líderes emocionalmente enfermos causan un impacto virtual en todos los aspectos de su vida y de su líder. No obstante, el daño que hacen es especialmente evidente en cuatro características: una baja conciencia de sí mismo, una prioridad del ministerio sobre el matrimonio o la soltería, un hacer demasiado para Dios y una falta de práctica del ritmo del Sabbat.

Tienen una baja conciencia de sí mismos

Los líderes emocionalmente enfermos tienden a no estar conscientes de lo que está sucediendo en su interior. E incluso, cuando reconocen una emoción fuerte, como podría ser la ira, no saben procesarla ni expresarla de una manera sincera y adecuada. No hacen caso a los mensajes relativos a las emociones que les puede estar enviando el cuerpo, como la fatiga, las enfermedades producidas por el estrés, el aumento de peso, las úlceras, los dolores de cabeza o las depresiones. Evitan ponerse a reflexionar sobre sus temores, su tristeza o su ira. No piensan en lo que Dios les podría estar tratando de comunicar por medio de esas emociones «difíciles». Les cuesta trabajo expresar correctamente las razones de esos detonadores emocionales, por lo que sus reacciones extremas del presente tienen sus raíces en unas experiencias difíciles de su pasado.

Aunque estos líderes tal vez se hayan beneficiado con el uso de test personales y de liderazgo, tales como el Indicador de Tipo de Myers-Briggs, el perfil de fortalezas (StrengthsFinder) o el perfil DISC de comportamiento, siguen estando inconscientes de las formas en que su familia de origen ha impactado a la persona que son hoy. Esta falta de conciencia emocional también se extiende a sus relaciones personales y profesionales en una incapacidad para leer el mundo emocional de los demás y hacerse eco de él. De hecho, es frecuente que estén ciegos al impacto emocional que causan en otros, sobre todo en su papel dentro del liderazgo. . . Tal vez reconozcas esta dinámica en la historia de Sam.

Sam, que tiene cuarenta y siete años, es el pastor principal de una iglesia cuya asistencia se ha quedado estancada. Es martes por la mañana y se encuentra sentado en su lugar habitual a la cabeza de la mesa para la reunión semanal del personal. También alrededor de la mesa se encuentran la asistente de Sam en el ministerio, el pastor auxiliar, el director de los jóvenes, el director de los niños, el líder de la adoración y el administrador de la iglesia. Después de comenzar con una oración, Sam pone al día al equipo en cuanto a las cifras de asistencia y las finanzas durante los últimos nueve meses. Ese tema ha figurado antes en la agenda, pero esta vez hay cierta brusquedad en el comportamiento de Sam que le da a saber a todos los que están en la sala que no está contento.

«¿Cómo vamos a poder comprar un edificio nuevo para alcanzar más gente para Cristo, si en estos mismos momentos no estamos creciendo?», pregunta. De repente, todo el mundo se queda en silencio, mientras una atmósfera dolorosamente tensa llena la sala. «Solo hemos añadido veinticinco personas desde enero. No son suficientes ni con mucho para llegar a nuestra meta de setenta y cinco para fin de año».

La frustración y la ansiedad de Sam son palpables. Su asistente trata de disminuir la tensión, mencionando cómo el mal tiempo del invierno pasado casi cerró la iglesia dos domingos. Seguramente eso habría tenido su impacto en los números. Pero Sam rechaza con rapidez el comentario de ella, haciendo notar que los problemas son mucho más profundos que eso. Aunque no lo ha querido decir con todas las palabras, está claro que le echa al personal de la iglesia la culpa por aquella insuficiencia.

Sam se siente justificado al forzar las preguntas difíciles y enfrentarse con los datos desagradables. *Solo estoy tratando de ayudar a que seamos buenos mayordomos de los recursos de Dios,* se dice a sí mismo. *Se nos paga con los diezmos de la gente. Todos necesitamos trabajar duro y con inteligencia para ganarnos nuestros sueldos. ¡Vaya, tenemos a nuestro alrededor voluntarios que donarían entre diez y quince horas por semana sin recibir paga alguna!* Pero hasta él mismo se siente un poco sorprendido por lo enojado que se siente y lo duro que es el tono de su voz.

Con todo, no se le ha ocurrido que su frustración tan elevada podría tener algo que ver con un mensaje electrónico que había recibido el día anterior. Alguien de fuera de la ciudad le había enviado el enlace para leer un artículo en las noticias sobre el rápido crecimiento de una iglesia nueva que se hallaba a unos quince kilómetros de allí, y le preguntaba si él conocía al nuevo pastor.

Inmediatamente, el estómago se le hizo un nudo y los hombros se le pusieron tensos cuando leyó aquello. Él sabía que no se debía poner a comparar y a entrar en competencias cuando se trataba del ministerio, pero no pudo menos que sentirse resentido ante el nuevo pastor y el éxito que estaba teniendo. Aunque no es capaz de admitírselo ni siquiera a sí mismo, también se sentía inseguro; temeroso de que algunas de las familias más jóvenes se marcharan para entrar a formar parte de una iglesia donde todo fuera más emocionante.

Después de darles a todos los que estaban alrededor de la mesa una semana para encontrar tres formas de mejorar sus programas y su rendimiento, Sam pasa por alto el resto de la agenda, y termina abruptamente la reunión. No tiene ni idea de la forma en que su falta de conocimiento de sí mismo está causando un impacto en él, en su personal y en la iglesia.

Le dan prioridad al ministerio sobre el matrimonio o la soltería

Tanto si son casados como si son solteros, la mayoría de los líderes emocionalmente enfermos apoyan la importancia de una sana intimidad en sus relaciones y su estilo de vida pero pocos, si es que hay alguno, tienen una visión de su matrimonio o soltería como el don más grande que ofrecen. Al contrario, consideran su matrimonio o su soltería como un fundamento esencial y estable para algo más importante: edificar un ministerio eficaz, que es su mayor prioridad. Como consecuencia de eso, invierten lo mejor de su tiempo y de su energía en estar mejor preparados como líderes, e invierten muy poco en el cultivo de un matrimonio excelente, o una vida de soltería que revele el amor de Jesús al mundo.

Los líderes emocionalmente enfermos tienden a compartimentar su vida de casados o de solteros, separándola tanto de su liderazgo como de su relación con Cristo. Por ejemplo, es posible que tomen decisiones significativas para su liderazgo sin pensar detenidamente en el impacto a largo plazo que esas decisiones podían tener sobre la calidad y la integridad de su vida de solteros o de casados. Dedican sus mejores energías, pensamientos y esfuerzos creativos a la función de guiar a otros, y no invierten en enriquecer a plenitud su matrimonio o su soltería. Pensemos en la historia de Luis.

Luis tiene veintisiete años y es pastor de jóvenes; forma parte del personal de una iglesia pequeña, pero en rápido crecimiento. En los tres últimos años, la asistencia ha crecido desde 150 hasta 250 personas. Un jueves por la noche ya son más de las diez y Luis está todavía trabajando... otra vez. El estudio bíblico de mediados de semana que les enseña a los estudiantes terminó hace casi una hora, pero él sigue en su escritorio enviando mensajes electrónicos y poniéndose al día. Además de su trabajo normal, se ha cargado con la responsabilidad de lanzar una serie de iniciativas nuevas de alcance a la comunidad como seguimiento a su asistencia del domingo de Pascua, que estableció un nuevo récord. Cuando Luis comenzó a trabajar en la iglesia hace tres años, pensaba que ese intenso ritmo de trabajo terminaría por tranquilizarse, pero no ha sido así. Si acaso, todo lo que ha hecho es volverse más rápido.

A Luis le encanta su trabajo, y no le molesta cargarse con los proyectos extraordinarios, pero su horario está comenzando a convertirse en un problema para su hogar. A lo largo de los cuatro años que llevan de casados, su esposa Sofía ha sido siempre la que más ánimo le ha dado, apoyándolo en el uso de sus dones y animándolo a seguir el llamado de Dios al ministerio. Sin embargo, últimamente lo ha estado apoyando menos. Hasta ha llegado a admitir que algunas veces se siente celosa con su trabajo, por lo que se pregunta si acaso amará a la iglesia más que a ella. Él piensa que tal vez sea solamente que se siente cansada. Su primer bebé va a nacer dentro de seis meses y el embarazo ha sido difícil.

Luis se pregunta: *¿Cómo le voy a dar a la iglesia algo que no sea lo mejor de mí, cuando lo que está en juego son las vidas y la eternidad de las personas? Ella tiene que entender esto.* Cuando por fin cierra su computadora portátil y apaga las luces, susurra una oración: *Dios mío, te ruego que avives a Sofía con una nueva* *visión sobre lo que tú estás haciendo en la iglesia.* No se da cuenta de que está hiriendo a su esposa y que su oración por ella no va a cambiar la situación.

Hacen más actividades para Dios que las que puede sostener su relación con él

Los líderes emocionalmente enfermos se desbordan de manera crónica debido a sus responsabilidades. Aunque siempre tienen demasiadas cosas que hacer en un tiempo muy corto, persisten en decir inmediatamente que sí a las nuevas oportunidades, antes de discernir en oración y con todo cuidado cuál es la voluntad de Dios. La idea de una espiritualidad más lenta, o un liderazgo más sosegado, en los cuales lo que *hacen por Cristo* fluye de su *estar con Cristo*, es un concepto ajeno a ellos.

Si es que alguna vez piensan en eso, pasar un tiempo en soledad y silencio son cosas que consideran como un lujo o algo que se ajusta mejor a una clase diferente de líder; no forman parte de sus prácticas espirituales básicas o esenciales para un liderazgo efectivo. Su principal prioridad consiste en guiar a su organización, su equipo o su ministerio, como medio de producir un impacto para Cristo en el mundo. Si les fuéramos a pedir que nos dijeran cuáles son las tres primeras prioridades de su lista en cuanto a la forma en que emplean su tiempo como líderes, es improbable que en esa lista se encuentre el cultivo de una relación profunda y transformadora con Jesús. Como consecuencia, la fragmentación y el agotamiento constituyen la condición «normal» en su vida y su liderazgo. Es posible que te reconozcas a ti mismo o a algún conocido en la historia de Carly.

Carly tiene treinta y cuatro años, y es la líder de adoración de una iglesia con ochocientas personas. Llegó hasta esa posición comenzando como música voluntaria hace diez años, cuando asistían a la iglesia menos de cien personas. Además de dirigir un equipo voluntario de adoración y planificar los cultos de los fines de semana, Carly supervisa al equipo de programación. Es un trabajo gigantesco en el cual participan docenas de voluntarios, así como cuatro miembros pagados del personal, pero ella se las arregla para que parezca un trabajo fácil. De hecho, es tan buena en lo que hace que cada año, Barry, el pastor auxiliar que la supervisa, la reta a cargar con más responsabilidades.

Sin embargo, últimamente Carly no ha estado cumpliendo bien con sus obligaciones. Se ha presentado tarde a las reuniones, no ha cumplido con un par de fechas límite de poca importancia, y ha descuidado responder unas llamadas telefónicas importantes. Aun con esos fallos recientes, ella confía que las cosas deben andar bien, porque su trabajo en la iglesia está floreciente. Sin embargo, en sus momentos de mayor sinceridad, tiene sus dudas. *¿Cómo es posible que* *las cosas marchen tan bien en el exterior, cuando por dentro, siento que me estoy muriendo?*

Entre las reuniones de las mañanas, las crisis más o menos regulares de la gente de su equipo y las cosas que tiene que hacer en su casa, no tiene mucho tiempo para ella misma, ni le queda demasiada energía para pasar tiempo con Dios en oración o en las Escrituras. Cada semana es toda una batalla el simple hecho de ir a la tienda de víveres, cocinar algunas comidas semisaludables, hacer ejercicios y lavar varias cargas de ropa en la lavadora. La multa por exceso de velocidad que le dieron la semana pasada es un reflejo exacto de su vida: está andando con excesiva rapidez. «Me siento como si estuviera muy enredada levantando la iglesia y creando ambientes para que otras personas se encuentren con Dios», le dijo hace poco a Barry, «que me pregunto si no habré perdido a Cristo en algún lugar del camino. Necesito algo que me haga sentir conectada de nuevo con Dios».

Barry fue receptivo y la comprendió. Le sugirió unos cuantos libros que le habían sido útiles a él y se ofreció a pagar para que ella asistiera a una conferencia de entrenamiento para líderes que se iba a celebrar muy pronto. Sin embargo, no hay libro ni conferencia de ninguna clase que resuelva los problemas subyacentes a la vida de Carly, ni que le dé lo que ella realmente necesita: tiempo para vivir más lento con Dios, con los demás y, lo más importante de todo, consigo misma.

Carecen de ritmo entre su trabajo y el Sabbat

Los líderes emocionalmente enfermos no practican el Sabbat, un período semanal de veinticuatro horas en el cual dejan a un lado todo trabajo y descansan, se deleitan en los regalos que les ha hecho Dios y disfrutan la vida con él. Tal vez consideren que la observancia del Sabbat es irrelevante, optativa, o incluso una gravosa carga legalista que pertenece a un pasado muy antiguo. O quizá no hagan distinción alguna entre la práctica del Sabbat y los días libres, y usen el tiempo «sabático» para esos trabajos de la vida que nadie les recompensa, como pagar las facturas, ir de compras a la tienda de víveres y hacer otros recados. Si es que llegan a practicar el Sabbat, lo hacen de una manera poco constante, creyendo que primero necesitan terminar todo su trabajo, o trabajar lo suficiente para «ganarse» el derecho a descansar. Observa esta dinámica en la historia de John.

John tiene cincuenta y seis años, es líder de una denominación y tiene la responsabilidad de supervisar más de sesenta iglesias. No ha tenido vacaciones de verdad, de esas en las que uno no revisa los mensajes electrónicos ni escribe nada, durante varios años; mucho menos podemos hablar de la práctica de un Sabbat semanal. Un sábado por la mañana está tomando café con Craig, un pastor amigo de muchos años, antes de dirigirse a la oficina para ponerse al día con los mensajes electrónicos y escribir un reporte mensual que debía haber escrito la semana anterior.

—John, te veo agotado —le dice Craig—. ¿Cuándo fue la última vez que te tomaste un día libre y descansaste de verdad?

—Ya descansaremos cuando lleguemos al cielo. Al menos, eso es lo que un profesor mío del seminario solía decir hace treinta años. Dios siempre está trabajando y se supone que nosotros nos unamos a él en ese trabajo, ¿no es cierto?

Pero se ve a las claras que John está cansado casi al punto del agotamiento.

—Yo sé que te encanta trabajar —le contesta Craig—, pero ¿qué te da más gozo y deleite en estos momentos?

Después de un instante de silencio con la cabeza inclinada, John dice en voz baja:

—Hace tanto tiempo desde que he podido pensar incluso en una pregunta como esa, que no sé qué decirte.

Después de otro largo momento de silencio, añade:

—Pero ¿qué se supone que haga yo? Todos los pastores y los líderes de la denominación que conozco trabajan así.

—¿De veras? —le responde Craig con una gentil sonrisa—. ¿Es esa tu excusa?

—De acuerdo —le responde John—. Tienes razón. Voy a volver a intentar tomarme libres los lunes.

Una hora más tarde, ya en la oficina, John le echa una mirada a su calendario y se da cuenta de que está lleno de citas y de fechas límite para distintos escritos en los próximos cinco de seis lunes. *¿A quién estoy engañando?*, piensa. *Sencillamente, tomarme un día libre cada semana no es práctico para mí en estos momentos. Tendré que aprovechar algún momento de descanso cada vez que mi agenda me lo permita.* Pero lo más probable es que la agenda de John nunca se lo permita. Y ese ocasional día libre no va a ser suficiente para que desarrolle el ritmo de trabajo y descanso que necesita a fin de ser un líder sano y eficaz para su equipo y para las iglesias que supervisa.

Al principio de este capítulo, te pregunté qué o quién te venía a la mente cuando pensabas en un líder emocionalmente enfermo. Ahora, ¿cómo se alinean las cuatro características que acabamos de analizar con las ideas que tuviste al principio? ¿Te reconociste a ti mismo en alguna de las descripciones? Tal vez estés pensando: *Sí, me relaciono con la mayor parte de esas características.* O podría ser que todavía estuvieras algo escéptico y pensaras: *Sencillamente, esa es la naturaleza del liderazgo. Yo conozco gente que está mucho más enferma que las personas que acabas de describir, pero que aun así, son líderes eficaces.* Aunque es cierto que ninguna de estas características parece ser especialmente dramática, con el tiempo estos líderes y los ministerios en los que sirven terminan pagando un algo precio, si se siguen descuidando esas formas de conducta enfermizas.

Si podemos estar de acuerdo en que los líderes enfermos son una amenaza para la salud y la eficacia de una iglesia, la pregunta que nos tenemos que hacer a nosotros mismos es esta: *¿Por qué insistimos en seguir con estos patrones enfermizos de conducta?* Cualquiera pensaría que la iglesia y sus líderes estarían totalmente a favor de un liderazgo sano y de todo lo que haga falta para lograrlo. Sin embargo, lo cierto es que hay partes de la cultura de los líderes eclesiásticos que en realidad trabajan fuerte en contra de esto. Si te decides a actuar de manera deliberada en cuanto a crear un liderazgo emocionalmente sano, te vas a tener que enfrentar a algún «fuego amigo». Vas a tener que batallar con los que yo llamo los cuatro mandamientos enfermizos del liderazgo en las iglesias.

¿Hasta qué punto es sano tu liderazgo?

Ser un líder emocionalmente enfermo no es una condición extrema; opera dentro de una línea de continuidad que va desde moderada hasta severa, y que puede cambiar desde una temporada en la vida y el ministerio, hasta la siguiente. Usa la lista de afirmaciones que aparecen a continuación para que tengas una idea del punto en que te encuentras. Junto a cada afirmación, escribe el número que mejor describa tu respuesta. Usa la escala siguiente acerca de ti:

5 = Siempre es cierto

4 = Muchas veces cierto

3 = Ocasionalmente cierto

2 = Raras veces es cierto

1 = Nunca es cierto

_____ 1. Me tomo el tiempo suficiente para experimentar y procesar emociones difíciles como la ira, el temor y la tristeza.

_____ 2. Puedo identificar la forma en que los problemas procedentes de mi familia de origen causan un impacto en mis relaciones y mi liderazgo, tanto en sentido negativo como positivo.

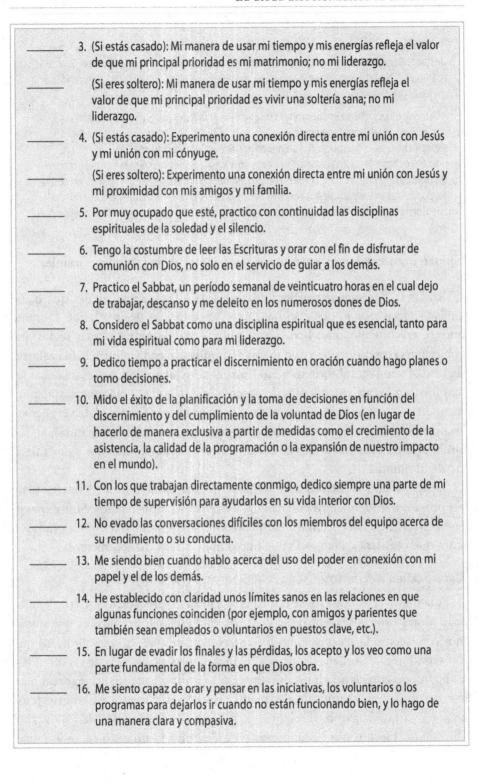

_____ 3. (Si estás casado): Mi manera de usar mi tiempo y mis energías refleja el valor de que mi principal prioridad es mi matrimonio; no mi liderazgo.

_____ (Si eres soltero): Mi manera de usar mi tiempo y mis energías refleja el valor de que mi principal prioridad es vivir una soltería sana; no mi liderazgo.

_____ 4. (Si estás casado): Experimento una conexión directa entre mi unión con Jesús y mi unión con mi cónyuge.

_____ (Si eres soltero): Experimento una conexión directa entre mi unión con Jesús y mi proximidad con mis amigos y mi familia.

_____ 5. Por muy ocupado que esté, practico con continuidad las disciplinas espirituales de la soledad y el silencio.

_____ 6. Tengo la costumbre de leer las Escrituras y orar con el fin de disfrutar de comunión con Dios, no solo en el servicio de guiar a los demás.

_____ 7. Practico el Sabbat, un período semanal de veinticuatro horas en el cual dejo de trabajar, descanso y me deleito en los numerosos dones de Dios.

_____ 8. Considero el Sabbat como una disciplina espiritual que es esencial, tanto para mi vida espiritual como para mi liderazgo.

_____ 9. Dedico tiempo a practicar el discernimiento en oración cuando hago planes o tomo decisiones.

_____ 10. Mido el éxito de la planificación y la toma de decisiones en función del discernimiento y del cumplimiento de la voluntad de Dios (en lugar de hacerlo de manera exclusiva a partir de medidas como el crecimiento de la asistencia, la calidad de la programación o la expansión de nuestro impacto en el mundo).

_____ 11. Con los que trabajan directamente conmigo, dedico siempre una parte de mi tiempo de supervisión para ayudarlos en su vida interior con Dios.

_____ 12. No evado las conversaciones difíciles con los miembros del equipo acerca de su rendimiento o su conducta.

_____ 13. Me siendo bien cuando hablo acerca del uso del poder en conexión con mi papel y el de los demás.

_____ 14. He establecido con claridad unos límites sanos en las relaciones en que algunas funciones coinciden (por ejemplo, con amigos y parientes que también sean empleados o voluntarios en puestos clave, etc.).

_____ 15. En lugar de evadir los finales y las pérdidas, los acepto y los veo como una parte fundamental de la forma en que Dios obra.

_____ 16. Me siento capaz de orar y pensar en las iniciativas, los voluntarios o los programas para dejarlos ir cuando no están funcionando bien, y lo hago de una manera clara y compasiva.

Dedica un momento a revisar brevemente tus respuestas. Para ti, ¿qué es lo que más se destaca? Aunque no hay una puntuación definitiva para la valoración, al final del capítulo (página 49) hay algunas observaciones generales que te podrían ayudar a comprender mejor el punto en que te encuentras.

Dondequiera que te encuentres, lo bueno es que *puedes* progresar y aprender para convertirte en un líder cada vez más sano. De hecho, Dios ha programado de manera específica nuestro cuerpo y nuestra neuroquímica para la transformación y el cambio... ¡incluso cuando tengamos más de noventa años! Así que, aun cuando la verdad acerca de tu situación presente en tu liderazgo dé que pensar, no te desanimes. Si alguien como yo puede aprender y crecer a través de todos los fallos y los errores que he cometido, ¡a cualquiera le es posible hacer progresos para convertirse en un líder emocionalmente sano!

Cuatro mandamientos enfermizos (y tácitos) de los líderes eclesiales

Todas las familias tienen «mandamientos» —esas reglas de las que nadie habla—, acerca de lo que está bien y lo que está mal decir y hacer. Durante nuestro crecimiento, absorbemos y seguimos con naturalidad esas reglas que gobiernan el modo en que viven nuestras familias. Si en la nuestra había calidez, seguridad y respeto, absorbemos eso como el aire que respiramos. Esas reglas les dan forma a lo que entendemos de nosotros mismos y a la manera en que interactuamos con el mundo. En cambio, si lo normal era la frialdad, la vergüenza, las humillaciones y el perfeccionismo, absorbemos eso por la vía natural, lo que también le da forma al modo de considerarnos a nosotros mismos y de enfrentarnos al mundo.

De igual manera, hemos nacido dentro de una familia de la iglesia que tiene sus propios mandamientos enfermizos y mayormente silenciosos. Si nos queremos convertir en líderes emocionalmente saludables, tarde o temprano vamos a tener que resistirnos a la presión de uno o más de esos mandamientos.

Mandamiento enfermizo 1: No es éxito si no es mayor y mejor

A la mayoría de nosotros se nos ha enseñado a medir el éxito a partir de unos indicadores externos. Dentro del contexto de la iglesia, lo típico es que midamos cosas como la asistencia, los bautismos, la cantidad de miembros, los que son servidores, el número de grupos pequeños y las cantidades de las ofrendas. Y digámoslo con claridad: los números no son totalmente malos. En realidad, la cuantificación del impacto de un ministerio con números es bíblica. Jesús nos ordena que hagamos discípulos de *todas* las naciones. Más de una vez, el libro de los Hechos usa los números para describir el impacto causado por el evangelio: alrededor de tres mil bautizados (Hechos 2.41), alrededor de cinco mil creyentes (Hechos 4.4), multitudes de hombres y mujeres que aceptaban la fe (Hechos 5.14). Tenemos en la Biblia todo un libro que se llama «Números». Como es natural, tanto yo como virtualmente cualquier otro pastor que conozco, queremos ver que nuestra iglesia crece en número y aumenta en la cantidad de personas para Cristo.

Pero también estemos claros en esto: hay una manera incorrecta de manejar los números. Cuando usamos números para compararnos con los demás o para hacer alarde de nuestro tamaño, cruzamos la línea. Cuando el rey David le encomendó a Joab que realizara un censo de todos los guerreros, las consecuencias fueron desastrosas para su liderazgo. Movido por el orgullo, David no puso su confianza en Dios, sino en el tamaño del ejército de Israel. Su enfoque en los números era idolátrico, y el Señor hizo caer una grave plaga de juicio en todo Israel a causa de ese pecado (1 Crónicas 21; 2 Samuel 24). Setenta mil personas murieron.

El crecimiento numérico es lo que el mundo hace equivalente al poder y la importancia. Es un valor absoluto: más grande *siempre* es mejor. Si diriges una compañía u organización que sea grande, la gente te va a estimar más que al dueño de un negocio que está en sus comienzos y en el cual solo trabaja él mismo. Si eres millonario, comparado con una persona que vive de la beneficencia pública, puedes esperar de la gente que te trate con gran respeto. Si trabajas en una iglesia, el tamaño de tu equipo o de tu ministerio afecta a la forma en que te considera la gente.

Cuando de la iglesia y los números se trata, el problema no es que contemos, sino que hemos aceptado tan plenamente el dictamen del mundo —según el cual lo más grande es lo mejor—, que los números son la *única* cosa que contamos. Cuando algo no es ni más grande ni mejor, lo consideramos, y con ello nos consideramos a nosotros mismos, como un fracaso. Lo que nos falta en todo este conteo es el valor que las Escrituras les dan a los indicadores *internos*. Lo que constituye un fracaso en los ojos del mundo no siempre es un fracaso en el reino de Dios.

Por ejemplo, el arrollador éxito de Jesús cuando enseñó y alimentó a los cinco mil a principios de Juan 6, es seguido unos cuantos párrafos más abajo por un fallo numérico correspondiente: «Desde entonces muchos de sus discípulos volvieron atrás, y ya no andaban con él» (Juan 6.66). Jesús no se retorció las manos poniendo en tela de juicio su estrategia como predicador; se mantuvo satisfecho, sabiendo que estaba dentro de la voluntad del Padre. Tenía una perspectiva más amplia en cuanto a lo que Dios estaba haciendo.

No siempre el éxito es más grande y mejor.

Lo que nos enseña Jesús es que debemos permanecer en él *y* dar fruto abundante (vea Juan 15.1–8). No nos dice que escojamos uno de los dos; un crecimiento abundante *o* permanecer en Jesús. El aspecto que tomarán ese permanecer y ese abundar va a ser diferente, de acuerdo al llamado exclusivo de cada uno de nosotros al liderazgo. Los monjes de clausura que se pasan la mayor parte de su tiempo en oración y ofreciendo dirección espiritual dan un fruto de una calidad y una cantidad diferentes al que yo pueda dar, como pastor de una iglesia en la ciudad de Nueva York.

Tal vez el mejor texto bíblico relacionado con este tema es uno que se encuentra en Lucas 10. Jesús envía a setenta y dos discípulos de dos en dos. Cuando ellos regresan, están emocionados y le informan sobre su impacto numérico, además de decirle que los demonios se les sometían en el nombre de él. Jesús apoya su actividad en la edificación del reino, pero también les recuerda algo más importante: «No se alegren de que puedan someter a los espíritus, sino alégrense de que sus nombres están escritos en el cielo» (Lucas 10.20). En otras palabras, quiere que recuerden que su gozo procede de la relación que tienen *con* él, no de los logros que han tenido *para* él.[1]

Si ese es el caso, ¿cómo nos resistimos al impulso de obedecer este mandamiento que indica que lo más grande es lo mejor? Yo creo que la única forma es tomar un ritmo más lento en nuestra vida para crear una relación de unión amorosa y profunda con Jesús (hablaré más de esto en el capítulo 4), y tener unos cuantos compañeros de nuestra confianza que nos protejan para que no nos engañemos a nosotros mismos. Cuando descubro que estoy pensando en función de «lo más grande y mejor», muchas veces me hago esta pregunta: «¿Estoy forjando esta visión de crecimiento basado en mis propias ambiciones o porque así salió de la boca del Señor?» (lee Jeremías 23.16–20).

Mandamiento enfermizo 2: Lo que haces es más importante que lo que eres

Lo que hacemos es importante... hasta cierto punto. Tanto si eres miembro de la junta, pastor, líder de un ministerio o de un grupo pequeño, ujier, voluntario en el ministerio de los niños, o líder en el mundo de los negocios, tu competencia y tu conjunto de habilidades destinadas a realizar esa tarea tienen una importancia vital. Y es de esperar que quieras desarrollar esas habilidades para aumentar tu efectividad.

Pero lo que *eres* es más importante que lo que *haces*. ¿Por qué? Porque el amor de Jesús en ti es el don más grande que tienes para dárselo a los demás. Lo que eres como persona, y concretamente, lo bien que ames, siempre tendrá un impacto más grande y más duradero en aquellos que te rodean, que aquello que haces. Al final tu *estar con Dios* (o estar lejos de Dios) va a triunfar todas las veces sobre lo que tú *haces para Dios*.

No podemos dar lo que no poseemos. No podemos hacer otra cosa que dar lo que sí poseemos.

Podremos presentar mensajes inspiradores acerca de la importancia de la transformación espiritual y del disfrute de nuestro caminar con Cristo. Podremos citar autores famosos. Podremos predicar verdades valiosas tomadas de las Escrituras y escribir blogs y tweets ingeniosos. Pero si no hemos vivido las verdades que enseñamos, de manera que hayamos sido transformados personalmente por ellas, la transformación espiritual de aquellos a quienes servimos se va a quedar atrofiada. No estoy diciendo que no vaya a pasar nada. Solo que no va a pasar gran cosa.

No mucha.

Créemelo; lo sé muy bien.

Yo me pasé los primeros años de mi carrera pastoral presentando sermones que yo mismo no tenía tiempo para vivirlos paciente y detenidamente. Pensaba: *¿Cómo es posible que un líder pueda recibir las verdades que enseña cada semana y, aun así, mantenerse al corriente con todas las exigencias de su liderazgo?* No trabajaba lo suficiente en mi vida interior, ni reflexionaba sobre la forma en que mi familia de origen estaba causando un impacto en lo que yo era como líder. No estaba dispuesto a sentarme con un mentor o consejero maduro para observar los problemas que tenía por debajo de la superficie. Estaba demasiado ocupado en levantar la iglesia y hacer que pasara algo. Me imaginaba que mientras estuviera usando mis dones para Dios y fuera evidente el fruto de mi liderazgo, todo iría bien... aunque mi vida interior estuviera llena de caos y de ansiedad.

Estaba equivocado.

Inevitablemente, mi vida interior se reproducía en mi ministerio exterior. ¿Cómo no habría de ser así? En especial cuando no podía ver que lo que yo era en mi interior con Dios era más importante que aquello que hacía para Dios.

La identidad de Jesús estaba firmemente enraizada en el hecho de *ser* el amado del Padre, incluso antes que comenzara siquiera a *hacer* algo en su ministerio público. En los treinta primeros años de su vida, Jesús no hizo nada extraordinario. Y sin embargo, antes que comenzara su ministerio público, el Padre le dijo: «Tú eres mi Hijo amado; estoy muy complacido contigo» (Lucas 3.22).

Las tres tentaciones que el diablo le puso delante a Jesús después de sus cuarenta días en el desierto, se centraban específicamente en esta cuestión de hacer o ser (Mateo 4.1–11). Dos de las tres tentaciones comienzan con estas palabras:

«Si eres el Hijo de Dios... [*haz* algo]». La tercera trata de sobornar a Jesús para que «se postrara y lo adorara [a Satanás]». El maligno estaba decidido a lograr que el *hacer* de Jesús fuera el fundamento de su vida y de su ministerio; no el *estar* con Dios. Y yo creo que esa es una de las primeras tentaciones que el maligno nos pone delante a todos los líderes. Cuando nosotros sucumbimos ante ella, nos lanzamos de frente a trabajar en iniciativas a las cuales Dios nunca nos ha pedido que nos dediquemos y poco a poco, nos vamos desconectando del amor del Padre.

¿Qué podemos hacer para resistirnos al influjo de este mandamiento? Repite conmigo: *lo que yo hago importa. Pero lo que yo soy importa mucho más.* Recuerda que la prioridad de Jesús era estar con el Padre. Estate alerta ante las señales internas de que te estás yendo más allá de tus límites; haciendo para Dios más de lo que tu relación constante con él puede sostener (por ejemplo, falta de paz, irritabilidad, prisas). Haz que tu principal prioridad y meta sea buscar su rostro y hacer su voluntad día tras día.

Mandamiento enfermizo 3: Con una espiritualidad superficial ya es bastante

Durante años, supuse. Suponía que todo el que asistiera a la iglesia y escuchara las enseñanzas de la Biblia, tanto en nuestra iglesia como en otras, pasaría por una transformación. Suponía que los líderes de adoración bien dotados eran tan apasionados por Cristo en privado como lo eran por él en la adoración pública. Suponía que los pastores, el personal administrativo, los misioneros, los miembros de la junta y los obreros paraeclesiásticos se dedicaban continuamente a la alimentación de una relación personal profunda con Jesús.

Supuse mal.

Ahora no supongo nada. En lugar de suponer, pregunto.

Les pido a los líderes que me hablen acerca de la forma en que están cultivando su relación con Dios. Les pregunto cosas como esta: «Descríbeme tus ritmos, la forma en que estudias las Escrituras para ti mismo, no para preparar clases y mensajes, cuándo y cuánto tiempo estás a solas con Dios». Les pregunto cómo estructuran su tiempo con Dios y qué hacen. Mientras más les he hecho estas preguntas a pastores y líderes cristianos del mundo entero, más alarmado me he ido sintiendo. La mayoría de esos líderes no tienen buenas respuestas.

El problema está en que en la mayoría de las situaciones, mientras los líderes estén haciendo su trabajo, voluntario o pagado, todo el mundo está contento. Si su ministerio está creciendo, nos sentimos entusiasmados. ¿Quiénes somos nosotros para juzgar si la relación de alguien con Cristo es superficial o deficiente? Estoy de acuerdo en que no queramos juzgar, pero queremos usar nuestro discernimiento. Solo porque tengamos los dones y las habilidades necesarios para reunir un buen número de personas y crear una gran cantidad de actividades, eso no quiere decir que estemos levantando una iglesia o un ministerio que conecte íntimamente a las personas con Jesús.

Me encanta la indicación que le hizo el Señor a Samuel: «Jehová no mira lo que mira el hombre; pues el hombre mira lo que está delante de sus ojos, pero Jehová mira el corazón» (busca 1 Samuel 16.7). En otras palabras: no nos debemos limitar al exterior; lo que nos debe preocupar es el corazón y, en primer lugar, nuestro propio corazón.

Reflexiona en este ejemplo tomado de la historia. En el siglo séptimo, la iglesia de Arabia y del norte de África daba la impresión de ser próspera. Tenía una rica historia que se remontaba hasta el siglo primero. Estaban altamente desarrollados en lo teológico; alardeaban de contar entre ellos a líderes y obispos famosos, y ejercían una considerable influencia en la cultura. A pesar de eso, el islam avanzó por encima de esas iglesias cristianas en un tiempo muy breve. La mayoría de los historiadores de la Iglesia están de acuerdo en señalar que la Iglesia en general estaba plagada de una espiritualidad superficial que no fue capaz de soportar el intenso asalto de esa nueva religión. Las iglesias locales estaban divididas entre sí a causa de unos puntos doctrinales de poca importancia, y se negaban a reconocer la presencia de Jesús en aquellos cuyas opiniones eran diferentes a las suyas. Peor aún; no habían traducido las Escrituras al árabe, el idioma del pueblo. Como consecuencia, aunque la asistencia a las iglesias era fuerte y las ofrendas se mantenían estables, las personas no tenían su fundamento en Jesús. Su falta de unos cimientos espiritualmente sólidos como iglesias los llevó a un rápido desplome bajo el peso y la presión de un islam intolerante y en pleno avance.[2]

¿Cómo podemos vencer el atractivo de este mortal mandamiento?

Tomando un ritmo más lento. Dedicándonos a leer escritos procedentes de la tradición contemplativa y de los líderes de toda la historia de la Iglesia. Y convirtiéndonos en aprendices de la gran Iglesia mundial, donde hay creyentes que, aunque diferentes a nosotros en ciertos sentidos, tienen mucho que enseñarnos acerca de cosas como la soledad, el silencio y la quietud con Dios mientras nos esforzamos por llevarle las buenas nuevas de Jesús al mundo que nos rodea.

Mandamiento enfermizo 4: No toques nada mientras se siga haciendo el trabajo

A fines del siglo sexto A.C., el profeta Jeremías condenó a los líderes del pueblo de Dios por estar tolerando una paz y una seguridad que eran falsas. El profeta se lamentaba diciendo: «Curan por encima la herida de mi pueblo, y les desean: "¡Paz, paz!", cuando en realidad no hay paz» (Jeremías 6.14). Me imagino que esos líderes de la antigüedad se parecían mucho a nosotros. Evadían, e incluso negaban, la existencia de problemas y conflictos, porque no se querían poner a cambiar las cosas.

Miles de años más tarde, no es mucho lo que ha cambiado en este sentido. Una parte demasiado grande de la cultura que tiene la Iglesia contemporánea se caracteriza por su falsa amabilidad y por su superficialidad. Consideramos los conflictos como señales de que algo anda mal, así que hacemos cuanto esté de nuestra parte para evitarlos. Preferimos cerrar los ojos ante las cuestiones difíciles y conformarnos con una paz falsa, en la esperanza de que nuestras dificultades desaparezcan solas de alguna manera.

Y no desaparecen.

Durante años, me mantuve ciego ante los problemas que surgían en el personal, y que me tocaba a mí enfrentar de una manera rápida y directa; todo, desde el descuido en la preparación de las cosas, hasta la falta de accesibilidad, la costumbre de criticar, la inexistencia de tiempo pasado con Dios y los matrimonios que no marchaban bien, solo por mencionar unas pocas de esas cosas. Mi razonamiento era que mi primera preocupación debía ser mantener la iglesia en movimiento; abrirme paso como pudiera a través de las enlodadas aguas de los conflictos y sostener conversaciones difíciles me parecía que eran como llegar dando tumbos a un estancamiento abrupto y mal recibido. Pero como todos aprendemos tarde o temprano, descubrí que no podía edificar el reino de Dios con mentiras y fingimientos. Descubrí que las cosas que pasaba por alto terminaban explotando más tarde bajo la forma de problemas más grandes. Tenemos que hacer las preguntas difíciles y dolorosas que preferiríamos ignorar; de lo contrario, la iglesia va a pagar un precio mucho mayor más tarde.

El apóstol Pedro no sentía escrúpulo alguno en cuanto a tocar cuanto hiciera falta, aun en medio de una reunión de avivamiento. Se le enfrentó a Ananías, y después a Safira, la esposa de este, cuando ellos fingieron ser algo que no eran (Hechos 5.1–11). Cuando Bernabé vendió un campo y le donó a la iglesia todo lo que obtuvo, Ananías y Safira hicieron lo mismo... pero con una diferencia. Fingieron que estaban donando todo lo que habían obtenido de la venta, pero se reservaron en secreto parte del dinero para ellos mismos. Cuando Pedro se les enfrentó, llegaron incluso a mentir en cuanto a lo que habían hecho. Estaban fingiendo en el exterior ser algo que no eran en el interior y pagaron aquella mentira con la vida. Allí mismo, en la iglesia, ambos murieron de forma instantánea. Es una historia atroz, pero una lección muy efectiva para los líderes en cuanto a la necesidad de enfrentarnos, en lugar de evitar los conflictos y las conversaciones difíciles.

Muchas veces me he preguntado qué le habría pasado a aquella iglesia de cinco mil miembros si Pedro hubiera permitido que esa clase de mentira quedara sin descubrir, para no agitar las cosas. ¿Podría haber sucedido que ese fingimiento y ese engaño se hubieran propagado entre las familias, las reuniones de los líderes, los cultos de adoración y el acercamiento a la comunidad? ¿Habría tenido la iglesia la fortaleza de carácter y la madurez necesarias para continuar siguiendo la voluntad de Dios, tal como lo describe el libro de los Hechos? ¿Se habría apagado el poder del Espíritu Santo y estancado el avance de la Iglesia? Por fortuna, no tenemos que entrar en especulaciones. El hecho de que Pedro se negara a tolerar una paz falsa estableció un sólido fundamento para la integridad y el futuro de la Iglesia.

¿Ahora ves por qué es tan importante que conozcamos estos mandamientos y nos resistamos a ellos?

Si nos permitimos a nosotros mismos y a nuestro liderazgo el que sean esos defectuosos mandamientos no expresados los que nos den forma, aunque sea en las cosas pequeñas, estaremos aumentando las probabilidades de que se produzcan unas consecuencias devastadoras a largo plazo. Será muy posible que nos hagamos daño a nosotros mismos, tanto física, como espiritual y emocionalmente, y al nivel de nuestras relaciones. Muy bien les podríamos estar haciendo daño a nuestra familia y nuestros amigos, porque ellos estarían recibiendo solo las sobras de nuestra atención y energía. Y les haremos daño a las personas a las que servimos, al no poderlas llevar a un nivel de madurez espiritual y emocional que les permita ofrecerle su vida al mundo. Yo podría haber evitado muchos sufrimientos innecesarios y numerosos años desperdiciados, si hubiera estado consciente de estos mandamientos y me hubiera resistido a seguirlos en los primeros años de mi ministerio.

Hace falta tiempo para aprender a ser un líder emocionalmente sano

«Y entonces, ¿dónde ir después de ver esto?», te podrías estar preguntando.

El resto del libro es una invitación a lanzarte por un camino en el que te convertirás en un líder emocionalmente sano; un líder que pueda levantar un ministerio para Cristo emocionalmente sano en el mundo. Esa tarea no tiene nada de pequeña. De hecho, si te decides a lanzarte por este sendero, lo más probable es que pases por momentos de confusión, de temor y de angustia. Es un estado que conozco muy bien. Y también te puedo decir que sus temores podrían adoptar la forma de susurros procedentes de esa voz acusadora y autoprotectora que llevas dentro:

No sabes lo que estás haciendo.

¿Te das cuenta de lo que podría suceder si tomas este camino?

Muy bien, claro, puedes tratar de ser emocionalmente sano, pero nadie te va a respetar, y la iglesia se va a ir reduciendo a la nada.

¿Por qué tienes que tratar de llevar adelante tu liderazgo de esta manera? ¡Otros líderes no lo están haciendo y, al parecer, todo les va muy bien!

Acéptalo: esto no va a funcionar para ti.

No tienes tiempo para esto ahora mismo. Inténtalo más tarde, cuando las cosas se tranquilicen.

Conozco esa voz muy bien. Así que confía en mí cuando te digo que no la oigas. Necesitas saber que Dios te invita a ir dando los pasos de uno en uno y a ir viviendo de día en día. Él también comprende que el crecimiento y el cambio requieren tiempo. Yo he visto por experiencia que algunas veces, hasta unos cambios relativamente sencillos se toman años antes de poderlos convertir por completo en realidad (busca «El proceso de cinco etapas en nuestra forma de aprender y de cambiar», páginas 47–48). Dios ve el contexto y los retos de tu liderazgo en el presente, y sabe lo que necesitas; no solo para enfrentarte a esos retos, sino además para crecer y convertirte en un líder más fuerte gracias a ellos. Aunque a veces el camino te pueda parecer solitario, también eso puede formar parte del proceso usado por Dios para enseñarte a esperar en él y confiar en él. Te puedes sentir seguro de que Dios te va a enviar gente y recursos clave en el momento preciso en que te sean necesarios para que des el próximo paso. Él *siempre* lo ha hecho conmigo. Y asegúrate de invitar a otros a orar contigo y a apoyarte a lo largo del camino.

Lo más importante de todo es que recuerdes que el Espíritu Santo, que vive dentro de ti, te va a guiar a toda verdad y te va a dar un poder sobrenatural que te vendrá desde fuera. A lo largo de los años, ha habido numerosas veces en que yo me he sentido abrumado por mi falta de madurez, de sabiduría o de carácter para superar los retos a los que me estaba enfrentando en mi liderazgo. Precisamente en esos tiempos era cuando Dios me recordaba: *No tengas miedo [...] —Para los hombres es imposible —aclaró Jesús, mirándolos fijamente—, pero no para Dios; de hecho, para Dios todo es posible* (Josué 1.9; Marcos 10.27).

Una vez dicho todo esto, comencemos.

El proceso de cinco etapas en nuestra forma de aprender y de cambiar

Benjamín Bloom, un gran psicólogo de la educación, desarrolló junto con un equipo de gente pensante una brillante taxonomía que describe las formas en que aprenden los seres humanos en los diferentes campos. Esta taxonomía ha sido adaptada y revisada muchas veces durante los últimos sesenta años, y sigue siendo un estándar en muchos sistemas educativos del mundo entero.[3] Bloom distingue cinco niveles de conocimiento o de «captación» de un valor. Tendemos a pensar de una de estas dos formas: o sé algo o no lo sé. Por ejemplo, o valoro la atención a los pobres, o no valoro la atención a los pobres. Lo que no siempre comprendemos es que nos lleva largo tiempo, y numerosos pasos pequeños de incremento, el proceso que nos lleva a «captar» un nuevo valor. De hecho, nos exige que nos vayamos moviendo a lo largo de cinco niveles diferentes.[4]

Permíteme ponerte de ejemplo sobre esto mi propio recorrido hasta llegar a valorar el hecho de hacer más lento mi ritmo de vida a fin de pasar más tiempo con Jesús.

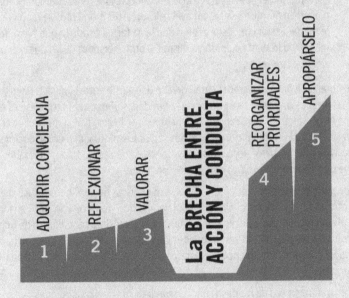

1. *Adquirir conciencia: «Es interesante la idea de hacer más lento mi ritmo de vida».* La primera vez que pensé seriamente en eso fue en 1994, cuando estaba sufriendo, tanto en mi vida personal como en mi liderazgo.

2. *Reflexionar: «Ayúdenme a entender mejor esto de hacer más lento mi ritmo de vida».* Cuando comencé mi camino hacia la salud emocional en 1996, leí libros, escuché mensajes sobre hacer más lento el ritmo de vida y prediqué sobre este tema en mis sermones.

3. *Valorar: «De verdad creo que es importante que todo el mundo adopte un ritmo de vida más lento».* Hice una pequeña incursión en varias formas nuevas de conducta, como el Sabbat, la soledad y los retiros con Dios de un día, pero mis acciones y mi manera de conducirme no sufrieron ningún cambio fundamental. Durante años.

4. *Reorganizar prioridades: «Estoy reorganizando toda mi vida para adoptar un ritmo más lento a fin de poder estar con Jesús».* Cuando me tomé mi segundo descanso sabático, en 2003–2004, reorganicé mis prioridades en cuanto a mi tiempo, energía y agenda, con el fin de integrar en mi vida este nuevo valor en un período de cuatro meses. Esto me ayudó para echar a andar una nueva manera de ser líder y de vivir de acuerdo con este valor. Eso transformó mi vida.

5. *Apropiárselo: «Todas mis decisiones y mis acciones se basan en este nuevo valor».* Pasar de la *reorganización* de mis prioridades a *apropiarme* ese nuevo valor me llevó entre seis y ocho años más. Tuve que trabajar mucho para integrar el nuevo valor con las exigencias y los retos que significaba pastorear. Aunque a veces todavía fallo, en estos momentos llevar un ritmo más lento para estar con Jesús es algo que le da forma a todo lo que hago. Todo mi cuerpo lo siente cuando yo mismo, u otras personas de las que me rodean, violamos ese valor.

Como notarás, la gráfica destaca la gran brecha que existe entre el nivel tercero y el cuarto, el de *valorar* y el de *reorganizar* las prioridades. ¿Por qué? Porque ese es el punto que exige un cambio radical, que muchas veces se hace difícil. A muchos líderes les encantan las ideas y los principios relacionados con una espiritualidad emocionalmente saludable. No obstante, pasar de la etapa de *valorar* a la de *reorganizar* prioridades constituye un reto formidable. Y yo comprendo por qué.

Así que permíteme darte ánimo. Los cambios que buscas no se van a producir de un día para otro, pero se van a producir. Tómate el tiempo que sea necesario. Lee con lentitud. Confíate al cuidado de Dios y pídele que te guíe hacia el próximo paso dentro de tu proceso. Son miles los líderes del mundo entero que te acompañan en el camino y que ya han comenzado a experimentar una poderosa transformación, tanto en su vida personal como en su liderazgo.

No lo abandones, pero da los pasos uno a uno. Ni tú, ni aquellos a quienes guías, volverán a ser jamás los mismos de antes.

Para comprender tu evaluación sobre el liderazgo sano

Si hiciste la evaluación del liderazgo que se encuentra en las páginas 34–35, aquí tienes algunas observaciones que te van a ayudar a comprender mejor el estado de tu liderazgo actualmente.

Si tu puntuación fue mayormente de uno y dos puntos, tu liderazgo se halla más enfermo que sano y, emocionalmente, es muy probable que estés funcionando al nivel de un niño o de un bebé. Si eso te suena fuerte, al menos te puedes consolar con el hecho de saber que estás muy lejos de estar solo. En ese punto fue en el que me encontré yo después de diecisiete años de seguir a Cristo, con un título de seminario y ocho años de experiencia pastoral. Y la mayoría de los pastores de los cuales soy mentor se encuentran en un punto similar. El crecimiento hasta la vida adulta, tanto espiritual como emocional, se lleva años, incluso décadas; no días, ni tampoco meses. Así que respira hondo. Relájate. No eres el único.

Si tu puntuación fue mayormente de dos y tres puntos, ya has echado a andar, pero es probable que estés funcionando emocionalmente al nivel de un adolescente. Tu vida cristiana podría estar centrada mayormente en lo que *haces*, no en lo que *eres*, y estás sintiendo en el alma los efectos de esa situación. Todavía tienes que aplicar a la forma en que diriges tu equipo ciertos valores personales, como el de adoptar un ritmo más lento para estar con Jesús, o el de darle prioridad a tu matrimonio o a tu soltería. Tienes conciencia de tus puntos fuertes, tus debilidades y tus límites, pero es probable que necesites trabajar más en este aspecto. Piensa en que Dios te podría estar invitando a una vida interior más sólida y a unas prácticas espirituales más profundas, para que puedas llevar a tu equipo y tu ministerio a otro nivel. A medida que sigas leyendo, debes esperar encontrarte retos a tu persona y a tu liderazgo en numerosos aspectos cruciales.

Si tu puntuación fue mayormente de cuatro y cinco puntos, tu liderazgo está más sano que enfermo y es probable que, emocionalmente, estés funcionando al nivel de un adulto. Tienes un sentido sano de tus puntos fuertes, tus límites y tus debilidades como líder. Puedes afirmar tus creencias y tus valores sin causar un enfrentamiento. Proteges tus relaciones con tu cónyuge (a menos que seas soltero), tus amigos y tu familia, y les das prioridad. Tienes un buen sentido de tu identidad como líder y de la manera de relacionarte con los que te rodean. Y vas bien adelantado en tu camino para integrar tu *hacer* para Dios con la sólida base del *estar* con él. Espera mayor claridad y profundidad de ideas, tanto en ti mismo como en aquellos a los que diriges, a medida que vayas aplicando estos principios a tu vida y a tu liderazgo.

Parte 1

La vida interior

Dirigir una iglesia, una organización o un ministerio que transforme al mundo es algo que va más allá de exigir el uso de las últimas estrategias y técnicas de liderazgo que se hayan publicado. Para que se produzca un cambio permanente en las iglesias y las organizaciones, se necesitan hombres y mujeres dedicados a ser líderes basados en una vida interior profunda y transformada. Guiamos más a los demás fundamentados en lo que somos que en lo que hacemos, en cuanto a estrategias o a cualquier otro aspecto. Si no reconocemos que aquel que somos en nuestro interior es el que les da forma a todos los aspectos de nuestro líder, nos haremos daño a nosotros mismos y se lo haremos a aquellos a quienes guiamos.

Hay muchas cuestiones que podríamos identificar como importantes para el desarrollo y la transformación de la vida interior de un líder. Yo he decidido centrarme en cuatro que han surgido como fundamentales, tanto en mi propia vida, como en las dos décadas que llevo siendo de mentor de otros líderes. He descubierto que para ser líder basado en una vida interior profunda y transformada, tienes que:

- Enfrentarte a tu sombra
- Ser líder basado en tu condición de casado o de soltero
- Ir más lento para que haya una unión llena de amor
- Practicar el deleitarte en el Sabbat

Levantar un ministerio, una iglesia o una organización sin fines de lucro es algo que se parece mucho a la construcción de un rascacielos. Primero hay que cavar para poner los cimientos y después se construye lo que va encima. En este caso tu vida interior es representada por los cimientos. La calidad y la duración del edificio, o sea, el equipo u organización que dirijas, estará determinada por el cuidado con el que se hayan echado los cimientos. Permíteme ilustrar esto.

La isla de Manhattan está formada casi en su totalidad por piedra de granito viva, un tipo de roca muy dura y resistente. Para que pueda soportar el peso de un rascacielos de setenta y cinco o cien pisos, los constructores usan en los cimientos unas anclas llamadas «pilotes». Los pilotes son columnas de hormigón o de acero clavadas en el suelo hasta hacerlas penetrar en la roca sólida.

En el caso de los edificios especialmente altos, hay algunos pilotes que se clavan hasta llegar al equivalente de unos veinticinco pisos bajo el nivel del suelo. Entonces, el inmenso peso del rascacielos queda distribuido entre todos los pilotes. Estos sostienen juntos el peso de la estructura, que es gigantesco. Si se hace una perforación insuficiente y quedan mal clavados los pilotes, terminarán

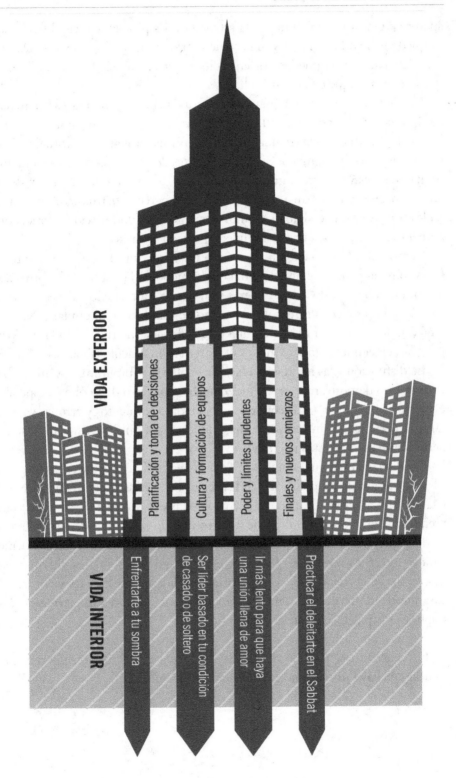

VIDA EXTERIOR

Planificación y toma de decisiones

Cultura y formación de equipos

Poder y límites prudentes

Finales y nuevos comienzos

VIDA INTERIOR

Enfrentarte a tu sombra

Ser líder basado en tu condición de casado o de soltero

Ir más lento para que haya una unión llena de amor

Practicar el deleitarte en el Sabbat

apareciendo resquebrajaduras en la estructura. Es posible que el edificio entero quede inclinado. Entonces se hace necesario echarlo abajo, o levantarlo por completo para que se puedan volver a colocar correctamente los pilotes, proceso que es costoso y que exige mucho tiempo.

En 1996, Dios usó el quebrantamiento que había en mi vida para enseñarme que la salud emocional y la madurez espiritual son inseparables. En ese momento comencé a clavar nuevos pilotes en mis cimientos espirituales. Pero pronto descubrí que, a menos que estos soportes de la estructura estuvieran profundamente clavados en el granito de mi alma, los niveles de mi vida y de mi liderazgo que se hallaban por encima de la superficie permanecerían vulnerables. Lo que yo necesitaba era unos cimientos profundos (vida interior) que pudieran soportar con eficacia mi liderazgo (vida exterior).

Como líder, había recibido cierto tipo de formación. Por ejemplo, aprendí cosas como la planificación y la toma de decisiones, o la cultura y la formación de equipos observando a otros líderes y sirviendo junto a ellos. De esos líderes aprendí a hacer ciertas tareas del liderazgo de una forma «estándar». No obstante, sin los sólidos cimientos de una profunda vida interior, hasta las mejores prácticas en el liderazgo solo me resultaban marginalmente eficaces.

La disfunción y las heridas con las que habían sido programados mi cerebro y mi cuerpo demostraron ser un suelo mucho más duro de lo que yo esperaba. Necesitaría muchos años de comienzos y paradas, de intentos y errores, y regresar a la perforación sin terminar antes de tener por fin los cimientos que me permitieron escribir estas páginas.

El liderazgo espiritual maduro se forja en el crisol de las conversaciones difíciles, la presión de los conflictos en las relaciones, el sufrimiento de los reveses y las noches oscuras del alma. A partir de estas experiencias, llegamos a comprender la compleja naturaleza de nuestro mundo interior. Además de esto, a medida que desarrollamos nuevas prácticas y ritmos lo suficientemente firmes para soportar las presiones que ejerce el liderazgo sobre nuestra vida interior, nos vamos convirtiendo de manera natural en líderes más fuertes y eficaces. Y pasamos de limitarnos a sostener la verdad y la sabiduría, a apropiarnos de ellas y aplicar a la práctica lo que conocemos.

Basta con lo dicho.

Comencemos el proceso de perforación observando tu vida interior para colocar en ella el primer pilote: enfréntate a tu sombra.

Capítulo 2

Enfréntate a tu sombra

La mayoría de los líderes andan siempre en busca de libros sobre el tema del liderazgo con el fin de descubrir herramientas, ideas o habilidades nuevas. Se nos encomienda la tarea de saber qué es lo próximo que se debe hacer, por qué es importante, y después traer los recursos necesarios para hacer que suceda. Y sin embargo, la tarea primera y más difícil a la que nos enfrentamos los líderes es la de guiarnos a nosotros mismos. ¿Por qué? Porque exige que nos enfrentemos a ciertas partes de lo que somos que preferiríamos descuidar, olvidar o incluso negar. Aquí tienes cómo describe esta experiencia el escritor y educador Parker Palmer:

> Todo lo que llevamos dentro clama en su contra. Por eso lo exteriorizamos todo: es mucho más fácil enfrentarse con el mundo exterior. Es más fácil pasarse la vida manipulando una institución, que enfrentándose a la propia alma de uno. Hacemos que las instituciones parezcan complicadas, duras y rigurosas, pero son una simpleza comparadas con nuestros laberintos internos.[1]

Las dos historias que siguen ilustran la naturaleza compleja y exigente de lo que significa recorrer esos «laberintos internos» que describe Palmer, enfrentarnos a nuestra sombra como líderes cristianos. Y por eso es tan fácil evadirla por completo.

Sean, el líder de negocios

Sean es un exitoso y bien dotado líder cristiano. De personalidad carismática, emprendedor, trabajador e inteligente, parece tener éxito en todo lo que emprende. Después de pastorear una iglesia durante diez años, fundó una compañía con fines de lucro para servir a otros pastores. Al cabo de unos pocos años, la organización tenía once empleados y estaba floreciente. Se consiguió un socio y se asentó dentro de la compañía en un papel que siempre había soñado tener.

El socio de Sean en el negocio hacía un gran trabajo en cuanto a llevar adelante las operaciones de todos los días, pero eso en realidad creó otro problema: Sean se sentía triste y aburrido. Su mecanismo para enfrentarse a la situación consistía en mantenerse ocupado comenzando nuevos proyectos, pero fue inevitable que se produjera un caos, porque él nunca terminaba nada de lo que comenzaba. Finalmente, su socio se cansó de tratar de arreglar lo que Sean echaba a perder, por lo que le dijo que era imposible trabajar con él. Todos los ritmos y disciplinas espirituales que Sean hubiera practicado en el pasado, habían desaparecido hacía ya mucho tiempo. Tenía socios a los que les rendía cuenta de su conducta, y una gran cantidad de amigos, pero ahora estaba bebiendo... y mucho. Y se sentía constantemente nervioso. Lo suficientemente nervioso como para tomar un vuelo hasta la ciudad de Nueva York para reunirse con nosotros en New Life.

Esta es la forma en que Sean describe su historia:

> Cuando me reúno con otros líderes visionarios como yo, la atmósfera se carga de electricidad. Soñamos, hablamos, planificamos y nos imaginamos un mundo mejor. ¡Me encanta! Pero he comenzado a notar algo que no es tan maravilloso en todo esto. Nos encanta hablar acerca de vivir de manera peligrosa y de la emoción que ellos sienten ante su próxima aventura, pero todo lo que sé es que soy totalmente adicto a las descargas de adrenalina que produce lo que va a pasar en el futuro. Y en las reuniones a las que asisto, nadie habla acerca de las repercusiones que puede tener esa clase de liderazgo.
>
> He logrado el éxito en las finanzas y extendido mi ministerio, pero me es imposible controlar mi ritmo y me siento paralizado por la ansiedad. Cualquiera creería que mientras más uno tiene, menos teme, pero lo cierto es lo opuesto. Mientras más son mis logros, más preocupaciones tengo. La presión que viene de tenerles que pagar a los empleados y mantener vivo el impulso me está gastando el alma... si es que me queda algo de alma.
>
> Yo sé que empujo con fuerza. Y promuevo con más fuerza todavía. Estoy comenzando continuamente más cosas. Me vienen más ideas. Y los talentos que Dios me ha dado para servir a la iglesia, ahora lo que

hacen es consumirme. Yo pensaba que el éxito iba a eliminar la presión que sentía sobre mi alma. Sin embargo, solo ha servido para empeorar las cosas.

En un día típico, así es la vida para mí:

Me comunico en exceso a través de los medios sociales.

Todo el tiempo estoy comprobando las estadísticas acerca del negocio.

No duermo bien, porque mi mente siempre está acelerada.

Vivo en un estado continuo de pánico.

Me enojo por cualquier cosa.

Ando a la carrera TODO EL TIEMPO.

Presiono constantemente a mi equipo para que trabaje con mayor inteligencia y mayor esfuerzo.

Desecho enseguida a la gente.

Siempre ando buscando la próxima idea o actividad.

La gente que me rodea; mi esposa, mis hijos, mis amigos, mis colegas, están pagando las consecuencias de todo esto. Me siento como si todas mis relaciones estuvieran a punto de romperse.

Así que, ¿qué hago? Trato de seguir desempeñándome y produciendo, al mismo tiempo que intento trabajar con mi alma de alguna manera. Pero no funciona. No puedo renunciar a mi trabajo para convertirme en monje, así que tiene que haber alguna manera, ¿no es cierto?

Aunque la historia de Sean pueda parecer un caso extremo, te aseguro que no lo es. Yo hablo continuamente con líderes cristianos cuyas vidas son tan caóticas y tan manejadas por impulsos como la de él. A Sean le espera un largo camino, pero ha dado el primer paso al permitirse experimentar el agudo sufrimiento que causa enfrentarse a unos aspectos de su persona que anteriormente se había esforzado mucho por evadir. Después de décadas de hacer caso omiso a sus «laberintos interiores», se siente desorientado. Era de esperarse. Pero por fortuna, ha dado su primer paso.

El impacto de la sombra sobre la vida de Sean no es difícil de notar. Sin embargo, sospecho que una cantidad mayor de líderes se podría identificar con la próxima historia, que habla de Jason y de la forma en que su sombra se mantuvo al amparo de la oscuridad en medio de la cultura cristiana contemporánea.

Jason, el pastor

Jason ha estado pastoreando la Primera Iglesia Congregacional, con sus ciento ochenta y cinco miembros, durante los últimos cinco años. Hace poco, tanto su esposa como un buen amigo lo han estado animando para que se imponga con mayor fuerza en la toma de decisiones para el ministerio y el liderazgo. Jason está de acuerdo en que debería hacerlo, pero también tiene temor de causar desagrado o desilusión en la gente. Su personalidad extrovertida y amistosa, junto con su buena capacidad para escuchar, le sirven de camuflaje a su reacción alérgica contra toda clase de conflictos.

No obstante, después de cinco años, los efectos dominó de esta aversión se están sintiendo ya en toda la iglesia. Por ejemplo, cuando Jessica se ofreció de voluntaria para ser la directora del ministerio con los niños, a Jason le preocuparon su falta de experiencia y su tendencia a sentirse ofendida con facilidad. No obstante, lo aceptó, porque no quería desilusionarla ni herirla. Pero al cabo de un año, él estaba haciendo parte del trabajo que le correspondía a ella para que el ministerio siguiera adelante y para aliviar las tensiones que experimentaban los voluntarios cuando interactuaban con ella. Tanto la junta de la iglesia, como la mayoría de los padres, sabían que Jessica no era la persona adecuada para desempeñar ese papel. Tenían en la sala un problema del tamaño de un elefante, pero nadie se quería enfrentar con él.

Jason también quiere comenzar un culto de adoración contemporánea a las once de la mañana, y pasar el culto actual de las diez a una hora más temprana. Escribió unos planes para proponer formalmente el cambio en una reunión de la junta, pero sospechó que dos de los seis miembros se opondrían fuertemente a él. Jason nunca llegó a proponer el cambio, ni a iniciar una conversación acerca del futuro de la iglesia. De manera que la iglesia sigue perdiendo gente joven.

La incapacidad de Jason para decir que no, para no estar de acuerdo o para arriesgarse a desilusionar a otros tiene sus raíces en su familia de origen, y en la forma en que se relacionaban entre sí en ella. Las reglas sobreentendidas con las que había crecido indicaban algo parecido a esto:

No incomodes a los demás.

Tú tienes la responsabilidad de hacer felices a tus padres.

Cuando te sientas triste o enojado, guárdatelo.

Eso llevó a Jason a no ser del todo sincero, y a involucrarse excesivamente en los sentimientos de la demás gente. Ahora, ese doloroso legado familiar está paralizando su liderazgo. Cuando un miembro de la junta lo invitó a desayunar, él sintió temor.

«¿Por qué siempre tienes que hacer las cosas de tal manera que nadie pueda tener nada en tu contra?», le preguntó aquel miembro de la junta.

Jason se sintió como si le hubieran propinado un puñetazo en el estómago.

Él sabe que no puede seguir evitando el enfrentamiento con su aversión a los conflictos por mucho más tiempo. Lo que tal vez no comprenda es que ese miembro de la junta, en realidad le estaba haciendo un obsequio. Ahora, la pregunta es esta: ¿qué va a hacer Jason con él?

Para poder arrancar de raíz la fuente de su intensa aversión con los conflictos, Jason se va a tener que enfrentar con la compleja y exigente naturaleza de su sombra. A diferencia de Sean, que ha dado sus primeros pasos reflexionando sobre la forma en que su caos interior se manifiesta externamente en su trabajo, Jason ha evitado lanzarse por ese camino... y su iglesia está sufriendo las consecuencias.

En estos momentos, Jason está consciente de que tiene un problema, pero todavía tiene que reconocer lo serio que es y cómo lo invade todo. El veredicto depende de la forma en que responda a la aguda observación que le hizo ese miembro de su junta. Por fortuna, tengo por experiencia que una vez que los líderes comprenden cómo es esa sombra, y se dan cuenta de que no son los únicos, porque todos tenemos nuestra sombra, la mayoría de ellos se le enfrentan con valentía. Mientras lo hacen, también descubren que los respaldan la gracia de Dios y el soplo del Espíritu Santo.

Así que centremos ahora nuestra atención en la labor de definir y desempacar esta escurridiza noción a la que llamamos *la sombra*.

¿Qué es la sombra?

Todos tenemos una sombra. Ahora bien, ¿qué es?

Tu sombra es la acumulación de emociones sin controlar, motivaciones poco puras y pensamientos que, aunque mayormente inconscientes, influyen de modo fuerte en tu conducta y la moldean. Es la versión dañada, pero mayormente escondida, de la persona que eres.

La sombra se puede manifestar de diversos modos. A veces se revela a sí misma en formas de conductas pecaminosas, como un perfeccionismo que lleva a la crítica, estallidos de ira, celos, resentimientos, lujuria, codicia o amargura. También se puede revelar de manera más sutil por medio de una necesidad de rescatar a los demás y caerle bien a la gente, una necesidad de ser notado, la incapacidad para dejar de trabajar, la tendencia al aislamiento o la rigidez. Hay aspectos de la sombra que pueden ser pecaminosos, pero también pueden ser simplemente debilidades o heridas. Tienden a aparecer en las formas en que tratamos de protegernos para no sentirnos vulnerables o al descubierto. Esto significa que la sombra *no es* simplemente otra palabra para referirnos al pecado. Si eso te hace pensar que es difícil señalar con seguridad lo que es tu sombra, estás en lo cierto. «Por su naturaleza misma, la sombra es difícil de captar», escriben los psicólogos Connie Zweig y Jeremiah Abrams. «Es peligrosa, desordenada, y siempre permanece escondida, como si la luz de la conciencia le robara la vida misma».[2]

La tristemente célebre historia del *Dr. Jekyll y Mr. Hyde*, de Robert Louis Stevenson, me ayudó a comprender mi propia sombra como algo que yace escondido inmediatamente por debajo de la superficie de mi yo más respetable. Durante el día, el Dr. Jekyll lleva una vida refinada y muy respetable con muchos amigos, pero por las noches ronda por las calles como el violento Mr. Hyde. Aunque al principio disfruta de su capacidad para complacer a Mr. Hyde, su lado sombrío, con el tiempo, el Dr. Jekyll pierde su capacidad de control y comienza a pasar una y otra vez entre sus dos identidades. Cada vez más, se convierte en el tenebroso Mr. Hyde en los momentos más inoportunos. La historia termina cuando Jekyll se da cuenta finalmente de que pronto se convertirá en el malvado Hyde para siempre, y se quita la vida. Aunque Stevenson presenta el lado sombrío del Dr. Jekyll como abiertamente malvado, que no es como nosotros estamos describiendo nuestra sombra, yo me identifico en especial con los esfuerzos del Dr. Jekyll para evitar a toda costa el tenerse que enfrentar a la realidad de su sombra.

Entonces, ¿cómo se revela la sombra en el liderazgo? He aquí unos ejemplos:

- Muchos de nosotros tenemos dones para hablar y para movilizar a la gente. Eso es bueno. El lado sombrío de estos dones podría ser una sed insaciable de apoyo. Hasta las manifestaciones públicas de arrepentimiento y de fracaso podrían estar motivadas por un hambre inconsciente de aprobación. Tampoco es nada raro que aquellos de nosotros que tengamos dones para hablar en público los usemos para distanciarnos de las relaciones estrechas.
- Valoramos la excelencia. Eso es bueno. El lado de la sombra surge cuando la búsqueda de esa excelencia pasa de la raya para llegar al perfeccionismo que no permite errores. Nuestro perfeccionismo se convierte en una manera de silenciar nuestras propias voces interiores de vergüenza.
- Sentimos celo por la verdad de Dios y por la doctrina correcta. Eso es bueno. La sombra surge cuando ese celo nos impide amar a los que no estén de acuerdo con nosotros. Lo mueven nuestras propias inseguridades y nuestros temores en cuanto a sentirnos competentes y «estar en lo cierto».

- Queremos ver que la iglesia use al máximo su potencial para Cristo. Eso es bueno. Sin embargo, la sombra toma el control cuando nos volvemos tan preocupados por el logro de los objetivos, que no estamos dispuestos o no somos capaces de escuchar a los demás, y creamos un ritmo de trabajo insostenible para los que sirven con nosotros. La motivación de la sombra podría ser una desesperada necesidad de recibir el elogio de los demás por nuestro trabajo.

- Nos encanta servir. Eso es bueno. La sombra se revela cuando nos escondemos en la cocina en las reuniones sociales para evitar entrar en conversación con la gente. Es nuestra manera de protegernos de la posibilidad de acercarnos a los demás.

- Aceptamos una nueva asignación en una ciudad diferente. Eso es bueno. La sombra surge cuando, antes de marcharnos, nos buscamos una pelea con otro líder en nuestra asignación actual con respecto a unas cuestiones que nunca antes nos habían molestado. ¿Por qué? Porque es más fácil eso, que reconocer la tristeza que sentimos y decir: «Lo voy a echar de menos».[3]

Estos son todos ejemplos generales, así que permíteme compartir contigo un ejemplo personal reciente sobre mi propia sombra en acción. Te advierto de antemano que no tiene nada de bonito.

Geri y yo estábamos sentados para tener una de nuestras reuniones ocasionales entre dos miembros del personal. Yo tenía una agenda con cuatro o cinco puntos, el primero de los cuales era pedirle a Geri que me diera su impresión sobre una revisión de la declaración de misión que tenemos en nuestra organización, Espiritualidad Emocionalmente Sana. Yo había estado reflexionando sobre la declaración y pidiéndoles opiniones a diferentes personas durante más de tres meses. Pensaba que se lo presentaría a Geri brevemente para conseguir su opinión.

Estábamos sentados en sofás separados, de frente uno a otro, mientras yo le entregué a ella la declaración de misión revisada.

Ella se quedó contemplando el papel.

—Déjame pensarlo... No estoy segura —me dijo.

Una sacudida de tensión me recorrió todo el cuerpo, pero traté de esconder mi irritación.

—Este es un asunto para tres minutos —le dije secamente—. En realidad, lo que estoy esperando que me digas es que esto es fantástico; no que me sugieras una revisión total.

Geri, notando mi impaciencia, y mi tono de irritación, permaneció en silencio.

Después de una pausa, me dijo:

—Yo creo que cambiaría esto para que dijera... —entonces dejó de hablar.

La tensión que había entre los dos era palpable.

—Pete, ¿qué está pasando dentro de ti en estos momentos? —me preguntó—. ¿Qué estás sintiendo?

Yo sabía que aquello no iba a ser bueno.

—¿Y de dónde viene eso? —siguió diciendo—. Yo te he visto hacer esto en las reuniones con otras personas. Y no está bien. Es decir, tú estás escribiendo un libro, ¿sabes?, que se llama *El líder emocionalmente sano*.

Geri estaba serena. Yo no. En parte lo que quería era atacarla, defenderme o gritar.

Un pesado silencio llenaba el ambiente.

Cerré los ojos y respiré hondo. Había quedado al descubierto una parte de mi sombra, y la podía ver... otra vez.

No había atravesado la línea hacia el pecado... todavía. Pero lo estaba pensando seriamente. Respiré y pensé sobre la pregunta de ella. Le envié un S.O.S. al Espíritu Santo, para pedirle poder y dominio propio.

—Geri, ahora mismo estoy ansioso, impaciente, frustrado —le dije finalmente—. Todo lo que yo quería era pasar unos pocos minutos en esto y escuchar que me dijeras: «Esto está magnífico», o «Tal vez deberías cambiar una palabra». No quería nada más. Así que en realidad, mi pregunta no era sincera ni clara.

—¿Y de dónde sale *eso*? —me preguntó.

Yo dejé que aquel pesado silencio llenara toda la habitación.

—Te voy a decir de dónde viene —dije finalmente—. De mi familia. Ellos están en mí. ¡Todas esas cosas están en mí: la impaciencia, la ansiedad, el no tomarme el tiempo necesario para pensar con detenimiento y claridad lo que estoy preguntando! Cuando tú no me dijiste inmediatamente que esto estaba estupendo, todo lo que me vino a la mente fue la continua negatividad que había en las respuestas de mi familia cuando yo era un niño.

Era doloroso ver aquello con tanta claridad... y no por vez primera.

Aun así, le di gracias a Dios por la gracia de *poderlo* ver, que impidió que atacara a Geri, o me defendiera a mí mismo. Y me sentí agradecido por la gracia que impidió que dejara que mi sombra cruzara la línea y llegara al pecado.

Le pedí perdón a Geri y nos fuimos a descansar y a tomar un té. Diez minutos más tarde, estábamos pasando al segundo punto dentro de la agenda de nuestra pequeña reunión de personal.

En parte, lo que me permitió recuperarme al instante fue una sana teología bíblica que me recordó que yo soy más que mi sombra.

¿Hasta qué punto es sana tu manera de relacionarte con tu sombra?

Usa la lista de afirmaciones que aparece a continuación para hacer una breve valoración de tu relación con tu sombra. Junto a cada afirmación, escribe el número que describa mejor tu respuesta. Usa la escala siguiente:

5 = Siempre es cierto

4 = Muchas veces cierto

3 = Ocasionalmente cierto

2 = Raras veces es cierto

1 = Nunca es cierto

_____ 1. Tengo la costumbre de tomarme un tiempo para experimentar y procesar mi ira, mis temores y mi tristeza con Dios y con los demás.

_____ 2. Estoy sanamente consciente de mi sombra: mis heridas, mi autoprotección y mis debilidades, y también de cómo me siento tentado a pecar contra otras personas en los momentos en que no estoy vigilante.

_____ 3. Cuando me disparo; cuando tengo una reacción excesiva, en lugar de culpar a otros, me tranquilizo y me pregunto: «¿Qué cosa de mi pasado podría estar causando que yo reaccione con tanta fuerza ante esta situación o persona?».

_____ 4. Soy sincero conmigo mismo y con unos cuantos que son importantes para mí, acerca de las luchas, las dudas y las heridas que llevo muy por debajo de la superficie de mi vida.

_____ 5. Tengo por costumbre buscar y aceptar las sugerencias de otras personas acerca de las formas en que experimentan mis defectos como líder.

_____ 6. Me tomo el tiempo que sea necesario para hacer preguntas difíciles acerca de mí mismo, aunque tema dónde me podrían llevar las respuestas.

_____ 7. Busco constantemente la orientación de unos mentores, un consejero, un director espiritual u otros creyentes maduros que me ayuden a procesar las formas en que se manifiesta mi sombra en mi liderazgo.

_____ 8. Enseguida busco ayuda cuando estoy excesivamente estresado o dedicado a formas de conducta que no son sanas, o que son autodestructivas.

_____ 9. Puedo identificar las raíces de mis debilidades y fallos en el liderazgo (motivaciones mezcladas, temor a lo que piensen los demás, ansiedad, ira, etc.) en mi familia de origen o en mi historia personal.

_____ 10. Soy capaz de adelantarme a momentos y temporadas que podrían ser difíciles para mí, y pedir apoyo por adelantado.

Dedica un momento a revisar brevemente tus respuestas. Para ti, ¿qué es lo que más se destaca? Aunque no hay una puntuación definitiva para la evaluación, al final del capítulo (páginas 84–85) hay algunas observaciones generales que te pueden ayudar a comprender mejor el punto en el cual te encuentras. Aunque tu puntuación no sea lo que tú esperabas, date crédito a ti mismo por haber hecho esta evaluación. En realidad, se trata de un significativo paso hacia adelante en el crecimiento para convertirse en un líder más eficaz y saludable. La madurez espiritual y el liderazgo son un maratón, no una carrera forzada de última hora... Permítete avanzar en ellas paso a paso.

Eres más que tu sombra

Cuando se trata de comprender la sombra que llevamos dentro, y de enfrentarse a ella, muchos líderes cristianos caen en uno de estos dos puntos de vista extremos. El primero dice: *soy totalmente malo. Soy terriblemente pecador y nada bueno habita dentro de mí* (lee Romanos 7.18). El otro extremo declara: *soy totalmente bueno. Soy una nueva criatura en Cristo; un santo que es una obra formidable y maravillosa de Dios* (lee 2 Corintios 5.17; Salmos 139.14). Ambos puntos de vista contienen elementos de verdad, pero identificarnos con uno sin tener en cuenta al otro nos lleva a una distorsión bíblica. Para tener una perspectiva sana sobre la sombra, tenemos que mantener ambos extremos unidos en una tensión saludable.

En cualquier momento dado, la mayoría de nosotros somos una mezcla de esas tensiones y contradicciones. Por ejemplo, algunas veces soy vulnerable y sensible. Otras veces me pongo a la defensiva. Soy amoroso, también a veces soy prejuiciado y poco amable. Soy muy trabajador cuando se trata de preparar sermones y de escribir; también es posible que sea perezoso cuando se trate de aprender algo nuevo de tecnología o apartar un tiempo para una soledad y un silencio extensos. Me siento tranquilo en ciertas situaciones, como cuando hablo en público; me vuelvo ansioso cuando tengo demasiadas cosas que hacer en un tiempo muy corto. Se puede confiar en mí cuando se trata del trabajo, el liderazgo y mis responsabilidades en la iglesia. No se ha podido confiar en mí cuando se ha tratado de tomar la responsabilidad de planificar y preparar las vacaciones de la familia. Soy educable y estoy dispuesto a aprender de una amplia variedad de fuentes. Además, he sido rígido y obsecado en cuanto a aprender de ciertos cristianos con los cuales no estoy de acuerdo.

Dios nos invita a integrar estas realidades coexistentes en nuestra comprensión de nosotros mismos y de nuestro liderazgo. Reconocemos que tenemos un tesoro, y que somos un tesoro, pero ese tesoro habita en un verdadero vaso de barro (lee 2 Corintios 4.7).

Si nos creemos la mentira de que la sombra es lo que es más cierto de todo con respecto a nosotros, muy bien nos podríamos sentir abrumados y, potencialmente, darnos por vencidos, creyendo que no nos queda nada que hacer. Y eso tiene graves consecuencias. Sin embargo, no podemos ignorar la sombra sin tener que pagar un precio.

Sabes que es tu sombra cuando...

- Actúas de manera inadecuada en medio de las presiones.

- No quieres que alguien triunfe porque te ha hecho daño.

- Una persona o una circunstancia te impulsa y dices cosas que más tarde lamentas haber dicho.

- No le haces caso a tu cónyuge o compañero de trabajo cuando saca a relucir una cuestión difícil acerca de ti y de tu conducta.

- Sigues haciendo lo mismo una y otra vez, a pesar de que las consecuencias siguen siendo negativas.

- Te sientes enojado, celoso y envidioso... con mucha frecuencia.

- Haces y dices cosas por temor a lo que piense otra gente.

- Trabajas más en lugar de reflexionar más cuando te sientes ansioso.

- Tiendes a idealizar a otros que parecen haber recibido de Dios unos dones especiales, olvidando que ellos también tienen una sombra y están averiados igual que tú.

- Haces comentarios negativos con otros acerca de aquellos que te causan frustración, en lugar de ir a ellos directamente.

Las consecuencias que se producen cuando decides ignorar tu sombra

Enfrentarnos a la sombra es una tarea formidable. La parte de nosotros que nos protege puede ser muy creativa en cuanto a encontrar unas formas de evitarlo que van a dar la impresión de ser legítimas y justificables. Sin embargo, a lo largo de los años, he descubierto que esas maniobras se pueden clasificar en unas pocas categorías principales: negación, minimizar, culparnos a nosotros mismos, culpar a otros, racionalizar, distraer o proyectar hacia fuera la ira.

Cualquiera que sea el escudo defensivo al que acudamos siempre, las consecuencias que tiene la decisión de ignorar a la sombra son devastadoras.

Tu sombra va a socavar lo mejor que haya en ti

Los estudios indican que el CE (cociente emocional; en inglés, EQ) es tan crítico, que constituye cincuenta y ocho por ciento del rendimiento en toda clase de trabajos.[4] De hecho, la inteligencia emocional en el puesto de trabajo triunfa sobre casi todos los demás factores, como el CI (inglés, IQ), la personalidad, los estudios, la experiencia y los dones, cuando se trata de la eficacia del líder en el rendimiento.[5] Cuando pensamos en el deseo que tiene Dios de que Cristo sea formado en nosotros, y su gran preocupación por nuestro carácter, las consecuencias para nosotros tienen un alcance mucho mayor. Pensemos en unos pocos ejemplos sobre la forma en que esto funciona en diferentes escenarios de liderazgo:

- William es un pastor bien dotado y eficaz, pero la naturaleza caótica de su familia de origen lo lleva a dominar y controlar ambientes, tanto en su hogar como en el trabajo. Continuamente, los líderes y los miembros del personal se van de la iglesia, debido a una falta de oportunidades para ejercitar sus dones y aprender de sus propios errores.
- Christine es una destacada directora ejecutiva de ministerios; organizada, detallista y capaz de aprender con rapidez. Trabaja en una iglesia que se halla en rápido crecimiento. Pero es tan fuertemente sensible a las críticas y las apariencias de fracaso, que eso causa un impacto negativo en su capacidad para trabajar con su equipo, formado por líderes mayormente emprendedores. Se está sintiendo cada vez más resentida por el hecho de que la descripción de sus responsabilidades en el trabajo cambie cada seis meses, a medida que se van entregando a otros un número mayor de las responsabilidades de ella.
- Evelyn ha recibido de Dios un don para darles mentoría a los estudiantes y dirigir el ministerio con los adultos jóvenes de su iglesia. Está en constante movimiento, lanzando nuevas iniciativas para ampliar la obra, pero no está consciente de que esos impulsos que la llevan a realizar su trabajo proceden en parte de un guión familiar que dice: *no vales nada, a menos que hagas algo grande.* La mitad de sus voluntarios se cansan en sus esfuerzos por mantenerse a la par de Evelyn, y renuncian al cabo de dos o tres meses.

Lamentablemente, los líderes de estos ejemplos están ignorando sus sombras y cosechando consecuencias negativas como resultado.

Aunque comencé a darme cuenta de la presencia de mi sombra, y empecé a trabajar en ella en el año 1996, hasta el 2007 no llegué a reconocer plenamente la profundidad que tenía su impacto en mi liderazgo. Ese estancamiento se rompió cuando por fin me enfrenté con las motivaciones escondidas que impulsaban las formas de conducta procedentes de mi sombra; en especial alrededor de las cuestiones relacionadas con la contratación y la cesantía del personal. Durante todo ese proceso, surgieron tres cuestiones primarias.

La primera giraba alrededor de la validación. Cuando predicaba y dirigía desde el frente, recibía mucho apoyo. La gente se me acercaba. Me decía cosas agradables. Cuando hablaba de verdades dolorosas o tomaba una decisión difícil, la gente se alejaba de mí. Me evitaban o decían cosas poco amables acerca de mí a mis espaldas. (En la mayoría de los casos, eso tenía que ver más con mi imaginación que con la realidad).

Yo sentía un gran deseo de evitar que la gente se alejara de mí. Las raíces de eso se remontan a mi familia de origen. Ninguno de mis padres poseía los recursos emocionales necesarios para apoyar de manera adecuada a sus cuatro hijos. Ellos mismos nunca habían recibido apoyo. Como consecuencia de eso, yo vivía con un agujero emocional y sentía una profunda necesidad de que me aceptaran y me aprobaran. Cuando comprendí la conexión entre la falta de apoyo de mi niñez y mi intensa necesidad de evitar que la gente se alejara de mí, pude comprender, al menos en parte, por qué evitaba de manera tan continua las conversaciones difíciles. El problema estaba en que mis esfuerzos por evitarlas habían ido mucho más allá de una preocupación de tipo personal, y ahora estaban causando un impacto en toda la iglesia.

El segundo problema se refería a mentir y decir la verdad. Ya en aquellos momentos en la historia de New Life, teníamos cerca de veinte miembros del personal, además de una Corporación de Desarrollo de la Comunidad que albergaba un centro de salud, una despensa y otros ministerios. New Life se había ido volviendo cada vez más compleja. Yo soy fuerte en cuanto a predicar, enseñar y forjar visiones. No soy tan fuerte en cuanto a administrar, manejar presupuestos, contratar y despedir, y planificar detalladamente de manera estratégica. Así que me centraba en aquello que hacía bien, e ignoraba lo más que podía las funciones ejecutivas para las que no era tan bueno.

No estaba actuando con sinceridad conmigo mismo, con el personal ni con la iglesia. No les daba a los miembros del personal una sincera evaluación acerca de su rendimiento, para que no se sintieran mal. Evitaba hacer preguntas difíciles, con el temor de que eso me llevara a escuchar unas respuestas que no quería escuchar. Daba la impresión a veces de que las cosas estaban mejores de lo que estaban en realidad. Daba la impresión de estar feliz cuando no lo estaba.

La tercera cuestión se relacionaba con mi pesimismo en cuanto a mi capacidad para proporcionarle un fuerte liderazgo a la organización. Desde 1923, mi familia ha sido la dueña de una panadería italiana en Nueva York. Se mantiene en un estado de caos y mal organizada. Yo absorbí el mensaje de que los Scazzero son buenos para charlas (exagerando y embelleciendo a la hora de presentar una visión), pero que no eran buenos en cuanto a llevar adelante con eficacia una organización. Así que excusaba mis fallos en el liderazgo ejecutivo de New Life diciendo: «Simplemente, yo no soy bueno en esas cosas». Ni siquiera me podía imaginar un cambio en el mandamiento familiar de vivir en un caos y sus arraigados patrones de desorganización. Prácticamente, casi podía oír la voz de mi madre: «Tú no puedes hacer eso. No sabes lo que estás haciendo».

Como la mayoría de los pastores y los líderes, gravitaba hacia las cosas que me gustaban, como dar unas clases extra acerca del Apocalipsis en el verano, en lugar de dedicar aquel tiempo a pensar realmente acerca del personal, los presupuestos y las reuniones de supervisión. A corto plazo, tranquilizaba mi ansiedad, pero a largo plazo, solo la aumentaba. Como consecuencia, mi sombra socavó a lo largo del tiempo hasta los puntos fuertes y los dones que había aportado a mi papel de líder.

Tu sombra va a limitar tu capacidad para servir a los demás

En el mismo grado en el que reconozcas y enfrentes tu propia sombra, podrás liberar a otros para que enfrenten la de ellos. Yo no ando buscando la sombra de nadie, pero cada vez se me hacen más obvias. ¿Cómo es eso posible? ¡Porque conozco la mía!

Uno de mis refranes favoritos procede de una historia que aparece en *The Desert Fathers* [Los padres del desierto] acerca de un monje del siglo cuarto llamado Juan el Corto. Otro monje que se sentía celoso se apareció ante Juan mientras este estaba enseñando en el frente de la iglesia.

> [El monje] le dijo: «Juan, tu copa está llena de veneno».
> Juan le respondió: «Sí... así es. Pero eso lo dijiste cuando solo podías verla por fuera. Me pregunto qué dirías si la vieras por dentro».[6]

Juan el Corto no se pone a la defensiva en su respuesta. No ataca al monje ni le dispara una serie de palabras inútiles con el fin de desviar de sí mismo la conversación. Admite valientemente su vulnerabilidad y lo que sabe que es cierto acerca de él mismo. Como el apóstol Pablo, afirma: «Los pecadores, de los cuales yo soy el primero» (lee 1 Timoteo 1.16). El reconocimiento de la realidad y la profundidad de la sombra, en lugar de negarlos, es una indicación de madurez emocional y espiritual. En el caso de Juan el Corto, él no se retiró a un caparazón autoprotector y dejó de servir a los demás. Lo que hizo fue permanecer dispuesto y vulnerable ante los que le criticaban.

Si lo que deseamos es guiar y servir a los demás, tenemos que enfrentarnos a esta realidad simple y dura: en el mismo grado en que ignoremos nuestra sombra, es el grado en el cual nuestro amoroso servicio a los demás queda limitado. Reconocerás esta dinámica en la historia de Charles.

Charles es un obrero paraeclesiástico bien dotado, con un historial impresionante. Publicó tres libros de poesía antes de graduarse en una notable universidad. Es un «superlíder» con un gran futuro; tiene una personalidad carismática, es correcto al hablar y creativo. Todo un conferenciante muy buscado. Es también miembro del grupo pequeño que se reúne en nuestro sótano. Sin embargo, cada vez que compartía algo en nuestro grupo, siempre parecía que había algo fuera de lugar. Yo no estaba seguro de lo que era, pero sus afirmaciones parecían vacías, aunque sus palabras y sus logros eran impresionantes.

Charles y yo nos sentamos un domingo por la tarde a conversar acerca de la forma en que su familia de origen había impactado lo que él es hoy. La semana anterior, nuestro grupo había hablado acerca de los aspectos de nuestra sombra que están llenos de temor y son protectores, defensivos, manipuladores y dedicados a promovernos a nosotros mismos. Él me habló de la cantidad de hombres que había en su familia, que llevaban una doble vida, fingiendo ser alguien que no eran. Entonces me habló acerca del pequeño pueblo de campo en el que se crió, cómo se sintió al haber podido llegar a la gran ciudad que es Nueva York, y cómo en su pueblo estaban muy orgullosos de sus logros.

«Charles», le dije, «al parecer, tú has edificado gran parte de tu vida alrededor del hecho de ser orador, autor, poeta, rapero, líder exitoso; pero ¿quién eres *realmente*... debajo de todo eso?».

Él se quedó en silencio. Mirando con melancolía al suelo, me respondió: «Pastor Pete, no estoy seguro».

Pocos meses más tarde, Charles y yo nos reunimos de nuevo. Entonces, me dijo: «Después de identificar los problemas que hay en mi familia y el impacto que causan en mí hoy, Dios me ayudó a reconocer mi sombra. Miré mis libros de poesía, mis logros y la perfecta historia que había construido acerca de mi vida. Y sentí que Dios me estaba invitando a tomar una decisión. Podía tratar de revisar y pulir mi historia más aún para presentarme como un hombre perfecto y feliz, o podía permitir que Dios me redimiera y me restaurara».

Hizo una breve pausa y después sonrió. «Yo escogí la redención... y, ¿sabe una cosa? Ya está comenzando a cambiar mi manera de escribir y de hablar. No sé hacia dónde me lleva todo esto, pero me siento maravillosamente bien».

Tu sombra te va a cegar con respecto a las sombras de los demás

En su libro *La negación de la muerte*, el antropólogo cultural Ernest Becker observa que los humanos tenemos una necesidad universal de figuras heroicas que estén menos indefensas o deshechas que nosotros. Damos por seguro que Dios les ha sonreído, concediéndoles dones especiales, inteligencia y sabiduría. Parecen haber triunfado sobre las dificultades de la vida. Nos deslumbran con la confianza que tienen en ellos mismos.

Cuando nos negamos a enfrentarnos a nuestra propia sombra, o bien nos cegamos ante las sombras de los demás, o no las tendremos en cuenta. Esta ceguera hace que idealicemos a ciertas personas, como si ellas no tuvieran una sombra, al igual que el resto de nosotros. El resultado es que con frecuencia nos sentimos peores con nosotros mismos, cayendo en las arenas movedizas de una morbosa introspección en la cual nos hundimos más aún bajo el peso de nuestra propia sombra. O a veces, es posible que juzguemos a los demás a causa de sus imperfecciones, murmurando cruelmente acerca de ellos, movidos por nuestros propios celos e inseguridades. Olvidamos que ellos también tienen una sombra que los deja sintiéndose tan inadecuados y tan vulnerables como nos sentimos nosotros.

Así que, cuando alguien te ponga en un pedestal, te idealice y proyecte sobre ti unas cualidades que te parecen distinguir y ponerte aparte del resto de la humanidad caída, recuerda que es posible que ese alguien te desprecie algún día, cuando termine dándose cuenta de que tú también tiene una sombra. Como escribe Becker, todos somos simplemente «*homo sapiens*, cosecha normal».[7]

Jesús estaba profundamente consciente de las sombras que llevaban consigo sus seguidores. Después que echó del templo a los cambistas de dinero y mucha gente creyó en él, las Escrituras nos presentan el siguiente comentario: «En cambio Jesús no les creía porque los conocía a todos» (Juan 2.24). Él sabía que solo creer no era la cura para la sombra. No tenemos que mirar más allá del apóstol Pedro en busca de una prueba: el apóstol que había declarado valientemente que Jesús es el Mesías, y después lo había negado con toda facilidad tres veces después de su arresto.

Así que necesitamos estar conscientes de las consecuencias que puede llegar a tener el que ignoremos la sombra. Sin embargo, también encontramos bendiciones positivas cuando seguimos los caminos de Dios.

Los dones que produce la decisión de enfrentarte a tu sombra

Dios nos ofrece dones maravillosos cuando nos decidimos a enfrentarnos valientemente a nuestra sombra. Y cuando hablo de maravillosos, quiero decir dolorosos, pero que valen la pena; la clase de dones que podrían ser llamados misericordias severas. Aunque el pensamiento de enfrentarnos a nuestra sombra nos pueda llenar inicialmente de temor, una vez que escojamos la senda que nos lleva hacia dentro de ella, encontraremos que allí nos está esperando Dios, ofreciéndonos al menos dos dones magníficos.

Quebrantas el poder oculto de tu sombra

Una de las grandes verdades de la vida es esta: *no podemos cambiar aquello de lo que no estamos conscientes.* En cambio, una vez que reconozcamos nuestra sombra, tanto sus causas radicales como sus expresiones, su poder sobre nosotros queda disminuido, si no quebrantado. Iluminar la sombra con la luz de Jesús es el primer y más importante paso que debemos dar para recibir este don.

El apóstol Pablo era una de las mentes más brillantes de sus tiempos. Guiaba con poder como apóstol, evangelista, pastor y maestro. Recibía de Dios asombrosas visiones y revelaciones. A pesar de las persecuciones, las amenazas de muerte y una continua corriente de circunstancias adversas, tuvo un éxito nunca superado en la fundación de iglesias a lo largo de todo el Imperio Romano. Sin embargo, la intensidad de sus enemigos y la presión que ejercía sobre él el peso de las iglesias tienen que haber puesto a prueba su carácter. No conocemos la naturaleza de su sombra, pero sospecho que debe haber sido un hombre obstinado con el potencial de ser autoritario, intolerante y violento (piensa en la forma en que persiguió a la Iglesia en sus primeros años).

Pablo hablaba abiertamente sobre la forma en que Dios lo humillaba y lo hacía débil por medio de «una espina me fue clavada en el cuerpo» (2 Corintios 12.7). No sabemos si se trataba de una dolencia física, de la agonía de ser perseguido y malentendido, o de una tentación espiritual con la cual tenía que luchar. En cambio, sí sabemos que lo atormentaba y desalentaba. También le daba poder para ser líder basado en su debilidad y en su vulnerabilidad. En ese sentido, era un don; una de las formas en que Dios lo ayudaba a enfrentarse a su sombra y quebrantar su poder. Pablo mismo se refiere a su debilidad, considerándola una paradójica fuente de fortaleza:

> *Tres veces le rogué al Señor que me la quitara; pero él me dijo: «Te basta con mi gracia, pues mi poder se perfecciona en la debilidad.» Por lo tanto, gustosamente haré más bien alarde de mis debilidades, para que permanezca sobre mí el poder de Cristo. […] porque cuando soy débil, entonces soy fuerte.*
>
> (2 CORINTIOS 12.8–10)

La sombra de Pablo no era una fuente de vergüenza. Al contrario, se había convertido en una fuente de sana jactancia, puesto que le proporcionaba un medio a través del cual el poder y la vida de Jesús fluían por medio de él.

De igual manera, una vez que reconocí algunas de mis tenebrosas tendencias, como buscar de forma inadecuada mi propia validación, adornar la verdad, creer lo peor acerca de mí mismo como líder de una organización, me decidí a *no* seguir esas inclinaciones derrotistas. Así que las reconocí con franqueza ante aquellos que me eran más cercanos. Me recordé a mí mismo todos los puntos fuertes que Dios ya había desarrollado en mí. Algo muy parecido a la forma en que David le recordó a Saúl, y se recordó a sí mismo, que con la ayuda de Dios, ya había matado a un león y a un oso, así que podría pelear con Goliat (1 Samuel 17.36–37), identifiqué y recordé con detenimiento mis propias pequeñas victorias hasta aquellos momentos, para recordarme a mí mismo la fidelidad y el poder de Dios.

También me reuní con mentores y consejeros sabios que me entrenaron en las funciones ejecutivas del liderazgo: contratar, hacer pasar a las personas por transiciones, planificar de manera estratégica, planificar presupuestos, administrar proyectos grandes, etc. Aparté tiempo, no solo para crear metas específicas, sino para pensar con detenimiento los pasos y el tiempo que se necesitaban para alcanzar esos objetivos. Fue un proceso doloroso, pero transformador, tanto para mí como para New Life. Hice aquellas tareas una y otra vez, hasta que se volvieron más naturales para mí. Mientras tanto, el poder escondido de la sombra sobre esos aspectos de mi vida y mi liderazgo iba quedando quebrantado.[8]

Descubres los tesoros escondidos de la sombra

Dios nos promete a través del profeta Isaías: «Te daré los tesoros de las tinieblas, y las riquezas guardadas en lugares secretos» (Isaías 45.3). Esta promesa es especialmente cierta cuando nos decidimos a entrar en los lugares tenebrosos de la sombra, y permitir que esos lugares se conviertan en herramientas para servir a Dios. La vida de Abraham Lincoln nos ofrece una hermosa ilustración de este don.

Lincoln tuvo que luchar con una seria depresión desde que era muy joven. A sus veintitantos años, a veces los vecinos se lo llevaban a sus casas por una semana o dos a la vez, con el fin de vigilarlo, no fuera a ser que se quitara la vida. En sus veintitantos y treinta y tantos años, tuvo tres crisis, y no se atrevía a llevar consigo una navaja de bolsillo. Como abogado de campo con un solo año de escolaridad formal, Lincoln tenía todo un historial de derrotas al tratar de ser elegido para ejercer funciones públicas. Cuando por fin fue elegido presidente, se reían de él, considerándolo un pueblerino y una deshonra. Tuvo que entrar escondido a Washington, DC, para su inauguración en el cargo, a causa de la cantidad de personas que lo querían matar.

En los primeros años de su presidencia, sus fallos y reveses fueron fuente de una despiadada burla pública. Sus generales militares actuaron pobremente en las primeras etapas de la Guerra Civil. Cuando Willie, su hijo favorito, murió a los once años, Lincoln quedó destrozado. Al terminar la Guerra Civil en 1865, uno de cada cinco hombres entre las edades de quince y cuarenta años había muerto en el conflicto: 529.000 hombres, en un país de treinta y dos millones de habitantes habían perdido la vida. Prácticamente todas las familias habían sido tocadas por el sufrimiento y la pérdida. Y sin embargo, el desarrollo personal y espiritual de Lincoln durante aquellos años fue asombroso. Señaló con claridad que Dios *no* se había puesto de parte de ninguno de los dos bandos en la Guerra Civil, explicando su punto de vista de que la guerra era consecuencia del pecado de la esclavitud. Convocó a nueve días de ayuno y oración nacional. Cuando terminó la guerra, Lincoln no mostró odio, ni la necesidad de vengarse de sus antiguos enemigos, ofreciéndoles el perdón y la reconciliación a los oficiales y soldados del Ejército Confederado que se rindieron.

¿Cómo fue esto posible? En su libro *Lincoln's Melancholy* [La melancolía de Lincoln] el escritor Joshua Wolf Shenk describe cómo Lincoln fue capaz de integrar su melancolía y sus fracasos dentro de un propósito mayor. Shenk sostiene que de hecho, fueron el sufrimiento y la debilidad de Lincoln los que más tarde alimentaron su grandeza e impulsaron su transformación personal.

> Por largo tiempo, los observadores han notado cómo Lincoln combinaba conjuntos de cualidades opuestas. Harriet Beecher Stowe, la autora de *La cabaña del Tío Tom,* escribió que él era inestable, pero fuerte, como un cable de acero que se mueve en medio de las tormentas,

pero que marcha tenazmente hacia su final. Carl Sandburg describió a Lincoln como «acero y terciopelo... duro como la roca y suave como el movimiento de la neblina». Como lo indican estas metáforas, Lincoln no solo aceptaba sus contrastes; las dudas sobre sí mismo con la seguridad, la esperanza con la desesperación, sino que de alguna manera las reconciliaba para producir algo nuevo y valioso. En esto encontramos la clave de su creativa obra como presidente... y una lección perdurable. Muchas veces, llevar una buena vida exige integrar entre sí un montón de contrastes para hacer un todo duradero.[9]

El camino que tomó Lincoln durante toda su vida exigió que integrara sus numerosos dones y talentos con sus fracasos, sus debilidades y su depresión. ¿Cómo era su sombra? No lo podemos saber con seguridad, pero tal vez fuera su tendencia al desespero y al odio hacia sí mismo. O puede haber sido el deseo de reconocimiento público y de aprobación. Tal vez esto podría explicar el que no fuera capaz de despedir a los generales incompetentes de la Unión en los primeros años de la Guerra Civil.

Cualquiera que fuera la sombra de Lincoln, está claro que el hecho de estar dispuesto a reconocer e integrar todo lo que él era, fue lo que le capacitó para servir y guiar a una nación en gran peligro de dividirse. No necesitó satanizar a sus enemigos tratando de dividir a la nación en héroes y villanos. Había aprendido a mantener esa tensión y esa complejidad dentro de sí mismo. Su congoja le había abierto una capacidad mayor para el gozo, y también para el sufrimiento. Como consecuencia, pudo guiar a una nación dividida a través de una guerra civil que la habría podido destruir, y son muchos los que lo consideran como el presidente más grande que ha tenido Estados Unidos.

Tú y yo no seremos como Abraham Lincoln, ni nos veremos forzados a enfrentarnos a los retos por los que pasó su liderazgo, pero aun así podemos seguir sus pasos si tomamos la decisión de aceptar nuestras sombras. En realidad, solo hay dos opciones cuando de nuestra sombra se trata. La podemos ignorar hasta que nos tropecemos con un muro, y con un sufrimiento tan grande, que no tendremos más remedio que enfrentarnos a ella. O bien, podemos actuar, observando valientemente los factores que contribuyeron a su formación.

Cuatro caminos para enfrentarte a tu sombra

Como sin duda ya habrás supuesto, el proceso de enfrentarnos a nuestra sombra exige tanto valentía como trabajo duro. Yo lo comparo muchas veces con la tarea de abrirse paso a través del «permahielo». El permahielo es una capa de suelo congelado, y tiene por lo menos medio metro de grueso, con una temperatura que ha permanecido por debajo del punto de congelación durante más de dos años. En algunos lugares de la Siberia, el permahielo se puede extender hasta más de mil seiscientos metros por debajo de la superficie. El norte de Alaska tiene profundidades de permahielo hasta de ochocientos metros. A veces nos puede parecer que nuestra sombra es como el permahielo más profundo.

En el mundo de la economía, los negocios han decidido confiar en el campo de la inteligencia emocional para ayudar a los líderes a manejar sus emociones y reducir al mínimo el impacto negativo que podrían tener en sus equipos y organizaciones.[10] No obstante, lo que nos interesa a nosotros va más allá de un simple manejo destinado a reducir al mínimo los impactos negativos. Lo que nosotros andamos buscando es una transformación interna a largo plazo a imagen de Cristo y por el bien del mundo. Si estás dispuesto a aceptar este desafío, entonces confío en que, aunque tal vez aún te sientas un poco cauteloso, estás listo para dar uno o más de los siguientes pasos.

1. Domina tus sentimientos y dales nombre

Los neurólogos confirman actualmente que cuando crecemos en un ambiente familiar en el cual no se expresan los sentimientos, eso lleva a una falta de desarrollo en ciertas partes del cerebro. Eso daña nuestra capacidad para trabajar y para amar bien. Lo bueno de todo esto es que esos daños no son permanentes. Usando la representación óptica del cerebro por medio de la resonancia magnética, los investigadores han documentado las formas en que nuestro cerebro se reorganiza cuando nosotros aprendemos a darles nombre a nuestros sentimientos. Incluso al nivel celular, hay algo poderoso que es dominado y cambiado dentro de nosotros cuando reconocemos e identificamos nuestras emociones.[11]

Puedes comenzar a nombrar tus sentimientos escribiendo un diario como parte de tu tiempo con Dios. Podrías pensar y responder en oración unas preguntas como las siguientes:

¿Qué estoy sintiendo? ¿Y qué siento con respecto a ese sentimiento?

¿Qué me hace sentirme triste? ¿Y alegre? ¿Y enojado? ¿Y ansioso?

¿En qué parte del cuerpo estoy sintiendo tensión o estrés (p.ej., los hombros, el cuello, el estómago)? ¿Qué me podría estar diciendo esto acerca de lo que está sucediendo dentro de mí?

Yo me pasé los diecisiete primeros años de mi vida cristiana negando mis sentimientos, en especial las emociones más difíciles, como la ira, la tristeza y el temor. Caí en una teología superespiritual ajena a la Biblia que consideraba pecaminosas todas las emociones. No supe reconocer todos los ejemplos bíblicos que demostraban claramente lo contrario. Jesús, nuestro Mesías y Dios, no negaba su ira ni su tristeza. El profeta Jeremías escribió todo un libro, el de Lamentaciones, para expresar su profunda angustia por la destrucción de Jerusalén. Y el rey David, hombre según el corazón de Dios, expresó ante el Señor toda la amplia gama de las emociones. ¡De hecho, las dos terceras partes de los salmos son lamentos o quejas![12]

En 1996, cuando comencé mi camino hacia la espiritualidad emocionalmente sana, escribía en un diario casi todos los días, como parte de mi tiempo de oración. Aquello demostró ser una disciplina fundamental para mí, porque me permitió ejercitar mis músculos «del sentimiento» que habían permanecido dormidos por largo tiempo. Entre tres y cuatro veces por semana, hacía una pausa para reflexionar sobre las emociones que había experimentado en el día anterior. Aquellos ejercicios de «sentimiento» fortalecieron mi consciencia rutinaria de mis emociones. Muy pronto, mejoré en cuanto a identificar mis sentimientos al instante, de manera que no tendría que esperar hasta el día siguiente para reconocerlos. También experimentaba una libertad y una paz mayores, porque ya no los estaba suprimiendo. Aunque al principio era difícil, con una práctica continua, identificar y nombrar mis emociones se volvió algo tan natural como respirar.

Después de identificar mis sentimientos, adquirí el hábito de reflexionar sobre *la razón* por la cual podría estar sintiendo cada una de esas emociones. Por ejemplo: «¿Por qué me podría sentir airado cuando pienso en reunirme con esa persona de nuestra iglesia? ¿Se debe a su evidente y excesiva firmeza? ¿No será que tengo miedo de ceder ante la presión y tomar una decisión imprudente de la que más tarde tendré que lamentarme?». Entonces escribía mis respuestas en el diario. Una vez que pude nombrar mis sentimientos e identificar su origen, pude actuar de la manera adecuada, como rechazar cortésmente una invitación, hacer preguntas difíciles o esperar antes de tomar una decisión final.[13]

2. *Usa un genograma para explorar el impacto que causa tu pasado*

En nuestro trabajo con los líderes los diecinueve años pasados, Geri y yo hemos descubierto que construir un genograma es una de las maneras más fascinantes y eficaces de ayudar a las personas a identificar su sombra y enfrentarse

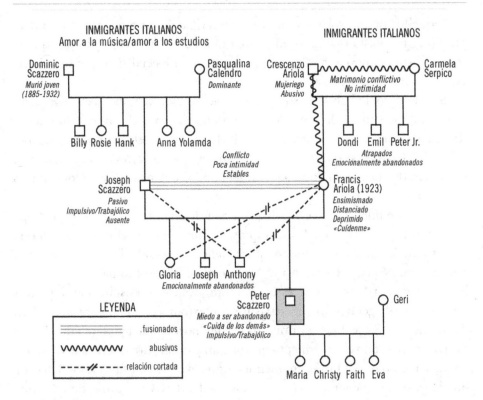

a ella. El genograma es una herramienta visual que documenta la historia y la dinámica de nuestras relaciones familiares, y su impacto sobre nosotros, a lo largo de tres o cuatro generaciones. La construcción de un genograma nos ayuda a examinar los patrones enfermizos del pasado que traemos a nuestro liderazgo del presente, y también a nuestra relación con Cristo y con los demás. Para darte una idea, aquí tienes mi propio genograma:

En New Life nos agrada decir: «Jesús estará en tu corazón, pero tu abuelo vive en tus huesos». Como podrás notar en mi genograma, los proverbiales «abuelitos» proyectaron una larga sombra sobre las generaciones de mi familia. Por eso es tan importante que estemos conscientes de los patrones generacionales que hay en nuestra historia familiar, si nos queremos enfrentar a nuestra sombra. Piensa en las historias de Ben y de Juan.

Ben, contador y líder de su iglesia, siempre parecía oponerse a todo en las conversaciones. Respondía todas las preguntas como si le hubieran hecho un desafío. Cualquiera que fuera el tema, tanto si era el programa de una reunión que se iba a celebrar, como si era un dilema pastoral, la distribución de la oficina o una verdad bíblica, el tono que usaba Ben era combativo. Él sabía que aquello era un problema, pero al parecer, no podía modificar su conducta. No lo fue hasta que hizo un genograma en el cual reconoció por qué se sentía hostil cuando le hacían una pregunta, en especial si el que se la hacía era una persona con autoridad.

Siendo niño, lo habían castigado duramente cada vez que hacía algo incorrecto, aunque fuera de muy poca importancia. Aprendió muy temprano a defenderse contra toda posible acusación de haber cometido un error o haber sido débil. Cuando se dio cuenta de la forma en que las raíces de su conducta se extendían de vuelta a su familia de origen, pudo comenzar a hacer los cambios necesarios.

Juan es un líder que vive y trabaja a una velocidad increíble. «La gente que triunfa es la que siempre se sabe impulsar», dice. «Desde el momento en que me levanto, hasta que me acuesto, quiero tener mi agenda llena para ir de una cosa a otra. No hay sensación más estupenda». Tal vez te parezca que todo lo que le pasa a Juan es que es un hombre joven y con aspiraciones, pero si pudieras ver su genograma, tendrías un contexto más amplio para su manera de conducirse. Su padre era inmigrante, y le dijo a él que tenía una deuda con sus padres por todo el sufrimiento que habían pasado para traerlo a los Estados Unidos. Décadas más tarde, ese mensaje sigue viviendo en sus huesos. Una vez que Juan se dio cuenta, notó lo lejos que estaba de vivir el amor de Dios que aparece en el evangelio. Esto lo hizo saltar de inmediato a un peregrinar que le llevó, no solo a analizar de nuevo sus relaciones con sus padres, sino a cambiar su ritmo de vida y la forma en que trabaja. Él mismo te dirá que esto ha reducido su nivel de estrés en un cincuenta por ciento. El cambio es evidente incluso en su aspecto físico. Ya no se le nota macilento y agitado, sino asentado y en paz.

Mientras hemos trabajado con líderes como Ben y Juan a lo largo de los años, Geri y yo hemos desarrollado una herramienta llamada «Genograma a tu familia». Si estás listo para dar un paso que va a transformar tu vida, puedes encontrar esta herramienta en nuestro portal de la web: www.emotionallyhealthy.org/genogram. Realizar un genograma te va a llevar más allá del nivel conceptual o motivacional, hasta una posición de aplicación práctica. Ve el video que aparece en la internet y usa la hoja de trabajo «Genograma de tu familia», que aparece en la página 329, para hacer un diagrama de tu historia familiar. Eso te ayudará a descubrir aspectos anteriormente inexplorados de tu vida y tu sombra. Si necesitas una guía más amplia, también puedes trabajar con el material que aparece debajo en la sección llamada «Ejemplos de preguntas que hacer al construir tu genograma».

Ejemplos de preguntas que hacer al construir tu genograma

Las siguientes preguntas son las que hacemos para ayudar a las personas a penetrar la superficie e identificar la forma en que el pasado podría estar causando un impacto sobre el presente. Léelas con detenimiento y trata de considerarlas sobre todo desde el punto de vista que tenías cuando eras niño y tenías entre ocho y doce años de edad.

1. Describe a cada miembro de la familia que vivía en tu casa con tres adjetivos, además de identificar su parentesco o relación contigo (padre, guardián, abuelo, hermano, etc.).

2. Describe el matrimonio (o matrimonios) de tus padres (o guardianes), y también el matrimonio (o matrimonios) de tus abuelos.

3. ¿Cómo se manejaban los conflictos, la ira y las tensiones en tu familia extendida durante dos o tres generaciones?

4. ¿Existían «secretos de familia» (como un embarazo fuera del matrimonio, un incesto, una enfermedad mental, un escándalo financiero, etc.)?

5. ¿Qué se consideraba como «éxito» en tu familia?

6. ¿Cómo te dio forma a ti, y también a tu familia tu procedencia étnica o tu raza?

7. ¿Cómo describirías las relaciones entre los miembros de la familia (en conflicto, distantes, complicadas, abusivas)?

8. ¿Había héroes o heroínas en la familia? ¿Algún villano o algún favorito? ¿Por qué distinguían de esa manera a esas personas?

9. ¿Cuáles son los patrones o temas generacionales que reconoces (las adicciones, las aventuras amorosas, los abusos, los divorcios, las enfermedades mentales, los abortos, los niños nacidos fuera del matrimonio, etc.)?

10. ¿Cuáles pérdidas traumáticas ha experimentado tu familia? (Por ejemplo, una muerte repentina, una enfermedad prolongada, un niño nacido muerto o un aborto natural, una bancarrota, un divorcio).

11. ¿Qué cosas (una o dos) estás notando, que te ayudan a encontrarle sentido a la forma en que tu familia de origen, u otras, han causado un impacto en la persona que eres hoy?

12. Di una o dos formas concretas en que esto puede estar causando un impacto en tu liderazgo.*

Cuando exploras tu pasado con un genograma, pones al descubierto tu sombra bajo la luz de Jesús. Entonces, por la gracia de Dios, podrás quebrantar el poder que ejerce sobre ti, e integrar en tu liderazgo sus tesoros escondidos.

*Adaptado de Scazzero, *Una iglesia emocionalmente sana*, pp. 102–103.

3. Identifica los guiones negativos que te han transmitido

Un guión negativo es un mensaje del pasado que hemos internalizado y que moldea nuestras formas de conducta, tanto conscientes como inconscientes, en el presente. Aunque nos hayamos sacado de la mente esos guiones, nuestro cuerpo los recuerda, sobre todo si están conectados con experiencias traumáticas. Por esa razón, incluso décadas más tarde, hay algunos sucesos que pueden provocar una respuesta desproporcionada, porque evocan el recuerdo de habernos encontrado en una situación abrumadora. La reflexión acerca del pasado nos capacita para identificar y cambiar esos guiones negativos que se nos han transmitido.

Por ejemplo, mi madre les tenía un miedo mortal a los riesgos y a que otras personas la hicieran quedar en vergüenza. Ese miedo nos lo pasó a sus cuatro hijos. Recuerdo que cuando yo tenía unos once años, le dije a mi madre que quería aprender a reparar motores de autos. Entonces ella me repitió un refrán que usaba con frecuencia cuando yo trataba de probar algo nuevo: «Tú no puedes hacer eso. No sabes lo que estás haciendo. Lo vas a echar a perder todo». Aquí tienes un guión negativo. Ya siendo adulto, me he tenido que detener más de una vez para preguntarme: «Este riesgo en el que estoy pensando, ¿es un paso de fe para Dios, o un esfuerzo por demostrar que mamá estaba equivocada?».

Los guiones negativos se pueden desarrollar a partir de casi cualquier clase de experiencia. A ver si te reconoces a ti mismo en alguno de estos ejemplos:

- Dan es un médico que ha tenido grandes logros y gana un buen sueldo. También sirve en la junta directiva de su iglesia. Lucha con el perfeccionismo y el trabajolismo que les hacen daño a sus relaciones, tanto en su trabajo como en su iglesia. Un día, cuando tenía diez años, llegó a su casa con una nota A en su tarjeta de reporte y su padre lo castigó por no haber logrado un A+. Lo sentó en su cuarto y lo estuvo examinando con palabras tomadas del vocabulario hasta que allí fue donde tuvo dos respuestas equivocadas. ¿Cuál es el guión negativo de Dan? *Haz las cosas bien... todo el tiempo. ¡Y no cometas errores!*
- Los padres de Allison se divorciaron cuando ella tenía siete años. Todavía recuerda el día en que sus padres se sentaron a la mesa frente a ella y su hermano para darles la noticia. «Yo los amo y siempre estaré aquí para ayudarlos», les prometió su padre. El problema llegó seis meses más tarde, cuando él se volvió a casar y comenzó una nueva familia. Ella y su hermano vieron raras veces a su padre durante los veinte años siguientes. Su enfoque cauteloso y cuidadoso de la vida, es tanto una expresión de su prudencia, como de un guión negativo: *no confíes en nadie.*

- Los padres de Jiao inmigraron a los Estados Unidos procedentes de China. Dejaron detrás su idioma, cultura, familia y trabajos, para darles una vida mejor a Jiao y a los tres hermanos varones de ella en Nueva York. Trabajaban doce horas al día, y seis días y medio a la semana, y solo tenían un mensaje para sus hijos: «Estudien. Triunfen en los Estados Unidos». Con ese fin, Jiao fue una alumna excelente en la escuela, y se graduó entre los mejores alumnos de su clase en la escuela secundaria. Su guión negativo: *tus méritos y tu valor se basan en tu rendimiento y en tus logros*.
- En la familia de Joseph se gritaba y chillaba mucho. Su padre tuvo una aventura extramatrimonial en un tiempo, y Joseph, que era el hijo mayor, sirvió de intermediario para calmar a su madre. Él era el pacificador de la familia. Ahora Joseph es pastor. Evita los conflictos y la gente enojada, y se retrae hasta que pase el momento desagradable. Su guión: *los conflictos son peligrosos y malos*.
- Nathan fue criado en un hogar cristiano, donde su padre le decía una y otra vez: «Dios tiene un destino y un plan especial para tu vida, pero si te sales de su voluntad, te va a juzgar con dureza». Así que Nathan se dedicó a ser responsable y productivo. Su guión: *Dios tiene para mí algo que quiere que haga y sea, y mejor que no lo eche a perder*.

Mientras leías estos ejemplos, ¿qué te vino a la mente? ¿Reconociste algún guión negativo de los tuyos? Una vez que identifiques uno o dos de los guiones negativos que se te han transmitido en tu familia, el paso siguiente consiste en reflexionar sobre ellos en un ambiente de oración, primero solo, y después con otras personas en quienes tengas confianza. ¿Por qué? Porque así vas a poder dar unos pasos prácticos en el poder de la oración para reemplazar esos guiones con otros que tú escribas y que estén anclados en la verdad de lo que Dios dice acerca de ti.

4. Busca opiniones en fuentes que sean de tu confianza

Sin contar con las sabias opiniones de fuentes dignas de crédito, como terapeutas, directores espirituales, colegas de confianza y mentores, yo no habría sido capaz de reconocer mi sombra ni, mucho menos, de enfrentarme a ella. Muchas veces, necesitamos salir de los límites de nuestra iglesia con el fin de buscar lo que necesitamos en recursos adicionales como estos, sobre todo en el caso de un terapeuta o un director espiritual. Eso reduce todo posible conflicto de intereses o tensión que surge con demasiada frecuencia en las relaciones dobles (hablaremos más de esto en el capítulo 8).

Vas a necesitar diferentes tipos de sugerencias en los distintos puntos de tu vida y de tu caminar como líder. Si tienes la oportunidad, te animo a que hagas un «360» (una recogida de sugerencias de 360 grados), una herramienta que te capacita para recibir sugerencias de todos los que te rodean, como los supervisores, tus iguales, tus compañeros de trabajo y la gente que trabaja directamente bajo tus órdenes.[14] Así obtienes el beneficio de una perspectiva combinada acerca de tu trabajo en equipo, tu comunicación, tu liderazgo, tus debilidades y tus habilidades. Aunque esta herramienta se centra de manera específica en lo que eres en tu lugar de trabajo, hay un buen número de líderes cristianos a los cuales les ha sido sumamente útil al enfrentarse a su sombra. Otra herramienta útil que ha beneficiado a muchos líderes, incluyendo a los miembros de nuestro personal en New Life, es el llamado Eneagrama, una tipología que usa nueve tipos de personalidad para ayudar a las personas a identificar y comprender las fuerzas que motivan su conducta.[15]

Los líderes tenemos el poder de proyectar nuestra sombra y sus efectos sobre otras personas. Por esta razón, tenemos una responsabilidad de mayordomía en cuanto a enfrentarnos con sinceridad con nuestra sombra. Buscar sugerencias y ayuda en otras personas no es algo optativo. Es esencial. Sin embargo, ten siempre presente que no todas las sugerencias tienen el mismo peso, en especial cuando nos llegan bajo la forma de una fuerte represión.

Yo he recibido muchas, muchas represiones en mi vida. Las más útiles me vinieron de personas que disfrutaban de un caminar íntimo con Dios y eran sensibles a su propia sombra. Me hablaban no con la intención de condenarme, sino a partir de su propio quebrantamiento. Me amaban lo suficiente para hablarme con todo esmero. Yo he recibido sus palabras como un presente. Al señalar aspectos de mi sombra de los que yo no me había podido dar cuenta, sirvieron al proceso de crecimiento que tiene Dios para mi vida.

Las represiones menos útiles procedían de aquellos que tenían un espíritu mezquino, o pensaban que estaban siendo útiles, aunque no era así. Estaban inconscientes de las motivaciones que tenía su propia sombra. En mis primeros días, sus hirientes críticas me hacían más daño que bien.

El autor y pastor Gordon MacDonald me contó su experiencia con esta segunda clase de represión, la de una persona que no nos habla con amor. Recuerda una represión particularmente dolorosa que tuvo lugar hace casi veinte años, cuando un famoso líder cristiano se volvió hacia él en el auto y le dijo: «Gordon, siento en ti una raíz de amargura».

Gordon siguió conduciendo, pero con el cuerpo rígido. Recordó a su padre, que era una persona amargada; él se había estado esforzando toda la vida para no ser como él. Aquel comentario de ese líder lo hirió profundamente. El resto del camino transcurrió en medio de un silencio total. «Me fui a casa para pensar en aquello», me contó. «Después reuní a tres de mis amigos y les conté lo que aquel hombre me había dicho. Entonces les pedí ayuda en la evaluación de esa represión».

Durante todo el mes siguiente, los amigos de Gordon se estuvieron reuniendo con él, y revisando todas las veces que habían estado juntos. Entonces, uno de sus amigos le dio el reporte de todos ellos: «Nos hemos reunido, y queremos que sepas que no hemos visto amargura alguna en ti».

«Yo le doy gracias a Dios por esos amigos de confianza», terminó diciéndome Gordon. «De lo contrario, habría dado por sentado que aquel hombre estaba en lo cierto, cuando no lo estaba, y me habría pasado más noches batallando con algo que no era uno de mis problemas».

Cuando los líderes te pregunten cómo buscar sugerencias, recomiéndales siempre la seguridad de pedirlas de diversas fuentes: un director espiritual, un consejero, un mentor, un buen amigo, un miembro de la junta. Yo tengo por costumbre buscar sugerencias de todas esas fuentes en ciertos momentos, dependiendo de la intensidad de la temporada en la cual me encuentro. Las sugerencias procedentes de una sola fuente podrían estar desviadas, en sentido positivo o negativo, pero cuando consigues sugerencias procedentes de diferentes partes del cuerpo de Cristo, eso te mantendrá en la zona de seguridad de una perspectiva amplia y equilibrada. Yo me aprovecho de esto cada vez que tengo ocasión.

Cuando una persona ha venido a mí con una crítica particularmente mordaz, de esas que hieren profundamente, yo se la llevo a las personas de confianza que Dios ha puesto a mi alrededor. En mi caso, esas personas han estado en la junta de ancianos de New Life. Algunas han visto mi sombra por años. Han sido un verdadero regalo para mí en mis momentos más difíciles.

Mantén abiertos estos cuatro senderos para el enfrentamiento con la sombra que tienes ante ti, y comprométete a seguir adelante al menos por uno de ellos, como primer paso: domina tus sentimientos asignándoles nombre, usa un genograma para explorar el impacto causado por tu pasado, identifica los guiones negativos que te han transmitido y busca sugerencias en fuentes dignas de crédito. Estos senderos te van a ser muy útiles en la aventura de enfrentarte a tu sombra. Pero lo más importante de todo es mantenerte cercano a Jesús en este proceso. Él es tu ancla mientras navegas por esas aguas peligrosas.

Permanece con Jesús mientras te enfrentas a tu sombra

Cada vez que tomes la decisión de enfrentarte a tu sombra en lugar de ignorarla, estarás siguiendo a Jesús a la cruz. Muchas veces va a ser una experiencia de desnudez, de vulnerabilidad, sufrimiento, mortificación, soledad, temor y tinieblas, que te va a susurrar que esto solo te va a llevar a la desesperación y a la muerte. Hay temporadas en las cuales Dios usa estas experiencias para despojarnos, dejando al descubierto otra capa más de nuestra sombra. La tarea más importante durante esos tiempos consiste en esperar en el amor del Padre, como hizo Jesús mientras pendía de la cruz. Quedarte. Soportar. Mantenerte. Como Jesús.

Mientras esperas, ánclate en las verdades de que el amor y la gracia de Dios son ciertos, y que la resurrección también es segura. Basado en mi experiencia personal, te puedo prometer que vas a renacer en un nuevo punto de madurez en Cristo. Te volverás más compasivo, más vulnerable, más quebrantado y más lleno de amor. Cada vez que pases por una temporada en que te hayas estado enfrentando a tu sombra, serás transformado aún más a la imagen de Jesús.

Para comprender la evaluación de tu sombra

Si hiciste la evaluación de tu sombra que aparece en las páginas 63–64, he aquí algunas observaciones para ayudarte a reflexionar en tus respuestas.

Si tuviste mayormente uno o dos puntos, tu relación con tu sombra solo está comenzando. Lo más probable es que tu liderazgo se ha estado centrando de manera casi exclusiva en hacer la obra de Cristo en el mundo, con un limitado enfoque solamente en tu vida interior. Es posible que para ti haya sido una evaluación aterradora, o difícil. Si así ha sido, no te preocupes. Puedes comenzar a andar lentamente por uno de los senderos que puedes utilizar para enfrentarte a tu sombra. Dios te va a guiar a un ritmo que funcione para ti.

Si tuviste mayormente dos y tres puntos, es probable que ya hayas comenzado a enfrentarte a tu sombra, y ahora Dios te esté invitando a pasar al siguiente nivel de consciencia y crecimiento. Tu reto será dar los pasos necesarios para ir realmente muy por debajo de la superficie de tu vida interior. Como lugar para comenzar, te recomiendo que hagas el «Genograma de las habilidades de tu familia» (visita www.emotionallyhealthy.org/genogram). Pídele a Dios unos compañeros sabios y de fiar para tu viaje. Puedes esperar que Dios te enseñe a ser líder basado en tus debilidades, como hizo con Pablo, de manera que el poder de Cristo descanse sobre ti de una manera nueva y vigorosa.

Si tuviste mayormente cuatro y cinco puntos, es probable que estés sanamente consciente de tu sombra. Eso es maravilloso. Has integrado en tu liderazgo el enfrentamiento con tu sombra y ahora ya no experimentas las consecuencias negativas de lo que significa ignorarla. Hasta es posible que hayas descubierto los tesoros escondidos que tiene tu sombra para tu liderazgo. Y puedes esperar que aparezcan nuevos niveles de descubrimiento a medida que sigas enfrentándote a tu sombra. Por la gracia de Dios, puedes ser un instrumento en sus manos para servir amorosamente a los demás en la labor de descubrir sus sombras y enfrentarse a ellas.

Capítulo 3

Sé líder basado en tu matrimonio
o en tu soltería

Mi amigo Sam, profesor de seminario, estuvo hace poco en China, visitando a algunos amigos. Entre ellos estaba una dama llamada Li, pastora principal de una iglesia con cinco mil miembros. Se reunieron a almorzar en un tranquilo restaurante un asoleado día de primavera, y comenzaron su conversación compartiendo las últimas noticias acerca de sus respectivas familias. Pero al cabo de unos pocos minutos, la pastora Li se echó a llorar. De hecho, estuvo sollozando repetidamente a lo largo del tiempo restante de sus dos horas de almuerzo. Estaba desesperada por desahogarse, y Sam estaba también desesperado por tratar de comprender lo que ella le estaba diciendo en medio de sus lágrimas y por su limitada comprensión del chino mandarín. Poco a poco fue surgiendo la verdad.

La pastora Li estaba exhausta. Cada domingo predicaba seis veces, y no había tenido un día libre, y mucho menos unas vacaciones, en siete años. Además de eso, daba un curso de teología sistemática en un seminario cercano. A su único pastor auxiliar no se le permitía predicar porque no estaba ordenado. En un momento de la conversación, sonó su teléfono celular; era una llamada de uno de sus feligreses. Sam esperó pacientemente, tomando su café. Diez minutos más tarde, ella volvió a la conversación.

—Mi teléfono celular está a la disposición de todos a todas horas del día y de la noche —dijo quejándose—. Está encendido toda la noche, para que la gente pueda hablar conmigo. —Una vez más se le aguaron los ojos.

Sam le recomendó que apagara su teléfono por las noches, para poder dormir. La pastora Li se sonrió y le contestó con dureza:

—¡Supongamos que alguien necesita mi ayuda a las dos de la mañana!

Sam también se enteró de que el esposo de Li vivía a cinco horas de distancia en una ciudad cercana, donde daba clases a tiempo completo en un seminario. Se veían solamente un día cada dos semanas. Sus dos hijos adolescentes estaban en Estados Unidos estudiando. Ella los veía una o dos veces al año a lo sumo. Se sentía muy mal con todo aquello, pero con todas esas responsabilidades, no tenía tiempo para educarlos.

—Esta situación no es buena —le dijo Sam bondadosamente—. ¿Podríamos hablar acerca de algunos cambios que usted...?

La pastora Li lo interrumpió.

—¿Y usted cree que *mi* situación es mala? —le dijo señalándolo con un dedo—. Permítame que le hable de otro pastor que está en otra ciudad. Su esposa y su hijo están viviendo aquí y asisten a nuestra iglesia. Pero él pastorea en una ciudad que está a veinte horas de distancia en tren. Está tan ocupado, que vuelve a su hogar solamente una vez al año, en el Año Nuevo chino. Se queda allí una noche, pero después regresa a su iglesia.

—¿Cómo? —exclamó Sam, sorprendido por lo que estaba oyendo.

—No, si se pone peor —le contestó la pastora Li—. Tiene tanto que hacer, que se siente culpable cuando se toma ese tiempo libre. La necesidad es mucha. El año pasado, cuando estaba a punto de abordar el tren para dejar a su familia durante otro año más, su hijo, que es pequeño, corrió detrás de él, llorando y suplicándole: «Por favor, papá, quédate».

La voz de la pastora Li se suavizó.

—¿Quiere saber lo que hizo el padre? —le preguntó, con los ojos fijos en sus zapatos—. Le dio una patada a su hijo y le dijo: «Diablo, apártate de mí». Entonces le pegó un empujón a su hijo y se subió al tren.

Sam se quedó pasmado.

—Como ve, Sam —concluyó Li, con un tono de resignación en la voz—, lo que usted no comprende es que no es correcto que no lo sacrifiquemos todo por el evangelio.

Tal vez te parezca extrema la historia de Li... y lo es. Sin embargo, lo cierto es que su perspectiva no es tan diferente de lo que yo absorbí de maneras más sutiles dentro de mi propia formación como líder. La mentalidad que capté era algo parecido a esto: *por ser líderes cristianos, estamos tratando continuamente con cuestiones de vida o muerte en la vida de las personas. Si somos líderes en la iglesia, estamos dedicados a un trabajo que tiene unas consecuencias eternas. Si somos líderes en el sector de organizaciones sin fines de lucro, estamos llamados a ser las manos y los pies de Cristo para un mundo acosado por una muchedumbre de males: la pobreza, un cuidado inadecuado de la salud, las adicciones, la destrucción de las familias y más. Dondequiera que seamos líderes, en última instancia estaremos tratando de edificar el reino de Cristo y extender su amor por medio de nuestros esfuerzos. ¿Qué podría ser más importante? ¿Cómo podríamos pensar siquiera en reservarnos y tener nuestra propia vida, cuando el mundo se encuentra en medio de una necesidad tan desesperada?*

¿Te parece familiar esa línea de pensamiento?

Es interesante que no se hablara mucho sobre la cuestión de la forma en que encaja la soltería o la condición de casado en este sacrificado llamado al liderazgo, pero yo sí pude recoger unos pocos mensajes acerca de este tema a lo largo del camino.

«Duplica tu ministerio para Dios»

Cuando tenía unos veintitantos años, asistí a cuatro conferencias diferentes para estudiantes sobre el tema de nuestra misión. El propósito de esas conferencias era animar y preparar a los estudiantes para que consagraran su vida a servir a Cristo en algún lugar del mundo, o para atender alguna necesidad crítica en Norteamérica. En especial, tengo un vívido recuerdo de una conferencia, durante la cual, uno de los oradores dijo con voz de trueno: «¡Si se van a casar, asegúrense de casarse con alguien que duplique su ministerio; no que lo corte por la mitad!».

Nadie lo había dicho con tanta franqueza anteriormente, pero era el mismo mensaje que ya yo había captado acerca del matrimonio cristiano y la soltería. Mis jóvenes amigos y yo salimos de allí con la clara comprensión de que nuestra prioridad en la vida consistía en extender el reino de Dios. Si nos casábamos, entonces era necesario que lo hiciéramos para servir a ese objetivo.

En el lado positivo, muchos conferencistas sí insistieron en lo importante que era no estar unidos en yugo desigual con alguien que no compartiera nuestra dedicación a Cristo. Era una buena advertencia, pero un fundamento demasiado débil para integrar el matrimonio o la soltería con el liderazgo en el ministerio. Así que yo oré para pedirle al Señor una mujer que hiciera que mi impacto para él fuera doble. Dios respondió esa oración cuando conocí a Geri. Habíamos sido amigos por ocho años, antes de enamorarnos locamente. Ambos habíamos trabajado en el personal de InterVarsity Christian Fellowship, y estábamos profundamente consagrados a Cristo. Después que nos casamos entregamos nuestras vidas al servicio de Jesús, fundando una iglesia en Nueva York.

Adelantémonos ahora ocho años. La iglesia que fundamos estaba creciendo, y había gente que estaba aceptando la fe en Cristo. Aunque también era cierto que yo tenía demasiado que hacer en un tiempo muy corto, lo acepté, porque era el estado normal de todos los pastores y líderes que conocía. Pero durante ese tiempo fue que se desarrolló la tristeza de Geri hasta convertirse en una fuerte depresión cuando se encontró dedicada a criar sola a nuestras cuatro hijas. Ni cuando ella me hizo saber sus preocupaciones, yo tomé demasiado en serio su situación. *Ella es la cristiana más fuerte que conozco,* pensé. *Puede hacerlo.*

Finalmente, una de sus afirmaciones captó mi atención: «Pete, mi vida sería más fácil si estuviéramos separados. Al menos entonces tú te tendrías que llevar a las niñas los fines de semana».

Pero si yo estoy haciendo la voluntad de Dios, me dije a mí mismo para tranquilizarme. *Y con toda seguridad, estoy haciendo un papel mejor que el que hizo mi padre.* También me recordé a mí mismo que mi matrimonio era mejor que muchos otros que teníamos a nuestro alrededor. Inconscientemente, deseé que Geri colaborara más con mi ministerio, y lo apoyara más, pero claro, yo seguiría haciendo lo que necesitaba hacer para que el trabajo quedara bien hecho. Así que le ofrecí una rama de olivo.

«Geri, busquemos personas que cuiden de las niñas y pasen la noche en un hotel de esos donde dan desayuno».

El problema estaba en que, incluso en el momento de hacerle ese ofrecimiento, yo me sentía parcialmente resentido con la situación. Al menos superficialmente, no podía menos que pensar en que, en lugar de llevar al doble mi ministerio para Dios, ¡Geri me lo estaba cortando por la mitad!

No hubo noche fuera de la casa, cita nocturna ni llegada puntual a la casa durante todo un mes que pudiera sanar nuestra desconexión creciente. Nuestra teología sobre el matrimonio y el liderazgo, si es que teníamos una, era defectuosa. Haría falta mucho más que una simple curita o una salida de fin de semana para arreglar lo que andaba mal.

Después que Geri renunció a la iglesia (no al matrimonio, por fortuna) en enero de 1996, de hecho nos fuimos a un retiro intensivo de cinco días con dos consejeros cristianos. Yo fui allí para arreglar a Geri. Geri fue para arreglar a la iglesia. Dios parecía decidido a arreglar nuestro matrimonio, y nuestro matrimonio era el último lugar en el cual yo esperaba encontrarme con Dios. Sin embargo, hacia mediados de la semana, aprendimos una simple habilidad que ahora llamamos «escucha encarnacional».[1] No recuerdo el contenido preciso de la conversación. Lo que sí recordaré para siempre es *ver* a Geri y *ser visto* por ella. Era lo que el filósofo judío Martín Buber llamaba un momento Yo–Tú.

Dios entró en el espacio sagrado que había entre nosotros. Nos quedamos maravillados ante aquella sorpresa.[2]

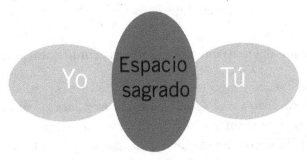

En aquellos momentos, hacía más de diecisiete años que era cristiano, pero nada me había preparado para presenciar la gloria de Dios que inundaba ese espacio entre nosotros. Aunque yo no tenía un marco teológico para lo sucedido, sabía que habíamos probado un poco de cielo. Y por vez primera me di cuenta de que era voluntad de Dios que Geri y yo liderizáramos basados en nuestro matrimonio. Ese fue el momento que inició el movimiento y ministerio mundial que ahora llamamos Espiritualidad Emocionalmente Sana, o EES (EHS en inglés).

Le informé a Geri que me comprometí a ser líder basado en el gozo de nuestro matrimonio, en el desbordamiento de amor mutuo que habría en nuestra copa. Y si no podía mantener los límites necesarios para impedir que las presiones de la iglesia causaran un impacto negativo en nuestro matrimonio, renunciaría encantado a mi puesto.

«De acuerdo», dijo ella cautelosamente, aunque se veía a las claras que se sentía escéptica. Yo quise que ella supiera lo seriamente que sentía aquello. «Cariño, yo sé que vivir en la ciudad de Nueva York es duro para ti. Si en algún momento sientes que ya no quieres estar aquí, yo voy a tomar eso como que Dios nos está hablando a ambos. Dejaré New Life, y podremos buscar lo que Dios nos tenga preparado para que hagamos después».

Aunque estaba atónito ante lo que yo mismo estaba diciendo, lo decía absolutamente en serio. Dos meses más tarde, nos tomamos un descanso sabático de tres meses y medio para comenzar a edificar una relación que nos capacitara para regresar a Nueva York y dar los primeros pasos en el descubrimiento de la forma de ser líderes de una manera sostenible basados en nuestro matrimonio. Finalmente, eso nos lanzó a un inesperado camino en el que hemos pasado los diecinueve años siguientes estudiando las Escrituras e investigando la literatura que tenemos a nuestra disposición, en busca de ideas sobre la forma de integrar el matrimonio o la soltería con el liderazgo. Nuestros descubrimientos alteraron profundamente nuestra relación con Jesús, y también todos los aspectos de nuestra forma de ser líderes en New Life.

La comprensión del matrimonio y la soltería como vocaciones

Todo cristiano tiene el mismo llamado o vocación primordial: *hemos sido llamados a Jesús, por Jesús y para Jesús*. Nuestro primer llamado consiste en amarlo con todo nuestro ser y amar a nuestro prójimo como a nosotros mismos. Los escritores de la Biblia usan numerosas analogías para describir nuestra relación con Dios (el pastor y las ovejas, el amo y el esclavo, el padre y el hijo), pero tal vez el matrimonio sea la más comprensiva y «menos inadecuada»[3] (Ezequiel 16; Marcos 2.19–20; Apocalipsis 19—22).

En los tiempos antiguos, el matrimonio incluía dos actos: el compromiso y la boda. En la fase del compromiso, se consideraba ya al hombre y la mujer como esposo y esposa (piensa en María y José), pero el matrimonio no era consumado sino después de la boda. Cuando nosotros recibimos a Jesús como Señor y Salvador, de hecho estamos *comprometidos* con él. Este matrimonio será consumado cuando lo veamos cara a cara al final de nuestra vida terrenal.

Hacemos manifiesto este matrimonio con Jesús por medio de nuestro llamado secundario, o vocación, como personas solteras o casadas.

A lo largo de toda la historia de la Iglesia, los cristianos han tenido la tendencia a elevar la importancia de uno de estos dos estados por encima del otro. Durante los quince primeros siglos de la Iglesia, se consideraba que la soltería era el estado preferido y la mejor forma de servir a Cristo. Los solteros se sentaban en la parte delantera de la iglesia. Los casados se sentaban detrás.[4] Las cosas cambiaron después de la Reforma en 1517, cuando se envió a la gente soltera a la parte trasera, y las personas casadas pasaron al frente... al menos, entre los protestantes.[5]

No obstante, las Escrituras se refieren a ambos estados como vocaciones importantes y llenas de significado. Le dedicaremos más tiempo a cada una más adelante en este mismo capítulo, pero aquí tienes una breve visión de conjunto.

Los casados. Esta expresión se refiere a un hombre y una mujer que forman una unión en una sola carne por medio de unos votos dentro de un pacto con Dios, entre sí y con la comunidad en general. En ese pacto se comprometen a amarse de forma permanente y libre, con fidelidad y de manera fructífera. Adán y Eva nos proporcionan el modelo bíblico más claro de esto. Como pareja en una sola carne, Dios los llamó para que tomaran la iniciativa: «Sean fructíferos y multiplíquense; llenen la tierra y sométanla» (Génesis 1.28).

Los solteros. Las Escrituras enseñan que los seres humanos hemos sido creados para la intimidad y la conexión con Dios, con nosotros mismos y con los demás. El matrimonio es uno de los marcos dentro de los cuales convertimos esto en realidad; la soltería es el otro. Aunque la soltería puede ser escogida de manera voluntaria, o impuesta de manera involuntaria, temporal o a largo plazo, como suceso repentino o desarrollo gradual, la soltería cristiana se puede comprender dentro de dos llamados diferentes:

- *Célibes por voto.* Estos son los que hacen voto perpetuo de permanecer solteros y mantener una abstinencia de actividades sexuales toda la vida, como medio de cumplir su compromiso con Cristo. Lo hacen voluntariamente y como respuesta a un don de la gracia que les ha sido dado por Dios (Mateo 19.12). Hoy en día, tal vez con los que estemos más familiarizados como célibes por voto, o personas que han hecho el voto perpetuo de castidad, es con las monjas y los religiosos de la Iglesia Católica Romana o en la ortodoxa. Estas personas célibes hacen voto de renunciar al matrimonio terrenal con el fin de participar más plenamente en la realidad celestial que es la unión eterna con Cristo.[6]
- *Célibes por decisión propia.* Estos son personas solteras que no siempre han hecho un voto perpetuo de permanecer en ese estado, pero que deciden abstenerse de la vida sexual mientras sean solteras. Su compromiso con el celibato es una expresión de su compromiso con Cristo. Muchos se quieren casar, o están dispuestos a esa posibilidad. Tal vez no hayan conocido aún a la persona correcta, o estén posponiendo el matrimonio para asentarse en una profesión o seguir estudios superiores. O tal vez sean solteros a causa de un divorcio, o por el fallecimiento de su cónyuge. El apóstol Pablo reconoce a estos célibes consagrados en su primera epístola a la iglesia de Corinto (1 Corintios 7).

La comprensión de la soltería y del matrimonio como llamados o vocaciones debe formar parte de nuestra comprensión de nosotros mismos y de la labor que realizamos como líderes. Toda nuestra vida de líderes debe dar testimonio del amor de Dios al mundo. Pero lo hacemos de maneras distintas si somos casados o si somos solteros. Las parejas casadas dan testimonio de la *profundidad* del amor de Cristo. Sus votos los enfocan y limitan a amar a una sola persona de manera exclusiva, permanente e íntima. Los solteros, ya sea por voto o por dedicación, dan testimonio de la *amplitud* del amor de Cristo. Puesto que no están limitados por un voto a una sola persona, tienen más libertad y más tiempo para expresarle el amor de Cristo a una amplia cantidad de personas. Tanto los casados como los solteros señalan hacia el amor de Cristo y lo revelan, aunque de maneras diferentes. Ambas clases de personas necesitan aprender unas de otras acerca de estos aspectos diferentes del amor de Cristo.

Es posible que este concepto sea radicalmente nuevo para ti, pero déjame explicártelo. Dios tiene la intención de que esta rica visión teológica le dé forma a nuestro liderazgo de unas maneras que deben ser muy pocos aquellos de nosotros que han tenido en cuenta. Antes de explorar las conexiones entre el liderazgo y el matrimonio o la soltería, es importante que comprendamos la forma en que se suelen entender ambas situaciones en la práctica corriente entre los líderes de hoy.

¿Hasta qué punto es sana tu capacidad para ser líder basado en tu matrimonio o en tu soltería?

Usa la lista de afirmaciones que sigue a fin de hacer una breve evaluación de tu capacidad para ser líder fundamentado en tu matrimonio o en tu soltería. Junto a cada afirmación, escribe el número que describa mejor tu respuesta. Usa la escala siguiente:

5 = Siempre es cierto

4 = Muchas veces cierto

3 = Ocasionalmente cierto

2 = Raras veces es cierto

1 = Nunca es cierto

Sé líder basado en tu matrimonio

_____ 1. Yo veo mi matrimonio como una señal profética del amor de Dios por la Iglesia y por el mundo.

_____ 2. Considero la calidad y la integridad de mi matrimonio como el mensaje del evangelio más importante de todos los que predico.

_____ 3. Le doy la prioridad mayor a la inversión de tiempo y energía para edificar un matrimonio sano que revele el amor de Cristo a la Iglesia y al mundo.

_____ 4. Poseo una conexión directa entre mi unión con Jesús y mi unión con mi cónyuge.

_____ 5. Un factor clave para mí en el discernimiento de la voluntad de Dios en las iniciativas mayores dentro del ministerio es el impacto que van a tener sobre mi matrimonio.

_____ 6. Estoy consciente de la forma en que mi familia de origen causa un impacto en mi capacidad para estar emocionalmente disponible de una manera sana, tanto para mi cónyuge, como para aquellos a quienes sirvo.

_____ 7. No funciono de manera excesiva como líder a expensas de mi matrimonio.

_____ 8. Hago que aquello que sea importante para mi cónyuge, también sea importante para mí, cualesquiera que sean mis responsabilidades como líder.

_____ 9. El fruto que da mi ministerio es un desbordamiento de la riqueza de mi matrimonio.

_____ 10. Me siento bien en cuanto a expresar una visión bíblica para los casados y para los solteros en cuanto a la forma en que cada uno de ellos da testimonio del amor de Dios.

Sé líder basado en tu soltería

_____ 1. Yo veo mi soltería como una señal profética del amor de Dios por la Iglesia y por el mundo.

_____ 2. Considero la calidad y la integridad de mi soltería como el mensaje del evangelio más importante de todos los que predico.

_____ 3. Le doy la prioridad mayor a la inversión de tiempo y energía para edificar una soltería sana que revele el amor de Cristo a la Iglesia y al mundo.

_____ 4. Poseo una conexión directa entre mi unión con Jesús y mis relaciones con mis amigos más cercanos y con mi familia.

_____ 5. Un factor clave para mí en el discernimiento de la voluntad de Dios en las iniciativas mayores dentro del ministerio es el impacto que van a tener sobre mi capacidad para vivir una vida de soltería íntegra, rica y saludable.

_____ 6. Estoy consciente de la forma en que mi familia de origen causa un impacto en mi capacidad para estar emocionalmente disponible de una manera sana para mis mejores amigos, mi familia y aquellos a quienes sirvo.

_____ 7. No funciono de manera excesiva como líder a expensas de llevar una vida de soltería saludable y equilibrada.

_____ 8. Hago que aquello que sea importante para mis mejores amigos y mi familia, también sea importante para mí, cualesquiera que sean mis responsabilidades como líder.

_____ 9. El fruto que da mi ministerio es un desbordamiento de la riqueza de mis estrechas relaciones con mi familia y mis amigos.

_____ 10. Me siento bien en cuanto a expresar una visión bíblica para los casados y para los solteros en cuanto a la forma en que cada uno de ellos da testimonio del amor de Dios.

Dedica un momento a revisar brevemente tus respuestas. ¿Qué es lo que más te llama la atención? Aunque no hay una evaluación definida para esta evaluación, al final del capítulo (página 120) hay algunas observaciones generales que te pueden ayudar a comprender mejor en qué posición te encuentras actualmente.

Si tus respuestas no son lo que esperabas, debes saber que no eres el único. La integración del matrimonio y el ministerio fue una de las partes que más descuidé en mi liderazgo durante mis diecisiete primeros años como pastor. Dondequiera que te encuentres, la gran noticia es que un poco de comprensión, unido a unos pocos cambios, puede tener un impacto positivo e inmediato, no solo en tu vida personal, sino también en aquellos de los cuales eres líder.

El papel del matrimonio y la soltería en la práctica estándar

Asistí a dos excelentes seminarios teológicos y viajé continuamente para participar en las mejores conferencias sobre liderazgo cristiano que se ofrecían en Estados Unidos. En ningún momento durante ese tiempo se habló del tema de la integración del matrimonio y la soltería al liderazgo. Tal vez un conferencista famoso animaba a aquellos de nosotros que estábamos casados a tener una noche de cita con la esposa, una tarde especial con nuestros hijos o una vacación bien planificada, pero hasta ahí llegaba todo, más o menos. No se hablaba de la sexualidad, más que para dar alguna advertencia ocasional: «No lo hagan fuera del matrimonio». Por ejemplo, se daba por sentado que los líderes casados sabían tener una relación sexual con sus cónyuges que les diera vida. Y se hacía muy poco esfuerzo, si es que se hacía alguno, para reconocer o incluir a sus cónyuges en las reuniones sobre el liderazgo. Con el tiempo, el mensaje sin palabras que recibí acerca del matrimonio y el liderazgo decía algo como lo siguiente: *Pete, busca primero el reino de Dios. Edifica la iglesia y todo lo demás te será añadido. Esto comprende una iglesia y una familia bendecidas. Lo que necesitas es tener un matrimonio (o una vida de soltero) estable para poder tener un ministerio fuerte y también estable.*

Por eso no tiene nada de sorprendente que mi primera prioridad fuera la de ser un pastor innovador con un ministerio en crecimiento. Mientras no estuviera metido en alguna aventura amorosa, no estuviera jugando con la pornografía ni me hubiera casado con alguien que se quejara públicamente de mí o amenazara con dejarme, todo estaba bien. El mismo principio era aplicable a los ministros solteros. *Mantén tu moralidad, pero tu principal prioridad es edificar el ministerio y extender el reino de Dios.*

Si poca era la preparación que se daba para ayudar a los líderes casados, menos aún era la que se les facilitaba a los líderes solteros. La conexión entre la soltería y el liderazgo era mencionada muy pocas veces, si es que se llegaba a referir. Pero el mensaje no tan sutil tras el silencio era bastante fuerte y claro: *tendrías un ministerio más amplio, más eficaz, si estuvieras casado.* En algunos casos, hasta se consideraba sospechosos a los líderes solteros, y el mensaje subyacente era: *¿Qué anda mal en ti, que todavía sigues soltero?*

Entre los líderes cristianos de hoy el pensamiento acostumbrado acerca del matrimonio y la soltería en la práctica estándar es algo parecido a esto:

- La principal prioridad de un líder es levantar un ministerio eficaz y exitoso para revelarle al mundo el amor de Jesús. Nosotros aportamos nuestro mejor tiempo y nuestras energías para lograr ese objetivo. El matrimonio y la soltería son importantes, pero son secundarios dentro de la lista de prioridades.
- La conexión o unión del líder con Jesús es algo separado de su conexión con su cónyuge (si está casado), o con sus mejores amigos y su familia (si está soltero).
- La forma en que una decisión puede causar un impacto en el matrimonio o la soltería de un líder es una consideración secundaria, no primaria, en el discernimiento con respecto al ministerio y en la toma de decisiones.
- Los líderes necesitan conseguir cuanto entrenamiento y preparación puedan, para mejorar sus habilidades en el liderazgo. Necesitan conseguir entrenamiento y preparación para el matrimonio o la soltería, si tienen problemas o si se les presentan crisis.
- Los líderes cristianos necesitan una doctrina sólida y una teología bien fundamentada, pero no pueden ser expertos en todo. Hay cosas más esenciales que conocer y comprender, que una teología del matrimonio, la soltería o la sexualidad.
- Los líderes cristianos no tienen por qué estar excesivamente preocupados por el matrimonio o la soltería en los miembros de su equipo. Los líderes principales en particular deberían saber cuidar de estos aspectos de su vida ya cuando lleguen a los niveles más altos del liderazgo.

Estas cosas las he dicho tal vez con demasiada franqueza. Ahora bien, ¿te suena familiar alguno de estos puntos de vista? ¿Reconoces algo de la forma en que piensas normalmente dentro de esta mezcla?

Dentro de la comunidad cristiana, esta desconexión tan extendida entre el liderazgo y la vocación de la persona (como casada o soltera) es tan pronunciada, y sin embargo, tan ampliamente considerada como «normal», que solo una poderosa visión teológica procedente de Dios puede detener y redimir este peligroso estado de cosas. Pero si queremos convertir en realidad una nueva visión, necesitamos entender lo que significa hacerlo en la práctica; ordenar de nuevo nuestra vida y nuestro liderazgo de una manera tal que nos capacite para ser líderes realmente basados en nuestro matrimonio o en nuestra soltería.

El liderazgo basado en tu matrimonio

En 1996, cuando Geri y yo comenzamos a investigar sobre la conexión entre el matrimonio y el liderazgo, nos sorprendió lo escaso que era el pensamiento teológico con respecto al matrimonio, sobre todo en cuanto a la sexualidad. Seguimos profundizando nuestro propio matrimonio y nuestra sexualidad, pero estábamos muy interesados en identificar y comprender las diferencias entre el matrimonio cristiano y el secular... sobre todo para los líderes. Terminamos identificando tres cualidades fundamentales que creemos que deben formar parte de lo que es el matrimonio o la soltería en el líder cristiano emocionalmente sano.

Exploraremos las cualidades en ambas situaciones, comenzando por el matrimonio. Si quieres ser líder fundamentado en tu matrimonio, entonces debes hacer de esa unión, y no de tu liderazgo, tu principal aspiración, tu principal pasión y tu mensaje más alto acerca del evangelio.

El matrimonio es tu principal aspiración

Podemos definir la palabra *aspiración* como «un ardiente deseo de lograr algo». Parece razonable tener algo así, ¿no es cierto? Y todos tenemos aspiraciones, de uno u otro tipo. Pero en la iglesia, las *aspiraciones* son algo que tiende a distanciarnos de los demás. Las conectamos de forma negativa con cosas como el espíritu de competencia o de ambición egoísta que había en la facción divisiva de la iglesia a la cual se refiere Pablo (Filipenses 1.16). Sin embargo, las aspiraciones pueden ser una buena cosa, en especial cuando nos motiva a buscar lo bueno, lo verdadero y lo hermoso. La primera aspiración de los líderes cristianos casados debe pasar del liderazgo de nuestra iglesia, organización o equipo, al amor apasionado a nuestra cónyuge. Debemos cultivar un fuerte anhelo por hacer visible lo invisible, el amor de Jesús por su Iglesia, en y por medio del amor que nosotros le tenemos a nuestro cónyuge. Entonces, guiaremos basados en el desbordamiento de ese amor. En otras palabras, tendremos amor extra «para repartir». Ese amor es el desbordamiento de los cuidados, la conexión y la sensación de bienestar que recibimos el uno del otro.[7]

Cuando los cristianos nos casamos, hacemos un voto que es parte de un pacto, y en el cual prometemos amar a nuestro cónyuge de una manera fiel, gratuita, fructífera y para siempre. A partir de ese punto, todas las decisiones significativas que tomemos tienen que estar moldeadas por ese voto. El ritmo de vida de la iglesia o la organización a la cual servimos, los compromisos que hacemos y el enfoque de la pasión de nuestro corazón reciben todos su forma de ese voto. Por decirlo con toda franqueza, si estás casado, vivir como si fueras soltero ha dejado ya de ser una opción viable para ti. ¿Por qué? Porque hiciste el voto de estar casado. Sí, a veces es doloroso conectarse con el cónyuge de uno, pero a largo plazo, más doloroso es no hacerlo.

Esto significa que el primer punto en nuestra descripción de responsabilidades como líderes consiste en conducirnos de tal manera en la vida, que nuestra conducta y nuestras decisiones le demuestren continuamente a nuestro cónyuge que es amado y digno de recibir amor. Hacemos que aquello que es importante para ella sea también importante para nosotros.[8] Esto significa que al despertarme cada día, me pregunto: *¿Qué es importante hoy para Geri? ¿Cómo puedo estar presente ante ella de una manera que refleje el amor de Jesús?*

Yo tengo la tendencia a distraerme y quedarme absorto en el trabajo del ministerio que tanto amo, ya sea pastoreando en New Life, enseñando acerca de la espiritualidad emocionalmente sana o escribiendo libros. Con el matrimonio como mi primera aspiración, me siento dirigido a darles prioridad a cosas que de lo contrario dejaría de lado o reduciría al mínimo, como salir a caminar con Geri en un día lluvioso, cocinar juntos una comida sana o ayudarla con las cosas que se necesita hacer en la casa. Y todas esas acciones contrastan fuertemente con lo que pude observar, tanto en mi familia cuando era niño, como en los modelos de liderazgo de mis primeros tiempos en el ministerio. Yo no hago esas cosas con naturalidad, ni me es fácil. De hecho, los cambios necesarios para que realmente podamos ser líderes basados en nuestro matrimonio no son cosas que nos salgan de forma espontánea a la mayoría de nosotros. Por ejemplo, yo vi esto en Philip, un amigo mío que fundó una iglesia en una ciudad cercana.

Philip trabajaba duro y, a los cinco años de fundada, su iglesia había crecido desde un grupo básico de veinticinco personas a más de trescientas. El problema era que Philip estaba trabajando rutinariamente un total de ochenta a noventa horas por semana.

«Mi día comenzaba alrededor de las cinco de la mañana», me dijo una tarde. «En algunas ocasiones solo he dormido tres o cuatro horas por noche. He tenido que salir por lo menos cuatro o cinco noches por semana. Algunas veces he estado fuera todas las noches. Me he tomado dos o tres vacaciones al año, pero solo por una semana, y duraba de lunes a viernes». Hizo una pausa y respiró profundamente. «Como yo soy el único pastor, regresaba a predicar todos los domingos. Así que en realidad no eran unas vacaciones, porque seguía teniendo que pensar en prepararme para el sermón. Estaba ganando peso y durmiendo poco. Mi esposa pensaba que tenía el deber de colaborar con lo que Dios estaba haciendo, así que nunca se quejaba. Después de acostar a nuestros tres hijos, se pasaba la mayoría de las noches sola en la casa viendo televisión».

Un domingo por la noche, después de un fin de semana especialmente agotador en el que había hablado en un retiro de fin de semana, predicado en dos cultos, servido una cena para las nuevas visitas en su casa, y cumplido con una cita de consejería a altas horas de la noche con una pareja en problemas, Philip se sentía exhausto y desesperado. Lo único que pensaba era: *Me quiero morir. No quiero seguir viviendo*. Por fin Dios había logrado captar su atención. Al cabo de unos pocos días, había consultado con la directiva de la iglesia y hecho los arreglos necesarios para un descanso sabático de dos meses. Eso lo llevó a ese viaje que nosotros llamamos «espiritualidad emocionalmente sana». Tres años más tarde, así es como Philip describe su ministerio y su matrimonio:

Una de las maneras en que sé que estoy ahora en un lugar sano, es que realmente me encanta ser esposo y padre, más que pastor. Mi matrimonio es ahora mi ministerio más importante, lo cual en realidad va a contrapelo de mi cultura coreana. Me ha obligado a llevar un ritmo más lento. Ya digo que no con frecuencia cuando me invitan a salir para dar conferencias y dirigir retiros. Salgo una, o cuando más dos noches por semana. Susan y yo acostamos a los niños a más tardar a las nueve de la noche, y después pasamos juntos nuestras noches. Inicialmente, fue difícil, porque Susan había pasado muchos años sin tenerme a mí en casa. Así que, aunque yo me estaba quedando por las noches, no sabíamos de qué manera conectarnos. Pero finalmente, aprendimos.

Sin embargo, ha habido una reacción contraria por parte de algunas personas de la iglesia. La semana pasada, una de nuestras líderes me dijo: «Usted *nunca* está aquí». Cuando ella me dijo aquello, lo primero que pensé fue: «¿Necesitaré trabajar más duro?». Entonces me recordé a mí mismo que todavía sigo trabajando duro, pero en comparación con la cantidad de tiempo que estaba pasando antes en la iglesia, comprendo por qué le podría parecer a ella que yo *«nunca»* estaba allí. Creo que estoy comenzando a comprender lo que significa ser líder basado en mi matrimonio.

El gran temor de Philip, según él mismo me confió, era que la iglesia perdiera gente si él hacía ese cambio. En realidad, lo que ha sucedido es lo contrario. La iglesia ha seguido creciendo de manera constante. La diferencia está ahora en que Philip está satisfecho y disfruta el proceso que significa ser pastor y líder.

El matrimonio es tu primera pasión

Una *pasión*, según el diccionario, es «una emoción fuerte y apenas controlable». Si nuestra primera pasión es el matrimonio, y no el liderazgo, entonces los líderes cristianos casados deberían hallarse entre las parejas más «enamoradas» de la iglesia. Eso significa que nuestra pasión, el enfoque de esa emoción fuerte y apenas controlable, no está dedicada a andar tras las metas o los logros en el liderazgo, sino a amar a tu cónyuge.

Cuando pensamos en el amor marital, tendemos a destacar cosas como el compromiso y la lealtad. Como consecuencia, es posible que una pareja cristiana asista a la iglesia y sirva en ella unida pero, con demasiada frecuencia, terminará teniendo solo un sentimiento vagamente indiferente de su entrega mutua. Eso está muy lejos de lo que Dios quiere que sea el pacto matrimonial.

Dios nos ama con un amor *ágape* fiel y perseverante. No obstante, su amor en el pacto que tiene con nosotros también se caracteriza por el *eros*, la palabra griega que identifica a un amor que se expresa en la pasión sexual. Esto significa que el amor de Dios por nosotros es ardiente y loco en cuanto a su deleite. ¡Él está loco por nosotros! Reflexiona en los siguientes textos de las Escrituras que expresan este aspecto del amor que Dios nos tiene:

> *«Se deleitará en ti con gozo [...] se alegrará por ti con canto»*
> *(Sofonías 3.17).*

> *«Salió corriendo a su encuentro, lo abrazó y lo besó [el texto griego indica que lo besó repetidamente]»*   *(Lucas 15.20).*

> *«¿Cómo podría abandonarte [...]? Dentro de mí, el corazón me da vuelcos, y se me conmueven las entrañas»*   *(Oseas 11.8).*

> *«Padre, así como tú estás en mí y yo en ti, permite que ellos también estén en nosotros»*   *(Juan 17.21).*

¿Distingues la pasión en el amor de Dios hacia nosotros?

Esa misma pasión se debe reflejar en todos los matrimonios cristianos, pero en especial en los de los líderes. Nosotros debemos amar a nuestra cónyuge como la ama Dios: con dedicación y con pasión. Al hacerlo, estaremos dando ejemplo del amor de Jesús por nuestros equipos y por aquellos a quienes servimos.

La mayoría de las parejas son apasionadas cuando están comprometidas. No podemos dejar de pensar el uno en el otro. Día y noche nos preguntamos cómo nos podemos entregar al futuro cónyuge. Nos atrae sexualmente. Nos saca de nuestro egoísmo para llevarnos a un enfoque centrado en la otra persona. Sin embargo, esa pasión no tiene por qué disminuir a medida que pasen los años y las décadas. Al contrario, Dios quiere que se haga más profunda y madura. En realidad, la pasión es central en nuestra vocación matrimonial. Su propósito consiste en señalarnos algo que se halla más allá de nosotros: en ofrecerles a los demás una prueba y una imagen del mismo amor apasionado que Dios tiene hacia el mundo.

Lamentablemente, la mayoría de las parejas se vuelven menos apasionadas y menos sexuales después de su matrimonio, en especial cuando uno de los cónyuges vive consumido por sus tareas de liderazgo. Muy pocos hemos sido preparados para tener un matrimonio apasionado y floreciente. Esperamos que eso suceda de manera natural. Las cosas no son así. Es necesario cultivarlo.[9] En ese caso, la pregunta es *cómo*. ¿Cómo cultivamos un matrimonio apasionado, sobre todo dentro del contexto del liderazgo? Hay tres cosas que nos permiten a Geri y a mí hacer del matrimonio, y no del ministerio, nuestra primera pasión: orar para pedir pasión, hacer de la pasión una práctica espiritual deliberada, y apoyarnos mutuamente.

Oramos para pedir una pasión mayor. Geri y yo tenemos el hábito de orar, solos y a veces juntos, para pedir una pasión mayor. Inicialmente, yo traté de mantenerme apasionado sin la oración, pero descubrí que era incapaz de sostener esa pasión con mis propias fuerzas. La oración liberaba el poder del Espíritu Santo en nuestro matrimonio, y eso es lo que lo ha cambiado todo. Para resistirnos a la tentación de volvernos apáticos en nuestra pasión, necesitamos un poder que proceda de fuera de nosotros. Nosotros le pedimos gracia a Dios para *vivir en el amor*[10] día tras día, tratando de estar presentes el uno con el otro de la misma forma en que Dios está presente con nosotros. En este sentido, la oración lo ha cambiado todo. Por medio de ella, el Espíritu Santo nos mantiene pensando el uno en el otro a lo largo del día. La oración también nos mantiene centrados en el corazón de Dios y en su amor por el mundo. Oramos para que otros puedan ver nuestro apasionado amor mutuo, experimenten una revelación y digan: «¡Vaya! ¡Así es como Jesús me ama a mí!».

Nosotros hacemos del cultivo de la pasión una práctica espiritual deliberada. Nos comprometemos a desnudarnos físicamente y a la unión —con regularidad— como práctica espiritual y proclamación de que la mayor importancia la tiene nuestra vocación matrimonial. Buscamos apartar veinte minutos al día para estar desnudos y sin avergonzarnos, cada cual en los brazos del otro (Génesis 2.24). La meta no es llegar a una relación sexual. Sencillamente, nos queremos sentir apasionadamente conectados entre nosotros, tanto física, como espiritual, emocional e intelectualmente.

Esa práctica espiritual de veinte minutos también sirve para cultivar una atmósfera de atracción sexual entre nosotros. El matrimonio es diferente a todas las demás relaciones. Nosotros somos más que una pareja de grandes amigos con unos valores similares. Somos más que compañeros de trabajo para Cristo. Lo que hace distinto nuestro matrimonio es nuestra relación sexual. «Hacemos el amor» de manera deliberada, tanto fuera de nuestro dormitorio (contactos tiernos, gestos considerados, regalos sorpresivos, ropa atrayente), como dentro de él. Esta práctica de piel con piel se desborda hacia toda nuestra vida, invadiendo todos nuestros días y nuestras actividades.

¿Tenemos siempre el ciento por ciento del éxito en estos esfuerzos? No. Nuestros ritmos son interrumpidos, por ejemplo, cuando hay vacaciones con la familia, días de fiesta, reveses en la salud, temporadas en las cuales viajamos y hablamos. De todas formas, con el matrimonio firmemente establecido como nuestra primera pasión, y no el liderazgo, lo natural es que sea algo que esté constantemente en nuestros pensamientos y en nuestros corazones.

Hablamos acerca de la pasión, hacemos planes para que haya pasión y oramos para pedir pasión. Y añadimos a nuestros pensamientos acerca de la pasión y a nuestra usual disciplina de veinte minutos una importante práctica final: el apoyo mutuo.

Nos apoyamos mutuamente de forma deliberada. Durante nuestra práctica espiritual de la desnudez física acostumbrada, nos apoyamos deliberadamente entre nosotros. Alguien dijo que uno encuentra lo que busca: busca faltas y encontrarás faltas; busca belleza y encontrarás belleza. El apoyo sincero y constante es uno de los obsequios más grandes que uno de los cónyuges le puede dar al otro. Cuando uno busca en el otro bondad y belleza, y decimos sinceras palabras vivificantes al otro, nos convertimos en «Dios con piel» para ambos. Las palabras de apoyo sanan heridas, cubren vergüenzas y comunican la forma en que Dios nos ve... como algo infinitamente valioso y digno de amor. En cambio, una corriente continua de críticas nos va quitando la vida a nosotros y a nuestras relaciones. Se convierte en una de las grandes asesinas de la pasión.

Cuando yo le hablo de manera deliberada a Geri sobre las cualidades que encuentro atractivas en ella, ya sean físicas, emocionales, espirituales o relacionales, no solo me siento diferente con respecto a ella, sino que ella se siente más cerca de mí, y más segura cuando estoy con ella. El hecho de recibir de Geri unas palabras de apoyo puede constituir todo un reto para mí a veces, por lo escasas que eran en mi familia de origen. Sin embargo, Dios ha usado las palabras de ella para recordarme el evangelio y cómo me ve él a mí. Unas palabras deliberadas de apoyo a tu cónyuge, sobre todo cuando conoces sus fallos mejor que ninguna otra persona en la tierra, es uno de los mayores regalos que le puedes dar. También contribuye de una manera enorme a aumentar la pasión.

Dios sabe que estamos en nuestros mejores momentos cuando vivimos en una atmósfera de pasión mutua. Somos más generosos, más pacientes y más propensos a perdonar. Cuando nunca nos saciamos con lo que recibimos el uno del otro, vemos el mundo a todo color, no en blanco y negro.

El matrimonio es tu mensaje más fuerte sobre el evangelio

La mayoría de los líderes cristianos piensan que el mensaje más fuerte que predicamos ante el mundo le llega por medio de nuestras palabras o del servicio que les prestamos a los demás en el nombre de Jesús. En mis primeros años de ministerio, yo pensaba que fundar una iglesia y predicar sermones eran mis maneras más fuertes de comunicar el mensaje del evangelio. Cuando digo que el *matrimonio* es el mensaje más fuerte que puede dar un líder sobre el evangelio, quiero decir que un matrimonio cristiano señala más allá de sí mismo, hacia algo más importante: hacia Cristo. Como tal, el matrimonio es una señal y un prodigio. Cuando Jesús transformó el agua en vino, se dice que esta fue la primera de sus señales milagrosas. Ese milagro señalaba a Jesús el Mesías como el mejor vino, que había sido reservado hasta que llegara la plenitud de los tiempos en la historia. En Caná estaba sucediendo mucho más que el simple hecho de convertir el agua en vino. Ese milagro señalaba hacia Jesús como *el vino* que nunca se acaba, que siempre satisface, y que ahora se desborda en una exorbitante abundancia.

El apóstol Pablo hace esta misma conexión en el texto que probablemente sea su declaración más importante acerca del matrimonio:

> «*"Por eso dejará el hombre a su padre y a su madre, y se unirá a su esposa, y los dos llegarán a ser un solo cuerpo." Esto es un misterio profundo; yo me refiero a Cristo y a la iglesia*».

(Efesios 5.31–32).

Pablo entiende el matrimonio terrenal como algo que va más allá del hecho de que dos personas se junten para tener hijos y disfrutar de una vida estupenda. Es más que un fundamento para nuestro liderazgo. Él ve el matrimonio como una señal y un prodigio en dos maneras distintas. Tal como dijimos anteriormente, el amor matrimonial hace visible la forma en que Dios ama al mundo: total, fiel, libre y fructíferamente. Para los cristianos, el amor entre los esposos tiene la misión de revelar cómo ama Dios al mundo. El matrimonio terrenal apunta a nuestro destino eterno, en el cual estaremos perfectamente unidos y realizados en su amor. El apóstol Pablo lo considera como una señal profética del banquete de las Bodas del Cordero (Apocalipsis 19—22). Por eso dijo Jesús que en el cielo no hay matrimonio. Una vez que lleguemos, la señal habrá dejado de ser necesaria (Mateo 22.30). Habremos alcanzado nuestro destino, el matrimonio con Cristo, y disfrutaremos de una celebración de bodas que durará para siempre.

En ese caso, ¿qué significa esto en la práctica? ¿Cómo convertimos los líderes cristianos el matrimonio en el mensaje más fuerte sobre el evangelio entre todos los que predicamos?

Cuando pasé de una visión no vocacional del liderazgo (yo soy un líder que además estoy casado) a una visión vocacional (soy líder *basado en* mi matrimonio), varias cosas cambiaron. Adquirí una conciencia más fuerte de mí mismo, en primer lugar como el esposo de Geri, no como el pastor Pete. Acepté el llamado de Dios, que quería que fuera «Dios con piel» para Geri, tratando de estar tan presente y sensible con ella, como lo estoy con mi propio cuerpo. Mi definición del éxito en el liderazgo se vio transformada más allá de un simple hacer crecer la iglesia, para alimentar un matrimonio apasionado que se desborda hacia el resto del mundo. Mi necesidad de ver apoyada mi capacidad para recibir amor a través de mis logros en el ministerio se disipó cuando experimenté de una manera más plena el profundo amor de Geri por mí, y el hecho de que se complace en mí. En los primeros pasos de bebé que di en esta nueva aventura, reorganicé mis prioridades en el liderazgo, de manera que las primeras líneas de mi lista semanal de cosas por hacer tuvieran un aspecto semejante a este:

- Pasar tiempos a solas con Dios (una lista de momentos y prácticas espirituales para la semana)
- Invertir en Geri y en nuestro matrimonio (una lista de momentos y acciones concretas para la semana)
- Todo lo demás que se relaciona con New Life Fellowship (preparación de los mensajes, reuniones con el personal, preparación de la reunión con la junta, etc.)

Convertir nuestro matrimonio en nuestro mensaje evangelístico más fuerte no significó que, de repente, Geri y yo comenzáramos a hacerlo todo juntos. Ni lo hicimos, ni lo hacemos ahora. Pero una vez que me decidí a hacer importante para mí lo que fuera importante para Geri, las cosas cambiaron. Tal vez el cambio más grande en mí fuera un aumento en mi conciencia de Geri y mi capacidad para estar presente con ella, en especial en los cultos de New Life. En el pasado, una vez que llegaba a la iglesia para los cultos del fin de semana, no pensaba mucho en Geri, ni la tocaba si estaba cerca de mí. La gente que había ido a servir allí estaba primero. En cambio, para Geri aquellos momentos estaban entre los que más le importaban. Al principio, era un esfuerzo consciente por atravesar una sala para rodearla con mi brazo, sostener su mano en medio de la adoración o abrazarla en el vestíbulo después del culto. Ahora, ver a Geri en medio de un grupo es una extensión natural de nuestra unidad y nuestro amor. A ella le encanta y, para mi sorpresa, hay otros que también lo notan. Estoy intensamente consciente de la forma en que predicamos el amor de Cristo por medio de nuestro matrimonio cuando estamos en público, incluso cuando no enseño públicamente.

No exagero al decir que esos cambios fueron drásticos, y que todos ellos me empujaron a dedicar mi mejor energía como líder, en primer lugar a nuestro matrimonio, y después a mi papel como pastor. Invertir en nuestro matrimonio se convirtió en algo básico para mi liderazgo en New Life, no en algo «extra». También me ayudó a comprender mejor lo que significa ser líder basado en la soltería.

El liderazgo basado en tu soltería

De la misma manera que necesitamos una sólida espiritualidad sobre el matrimonio vocacional, también necesitamos una rica espiritualidad sobre la soltería vocacional para que la iglesia madure y se convierta en lo que Dios quiere que llegue a ser. Pero antes de explorar lo que significa ser líder fundamentado en la soltería, necesito reconocer las limitaciones que tengo al escribir acerca de este tema.

Para comenzar, no soy soltero. Aunque me dediqué al celibato desde los diecinueve años hasta los veintiocho, escribo como alguien que ya lleva treinta y un años de ser un pastor casado. No he experimentado los retos y las complejidades que significa servir durante décadas como líder soltero. No sé lo que es que lo traten a uno con sospechas, o como ciudadano de segunda clase, por el hecho de ser soltero. Además, procedo de una tradición protestante que, en su mayor parte, no ha sabido desarrollar una teología bíblica de la soltería, y mucho menos aplicarla de manera práctica en la iglesia. Y aunque he estudiado la soltería cristiana a lo largo de los años, y hablado con centenares de solteros acerca de sus experiencias, sigo estando profundamente consciente de lo mucho que *no* sé.

A pesar de esas limitaciones, escribo para hacer avanzar una conversación significativa y muy necesitada acerca de este tema dentro de la iglesia. Espero con ansias que los líderes solteros se sientan animados a ocupar los lugares que les corresponden por derecho en el liderazgo eclesial, y que los líderes casados manifiesten una sensibilidad mucho mayor ante los problemas y las preocupaciones de los solteros, de manera que todos juntos podamos hacer avanzar la causa de Cristo en el mundo.

Una vez reconocidas mis limitaciones, me siento seguro al afirmar que si quieres ser líder basado en tu soltería, hay tres cosas que debes hacer: actuar con deliberación en cuanto a la clase de soltero que Dios te ha llamado a ser, hacer de una soltería sana tu primera ambición, no del liderazgo, y por último, hacer de tu soltería tu mensaje más fuerte acerca del evangelio.

Actúa con deliberación en cuanto a la clase de soltero que Dios te ha llamado a ser

Hoy, cada vez son más los líderes del cuerpo de Cristo que están solteros. Hubo un tiempo en el cual la palabra *soltero* se refería de manera exclusiva a los adultos jóvenes que aún no se habían casado. En la actualidad, se puede referir también a un papá divorciado de cuarenta años, a una viuda de setenta y cinco, o a un hombre de treinta y tres años que toma la decisión de hacer voto de celibato. Esto significa que tenemos cada vez más líderes cristianos que necesitan actuar deliberadamente en cuanto a escoger su vocación como célibes por voto, o como dedicados al celibato.[11]

Los célibes por voto

Hoy, la mayoría de los que practican el voto de celibato sirven en las órdenes religiosas y las iglesias católicas romanas y ortodoxas. Lamentablemente, se habla muy raras veces sobre el celibato en la mayoría de las iglesias protestantes, o se considera como un llamado válido.[12] Sin embargo, esto está cambiando lentamente. En los doscientos años pasados, ha habido una especie de redescubrimiento de las enseñanzas bíblicas acerca del celibato vocacional, y ha ido resurgiendo esta práctica en la iglesia protestante en el mundo entero.[13]

Jesús fue el primero en reconocer el concepto de un celibato por voto o consagrado. Y lo hizo en unos tiempos y una cultura que lo habría considerado como sorprendente. La historia del pueblo judío, su cultura, e incluso las enseñanzas del Antiguo Testamento hasta ese momento no les daban un lugar real a las personas que permanecían célibes de manera deliberada.[14] De hecho, se daba tan por seguro que un hombre judío se iba a casar, que en hebreo no había palabra equivalente al término «soltero». Algunos rabinos enseñaban que no haberse casado a los veinte años era considerado como un pecado. La transmisión del nombre de la familia por medio del hijo varón mayor era considerada literalmente como una cuestión de vida o muerte. No había nada peor que la exterminación del nombre de la familia.[15] La presión por parte de la familia, la sinagoga y la cultura para que el hombre se casara, era enorme. Así que ten en mente ese contexto cuando leas estas palabras de Jesús:

> «—*No todos pueden comprender este asunto —respondió Jesús—, sino sólo aquellos a quienes se les ha concedido entenderlo. 12 Pues algunos son eunucos porque nacieron así; a otros los hicieron así los hombres;* **y otros se han hecho así por causa del reino** *de los cielos. El que pueda aceptar esto, que lo acepte.»*
>
> MATEO 19.11–12, ÉNFASIS DEL AUTOR

> «*Jesús les contestó: —Ustedes andan equivocados porque desconocen las Escrituras y el poder de Dios.* **En la resurrección, las personas no se casarán ni serán dadas en casamiento,** *sino que serán como los ángeles que están en el cielo.»*
>
> MATEO 22.29–30, ÉNFASIS DEL AUTOR

En Mateo 19.12, la palabra traducida como *eunuco* no se refiere solamente a un varón que ha sido castrado, sino a toda persona que toma la decisión de no ofrecerle sexualmente su cuerpo a otra. Después de reconocer que algunos son célibes debido a discapacidades físicas, y que otros lo son debido a una castración, Jesús abre una categoría totalmente nueva: los que han renunciado al matrimonio «*por causa del reino de los cielos*». Esa es la definición misma de lo que es un celibato por voto.

Los célibes por voto reciben un *carisma*, una capacitación que les da Dios a ciertos hombres y mujeres para que le puedan ofrecer al mundo un don especial de servicio.[16] Estos deciden libremente entregarse a Cristo como un don exclusivo y para toda la vida. Al hacerlo, se privan de la señal temporal del matrimonio en la tierra para poder participar ahora más plenamente de la realidad celestial hacia la cual apunta el matrimonio: el matrimonio eterno con Cristo.

La declaración inicial de Jesús en Mateo 19 aclara que esta vocación les es dada a pocos hombres y mujeres: «—No todos pueden comprender este asunto —respondió Jesús—, sino sólo aquellos a quienes se les ha concedido entender» (Mateo 19.11). No obstante, sí existen entre los líderes de nuestras iglesias y ministerios. Tal vez tú pertenezcas a ese pequeño número. Si te estás preguntando si no será ese el caso, te animo a que visites una comunidad monástica cercana a tu lugar de residencia, donde conocerás hombres o mujeres que ya se han comprometido con un voto de celibato. Escucha sus historias y su proceso de discernimiento. Es frecuente, al menos en las comunidades monásticas que mejor conozco, el que se les exija un proceso de discernimiento que va desde los cinco años hasta los siete, antes de hacer el voto perpetuo. De hecho, una de nuestras antiguas líderes de New Life se encuentra en estos momentos en medio de su propio proceso de discernimiento en una comunidad monástica.

Si eres soltero, pero no te sientes llamado al voto de celibato, existe otra opción: el celibato por decisión propia, la vocación de la mayoría de los líderes protestantes solteros en la actualidad.

Los célibes por decisión propia

Los célibes por decisión propia deciden practicar el celibato mientras permanezcan solteros como parte de su consagración a Cristo. Yo tomé la decisión de ser célibe por decisión propia durante un período de nueve años, entre las edades de diecinueve años y veintiocho. Quería vivir en una entrega total, y no permitir que me distrajera ninguna relación, con el fin de crecer espiritualmente y servir a Cristo. El deseo de casarme surgió cuando tenía ya veintisiete años. Entonces me pregunté: «¿Cuál es la mujer más piadosa que conozco, alguien que sería capaz de seguir a Jesús aunque yo no lo siguiera?». La respuesta era fácil. Esa mujer era Geri, mi buena amiga y colega de largo tiempo en InterVarsity. Tuvimos un noviazgo de un año y el resto es historia.

Geri también fue célibe por decisión propia durante ocho años cuando tenía veintitantos. Cuando se hizo cristiana, estaba a punto de comprometerse. A causa de su unión con Jesús, pasó por el doloroso proceso de terminar aquella relación (*¡A Dios gracias!*). Así vivió, entregada de todo corazón a Cristo, tenía citas de vez en cuando y servía, tanto en el ministerio vocacional, como trabajando de maestra en una escuela secundaria. Cuando tenía veintiséis años y se estaba preparando para mudarse a Tailandia, donde se había comprometido a ministrar por dos años, yo le pedí que pensara en quedarse en Estados Unidos, de manera que pudiéramos discernir lo que Dios tenía para nuestra relación. Aunque Geri se sentía tranquila en su soltería, también estaba dispuesta a aceptar lo que Dios tuviera con respecto a su futuro.

Los dos disfrutamos nuestros años de solteros como seguidores de Cristo y líderes de ministerios. De haber permanecido solteros, sin duda alguna nos habríamos encontrado nuevos retos a los treinta, cuarenta, cincuenta años y más. Pero a lo largo de los años hemos conocido a muchos amigos solteros que han sabido atravesar bien esas complejidades y, al hacerlo, nos han enseñado mucho acerca del celibato por decisión propia. Sue se halla entre esos amigos.

Sue es una líder y maestra talentosa de New Life. Ha enseñado en los retiros, les ha proporcionado cuidado pastoral a personas en situaciones difíciles, ha sido mentora del personal y le ha ofrecido una sabiduría oportuna a nuestra comunidad en más ocasiones de las que puedo recordar. Esta es la forma en que describe su vida:

A los diecisiete años, cuando me hice cristiana, sencillamente daba por seguro que terminaría casándome. Pero también sabía que el primer llamado que tenía era amar a Dios y a los demás: debía ser una persona amorosa. Así que cuando tenía dieciocho años, compré un anillo y le hice grabar este versículo de Cantar de los Cantares: «Yo soy de mi amado, y mi amado es mío» (6.3). Me servía para recordar que, en primer lugar, yo le pertenecía a Cristo.

No me sentía llamada a guardar el celibato de por vida. Esperaba que terminara encontrando a alguien con quien pasarme el resto de la vida. Llegué a tener una relación que era seria, pero él se sintió llamado a servir a Dios en el África, y yo no, así que fuimos cada cual por su camino. De manera que, a pesar de que inicialmente no era ese mi plan, he aceptado el celibato.

Ahora tengo sesenta y cuatro años y he llevado una vida muy plena. En mi trabajo como terapeuta, he aconsejado tanto a matrimonios, como a personas solteras. También siento de verdad que tengo muchos hijos; no hijos biológicos, sino personas en las cuales he derramado mi vida a lo largo de los años. Eso me produce gran gozo y satisfacción.

No siento que me haya perdido nada. De hecho, me siento increíblemente bendecida. Porque soy soltera, he estado libre para hacer muchas cosas que de lo contrario me habrían sido imposibles. Tampoco tengo ilusión alguna en cuanto a que el matrimonio cure la soledad. La soledad es parte de lo que significa ser humano. Es la invitación para que le abramos el corazón a Dios de una manera más profunda. Sin embargo, eso no significa que tengamos que llevar una vida solitaria.

Incluso cuando viví sola durante diez años, tuve el cuidado de invitar gente con frecuencia a mi casa: solteros, matrimonios y familias enteras.

Y en los últimos treinta y cuatro años, he compartido mi vida con Bonnie, mi amiga y compañera de casa. La comunidad es una parte muy importante de mi vida; de nuestras vidas. Yo creo que la iglesia es una comunidad. Somos la familia de Dios. No hay razón alguna para que nos sintamos solitarias. Bonnie y yo tenemos cada cual nuestra propia vida, pero también tenemos una vida en común.

Mi mensaje a los solteros es este: *no vivas como si siempre estuvieras esperando. Vive la vida más plena y gozosa que puedas en el presente.*

Son muchas las cosas que me encantan en la historia de Sue: su comprensión de la soledad como parte de la condición del ser humano, su dedicación a la hospitalidad, sus fuertes amistades y, en especial, el que haya estado dispuesta a aceptar un celibato que inicialmente no quería. Si conocieras a Sue, también verías que una de las cosas más hermosas con respecto a ella es lo deliberada y gozosa que es como líder soltera. Es algo que irradia a todos los que la rodean y que refleja realmente el amor de Jesús.

Con todo, para la mayoría de los solteros, decidirse a vivir como célibes solteros no es fácil. Emily, misionera paraeclesiástica, ha trabajado con estudiantes universitarios y entrenado a otros obreros durante los últimos treinta años. Cuando le pedí que me hablara acerca de su deliberada decisión de ser célibe, esto fue lo que me respondió:

¿Deliberada? Esa palabra es muy fuerte. Yo no quería ser soltera. Esto fue lo que me tocó. Mi pregunta era: *¿Y ahora, qué hago?* No me quería quedar sentada esperando. Quería seguir adelante con mi vida.

Mis treinta y tantos años fueron difíciles, porque tuve que asistir a una gran cantidad de bodas, siempre preguntándome qué andaba mal conmigo, que todavía seguía soltera. En cambio, las cosas cambiaron después de los cuarenta años. Cuando cumplí los cuarenta, saqué mi diario y escribí: «¿Qué tiene esto de bueno?». Entonces escribí los nombres de las personas en las cuales había invertido, porque estaba soltera y disponible. ¡La lista era de trescientas personas! La década que siguió fue un tiempo estupendo para mí. Estaba marcando una verdadera diferencia en la vida de la gente. Eso me ayudó a atravesar algunos de los tiempos más difíciles.

Teniendo ya cincuenta y dos años, seguía esperando que apareciera un compañero, un acompañante para la tercera edad; alguien que estuviera conmigo. Traté de mantenerme indiferente, como dice Ignacio, sosteniendo mis deseos y anhelos sobre el matrimonio con las palmas de las manos abiertas; no con las manos fuertemente cerradas. Por último, dije: *Dios mío, ya no voy a orar más por ese asunto. Tú sabes lo que hay en mi corazón. Estoy cansada de orar acerca de eso. A partir de ahora, lo que tú decidas darme, soltería o matrimonio, lo voy a recibir como un don tuyo. En realidad, al que quiero es a ti. Tú eres todo lo que tengo.* Después de eso, derramé lágrimas de verdadero contentamiento y abandono.

Entonces fue cuando comprendí de una manera más profunda que mis deseos de casarme eran la expresión externa de mi anhelo interno por el Señor. Aquel momento fue muy significativo para mí. Dios me había llevado a un momento de indiferencia absoluta. Realmente, ya no me importaba si me casaba o no.

La historia de Emily hace resaltar tres verdades acerca de la experiencia de actuar de manera deliberada cuando se escoge el celibato por decisión propia. En primer lugar, ya ella se había comprometido a una vida de amorosa unión con Jesús, cualesquiera que fueran las circunstancias. (Hablaremos más de esto en el próximo capítulo). En segundo lugar, actuó de manera deliberada a lo largo de un proceso. El sometimiento al amor y la voluntad de Dios no es un suceso único de un momento. Emily nos permitió ver el proceso tan humano por el que todos pasamos en nuestra vida, cuando nuestra voluntad choca con la voluntad de Dios. Y por último, esta vocación, al igual que las demás, conlleva su propia clase única de sufrimiento, y todo eso lo usó Dios para formar a Cristo en ella.

Si eres un líder soltero, es muy posible que hayas experimentado algunas de estas verdades, o tal vez todas, en tu propia vida, aunque probablemente no hayas tenido las palabras o el marco necesario para considerarlas como una vocación. O quizá, como Sue y Emily, la elección de un celibato por decisión propia es algo con lo que has estado batallando. Cualquiera que sea el punto en que te encuentres, el hecho de actuar deliberadamente con respecto a tu vocación y permitirle a Dios que la use, va a ser un importante paso en tu camino a convertirte en un líder emocionalmente sano.

Tu primera aspiración es una soltería saludable

Como recordarás por la sección acerca del matrimonio, la aspiración es «un fuerte deseo de lograr algo». La primera aspiración de los líderes cristianos solteros debe cambiar desde guiar una iglesia, organización o equipo hasta invertir en una vida soltera sana. De manera similar a los líderes casados, los solteros son llamados a guiar basados en un desbordamiento de amor; en este caso, el desbordamiento de su relación amorosa con Jesús y del amor que comparte con las personas más relacionadas con él.

Esto significa que el primer punto en tu descripción de responsabilidades como líder soltero es tomar unas decisiones claras destinadas a cultivar una soltería sana. Cada día, cuando te despiertes, pregúntate: *¿qué necesito hacer hoy para ser un líder basado en una sana soltería para Cristo?* Lo que hace especialmente crítica esta decisión es que hay una regla no escrita, según la cual los líderes solteros necesitan menos tiempo para esto que los casados. En realidad, lo opuesto es lo cierto.

Myra, pastora de un grupo pequeño, lo resumía bien en una carta dirigida a su pastor, cuando este les pidió a ella y a otros miembros solteros del personal que se quedaran hasta tarde para hacer la limpieza mientras animaba a los miembros casados del personal para que se fueran a su casa con sus cónyuges:

> Le ruego que no dé por segura mi comunidad. Mi red de amigos íntimos es tan crítica para mí, como su cónyuge lo es para usted. Me agradaría que tomara mi necesidad de descanso y de conexión íntima con mi red de amistades con tanta seriedad como toma su compromiso de estar con su cónyuge. Mis amigos íntimos son los que Dios me ha dado y, en realidad, a mí me hace falta más esfuerzo, y no menos, disfrutar de unas relaciones sanas con ellos. ¿Por qué? Porque no es algo natural en nosotros, porque no nos estamos esperando unos a otros en nuestros hogares.

Sin una soltería sana como primera aspiración, a Myra le habría sido fácil hacer lo que su supervisor le indicaba que hiciera, y anotarlo dentro del precio que hay que pagar por ser un líder siervo, aunque en privado se sintiera resentida. Pero cuando la primera aspiración de alguien es una soltería sana, es posible que se tenga que enfrentar a situaciones como estas, en las cuales los demás son insensibles ante los desafíos únicos que significa ser un líder soltero. Nadie más puede afirmar qué es lo que necesitas a este respecto; eres tú el que necesitas indicarles a los demás, con bondad y verdad a la vez, que deben respetar este aspecto de tu liderazgo. Y puedes seguir construyendo sobre esa aspiración de tres maneras prácticas: invirtiendo en un cuidado excelente de tu persona, cultivando una comunidad y practicando la hospitalidad.

Dedícate a darle un cuidado excelente a tu persona. Incluye dentro de tu liderazgo unos fuertes ritmos y límites que te permitan un cuidado correcto de tu persona. El principio bíblico es este: «Ten cuidado de tu conducta»

(1 Timoteo 4.16). Puesto que estás trabajando en el cuidado de los demás, es vital que mantengas una buena mayordomía contigo mismo. El autor y educador Parker Palmer lo expresa muy bien:

> Hay al menos una cosa que me ha quedado clara: el cuidado de sí mismo no es nunca un acto egoísta; sencillamente es una buena mayordomía del único don que tenemos; fui puesto en la tierra para poderles ofrecer ese don a los demás. Cada vez que podamos escuchar a nuestro verdadero yo y darle el cuidado que necesita, no lo hacemos solo para nosotros mismos, sino también para los muchos otros cuyas vidas tocamos.[17]

Para poder llevar una buena mayordomía de ese limitado recurso que eres *tú mismo*, es vital que disciernas las clases de personas, lugares y actividades que te producen gozo. Pregúntate continuamente: *¿qué restaura y llena de nuevo mi alma? ¿Qué me llena de deleite?* Mi amigo Héctor es un hombre soltero que experimentó una transformación en este aspecto delante de mis propios ojos en un período de diez años. Esta es su historia:

> ¿Y qué te parecería ser un hijo primogénito de inmigrantes, de cuarenta y un años de edad, y todavía soltero? Aunque no es eso lo que prefiero yo, ni mis padres tampoco, con todo preferiría sentirme feliz, fructífero y soltero con Jesús, que casado e insatisfecho, o peor aún, desdichado. Yo llevo una vida llena de energía, y disfruto cuando invierto en mis relaciones, haciendo con mis amigos las cosas que me encantan: jugando hasta agotarme con el disco volador, montar moto a campo traviesa, comenzar grupos pequeños, e incluso mudarme para unirme a un negocio misionero situado a 16.000 kilómetros de la ciudad de Nueva York. Aunque aun agradecería la oportunidad de experimentar la vida de un hombre casado, mis relaciones con mis hermanos, mis sobrinas, mis padres, mis mejores amigos, mi familia de la iglesia y mis colegas hacen de mí un hombre agradecido con mi copa rebosante.

Una de las cosas que más me han impresionado acerca de Héctor a lo largo de los años es la amplia gama de pasatiempos y deleites en los que invierte como líder soltero, desde los deportes hasta la danza y las motos. Dedicado a una vida que le produce gozo, no solo rompió con el mandamiento de su cultura según el cual el trabajo es la cosa más importante de la vida, sino que también eludió el punto de vista desviado que existe en algunos círculos cristianos, según el cual los placeres y los deleites tienen algo de sospechosos, si no son francamente pecaminosos. Si te quieres dedicar a cuidar de ti mismo de una manera excelente, haz de la búsqueda del gozo y del deleite una parte intencional de tu vida y tu liderazgo.

Invierte en la comunidad, cultivando al menos uno o dos compañeros para el viaje. Seas casado o soltero, ser líder es con frecuencia una experiencia solitaria. Sin embargo, esa soledad puede ser más grande para los líderes solteros, sobre todo en especial para los que viven solos. Jesús, el Hijo de Dios, habría podido tomar la decisión de llevar adelante su ministerio solo. Sin embargo, decidió rodearse con los Doce. También desarrolló amistades íntimas con la familia de María, Marta y Lázaro.

Invertir en la comunidad es algo que se produce de manera natural para algunos líderes solteros. Por ejemplo, Héctor les da prioridad a sus relaciones con otros cinco hombres, a los que llama sus «cinco pilares». Son amigos con los que ha establecido una conexión en diversos momentos de su camino. Ora por ellos, se mantiene al tanto de sus vidas, sabe que puede ser totalmente transparente con ellos, y se siente libre para comunicarse con ellos en cualquier momento para pedirles un consejo. Sue ha actuado de manera muy deliberada en su amistad con Bonnie, su compañera de cuarto. Esto ha producido un rico fruto en su vida personal y en su liderazgo. En cambio, para Mark, pastor asociado de cuarenta y cinco años de edad, el desarrollo de amistades íntimas ha sido un verdadero desafío. A continuación, su historia:

La comunidad es algo que necesito con desesperación, pero el hecho de ser pastor y líder complica las cosas. Cuando entro en un lugar, la dinámica cambia. La gente me trata de una manera diferente. Esto hace difícil el desarrollo de unas relaciones auténticas. También he notado que otros miembros del personal y de la junta, la mayoría de los cuales son casados, a veces «no captan la situación» cuando se trata de comprender las exigencias que trae consigo el hecho de ser un líder soltero. Así que considero que parte de mi papel a desempeñar consiste en educarlos sobre lo importante que es para mí edificar comunidad fuera del trabajo.

Aunque no lo crean, es mi perro el que está haciendo realmente posible el que conozca a una gran cantidad de personas y desarrolle nuevas relaciones. Yo acostumbro a ir al parque para los perros en ciertos momentos fijos, de manera que pueda conectarme con las personas de mi vecindario. Salgo de la oficina cada día a las cuatro de la tarde, para poder recoger a mi perro y ver a mis amigos en el parque a las cuatro y media.

Mi perro también impide que me sienta solo cuando llego a mi apartamento, totalmente en silencio. En lugar de llenar ese espacio vacío con una televisión inútil o con ruido, me siento bien con el silencio. Estar con mi perro y cuidar de él me recuerda la bondad de la creación de Dios, y lo importante que es para mí relacionarme en amor con otros... aunque esto comience por mi perro.

La historia de Mark pone de relieve los retos únicos que presentan ciertos contextos del liderazgo cuando se trata de crear relaciones estrechas. Pero su creatividad, su iniciativa y su perseverancia en la búsqueda de conexiones con la gente de su vecindario, y su disposición a edificar esas relaciones desde la nada, nos ofrecen un modelo sobre las sencillas formas en las que Dios te podría guiar para que comiences a hacer una inversión deliberada que ayude a crear comunidad. Las relaciones profundas y genuinas no aparecen de un día para otro, pero puedes alimentar unas relaciones que con el tiempo se podrán convertir en las de unos compañeros íntimos para tu jornada.

Ten por costumbre practicar la hospitalidad. Invita a una amplia gama de gente, hombres y mujeres, casados y solteros, de todas las edades, para que vayan a cenar a tu casa, o fija unos momentos para reunirte con esas personas para tomar un café juntos.

Como Mark vive en un pequeño apartamento de una gran ciudad, ha desarrollado una buena relación con el dueño de una tienda de chocolates cercana. En la tienda de chocolates, organiza pequeñas fiestas continuamente para un grupo de quince a veinte personas. Cada persona paga veinte dólares y disfruta de una selección de comida ligera y chocolate. Mark invita a sus amigos del parque para perros, de su iglesia y de su edificio de apartamentos. Aunque esto le exige tiempo y energía, ha sido un medio excelente, tanto para cuidar de sí mismo como para crear comunidad. Además, Mark es brillante en un entretenimiento, su amor por la cocina y por la buena comida, que no tiene nada que ver con su descripción de responsabilidades como pastor.

La práctica de la hospitalidad tiene un aspecto diferente para cada uno de nosotros. Sue tiene por costumbre invitar a su hogar a una corriente continua de amigos y de miembros de su iglesia. Emily tiene una serie de compromisos que son los pilares de su vida. Además de reunir a un grupo de damas una vez por semana, participa en retiros de medio año con un grupo de mujeres casadas y solteras. Y todos los sábados por la mañana, a menos que esté de viaje, se encuentra con una buena amiga para tomarse un café. Esos compromisos le han permitido recibir a un gran número de «extranjeros y peregrinos». De igual forma, la hospitalidad es una práctica creativa que se adapta con facilidad a nuestras necesidades y circunstancias únicas.

La soltería es tu mensaje más fuerte acerca del evangelio

Recordarás que en la sección acerca del matrimonio mencionamos que la perspectiva de la mayoría de los líderes cristianos es que el mensaje más fuerte que le prediquemos al mundo le llegue por medio de nuestras palabras, o tal vez, porque servimos a los demás en el nombre de Jesús. No obstante, cuando digo que nuestro mensaje más fuerte sobre el evangelio es más bien nuestro matrimonio o nuestra soltería para Cristo, quiero decir que nuestra vocación apunta *más allá de ella misma* hacia algo más importante: hacia Jesús. En este sentido, al igual que el matrimonio, la soltería es una señal y un prodigio.

La soltería es una señal y un prodigio, al menos de dos maneras específicas. En primer lugar, como líder soltero, das testimonio de la suficiencia y la plenitud de Jesús a través de tu celibato. No estás entregando tu cuerpo. No te estás «enganchando» con nadie. ¿Por qué? Porque estás casado con Cristo. Toda tu persona le pertenece. Esto sirve como el fundamento de tu vida y tu liderazgo. Tu compromiso apoya la realidad de que Jesús es el pan que satisface, aun en medio de los desafíos que significa ser un líder soltero. Cada día que tomas de nuevo la decisión de mantenerte firme en ese compromiso, tu soltería se destaca como una señal contracultural y profética del reino de Dios, tanto para la Iglesia como para el mundo.

En segundo lugar, si eres un líder soltero que nunca has estado casado ni has tenido hijos, das testimonio de la realidad de la resurrección de una manera única. En este sentido, el celibato consagrado podría ser una forma menos obvia de comunicar el evangelio, aunque no es menos significativa. El autor Rodney Clapp lo explica de esta forma:

> Los cristianos solteros son así un testimonio radical a favor de la resurrección. Renuncian a los herederos, la otra única posibilidad de sobrevivir más allá de la tumba, en la esperanza de que un día sea renovada toda la creación. El cristiano soltero carece de sentido, si el Dios de Jesús no es un Dios vivo y verdadero.[18]

En otras palabras, nuestra fe en la resurrección de los muertos nos da una perspectiva única sobre lo corta y lo breve que es la vida terrenal. Tenemos nombrados nuestros días a la luz de la eternidad (Salmos 90.12), sabiendo que para Dios mil años son como un día. Vivimos en la realidad de que Jesús está vivo y que, por eso, nosotros también viviremos con él para siempre, completos, como miembros de la familia de Dios y la comunión de los santos.

¿Qué significa desde el punto de vista práctico el que los líderes cristianos hagamos de la soltería el mensaje más fuerte que predicamos acerca del evangelio? Significa que ampliamos nuestra definición del éxito en el liderazgo para incluir la cualidad de ser un líder soltero sano para Cristo. Nuestra meta consiste en experimentar el profundo amor de Dios, y el deleite que siente con nosotros por medio de nuestros amigos íntimos, nuestra comunidad y los ricos dones que encontramos en la vida diaria. Al igual que los casados, nosotros también debemos reestructurar nuestra vida, de manera que las prioridades en nuestra lista semanal de cosas por hacer tengan un aspecto semejante a este:

- Pasar tiempo a solas con Dios (una lista de tiempos y prácticas espirituales para la semana)
- Invertir en mis pocos amigos íntimos y mi comunidad (una lista de los tiempos y las acciones concretas para la semana)
- Practicar el deleitarme (p.ej., dar una caminata por el campo, correr, practicar el arte, la música, ser socio de un club de lectura, danzar)
- Todo lo demás que necesito hacer en el liderazgo (preparación de los mensajes, reuniones del personal, preparación de las reuniones de la junta, etc.)

Reconozco que esta idea de ser líder basado en tu soltería como célibe por voto o por decisión propia podría ser una idea nueva para ti. Cada vez que te encuentres en el proceso de los altibajos de decirle que sí a Dios y aceptar para él tu soltería, te animo a que continúes tu camino aceptando una invitación que se aplica tanto a los casados como a los solteros.

Comienza dando un pequeño paso

Puedes estar seguro de que Dios quiere usar tu vocación (de casado o de soltero) para hacer de ti un líder más eficaz. Él te quiere dar la gracia de las aspiraciones, la pasión de centrarte en los demás, la fortaleza necesaria para darle prioridad al cuidado de ti mismo, y la claridad acerca de las formas en que tu vida y tu vocación comunican el mensaje del evangelio. No obstante, la decisión de ser líder basado en tu soltería o en tu matrimonio *sí es* una decisión radical, tanto dentro de la iglesia como fuera de ella. Si decides seguir adelante y hacer los cambios necesarios, sin duda alguna vas a encontrar resistencia, o incluso una franca hostilidad. Así que te animo a comenzar con humildad, buscando en oración la dirección de

Dios. La oración libera el poder del Espíritu Santo, haciendo posibles las cosas que de otra manera parecerían ser imposibles. Pídele a Dios:

- Que te dé una visión sobre la forma en que él puede usar tu vocación de casado o de soltero para que sea una señal y un prodigio que les señale con claridad a los demás hacia el Señor Jesucristo.
- Que cree apertura y receptividad en tu cónyuge si eres casado, o en tus amigos íntimos si eres soltero, mientras compartes esta visión de ser líder basado en tu matrimonio o en tu soltería, y pedirle que ellos te brinden compañía y apoyo.
- Que te dé el poder del Espíritu Santo para ayudarte a amar a aquellos que estén más cerca de ti con fidelidad, de una manera productiva, e incondicionalmente.
- Que te conceda su gracia para que te mantengas profundamente conectado con la persona de Jesús durante todo este proceso.

Si te ayuda tener una oración concreta para comenzar, te ofrezco las siguientes oraciones para ayudarte en tu caminar. Yo tengo guardada en mi billetera la oración por las parejas casadas y busco la manera de repetirla cada día.

Una oración por las parejas casadas

Señor, concédeme fortaleza para responder a tu llamado de ser una señal viva de tu amor. Haz que mi amor por _____ sea como el amor que tú le tienes a él/ella: apasionado, permanente, íntimo, incondicional y lleno de vida. Permíteme estar tan presente con _____ como tú lo estás con él/ella, de manera que el mundo entero pueda ver tu presencia manifestada en nuestro tierno amor mutuo. Ayúdanos a ambos a mantenernos cerca de ti en el cuerpo de Cristo. Y sigue alimentando nuestro amor con el tuyo.

En el nombre de Jesús, amén.[19]

Una oración por los solteros

Señor, concédeme la fortaleza necesaria para responder a tu llamado de ser una señal viva de tu amor. Haz que mi amor hoy por los demás sea reflejo de tu amor por mí: leal, fiel, incondicional y lleno de vida. Que esté tan presente para los demás, como tú lo estás conmigo, de manera que el mundo entero pueda ver tu presencia manifestada en mi tierno amor por ellos. Ayúdame a mantenerme cerca de ti en el cuerpo de Cristo. Y continúa alimentando mi amor con el tuyo.

En el nombre de Jesús, amén.[20]

El hecho de ser líder basado en el matrimonio o en la soltería es insepa-rable de una vida de amorosa unión con Jesús. No podremos dar testimonio del Señor Jesús, a menos que hayamos reorganizado nuestras vidas para poder permanecer profundamente en él. Esto significa que debemos hacer más lentos nuestro ritmo de vida y nuestras actividades, con el fin de cultivar de manera deliberada nuestra unidad con Jesús. Esto nos lleva de forma natural al tema de nuestro próximo capítulo: disminuir nuestro ritmo de vida para que pueda haber una unión llena de amor.

Para comprender tu evaluación sobre ser líder basado en tu matrimonio o en tu soltería

Si hiciste la evaluación que aparece en la página 94 o 95, aquí tienes algunas observaciones para ayudarte a reflexionar sobre tus respuestas.

Si tuviste mayormente uno o dos puntos, es muy probable que no hayas pensado mucho sobre lo que podría significar, en sentido teológico o práctico, ser líder basado en tu matrimonio o en tu soltería. No te preocupes. No eres el único. Si este capítulo te ha retado con los paradigmas que tienes en tu liderazgo, se trata de un gran comienzo. Te recomiendo que hagas un estudio bíblico más amplio para extender tu comprensión. Investiga comunidades intencionales y monásticas que hayan pensado profundamente en el matrimonio y la soltería como vocaciones. Ten el cuidado de evitar los cambios abruptos o perturbadores en tu vida y tu liderazgo. En lugar de darlos, pídele a Dios que te indique uno o dos pasos prácticos que puedas dar.

Si tuviste mayormente dos o tres puntos, es posible que estés actuando como líder basado en tu matrimonio o en tu soltería hasta cierto punto, pero que aún carezcas de una visión teológica rica, o de unas aplicaciones prácticas a las verdades de este capítulo. También podrías pensar en un estudio más extenso de la Biblia. Conversa con personas procedentes de comunidades intencionales y monásticas que hayan pensado profundamente acerca del matrimonio y la soltería como vocaciones. Deja que Dios te ensanche la mente. Esta es tu oportunidad para hacer algunos ajustes a tu manera de vivir tu soltería o tu matrimonio como líder. Ten el cuidado de evitar los cambios bruscos. Dedica tiempo para meditar con Dios sobre cuáles deben ser tus próximos pasos, pidiéndole claridad en dos o tres aspectos en los que él quiera que te centres.

Si tuviste mayormente cuatro o cinco puntos, eres una persona bendecida. Estás actuando como líder basado en tu soltería o en tu matrimonio. Tengo la esperanza de que este capítulo haya profundizado y ampliado tu punto de vista en cuanto a la visión de Dios para ti en tu condición de líder. ¿Cuál podría ser la invitación que estás escuchando hoy de Dios? Pregúntale cuáles podrían ser tus próximos pasos para ayudar a los demás a discernir e integrar su matrimonio o su soltería a su liderazgo.

Capítulo 4

Aminora tu ritmo de vida para que tengas una unión llena de amor

L arry tiene cuarenta y un años de edad y es el pastor fundador de una iglesia en rápido crecimiento. Ha estado casado con su esposa Rebecca durante veinte años, y tienen cuatro hijos. En los dieciocho años que ha estado al frente de la iglesia, la congregación ha crecido desde un grupo inicial de un centenar de personas, hasta más de cuatro mil, con un personal de treinta y cinco individuos. Larry es un hombre amistoso, fácil de llevar y amado por su equipo.

Las cosas parecían ir bien en la iglesia y en su vida, hasta el día en que presentó repentinamente su renuncia ante el comité de personal. Dijo que los años anteriores le habían causado un agotamiento nervioso total, en especial después de terminar una campaña reciente de recaudación de fondos para un nuevo centro de adoración. No obstante, la historia resultó ser mucho más larga.

Una persona que había visitado la iglesia hacía poco, había encontrado a Larry con una mujer que no era la suya en un hotel de una ciudad cercana. Y aquello no era un encuentro al azar, sino una aventura intermitente de tres años. Larry pareció pensar que su renuncia evitaría de alguna forma que la iglesia descubriera la noticia, pero ya era demasiado tarde para eso. Más tarde, también se descubrió que había acumulado una notable deuda financiera en los últimos años.

Larry renunció. Su matrimonio se acabó. La iglesia se tuvo que encargar de salvar lo que pudo.

Es una historia tristemente familiar, ¿no es así? Pero hay otro aspecto de esta historia que hace surgir cuestiones con las que todo líder cristiano tiene que luchar. Durante los tres años en que la vida de Larry andaba descarriada, la iglesia estaba floreciente. Hubo un aumento de setecientos asistentes, muchas personas aceptaron a Cristo, las ofrendas y el presupuesto para el ministerio aumentaron, y el impacto de la iglesia en la comunidad se hizo mayor. En ese tiempo, Larry llegó incluso a predicar una popular serie de seis semanas de sermones sobre el matrimonio bíblico y la vida familiar.

De alguna manera, la iglesia había obtenido un «éxito» a corto plazo, a pesar de que algo terriblemente malo estaba pasando al nivel de su liderazgo. Pero después de la renuncia de Larry, la iglesia se vino abajo con gran rapidez. La gente se sentía traicionada y engañada. Se señalaba a los culpables. Los recursos y las energías que se habían estado dedicando a alcanzar a los de afuera, hubo que reorientarlos a la ayuda dirigida a las personas de dentro de la iglesia, para ayudarlas a superar aquella situación y tener sanidad. El presupuesto descendió en un cuarenta por ciento. Eso significaba que los ministerios, tanto locales como internacionales, quedaron eliminados o radicalmente disminuidos.

Los miembros de la iglesia querían saber en su frustración por qué el personal y los miembros de la junta directiva no habían notado ninguna señal temprana de advertencia con respecto a los problemas de Larry. Al final de una reunión trimestral de la congregación en la cual se trajo a colación ese tema, el presidente de la directiva resumió la respuesta de toda la junta: «Nosotros veíamos cosas que nos preocupaban. Larry siempre estaba en movimiento, con nuevos proyectos entre manos, hablando en las conferencias y contratando personal nuevo. Nos era difícil mantenernos al tanto de lo rápido que estaba cambiando la iglesia. Ninguno de nosotros investigó, ni hizo preguntas más profundas. Lo cierto es que estábamos tan absortos en medio del entusiasmo con cosas como la campaña para el edificio nuevo y el rápido aumento en el número de asistentes, que no hicimos caso de lo que sí habíamos notado. Y atribuimos su conducta a las tensiones normales que aparecen con el crecimiento».

Después de eso se produjo una larga pausa. La sala se mantuvo dolorosamente silenciosa.

El presidente de la junta reconoció con serenidad lo que muchos otros estaban pensando: «Lo que hace que toda esta situación sea tan dura de comprender, es que algunos de nuestros cultos de fin de semana más poderosos tuvieron lugar durante los tres años en que él estaba teniendo su aventura».

El peligro de liderar sin contar con Jesús

Si eres líder en una iglesia, seguramente la declaración del presidente de la junta directiva te tiene que haber sentado como un puñetazo en el estómago. De alguna manera, ha llegado a formar parte de nuestra manera normal de pensar que las señales externas de éxito son una indicación de que seguramente, todo tiene que ir bien al nivel del liderazgo. De lo contrario, no estaríamos teniendo éxito, ¿no es así? Pero como lo demuestra la historia de Larry, nos es posible levantar una iglesia, una organización o un equipo, apoyándonos solo en nuestras dotes, nuestros talentos y nuestra experiencia. Podemos servir a Cristo con nuestra propia energía y nuestra sabiduría. Podemos ampliar un ministerio o un éxito sin pensar mucho en Jesús, o apoyarnos en él al hacerlo. Podemos predicar con gran fuerza unas verdades que no vivimos. Y si nuestros esfuerzos tienen éxito, pocas personas van a notar las brechas que hay entre lo que somos y lo que hacemos, o preocuparse por ellas.

Jesús nos advierte acerca de las consecuencias que trae el que nos entreguemos a un ministerio sin contar con él:

> *«No todo el que me dice: "Señor, Señor", entrará en el reino de los cielos, sino sólo el que hace la voluntad de mi Padre que está en el cielo. Muchos me dirán en aquel día: "Señor, Señor, ¿no profetizamos en tu nombre, y en tu nombre expulsamos demonios e hicimos muchos milagros?" Entonces les diré claramente: "Jamás los conocí. ¡Aléjense de mí, hacedores de maldad!"».*
>
> Mateo 7.21–23

Jesús se está enfrentando al autoengaño de aquellos que hacen cosas maravillosas en su nombre. Profetizan. Echan fuera demonios. Hacen milagros. Son muy impresionantes y tienen éxito en cuanto a ayudar realmente a la gente. ¿Qué podría haber de malo en eso? ¡Según todas las apariencias, sus esfuerzos llevan la señal de un ministerio vibrante y en crecimiento!

Pero Jesús dice que hay algo terriblemente errado.

Dice: «Nunca os conocí».

Un momento. ¿Cómo es posible eso? Él nos conocía ya en el vientre de nuestras madres. Él conoce hasta el último cabello de nuestra cabeza. Nos conoce mejor de lo que nos conocemos a nosotros mismos. ¿Cómo es posible que haya dicho «Nunca os conocí»? Y en todo caso, ¿no habría tenido más sentido el que hubiera dicho: «*Ustedes* nunca me conocieron a *mí*»?

La fuerza de la palabra bíblica traducida con el verbo *conocer* tiene que ver con la manera personal e íntima en que se conoce a alguien cuando existe una relación con él. Es similar a la unidad que había entre Adán y Eva en el huerto, cuando estaban desnudos y no se avergonzaban (Génesis 2.25). Es posible que seamos sinceros cuando digamos: «Señor, Señor», y que tengamos un ministerio aparentemente exitoso. Tal vez tengamos en la mente muchos conocimientos acerca de Dios. Sin embargo, ninguna de esas cosas importa, si seguimos siendo unos *desconocidos* para Cristo. Lo que importa es el fruto genuino que surge únicamente de una conexión profunda con Cristo en la que haya sometimiento.

Para que demos fruto, hace falta que tengamos un ritmo lo suficientemente lento, como para darle a Jesús acceso directo a todos los aspectos de nuestra vida y de nuestro liderazgo. Solo por el hecho de que Dios tenga acceso a todo lo que es cierto *con respecto a nosotros*, eso no quiere decir que tenga acceso *a nosotros*. La unión de amor es un acto de sometimiento, en el cual le damos a Dios un acceso total, y eso no lo podemos hacer con prisas. Necesitamos estar humildemente accesibles y con la puerta de nuestro corazón continuamente abierta para él. Jesús no nos impone nada como esto por la fuerza; es algo que solo nosotros podemos hacer.

Imagínate lo que sería acumular trofeos de liderazgo a lo largo de toda una vida, solo para que Jesús nos diga al final: «Nunca te conocí». El hecho de que «muchos» de nosotros presentaremos nuestras credenciales en el juicio final, solo para que Jesús las rechace, «debería ser genuinamente aterrador para todos nosotros».[1] No basta con llamar «Señor» a Jesús. No basta con andar ocupados, acumulando impresionantes logros en el ministerio. Jesús condena a esos seguidores suyos exteriormente exitosos, y caracteriza sus esfuerzos, no solo como débiles o fracasados, sino que los califica con franqueza como «hacedores de maldad».

La pregunta clave es esta: ¿hasta qué punto está abierta para él la puerta de nuestro corazón? ¿Hemos permitido que las incesantes exigencias del liderazgo nos preocupen tanto, que no tenemos tiempo para mantener abierta esa puerta... continuamente? ¿Nuestro permanecer en Jesús se ha vuelto algo esporádico? ¿O estamos operando en una especie de piloto automático espiritual?

Recuerda: Jesús no nos dice que no podamos guiar o levantar una iglesia sin él. Lo que sí dice es que nuestros esfuerzos no sirven de nada, a menos que fluyan de una relación de unión amorosa con él (Juan 15.5). En otras palabras, aunque lo que hacemos importa, lo que somos importa mucho más. Debido a que tenemos tanto que hacer y tanto en nuestra mente, tendemos a aceptar como normal que...

- Unos líderes de la adoración o músicos que no se conectan personalmente con Jesús en la semana, puedan aun así, llevar a la gente a la presencia de Cristo durante los cultos de adoración en el fin de semana.

- Unos comunicadores eficientes puedan enseñar las Escrituras y entrenar a otras personas sin dedicar el tiempo necesario para que el mensaje de Dios penetre en sus propios corazones.
- Los administradores de la iglesia puedan construir con eficacia la infraestructura, supervisar el personal y manejar las finanzas sin tener una vida devocional constante con Dios.

No se trata de que estemos defendiendo de manera deliberada que los líderes se puedan conducir hoy en día de esas maneras; es que no nos parece que sea un gran problema el que lo hagan.

Me hallaba en mis primeros años de cristiano cuando tuve que enfrentarme por vez primera a la triste verdad de que Dios parecía usar líderes cristianos prominentes cuya relación con Jesús, o bien no existía en absoluto, o se hallaba seriamente subdesarrollada. Ese descubrimiento me dejó confundido y desorientado. Sin embargo, después de décadas en el ministerio, ya no me siento tan confundido. ¿Por qué? Porque he experimentado hasta cierto punto lo que significa ser uno de esos líderes. He preparado y predicado sermones sin pensar en Jesús, ni pasar un tiempo con él. Conozco la experiencia de hacer cosas buenas que han ayudado a muchas personas, al mismo tiempo que me encuentro demasiado ocupado o atrapado en mi propio torbellino de preocupaciones con el liderazgo para estar íntimamente conectado con Jesús.

En un exhaustivo estudio de la Biblia, el teólogo Jonathan Edwards (1703–1758) escribió acerca de la frecuencia con que las Escrituras describen a personas que hacen cosas *para* Dios, pero sin llevar una vida *con* Dios. Personajes como Balaam, el profeta del Antiguo Testamento, Judas Iscariote y Saulo estaban todos dedicados a cosas que con toda certeza habrían sido consideradas como labores eficaces para Dios en sus comunidades, pero sin tener una auténtica conexión con él. Edwards llega a la conclusión de que se necesita la manifestación del *ágape*, un amor entregado a Dios y a los demás.[2] Esa es la única cualidad de nuestras vidas y nuestro liderazgo que el diablo nunca podrá falsificar. Y la fuente de ese amor ágape solo se puede encontrar en una unión amorosa con Dios.

Como líderes cristianos, es improbable que la mayoría de nosotros tengamos problema alguno con nada de eso. *¡Por supuesto que necesitamos experimentar una unión amorosa con Dios!* ¿Quién va a estar en desacuerdo con eso? Aquí es donde aparece el problema. Hacer lo que a nosotros nos corresponde para cultivar una relación de unión amorosa con Dios exige tiempo; un tiempo que, paradójicamente, no tenemos, porque estamos demasiado ocupados sirviéndole. Y así, intencionalmente o no, nos encontramos dejando a un lado nuestra relación con Dios. Mientras eso sucede, nos deslizamos dándole al liderazgo la prioridad por encima del amor. En otras palabras, no hacemos más lento nuestro ritmo de vida para tener esa unión amorosa con Dios.

¿Cómo sucede eso? La mayor parte del tiempo, comienza de una manera muy sutil. Sin embargo, las consecuencias que tiene el que no sepamos ser líderes basados en esa unión amorosa tienen un alcance tan amplio, que es crítico definir con claridad lo que es una unión amorosa y lo que no lo es.

¿Qué es una unión amorosa?

La unión amorosa no es un equivalente per se de las devociones y los tiempos de quietud. Tampoco tiene que ver con dedicarnos a una larga lista de prácticas espirituales. Ni con tener unas experiencias emocionalmente intensas con Dios. La unión amorosa no tiene que ver con manejar mejor tu agenda, o sencillamente, no estar ocupado. No tiene tanto que ver con mantener un ritmo de vida sostenible. Aunque todas esas cosas sean importantes, nos es posible dedicarnos a ellas sin experimentar necesariamente una unión amorosa.

Entonces, ¿qué es esa unión amorosa y por qué exige tanto tiempo?

En su obra clásica *Prayer* [La oración], el teólogo Hans Urs von Balthasar describe de esta manera a Jesús: «Aquí tenemos a un hombre sin pecado, porque ha permitido la voluntad del Padre en su vida en toda su amplitud».[3] Piensa por un momento en esa declaración tan sencilla y, al mismo tiempo, tan profunda. Léela unas cuantas veces más hasta que te penetre realmente. Lo que von Balthasar está describiendo aquí es la unión amorosa: *permitir amorosamente que Dios tenga pleno acceso a tu vida*. Estas son las palabras de Jesús para los cristianos de Laodicea y para nosotros:

> *«Mira que estoy a la puerta y llamo. Si alguno oye mi voz y abre la puerta, entraré, y cenaré con él, y él conmigo».*
>
> (Apocalipsis 3.20)

En la unión de amor, mantenemos esa puerta abierta de par en par. Permitimos que la voluntad de Dios tenga pleno acceso a todos los aspectos de nuestra vida, incluyendo todos los de nuestro liderazgo, desde las conversaciones difíciles y la toma de decisiones, hasta el control de las cosas que disparan nuestras emociones. El cultivo de esta clase de relación con Dios no se puede apresurar ni precipitar. Debemos adquirir un ritmo más lento e integrar en nuestra vida una estructura y un ritmo que hagan de esta clase de sometimiento amoroso algo continuamente posible.

La pregunta con la que debemos luchar es la siguiente: *¿de qué maneras mi ritmo actual mejora o disminuye mi capacidad para permitir que la voluntad y la presencia de Dios se manifiesten plenamente en mi vida?* Por tanto, cuantas prácticas espirituales podamos escoger se convierten en un medio para obtener un fin, no en el fin mismo. Pero no te equivoques: mantenernos sometidos mientras navegamos a través de las intensas presiones y exigencias del liderazgo es una tarea que no tiene nada de insignificante.

Jesús se enfrentó a presiones abrumadoras en su vida; unas que superan mucho todo aquello a lo que la mayoría de nosotros nos tendremos que enfrentar jamás. Y sin embargo, tenía por costumbre alejarse de aquellas exigencias interminables del liderazgo para pasar un tiempo lleno de significado con el Padre. Hacía más lento su ritmo para asegurarse de estar en sintonía con Dios; que él estaba en el Padre y el Padre estaba en él, llenando de una manera poderosa todos los rincones de su cuerpo, su mente y su espíritu. Al alejarse rutinariamente de su trabajo activo, le estaba encomendando al Padre los resultados de sus circunstancias, sus problemas y su ministerio. Como resultado, todas las acciones que realizó tenían su raíz en un lugar de profundo descanso que tenía su centro en la relación que sostenía con Dios.[4]

Así como él vivió en una unión tranquila y amorosa con el Padre, Jesús nos invita ahora a nosotros a compartir con él esa misma relación: «El que permanece en mí, como yo en él, dará mucho fruto; separados de mí no pueden ustedes hacer nada» (Juan 15.5). El verbo griego traducido como *permanecer* también se puede interpretar como *sujetarse a, continuar con, quedarse con, hacer su hogar con*. Capta la exigencia no negociable de lo que significa seguir a Jesús en una unión amorosa. Él nos promete que si hacemos eso, lo que seguirá siempre será el «fruto». En cambio, cuando nos negamos a hacer más lento nuestro ritmo para poder realizar esa amorosa unión, las consecuencias pueden ser significativas y, a largo plazo, con repercusiones que saldrán de nosotros para causar un impacto en aquellos a quienes guiamos, y más allá de ellos.

¿Hasta qué punto es saludable tu unión amorosa con Dios?

Usa la lista de afirmaciones que sigue para hacer una breve evaluación de tu unión amorosa con Dios. Junto a cada afirmación, escribe el número que describa mejor tu respuesta. Usa la siguiente escala:

5 = Siempre es cierto

4 = Muchas veces cierto

3 = Ocasionalmente cierto

2 = Raras veces es cierto

1 = Nunca es cierto

_____ 1. Mi prioridad más elevada como líder es dedicar un tiempo todos los días a permanecer en una unión de amor con Jesús.

_____ 2. Yo le ofrezco a Dios un acceso total a mi vida interior cuando tomo decisiones, interactúo con los miembros de mi equipo y lanzo nuevos planes.

_____ 3. Espero antes de decir que sí o que no a las nuevas oportunidades hasta haber tenido tiempo suficiente para discernir en oración y sin prisas la voluntad de Dios.

_____ 4. Tengo por costumbre alejarme de las exigencias del liderazgo y dedicar un tiempo a deleitarme en los dones de Dios (reunirme con mis amigos para comer y conversar, escuchar una pieza musical hermosa, disfrutar de una caminata por la naturaleza, contemplar un atardecer, etc.).

_____ 5. Tengo una práctica totalmente dedicada y continua de meditar en las Escrituras con el fin de mantener mi comunión con Jesús y permitir que él me transforme.

_____ 6. Tengo por costumbre apartar un tiempo para experimentar la soledad y el silencio, de manera que me capaciten para mantenerme quieto y sin distracciones ante la presencia de Dios.

_____ 7. Me siento relajado, cómodo y en ambiente de oración en cuanto a mis límites (los dones que tengo disponibles, mi tiempo, mis energías, mis conocimientos), así como los límites de aquellos que me rodean.

_____ 8. Cuando me doy cuenta de que estoy ansioso, o me siento emocionalmente exaltado en mi liderazgo, hago más lento mi ritmo para estar con Dios, conmigo mismo y posiblemente con mis compañeros de vida espiritual.

_____ 9. Mantengo de manera deliberada ritmos y prácticas espirituales (el Sabbat, la oración, la vida en comunidad, la lectura, etc.) que me capaciten para deleitarme en Dios, cualesquiera que sean las expectativas, necesidades u oportunidades que me rodean.

10. Estoy continuamente consciente de la presencia de Dios, y pienso en él en las horas en que estoy despierto, tanto en el trabajo como en mi hogar, y mientras estoy haciendo tareas rutinarias, como mandados, ejercicios, comidas, reuniones con amigos y familiares, etc.

Dedica un momento a revisar brevemente tus respuestas. ¿Qué resalta más para ti? Al final del capítulo (páginas 148–149) hay algunas observaciones generales para ayudarte a comprender mejor el punto en que te encuentras cuando pienses en los próximos pasos a dar.

De qué manera la unión de amor con Dios, y también la unión sin amor, causa un impacto en el liderazgo

Permíteme adivinar lo que es posible que estés pensando en estos momentos. Tal vez sea algo parecido a esto: *Pete, todo esto suena muy bonito, pero yo tengo un papel realmente exigente que desempeñar y una situación compleja. Necesito que vayas a lo fundamental. ¿Qué significa andar en busca de una unión de amor con Dios en medio de esas exigencias tan reales que presenta el liderazgo?* Excelente pregunta. Y tal vez, la mejor manera de contestarla es analizar unos cuantos escenarios que demuestren las diferencias entre los líderes que responden a partir de un punto en el que hay una unión amorosa con Dios o una unión que no es amorosa.

Escenario 1. Lucas está fundando una iglesia y tiene cincuenta personas en su grupo inicial. Después de casi nueve meses de preparación, han abierto oficialmente la iglesia. Más de treinta y cinco personas nuevas la visitan en las cuatro primeras semanas. Lucas y su equipo están llenos de entusiasmo y de expectación ante lo que Dios está haciendo. El único problema está en que Lucas tiene más cosas que hacer de las que son humanamente posibles.

- *Respuesta basada en una unión sin amor.* Lucas hace fielmente su lista de cosas por hacer todos los domingos por la noche. Él sabe que no lo va a poder hacer todo, de manera que sopesa los pros y los contras de cada punto, tratando de identificar aquellas actividades que tengan el mayor potencial para causar un impacto. Entonces establece sus prioridades, con la esperanza de haber podido tachar de su lista por lo menos la mitad de ellos al final de la semana. Estudia en oración el texto de su sermón en sus devociones matutinas. Trabaja fuerte, muchas horas de trabajo al día (y algunas veces, noches sin dormir). Intercede por las necesidades de la iglesia y de la gente a la que sirve. El temor a que la iglesia fracase le causa ansiedad, pero él la aleja, en un esfuerzo por enfocarse en lo positivo.

Piensa: *No vamos a fallar, porque Dios es fiel, y es obvio que él está en esto. Ahora mismo, no tengo tiempo para mucho más, pero una vez que llegáramos a una asistencia de cien personas, las cosas se deberían estabilizar.*

- *Respuesta basada en una unión de amor.* Lucas está muy consciente de la situación potencialmente peligrosa en la cual se encuentra. Las exigencias en cuanto a su tiempo son fuertes. Su mayor reto y las prioridades más elevadas en su lista de cosas por hacer es mantener el ritmo de sus Sabbats, pasar tiempo en soledad y silencio, y sumergirse en las Escrituras en otros momentos que no sean los de la preparación de los sermones. Tiene el cuidado de conseguir tiempo suficiente para invitar a Jesús a entrar a todas las partes de su vida y de su liderazgo. Una vez al mes, se reúne con un director espiritual, porque sabe que necesita un ancla en medio de la mar bravía de este primer año como líder de la iglesia. Los domingos por la noche, establece las prioridades en su lista de cosas por hacer, tratando de discernir la dirección y la sabiduría de Dios. Le somete a Dios sus ansiedades, y comparte con sinceridad sus temores y puntos vulnerables con su esposa, su entrenador en la fundación de la iglesia y un amigo íntimo. Ora para pedirle a Dios la gracia de hacer su voluntad con una conciencia profunda y humilde en cuanto a lo fácil que sería para él olvidarse de Jesús durante esta exigente temporada fundando la iglesia.

Escenario 2. Ruth es la directora ejecutiva de Espiritualidad Emocionalmente Sana (EES), un ministerio sin fines de lucro activo en Estados Unidos y en veinticinco naciones más. Ella es la única empleada a tiempo completo que tiene la organización, pero también dirige un pequeño equipo de personal que está en pleno crecimiento. Ruth dejó una carrera en el mundo de los negocios, y comenzó a trabajar para EES, cobrando la tercera parte de su sueldo anterior. Trabaja con un jefe fuerte, creativo y visionario (¡yo mismo!) y tiene la responsabilidad de administrar un ministerio en rápido crecimiento, y con unos recursos económicos limitados.

- *Respuesta basada en una unión sin amor.* Durante su viaje en tren hasta su lugar de trabajo, Ruth lee una página de un panfleto devocional gratuito que encontró en la iglesia. Segura de que ha comenzado su día con Dios, no piensa mucho más acerca de él en todo el día, a menos que se presente alguna crisis, o algún problema. De hecho, todos sus pensamientos tienen que ver con su trabajo, puesto que las necesidades que la asedian son interminables. Su actitud es esta: *si no pongo toda mi vida en esto, no estaré haciendo lo mejor que puedo por la obra de Dios.* También se preocupa por las finanzas del ministerio, y lo que podría suceder si deja de prosperar y de crecer. Siempre tiene en mente la necesidad de ganarse la aprobación de su jefe y de la junta del ministerio. Para Ruth, cualquier fracaso que se produzca en el ministerio, es un fracaso suyo. Ha contratado la gente mejor, con las habilidades correctas para servir en su equipo, y no les hace preguntas acerca de sus vidas personales. El trabajo de Ruth está enfocado en las labores de añadir más proyectos, hacer crecer el presupuesto y ampliar la obra.

- *Respuesta basada en una unión de amor.* Durante su viaje en tren hasta su lugar de trabajo, Ruth pasa el tiempo orando, leyendo y meditando en las Escrituras. Se esfuerza por mantener una sensación de conexión con Dios a lo largo de todo el día, escuchándolo e invitándolo a participar en los esfuerzos que ella hace por levantar el ministerio, que es de él, no suyo. Se siente ligera y libre, a pesar de que está ganando la tercera parte de su sueldo anterior. Ruth trabaja duro, pero fija límites alrededor de las noches y los fines de semana, de manera que le quede tiempo para descansar y para crear una vida más amplia con Dios. Practica el Sabbat y cultiva de manera deliberada sus relaciones con sus amigos, su familia y unas cuantas compañeras de vida espiritual. Aunque le encanta su papel como directora ejecutiva, siente que se puede alejar de él en cualquier momento. ¿Por qué? Esto es lo que ella te diría: «Yo sé que soy hermosa, digna de amor y amada por Dios y por los demás». No siente la presión de tener que hacer las cosas con la mayor rapidez posible. De hecho, cuando comienza a sentirse demasiado cargada, se lo comunica a su jefe (a mí) y se toma un descanso. Invita a Dios para que la ayude a discernir qué hacer a la luz de sus límites personales y los de la EES. En el pasado, es posible que hubiera desarrollado un plan de mercadeo, y orado después diciendo: *Dios mío, aquí están los pasos que estoy dando para mercadear la EES. Te pido que los bendigas.* Ahora analiza con todo cuidado sus opciones y ora diciendo: *Señor, ¿cuál es la mejor manera de hacer que nuestro impacto sea máximo con el tiempo y los recursos tan limitados que tenemos?* Está profundamente consciente de que todas sus acciones afectan a la gente que trabaja bajo sus órdenes, así que ora mientras se prepara para las reuniones y tiene el cuidado de realizarlas sin prisas. «Lo que es más importante para mí, no es lo que yo quiero, sino lo mejor que Dios tiene para los miembros de mi equipo». Ve a los miembros de su personal como individuos con sentimientos y preocupaciones, y no como medios para lograr un fin. La mentoría que les da tiene que ver con mucho más que con sus habilidades para realizar mejor sus trabajos, e incluye la manifestación de interés por sus vidas personales. Trabaja con sus propias cuestiones emocionales y espirituales, plenamente consciente de que, tal vez más que ninguna otra cosa, su propia transformación es la que más afecta a su equipo.

Escenario 3. Dylan es el líder del ministerio con grupos pequeños que tiene su iglesia, a cuyo personal ha pertenecido durante cinco años. Recientemente, asistió a una conferencia innovadora acerca del liderazgo, donde oyó historias inspiradoras sobre otros ministerios con grupos pequeños que han crecido enormemente. Inspirado por todas las estrategias creativas que descubrió allí, ha regresado a la iglesia lleno de entusiasmo y con una nueva visión.

- *Respuesta basada en una unión sin amor.* Dylan le da gracias a Dios por la conferencia, y está ansioso por actuar de acuerdo con lo que ha aprendido. En su primer día de vuelta a la oficina, tiene una reunión con sus cinco líderes clave, para compartir con ellos su visión y sus ideas. Mientras se prepara para la reunión, Dylan quiere ayudar al equipo a comenzar corriendo desde el principio, así que identifica tres pasos prácticos que pueden dar de inmediato. Ora, pidiéndole a Dios que les dé a los miembros del equipo unos corazones sensibles, en lugar de resistirse al cambio. Él se siente solo vagamente consciente de una ansiedad subyacente, y no tiene en cuenta la adrenalina que recorre su cuerpo. Sabe que al pastor principal le va a encantar que ellos puedan hacer progresos significativos en la conexión de nuevas personas con la iglesia por medio de grupos nuevos. Comienza la reunión repleto de entusiasmo, ansioso por comunicarle la visión a su equipo y movilizarlo para ayudar a llevar a los grupos pequeños y a la iglesia entera al nivel siguiente.
- *Respuesta basada en una unión de amor.* Antes de fijar una reunión con sus cinco líderes clave, Dylan se toma una tarde a solas con Dios para orar, y procesar el entusiasmo que trae de la conferencia. Está plenamente consciente de la ansiedad y el impulso que la adrenalina le hace sentir. Se formula a sí mismo preguntas como estas: *¿de dónde me viene todo este entusiasmo, y qué me podría estar comunicando Dios por medio de él? ¿Estoy emocionado porque la puesta en práctica de estas nuevas ideas va a ayudar a mi ministerio a crecer, lo cual significa que el pastor principal y la junta de la iglesia van a ver el trabajo tan estupendo que estoy haciendo? ¿O se debe realmente a la cantidad tan grande de gente a la que podría ayudar?* Entonces se reúne con Fran, una colega con mucha sabiduría, para poder compartir

con ella su entusiasmo mientras almuerzan. Le pide su opinión, y todas las ideas que le puedan venir a la mente. Después se reúne con el pastor principal para recibir de él más sugerencias. Al cabo de tres semanas de más lectura, reflexión y oración, convoca a la reunión con sus cinco líderes clave. Comparte su experiencia en la conferencia, y describe las ideas y las estrategias que lo entusiasman más. Escucha las reacciones de todos los demás, sus preocupaciones y sus preguntas. Durante la reunión, escucha a Dios por medio de su equipo, y de sus propios pensamientos y emociones. El equipo ora unido para pedir sabiduría y discernimiento, y después acuerda actuar, dando tres pasos específicos.

Es importante observar que las respuestas *basadas en* la unión de amor en los tres escenarios no son estrategias para el liderazgo, ni una forma más eficaz de *hacer* algo. Son producto natural de la unión de amor con Dios; una forma diferente de *ser*. Esta clase de respuestas solo son posibles cuando permitimos de manera deliberada que la voluntad y la presencia de Jesús tengan acceso total a todos los aspectos de nuestra vida.

Tanto Lucas, el fundador de la iglesia, como Ruth, la directora ejecutiva, tienen más cosas que hacer, de las que son humanamente posibles. Ese es uno de los mayores retos a los que nos enfrentamos de manera rutinaria la mayoría de nosotros. Ellos se han enfrentado a la toma de decisiones, han establecido sus prioridades, y su manera de definir el éxito no tiene sus raíces en las circunstancias o en los resultados, sino en su unión de amor con Dios. Como consecuencia, disfrutan en los papeles que deben desempeñar, de una libertad y un gozo únicos, dados por Dios, a pesar de las presiones a las que se enfrentan. Como consecuencia de ese cambio de ritmo para estar con Dios, Dylan, el líder de los grupos pequeños, es capaz de llevar a su equipo por un nuevo camino con sabiduría y sensibilidad. Su compromiso en cuanto a mantenerse en una unión de amor lo llena de poder, tanto a él como a su equipo, para discernir de una forma más plena los planes que tiene Dios para su ministerio. Es posible que las consecuencias que tiene el no tomar un ritmo más lento para que se realice esta unión de amor no sean evidentes al principio. Podemos justificar el disminuir el tiempo con Dios y apresurarnos a realizar las tareas del liderazgo, pensando: *Muy bien, tal vez vaya un poco más de prisa de lo debido, pero al menos, parecemos estar más adelantados en el camino que antes. No se ha producido ningún daño.* Sin embargo, si no se controla, esta manera de enfocar el liderazgo termina creando la ilusión de un crecimiento y un progreso sanos que terminarán produciendo malos frutos.

Sabes que no estás experimentando una unión de amor con Dios cuando...

- No te puedes quitar de encima la presión que sientes porque tienes demasiadas cosas que hacer y el tiempo es demasiado escaso.

- Siempre andas corriendo.

- Continuamente disparas con demasiada rapidez tus opiniones y tus juicios.

- Frecuentemente sientes temor acerca del futuro.

- Estás excesivamente preocupado con lo que piensan los demás.

- Siempre estás a la defensiva y te ofendes con facilidad.

- Estás continuamente preocupado y distraído.

- Ignoras continuamente el estrés, la ansiedad y la rigidez de tu cuerpo.[5]

- Te sientes sin entusiasmo, o incluso amenazado ante los éxitos de otros.

- Rutinariamente, te pasas más tiempo hablando que escuchando.

Las consecuencias que produce el no ir a un ritmo más lento

El apóstol Pablo nos recuerda que quien quiere ser líder, «buena obra desea» (1 Timoteo 3.1). Es magnífico, bueno, digno de elogio y excelente el que entreguemos nuestra vida al servicio de los demás en el nombre de Jesús. La Iglesia y el mundo necesitan desesperadamente de líderes, pero todo lo que haremos será empeorar las cosas, si no somos líderes de la manera que Dios quiere que lo seamos. Cuando no aminoramos nuestro ritmo para tener una unión de amor con él, tarde o temprano cosecharemos las consecuencias, que son graves, tanto para nosotros, como para aquellos a los que queremos servir. En mis cerca de treinta años de ministerio, he cosechado todas las consecuencias que voy a describir a continuación. Aunque puedo decir que he aprendido mucho como resultado de ellas, ese aprendizaje ha sido doloroso y costoso. Tengo la esperanza de que tú puedas aprender de mis errores, a evadir esas trampas y trazarte un curso diferente al que nos hemos marcado muchos de nosotros que hemos pasado antes que tú.

No puedes hacer la obra de Dios a tu manera, sin pagar un alto precio

Moisés, junto con Aarón, su hermano y pastor ejecutivo, trabajó y esperó casi cuarenta años para entrar en la Tierra Prometida. Habían comenzado con 603.550 hombres[6] que controlar, y eso sin mencionar mujeres ni niños. La paciencia de ambos fue puesta a prueba hasta sus límites una y otra vez, debido a un aluvión aparentemente interminable de quejas. Cuando el pueblo se quejó por la falta de comida y de agua, y acusó a Moisés de sacarlos al desierto para que se murieran, este se puso lívido. En aquellos momentos, él también estaba exhausto, y tenía poca capacidad para controlar su ira y su resentimiento. Imagínate la escena, mientras él pierde la serenidad:

> *Y el Señor le dijo a Moisés: «Toma la vara y reúne a la asamblea. En presencia de ésta, tú y tu hermano* **le ordenarán a la roca que dé agua.** *Así harán que de ella brote agua, y darán de beber a la asamblea y a su ganado.» Tal como el Señor se lo había ordenado, Moisés tomó la vara que estaba ante el Señor. 1Luego Moisés y Aarón reunieron a la asamblea frente a la roca, y Moisés dijo: «¡Escuchen, rebeldes! ¿Acaso tenemos que sacarles agua de esta roca?» Dicho esto, [Moisés]* **levantó la mano y dos veces golpeó la roca con la vara,** *¡y brotó agua en abundancia, de la cual bebieron la asamblea y su ganado! El Señor les dijo a Moisés y a Aarón: «Por no haber confiado en mí, ni haber reconocido mi santidad en presencia de los israelitas, no serán ustedes los que lleven a esta comunidad a la tierra que les he dado.*
>
> NÚMEROS 20.7–12, ÉNFASIS AÑADIDO

No cabe la menor duda de que Moisés y Aarón estaban sirviendo al pueblo. Solo ahora, después de décadas de fiel liderazgo, Moisés se aparta de su unión de amor con Dios y toma las cosas en sus propias manos. Arremete contra el pueblo y lo reprende. Los llama «rebeldes». En lugar de honrar y obedecer a Dios, se apoya en la vieja estrategia de golpear la roca, porque claro, ¿por qué no, si ya había funcionado una vez antes? (Éxodo 17.6).

Y milagrosamente, una vez más brota suficiente agua de la roca para satisfacer la sed de cerca de tres millones de personas... ¡y de sus animales! Las necesidades del pueblo quedan satisfechas, pero Moisés y Aarón pagan un fuerte precio. Dios califica de rebelión e incredulidad[7] la forma en que lo habían ofendido, y les prohíbe que sean ellos los que hagan entrar al pueblo en la Tierra Prometida.[8]

Yo he «golpeado la roca» movido por la frustración y la ira por las formas indirectas en que Dios hace las cosas, con mayor frecuencia de la que estaría dispuesto a admitir.[9] También conozco la experiencia de comenzar una reunión del personal en oración, y pidiendo la dirección de Dios, solo para proceder después a presentar mis propios planes sin contar con él. Me he apoyado en lo que ha funcionado en el pasado, y en lo que ha parecido estar funcionando para otros líderes y ministerios, sin un proceso de oración en el que pudiera discernir la voluntad de Dios en cuanto a nuestra situación en particular. ¿Por qué? Porque era más rápido y más fácil. Y, como tantos otros líderes que conozco, me he perdido el gozo y el contentamiento de la «tierra prometida» a la que habría entrado, si hubiera estado dispuesto a hacer la voluntad de Dios, a la manera de Dios y en el tiempo de Dios.

Así que, ¿cuándo fue la última vez que tomaste las cosas en tus propias manos en tu liderazgo y «golpeaste la roca»? ¿Cuál «tierra prometida» podrías estar sacrificando ahora mismo? Cualesquiera que sean los puntos específicos de tu situación, te puedo asegurar que entre las primeras cosas que van a desaparecer, van a estar el gozo y la paz que da Jesús. El liderazgo se te va a volver duro. La gente a la que sirves lo va a sentir como una carga y te vas a encontrar deseando poder estar en algún otro lugar. Te vas a comenzar a sentir como si estuvieras vagando por un desierto, preguntando: *¿dónde está Dios? ¿Qué pasó?* Es posible que termines dándote cuenta del punto en el cual te saliste del camino, e intentes regresar para volver a hacerlo todo de nuevo. Pero entonces, tal vez te preguntes: «¿Cuál es el precio a pagar por hacer algo así?».

No puedes vivir a toda velocidad sin deformar tu alma

Cuando exhorto a los líderes para que reorganicen sus vidas a fin de buscar la unión de amor con Dios, una de las respuestas más frecuentes que recibo es esta: «Pete, en realidad, yo no tengo tiempo para eso». Si esa es también tu respuesta, entonces es muy probable que te estés moviendo demasiado rápido. Y aunque de alguna manera te las arregles para no dejar caer ninguna de las bolas con las que estás haciendo tus malabarismos, la velocidad con la que estás viviendo y dirigiendo te está cobrando un peaje escondido. La velocidad de la luz te va a cegar al daño que le estás haciendo a tu propia alma. Siempre lo hará. En el Nuevo Testamento hay una historia importante, aunque pasada por alto con frecuencia, que ilustra el peligro que significa tener un ministerio poderoso sin aminorar nuestro ritmo para establecer una unión de amor con Jesús.

Cuando los siete hijos de Esceva observaron los extraordinarios milagros que hacía Dios por medio del apóstol Pablo, y el gigantesco crecimiento de la iglesia en Éfeso, quisieron participar ellos también en la acción. Estaban deseosos de tener el poderoso ministerio de Pablo y sus éxitos. He aquí la historia:

Algunos judíos que andaban expulsando espíritus malignos intentaron invocar sobre los endemoniados el nombre del Señor Jesús. Decían: «¡En el nombre de Jesús, a quien Pablo predica, les ordeno que salgan!» Esto lo hacían siete hijos de un tal Esceva, que era uno de los jefes de los sacerdotes judíos. Un día el espíritu maligno les replicó: «**Conozco a Jesús, y sé quién es Pablo, pero ustedes ¿quiénes son?**» *Y abalanzándose sobre ellos, el hombre que tenía el espíritu maligno los dominó a todos. Los maltrató con tanta violencia que huyeron de la casa desnudos y heridos.*

HECHOS 19.13–16, ÉNFASIS AÑADIDO

Si les quisiéramos dar el beneficio de la duda a los siete hijos de Esceva, podríamos decir que estaban tratando de hacer algo bueno. Querían participar en la propagación del reino. No obstante, hay una probabilidad bastante alta de que su motivación era compleja, pensando en el mejor de los casos. En un esfuerzo por captar para sí algo del prestigio que se les concedía a los que liberaban el poder de Dios sobre los espíritus malignos, tomaron un atajo espiritual. Evadieron la necesidad de hacer una inversión a largo plazo en una vida de unión de amor, la fuente de los milagros de Pablo, y se apresuraron a meterse en unas realidades espirituales que ellos no comprendían, y que lamentablemente, carecían de preparación para enfrentarse a ellas. La consecuencia fue que apenas escaparon con vida.

Cada vez que nos encontremos deseando el impacto del ministerio *de* Jesús, a la vez que nos resistimos simultáneamente a pasar tiempo *con* Jesús, nos estamos preparando a nosotros mismos para recibir una golpiza, y alguna variación de aquel salir corriendo «de aquella casa desnudos y heridos». Los siete hijos de Esceva trataron de hablar y actuar a partir de unas verdades que no habían echado raíces en sus vidas. Ellos no tenían fortaleza suficiente en su vida *con* Dios para apoyar el nivel de guerra espiritual en el cual se enzarzaron. Las faltas de integridad en su caminar con Dios los exponían al peligro y a los daños.

A mí nunca me ha dado una golpiza ningún espíritu maligno, ni he tenido que salir de una casa desnudo y sangrando. Pero sí que conozco la sensación de vacío que se tiene cuando les he dicho a los demás unas verdades que yo mismo no he digerido. He tomado prestados conceptos o ideas, porque le han funcionado a alguien. Me ha impresionado lo poderosas que sonaban las palabras cuando las decía una persona determinada. *¿Por qué no habrían de ser poderosas también cuando las digo yo?* El problema era que no tenía tiempo para pedir que las palabras que Dios había hablado a través de esas personas se convirtieran realmente en palabras que Dios me había hablado a mí. Yo pensaba: *En estos momentos, tengo que hacer demasiadas cosas. Señor, tú sabes lo fuerte que es la presión bajo la cual me encuentro. Ya lo atenderé más tarde. Ahora, ayúdame para* *poder ayudar a mi gente.* Y entonces, ¿qué ha sucedido? Nada. Mis palabras han sonado vacías. Poco poder. Poco efecto. Poco cambio en las vidas.

Cada vez que hacemos lo mismo que hicieron los hijos de Esceva, estamos aceptando una ilusión. Nos presentamos como algo o alguien que no somos. No nos tomamos el tiempo necesario para darle acceso a Jesús a nuestras motivaciones y nuestros temores. Entonces nuestras almas se van marchitando y pervirtiendo, a medida que nos vamos descarriando cada vez más lejos de la verdad.

No puedes hacer las cosas superficialmente sin pagar un precio a largo plazo

Jesús se pasó más del noventa por ciento de su vida terrenal, treinta de sus treinta y tres años, en la oscuridad. En esos años escondidos, se forjó una vida de amorosa unión con el Padre. La grandeza que observamos en sus tres años de ministerio se halla edificada sobre el fundamento de la inversión que hizo en esos años desconocidos.[10] Y después siguió haciendo esta inversión en su relación con el Padre a lo largo de sus tres años de ministerio, cualesquiera que fueran las presiones a las que se enfrentara en su ministerio. Desde sus primeros días en Capernaum, en que se despertaba muy temprano por la mañana para orar (Marcos 1.35), hasta sus horas finales en Getsemaní (Mateo 26.36–46), Jesús apartaba tiempo para estar con el Padre.

Si a Jesús le era necesario tener esta clase de fundamento y de relación continua con el Padre, nosotros tendríamos que estar delirando para pensar que podríamos dejar de invertir en nuestra vida escondida en Dios, sin experimentar consecuencias a largo plazo. Jesús es modelo de contentamiento bajo presión, serenidad ante la traición, y poder para perdonar en su crucifixión... Todo ello es fruto de una larga historia de unidad con su Padre. Yo estoy convencido de que una razón importante por la cual hay tantos líderes cristianos que carecen de las cualidades de las que fue modelo Jesús, es porque nuestra relación con Dios es muy superficial. En lugar de contentamiento y serenidad, nuestro liderazgo está marcado por el descontento y la ansiedad. La historia de Ryan es típica.

Ryan ha sido el pastor principal de la Primera Asamblea durante los últimos once años. Tiene fielmente su tiempo de quietud cada mañana, y se lee toda la Biblia en un año. Después de esta media hora de lectura, tiene entre diez y quince minutos de intercesión por su familia, por la iglesia y por el mundo. Ryan trabaja seis días a la semana (a veces siete, cuando hay alguna emergencia), y se toma unas vacaciones de tres semanas cada verano. Además de preparar los sermones y dirigir el culto del domingo, visita fielmente a los enfermos, da un estudio bíblico a mediados de semana, supervisa a los voluntarios que coordinan los diferentes ministerios y es el capellán de la policía en su ciudad.

Cuando comenzó, el promedio de asistencia de los fines de semana era de unas doscientas personas. En la Primera Asamblea están pasado cosas buenas. Continuamente hay personas que aceptan a Cristo. La iglesia está unida. Hay una buena cantidad de relaciones sanas que le proporcionan una gran sensación de seguridad y estabilidad a la gran familia de la iglesia. Los ministerios con los estudiantes y los niños son fuertes. Y la iglesia está activa, sirviendo a la ciudad de una serie de formas prácticas. Sin embargo, Ryan se siente como si hubiera fracasado. Está descontento y no es feliz. Después de once años de invertir sangre, sudor y lágrimas, la asistencia a la iglesia los fines de semana se mantiene estática, solamente con un ligero aumento por encima de las doscientas personas con las que comenzó. Esto es lo que él piensa: *Yo no soy muy buen líder. Si lo fuera, a estas horas tendríamos más gente.*

En las reuniones anuales de la denominación, siempre son los logros de las iglesias más grandes los que se celebran. Aunque él sabe bien que el liderazgo en las iglesias tiene que ver con muchas otras cosas que no se relacionan con el número de asistentes, siente que lo miden por la cantidad de gente que tiene. Eso le carcome las entrañas y se siente ansioso con frecuencia.

A Ryan le encanta pastorear a las personas de una en una. Sabe que necesita aprender unas cuantas habilidades nuevas en el liderazgo para liberar los dones de esas personas. No obstante, su problema mayor y de más largo alcance no es externo. Es interno. Aunque lleva a cabo con buenas intenciones su práctica del tiempo de quietud por las mañanas, ese tiempo se vuelve estrecho. Al limitar ese tiempo de quietud a la lectura de las Escrituras para preparar el sermón, y a la intercesión por su iglesia y su familia, está dando a entender que tiene pocas prácticas espirituales que le permitan acceso a Jesús a su vida interior. No practica la soledad ni el silencio, ni pasa un tiempo dedicado únicamente a encontrarse con Jesús en las Escrituras. Ryan está actuando de manera superficial.

Necesita una gama más amplia de prácticas espirituales para situarse de tal manera que se produzca una profunda transformación de su vida en Cristo por debajo de la superficie. Le hace falta una revisión general de la forma en que sigue a Jesús y de sumergirse en su amor. Esto lo capacitará para definir de otra manera el éxito, como el hecho de ser fiel a lo que Dios le ha encomendado hacer en su iglesia, y resistirse a las presiones internas que siente, y que están causando en él tanta incomodidad y tanta ansiedad. Si Ryan reúne la valentía necesaria para hacer este viaje, es muy probable que experimente los tres elementos clásicos de la conversión: una comprensión reveladora de quién es él y quién es Dios, un encuentro radical con Jesús y una profunda transformación de su vida.[11]

Esta es la conversión que tengo la esperanza de que tú experimentes también. Al pedirte que hagas los cambios que sean necesarios para llegar a una amorosa unión con Dios, no te estoy pidiendo que añadas una cosa más a tu agenda, ya tan sobrecargada. Te estoy pidiendo que hagas un giro de ciento ochenta grados y reorganices tu vida alrededor de una manera totalmente nueva de ser líder. De hecho, lo que te estoy pidiendo que hagas es nada menos que un acto de rebelión contra la forma occidental contemporánea de ser líder; un acto capaz de desafiar a la cultura misma de una manera revolucionaria.

Da tus primeros pasos para reducir tu ritmo de manera que permita la unión de amor

Invertir en una vida de unión amorosa es un tema digno de llenar un libro entero, y se han escrito muchos sobre los diversos aspectos de lo que significa hacer esto. Mi meta aquí es ofrecerte unas cuantas ideas para ayudarte a dar los primeros pasos en tu camino hacia ese hacer más lento tu ritmo de vida, de manera que puedas tener una unión de amor con Jesús. Cuando comiences, quiero que sepas que se trata de un proceso que dura toda la vida, tal como sucede con toda relación íntima, y que va a evolucionar y florecer más plenamente con el tiempo.

Encuentra tu «desierto» con Dios

A lo largo de las Escrituras y de la historia de la Iglesia, el desierto ha sido un lugar de preparación, purificación y transformación espiritual. Moisés pasó cuarenta años en el desierto antes que Dios lo llamara a guiar a su pueblo en su salida de Egipto. El profeta Elías vivió en el desierto y, como consecuencia, se mantuvo firme como profeta de Dios en uno de los peores momentos que tuvo la historia de Israel. Juan el Bautista se pasó gran parte de su vida adulta en el desierto. Desde ese lugar en Dios, llamó a una nación al arrepentimiento y a discernir a Jesús como el Mesías. Pablo pasó tres años en el desierto de Arabia, recibiendo la revelación de Dios, antes de ir a Jerusalén para comenzar su ministerio apostólico. Jesús se movía deliberadamente de su ministerio activo con el pueblo a un lugar desierto donde estaba a solas con el Padre. Para poder vivir con un ritmo más lento a fin de llegar a esa unión de amor, nosotros también necesitamos desarrollar un ritmo similar que nos permita hallar nuestro «desierto» con Dios.

En su propia búsqueda de una unión de amor con Dios, los Padres y Madres del Desierto vivieron en los siglos cuarto y quinto como monjes y ermitaños en los desiertos de Siria, Canaán y Egipto. Uno de esos monjes fue Antonio el Grande de Egipto o Antonio Abad (251–356 A.D.). Después de recibir una educación y una crianza excelente de parte de sus padres cristianos en Egipto, Antonio se entregó a una vida solitaria en las afueras de su ciudad, antes de terminar retirándose al desierto, donde vivió veinte años. El autor Henri Nouwen escribe: «Renunció a las posesiones para aprender el desprendimiento; renunció al habla para aprender compasión; renunció a la actividad para aprender oración. En el desierto, Antonio descubrió a Dios, y también mantuvo una intensa batalla con el diablo».[12]

Cuando Antonio salió de su soledad después de esos veinte años, el pueblo reconoció en él las cualidades de un hombre auténtico y sano. Era un hombre íntegro de cuerpo, mente y alma. Miles de personas lo buscaban para pedirle consejo, y Dios lo usaba de una manera poderosa. Más adelante se volvió a retirar, esta vez a una «montaña interior» en el desierto, donde vivió solo durante el resto de su vida. He aquí cómo lo describe un autor: «No eran sus dimensiones físicas las que lo distinguían del resto, sino la estabilidad de su carácter y la pureza de su alma. Puesto que tenía el alma libre de confusión, sus sentidos exteriores también se mantenían imperturbables... Nunca sentía preocupación, puesto que su alma estaba en calma, y nunca se veía triste, puesto que su mente estaba llena de gozo».[13]

Obviamente, los líderes cristianos no nos podemos pasar grandes cantidades de tiempo a solas en un desierto. Sin embargo, el desierto nos proporciona una rica metáfora en cuanto a encontrar un espacio, aunque sea un banco de un parque, una biblioteca, un dormitorio, una silla puesta de frente a una ventana, o un centro de retiros, donde nos podamos desconectar de las personas y las actividades para estar a solas con Dios. Cada uno de nosotros necesita identificar y proteger un lugar que sea su desierto con Dios, aunque vivamos en un congestionado ambiente urbano. En el desierto, ese lugar solitario y sin distracciones, nos ponemos en la situación de poder abrir la puerta de nuestro corazón lo mejor que podamos, para que la presencia y la voluntad de Jesús tengan pleno acceso a todos los aspectos de nuestra vida. Adoptamos un ritmo lento para hacer posible esta clase de amoroso sometimiento.

He aquí una pequeña historia tomada de la vida de Antonio, sobre la cual he meditado durante años:

> Abba Antonio recibió una carta del emperador Constantino, invitándolo a visitarlo en Constantinopla. Él se preguntaba si debía ir, y se lo preguntó a Abba Pablo, que le dijo: «Si vas, te van a llamar Antonio, pero si te quedas aquí [en el desierto], te van a llamar Abba Antonio».[14]

Al final, Antonio no aceptó la invitación de ir a Constantinopla para ministrarle al emperador. ¿Por qué? Eso lo habría alejado de lo que Dios tenía para él en el desierto. Él había sido llamado a convertirse en «Abba», un padre de la fe, que tendría un impacto sobre aquellos a los que servía en una relativa oscuridad. Si hubiera abandonado el desierto y un estilo de vida lento para poder tener una unión de amor con Dios, no se le habría aplicado el título de *Abba*. Antonio era cuidadoso y tenía discernimiento, como nosotros necesitamos tenerlo también, en cuanto al delicado equilibrio que el Padre tenía para él como líder. Dios tiene un llamado diferente para cada uno de nosotros también en función del equilibrio entre nuestra *actividad para él* y *nuestro estar con él*.

Especialmente en la tradición protestante, estamos tan inmersos en los valores que tienen que ver con los logros en nuestro medio occidental contemporáneo, que damos por sentado que lo normal es que tengamos un intenso nivel de actividad ministerial. Creemos que si se nos abre una puerta a una oportunidad, entonces atravesarla valientemente debe ser la voluntad de Dios para nosotros. Pero muchas veces las cosas no son así. De hecho, esta tendencia a aceptar ciegamente cada vez más oportunidades por Dios es la que ha destruido a numerosos líderes, cuyas buenas intenciones carecían de unos fundamentos fuertes en Dios y con él. Para establecer esta clase de fundamento, necesitamos aceptar ese don que son nuestras limitaciones como seres humanos.

Tal vez el límite más poderoso que Geri y yo abrazamos fue la antigua práctica llamada «Regla de vida». En última instancia, esta fue la que nos dio un marco que nos permitió despojarnos de todo lo que no fuera esencial en nuestra vida, y abrirle espacio a una vida mayor y más amplia en Dios.

Establece tu regla de vida

La expresión regla de vida tiene su origen en la frase latina *Regula Vitæ*, la cual se relaciona con la imagen de una estructura de apoyo que permite que diversas plantas, sobre todo las vides, puedan apartar sus ramas del suelo, crecer hacia arriba y dar fruto. Es una hermosa imagen de lo que es una regla de vida y la forma en que funciona. Es una estructura de apoyo que nos ayuda a crecer y permanecer en Cristo. Esto a su vez capacita a nuestra vida para prosperar espiritualmente, y a nuestro liderazgo para que produzca abundante fruto.[15]

La mayoría de nosotros tenemos algún tipo de plan para el desarrollo de nuestra vida espiritual. Ese plan podría incluir, por ejemplo, la lectura completa de la Biblia cada año, la dedicación de treinta minutos cada mañana a estar con Dios, la participación en un grupo pequeño o un retiro anual de una noche y dos días. Sin embargo, son muy pocos los que tienen la clase de estructura de

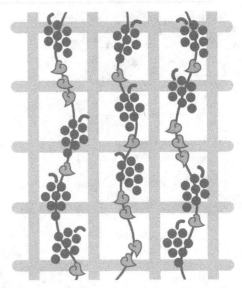

apoyo que necesitamos. Tomar un ritmo lo suficientemente lento para que la voluntad y la presencia de Dios llene nuestra vida y nuestro liderazgo es algo que exige un plan bien pensado e integrado.

Una regla de vida formal organiza nuestra combinación exclusiva de prácticas espirituales en una estructura que nos capacita para prestarle atención a Dios en todo lo que hacemos. Aunque existe un número infinito de variaciones para el desarrollo de una regla de vida, he usado el marco siguiente durante varios años (búscalo en la próxima página). Incluye las cuatro categorías primarias de la vida espiritual benedictina: oración, descanso, relaciones y trabajo. Aunque este marco con cuatro partes sigue siendo el mismo, yo pongo al día los puntos particulares de cada categoría una o dos veces al año.

Cada una de estas categorías no es solamente una forma de pensar acerca de las cosas que necesito hacer, sino también un medio de recibir y dar el amor de Dios. El mismo amor de Dios está situado en el centro, porque a menos que yo esté recibiendo el amor de Dios y apoyándome en él durante todo el día, no tendré nada que dar que tenga un valor perdurable. Mantener el equilibrio entre estos cuatro aspectos impide que añada a uno de ellos actividades o compromisos que me prohibirían mantener los compromisos que ya tengo en otro. Por ejemplo, no hago un compromiso de trabajo que destruya el equilibrio en cuanto a mis ritmos de descanso, oración y relaciones.

De hecho, mantengo este diagrama ante mí cada vez que pienso en aceptar un nuevo compromiso de trabajo. Por ejemplo, recientemente me ayudó a rechazar una oportunidad de hablar en una gran conferencia internacional, algo que realmente me habría agradado hacer. Cuando miré mis compromisos de oración, descanso y relaciones ya existentes, vi con claridad que no iba a tener el tiempo adecuado para preparar mi intervención en la reunión, viajar hasta el otro extremo del mundo, gastar la energía necesaria para hablar ante una reunión multitudinaria, recuperarme del esfuerzo y del efecto del cambio de hora, y aun así, atender fielmente mis responsabilidades en mi hogar y en New Life. Para poder aceptar esa oportunidad, mi única opción consistía en eliminar una

Oración

- El Sabbat semanal
- Los Oficios Diarios (3 o 4 veces al día)
- La Lectio Divina
- Un día a solas con Dios (1 o 2 veces al mes)
- Llevar continuamente un diario
- Solitud y silencio
- Examen diario
- Leer a los Padres del Desierto y de la Iglesia
- Retiro monástico de 4 a 5 días (anual)

Descanso

- Hacer ejercicios 5 o 6 veces por semana
- Vacaciones bien planificadas
- No trabajar dos terceras partes del viernes
- Leer ampliamente; visitas a la biblioteca
- Descansos sabáticos de 3 o 4 meses cada 7 años
- Temporadas de terapia
- Ir a la playa, disfrutar la naturaleza, caminar, andar en bicicleta
- Limitar el uso de los medios sociales
- Limitar mis conversaciones

El amor de Dios
(Recibir y dar)

Relaciones

- Atento a divertirme con Geri
- Participar con Eva, María, Christy y Faith
- Mantener buena comunicación con mis hermanos
- Mentoría regular con mi director espiritual
- Estar presente con el personal de NLF/EES
- Participar en un grupo pequeño de NLF
- Pasar momentos con mis amigos
- Participar en las reuniones de la familia extendida
- Vacaciones y días de fiesta con la familia de Geri

Trabajo

- Desarrollo personal
- Dar mentoría al personal superior de NLF
- Predicar y enseñar en NLF
- Crear recursos para la nueva fase de NLF/NLCDC
- Preparar al personal en las cinco M/valores
- Blog/Facebook/Twitter
- Desarrollar, planificar, entrenar a los entrenadores de EES
- Supervisar las finanzas de mi hogar
- Limitar mi tiempo para escribir
- Orar y procesar antes de decir que sí

o más de las tareas que tenía dentro del conjunto de «trabajo». Puesto que ninguna de esas responsabilidades de trabajo eran cosas que yo estuviera dispuesto a eliminar, o que pudiera hacerlo, la decisión fue fácil. No acepté la oportunidad de dar la conferencia.

Hay dos tentaciones comunes que debilitan a los líderes cuando se trata de desarrollar completamente una regla de vida. La primera consiste en no hacer nada; sentirse paralizado y pensar: *¡Yo nunca podría hacer esto! Es demasiado limitado y abrumador.* La segunda consiste en hacerlo todo; hacer demasiados cambios al mismo tiempo, y después abandonarlo todo al cabo de un mes, porque se han fabricado una regla de vida que, a pesar de ser ideal, es imposible de seguir en sus circunstancias presentes y en su estado espiritual.

Permíteme advertirte algo para que no cedas a la tentación de todo o nada, o para tomar un atajo al tratar de adoptar mi regla de vida, o la de cualquier otro, y hacerla tuya. Yo le he estado añadiendo y quitando cosas a mi regla de vida durante más de trece años. Si estás comenzando ahora, no trates de emprender una regla de vida más grande de la que podrías manejar. Hazte una que se ajuste al que eres en esta fase de tu camino. Es importante que comiences con cosas pequeñas y sencillas. Calcula cuanta estructura vas a necesitar, de acuerdo con tu personalidad y el momento de la vida en el que estás, sea mucha o sea poca, y después edifica a partir de esa base.

La mejor forma de comenzar a crear una regla de vida es hacer primero un trabajo de preparación. Antes de llenar una hoja con compromisos relacionados con la oración, el descanso, las relaciones y el trabajo, dedica un tiempo a responder detalladamente las preguntas que siguen:

- **¿Qué haces actualmente que alimenta tu espíritu y te llena de deleite?** Piensa en personas y lugares, no solo en actividades. Escribe todo lo que te venga a la mente. En tu lista pueden estar cosas como cultivar un jardín, salir a caminar con tu perro, estar en medio de la naturaleza, hablar con tus mejores amigos, cocinar, pintar, saltar de aviones, o cualquier otro número de posibilidades más. Haz una lista de todas esas cosas. Si en estos momentos no haces gran cosa que alimente tu espíritu, dedica algo de tiempo a identificar algunas cosas que te gustaría intentar.
- **¿Cuáles son las personas, los lugares y las actividades que necesitas evitar, porque te agotan o te hacen difícil mantenerte anclado en Cristo?** En esto se incluye todo aquello que causa un impacto en tu espíritu: las películas violentas, las prisas, el ir más allá de tus límites, etc. De nuevo, escribe todo lo que te venga a la mente.
- **¿Cuáles obligaciones causan un impacto en tus ritmos dentro de esta temporada de tu vida?** Por ejemplo, aquí se podría incluir el cuidado de tus padres ancianos, la crianza de un niño pequeño o un niño con necesidades especiales, los problemas de salud, o el paso por una temporada de muchas exigencias en el trabajo, etc.

Una vez que tengas una buena idea de las cosas que te ayudan y las que te agotan, y se conviertan en no negociables en tu agenda, tendrás una base para considerar qué es lo que quieres incluir en las cuatro categorías de tu regla de vida: oración, descanso, relaciones y trabajo. (Te podría ser útil usar la hoja de trabajo sobre la regla de vida que aparece en el apéndice 2, página 327). Como casi todos los líderes que conozco tienen un apartado sobre el trabajo que está mucho más lleno que los otros tres, te sugiero que comiences con los otros, y hagas el del trabajo al final.

Mientras piensas en cada una de las categorías, escucha primero los deseos de tu corazón. ¿Qué es lo que más quieres en este aspecto de tu vida? Dios nos habla con frecuencia a través de nuestros deseos, así que no los pases por alto ni les quites importancia. Asegúrate de que tu regla incluya algo de gozo, juego y diversión. Da pasos de bebé. No te hagas una regla que después te sea imposible cumplir.

Cuando prepares las categorías de la oración y del descanso, te sugiero que comiences escogiendo una o dos de las que yo considero como las cinco prácticas principales que nos capacitan para actuar con mayor deliberación a fin de hacer más lento tu ritmo en pro de favorecer la unión de amor: el silencio, la meditación en las Escrituras, el Oficio Diario, la oración de examen y guardar el Sabbat.

El silencio. En el silencio nos mantenemos quietos ante el Señor en medio de una oración sin palabras. Yo trato de guardar silencio en la presencia de Dios durante veinte minutos al día. Cuando lo hago, me siento mucho más calmado y menos ansioso cuando estoy activo. Si veinte minutos te parecen demasiado tiempo, podrías comenzar estando en silencio entre dos y cinco minutos, e ir aumentando la cantidad a partir de ese tiempo.

La meditación en las Escrituras. Pasamos un tiempo lentamente y en ambiente de oración en partes pequeñas de las Escrituras, tratando de escuchar la voz de Dios y de conocer sus pensamientos y lo que hay en su corazón. La forma en que yo la practico consiste en meditar cada día sobre un pasaje tomado de uno de los evangelios, para conocer mejor a Jesús. También suelo llevar conmigo uno o dos versículos en los cuales estoy meditando en la semana fuera de mi tiempo a solas con Dios.

El Oficio Diario. Esta es una práctica antigua en la que se usa la oración para marcar los tiempos del día. Por ejemplo, la oración de la mañana y la oración de la noche. La razón de ser del Oficio Diario es crear un ritmo que nos permita detener nuestra actividad en momentos determinados del día con el fin de estar en la presencia de Dios.[16] El hecho de detenerse tres o cuatro horas al día para tener unos breves momentos de oración crea un ritmo lleno de significado en mis días.

La oración del examen. Esta es una herramienta que nos ayuda a reflexionar sobre el día, con el fin de estar atentos a los movimientos del Espíritu de Dios dentro de nosotros, identificar la presencia de Dios y discernir su voluntad. En su forma más sencilla, incluye cinco pasos:

1. Estar agradecido por las bendiciones de Dios.
2. Revisar el día con franqueza y gratitud, buscando los momentos en los que Dios ha estado presente y los instantes en que tal vez lo hayas ignorado.
3. Prestar atención a tus emociones con el fin de escuchar a Dios.
4. Expresar arrepentimiento por los pecados y pedirle a Dios su perdón lleno amor.
5. Orar para pedir la gracia de estar más al alcance del Dios que te ama.[17]

El tercer paso es al que les sugiero de manera especial a los líderes que le presten atención. Una de las formas en que Dios nos habla es por medio de nuestros sentimientos y añoranzas más profundos; esas cosas que Ignacio de Loyola (1491–1556) llamaba «consolaciones» y «desolaciones». Las consolaciones son esas experiencias que nos llenan de gozo, vida, energía y paz. Las desolaciones son aquellas que nos dejan exhaustos, y que sentimos como si fuera la muerte. Las consolaciones nos conectan más profundamente con Dios, con nosotros mismos y con los demás. Las desolaciones nos desconectan. Mientras vayas recordando las actividades de tu día, pregúntate a ti mismo:

- ¿Dónde estoy experimentando sentimientos de gozo y de paz? ¿Dónde estoy sintiendo una conexión con Dios (consolación)?
- ¿Dónde estoy experimentando tristeza, apatía y la sensación de que se me está yendo la vida? ¿Dónde estoy sintiendo una desconexión con respecto a Dios (desolación)?

Yo recomiendo que se practique el examen una o dos veces al día, hasta que se convierta en algo que se hace de manera casi inconsciente a lo largo del día. A mí me sirve como la piedra angular de mi discernimiento sobre la voluntad de Dios a diario en las cosas pequeñas, como hasta qué punto debo hablar en una reunión del personal, o en las cosas más grandes, como la contratación de un nuevo miembro para el equipo.

Guardar el Sabbat. El Sabbat es un período de veinticuatro horas en el cual paramos todo trabajo con el fin de descansar y deleitarnos en los dones que nos ha dado Dios. Es tan transformador e indispensable para ser un líder emocionalmente sano, que dedico todo el próximo capítulo a esta práctica únicamente.

Cuando comiences a crear y seguir tu regla de vida, rodéate de gracia. Te puedo garantizar que algunas veces te va a costar trabajo mantenerte fiel a tus compromisos. Llegan a nuestra vida cosas inesperadas e inevitables. Te va a hacer falta experimentación, y el deseo de seguir tratando de discernir cuál es la forma que debe tomar *tu* regla. Recuerda también que la idea y la razón de ser de todas las prácticas espirituales es cultivar una vida de amorosa unión con Jesús.

Yo he perdido de vista esta idea más de una vez, dedicándome obstinadamente a una práctica espiritual al mismo tiempo que le mantengo cerrada a él la puerta de mi corazón. Esfuérzate por mantener tu corazón abierto, sensible y lleno de entusiasmo.

Descansa en tu jornada consciente de que eres un líder imperfecto

Hacer los cambios necesarios para adoptar un ritmo más lento en tu vida con el fin de crear una unión de amor con Jesús es una posición profética y contracultural. No estamos viviendo en un desierto, ni en una comunidad monástica que tiene una estructura y unos apoyos que han sido creados de antemano para ayudarnos. Puedes esperar que se produzcan paradas y nuevos comienzos, éxitos y fracasos, mientras vas encontrando el camino y descubres lo que funciona mejor a la luz de tu personalidad, responsabilidades, límites y dinámica familiar únicos.

Lo que es crítico es que veas las cosas a largo plazo. Inhala, exhala y relájate. No podemos pisar de repente los frenos de la vida para disminuir nuestra velocidad y lograrlo todo de una vez. Cada vez que me siento desanimado con mi propio progreso, recuerdo lo que me dijo un monje trapense mientras reflexionaba sobre los sesenta años de vida que llevaba dedicado a la oración: «Solo soy un principiante».

La comprensión de tu evaluación sobre la unión de amor

Si hiciste la evaluación de la unión de amor que aparece en las páginas 128–129, aquí tienes algunas observaciones que te ayudarán a reflexionar en tus respuestas.

Si tuviste mayormente uno o dos puntos, es probable que estés haciendo demasiado con tus propias fuerzas; tal vez más de lo que Dios te ha pedido que hagas. Tal vez estés haciendo una serie de tareas del liderazgo sin pensar en Jesús en absoluto. Porque estás sobrecargado y distraído, es posible que sientas tu oración más como un deber que como un deleite. El hecho de que hiciste la evaluación y estás leyendo estas palabras es una gracia de Dios. Él te está haciendo consciente de todo esto por una razón. Piensa en la invitación que te puede estar haciendo para que adquieras un ritmo más lento. Pregúntale a Dios qué te está diciendo por medio de esta evaluación. Encuentra un mentor o un amigo que sea sabio, y que te pueda apoyar mientras das los pasos siguientes.

Si tuviste mayormente dos o tres puntos, estás progresando, pero es probable que sigas estando falto de equilibrio, con un *estar con* Dios insuficiente para sostener tu hacer para Dios. Comprendes que el liderazgo cristiano tiene que ver con disfrutar tu comunión con Dios, no solo con servirle. Pregúntate: *¿me estoy moviendo en la dirección de una unión de amor con Dios que es mayor o menor? ¿Cuáles ajustes me podría estar invitando Dios a hacer en esta temporada?* Piensa cuáles de las prácticas descritas en «Da tus primeros pasos para hacer más lento tu ritmo de manera que permita la unión de amor» (páginas 140–148) podrían ser las más útiles para ti en estos momentos.

Si tuviste mayormente cuatro o cinco puntos, te hallas en un buen punto de descanso y centrado en tu relación con Dios. Tu *hacer para* Dios es alimentado y sostenido por tu *estar con* Dios a un ritmo que funciona para tus responsabilidades presentes en el liderazgo. Permíteme animarte a que te tomes un tiempo para crearte una regla de vida, si es que aún no lo has hecho, escribiendo en papel la forma en que estás llevando tu vida con Jesús.

Entonces, después de tomarte un tiempo para conseguir una claridad mayor en cuanto a los principios que Dios te ha dado, ofréceselos a tus compañeros de trabajo o a aquellos que te ven como su líder. Al mismo tiempo, pregúntate qué invitación adicional te podría estar haciendo Dios para que profundices a partir de este capítulo tu relación con él.

Capítulo 5

Practica el deleitarte
en el Sabbat

Hace ya algunos años, me sentí «hasta la coronilla» con los pastores y los líderes cristianos. En un arranque de frustración, llamé a mi amigo Bob. Además de tener en la pared de su oficina una elegante placa que dice «PhD», Bob es psicólogo clínico y tiene treinta y cinco años de experiencia en darles consejería a los líderes en problemas. Yo tenía la esperanza de que él me ayudara a solucionar la irritación que sentía hacia mi propia tribu profesional.

—Bob, necesito tu ayuda —le dije. No estaba de humor para buscar palabras bonitas—. No entiendo qué anda mal aquí. Los pastores y los líderes están de acuerdo conmigo cada vez que les hablo de aminorar el ritmo para acercarnos a Dios, acerca del Sabbat, de nuestra necesidad de sentarnos a los pies de Jesús. No solo están de acuerdo, sino que muchas veces me dicen que es una de las verdades que les causan un impacto mayor en mis charlas. Algunos de ellos hasta se dedican de inmediato a predicar sobre este tema en sus congregaciones. Sin embargo, son muy pocos los que realmente hacen algo al respecto.

Iba bajando la voz mientras mi frustración cedía el lugar al desaliento.

—Cuando comienzan, hacen muy pocos cambios de escasa importancia —me lamenté—, pero antes que uno se dé cuenta, están de vuelta por completo al punto de partida. Siento que estoy desperdiciando mi tiempo.

Yo pensaba que la reacción de Bob sería comprensiva. En cambio, lo que él hizo fue echarse a reír.

Yo no estaba para risas.

—¿Qué tiene eso de gracioso? —le pregunté, sin intentar siquiera esconder mi irritación y preguntándome si no habría cometido un error al llamarlo.

—Pero Pete —me dijo—, ellos *no pueden* parar. Los líderes cristianos no son distintos a los abogados internacionales, los jefes ejecutivos y los líderes del mundo de los negocios que veo todos los días en mi despacho.

—¿De qué hablas? —le dije, interrumpiéndolo—. ¡Estos individuos son pastores y líderes de iglesias! Conocen a Cristo.

—No, Pete —me dijo—. No comprendes.

Bob se mantenía sereno.

Yo no.

Entonces fue cuando dejó caer la bomba.

—No pueden parar. Si paran, se mueren. Están aterrados. Le tienen un terror mortal a lo que van a ver dentro de sí mismos si reducen el ritmo de vida. ¿Y tú quieres que se sumerjan en cosas como la soledad, el Sabbat y la reflexión en silencio?

Se rió de nuevo.

—¿Tienes idea de lo ajeno que es esto para *cualquier* líder, cristiano o no cristiano? Hay algo mucho más profundo que los mueve y, simplemente, no tienen ni idea de lo que es.

La penetrante verdad de esa afirmación fue la que me dejó pasmado: *Si paran, se mueren. Están aterrados.*

—El terror que les produce pensar en detenerse revela lo profundo que es su vacío —siguió diciendo Bob con toda naturalidad—. Pete, tú los estás invitando a unas prácticas que muy bien podrían destruir todo su sentido de identidad, esa identidad que tiene sus raíces en su rendimiento en el trabajo. ¿No puedes ver la magnitud que tiene todo eso?

—En realidad, no —le contesté, decidiendo que él me había dado más material para pensar del que podía asimilar en un día.

Por una parte, me sentía desesperado al pensar en lo difícil que tenía que ser para los líderes cristianos una transformación en este aspecto de su vida. En cambio, por otra parte, me sentía eufórico. Bob había logrado poner en su lugar una pieza perdida del rompecabezas acerca de la razón por la cual el Sabbat era algo casi imposible de practicar para tantos líderes, y por qué había sido una lucha tan grande para mí mismo. Nos acechaban el temor y la vergüenza debajo de la superficie de nuestra vida.

Más adelante en este mismo capítulo, ampliaremos este tema, junto con otras razones cruciales por las cuales el Sabbat sigue siendo un reto tan fuerte para los líderes de hoy. Pero antes de hacerlo, es importante que lleguemos a una clara comprensión y a una definición de lo que es el Sabbat.

¿Qué es el Sabbat?

El Sabbat bíblico es un bloque de tiempo semanal de veinticuatro horas en el cual dejamos de trabajar, disfrutamos de un descanso, practicamos el deleitarnos y contemplamos a Dios. El Sabbat judío tradicional comienza el viernes al caer el sol, y termina el sábado, también con la caída del sol. En la mayoría de las tradiciones cristianas se ha celebrado el Sabbat en domingo. El apóstol Pablo consideraba que para el Sabbat, un día era tan bueno como cualquier otro (Romanos 14.1–17). Así que el día determinado de la semana en el que se celebre no es lo que importa. Lo que importa es apartar un período de veinticuatro horas y protegerlo.

El hecho de que el Sabbat tiene lugar cada semana significa que tiene un ritmo, uno que se halla en fuerte contraste con el ritmo típico del mundo que nos rodea. Ese ritmo secular se parece a algo como esto:

RITMO «SECULAR»:

En cambio, el ritmo de Dios tiene este aspecto:

RITMO «SAGRADO»:

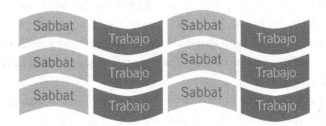

El ritmo del Sabbat establecido por Dios es un reflejo del que sostiene a toda la creación. En el ciclo de un día hay luz y tinieblas, salida del sol y puesta del sol, mareas altas y mareas bajas. A lo largo de los meses, hay ciclos lunares, pasan las estaciones, acompañadas por ciclos de crecimiento y de reposo vegetativo, y también se producen los grandes movimientos de las galaxias. El autor Wayne Muller lo expresa muy bien: «Recordar el Sabbat no es una exigencia ni una carga... es el recuerdo de una ley que se halla firmemente integrada en la urdimbre misma de la naturaleza. Es un recuerdo de cómo son realmente las cosas; la danza rítmica a la cual nosotros pertenecemos de manera inevitable».[1] Todo trabajo, pagado o no, es bueno, pero necesita los límites que le ofrece la práctica del Sabbat.

El problema que tenemos demasiados líderes es que permitimos que nuestra labor invada todos los demás aspectos de nuestra vida, perturbando el equilibrado ritmo de trabajo y descanso que Dios creó para nuestro bien.

En el año 1996, cuando Geri y yo comenzamos nuestro camino hacia la espiritualidad emocionalmente sana, una de las cosas que yo adquirí fue una nueva perspectiva con respecto a la importancia de tener un ritmo sabático. Así que leí unos pocos libros, mencioné ocasionalmente el Sabbat en mis sermones, y experimenté lo que era, tomándome un día de descanso por semana. Sin embargo, no estaba muy seguro de la forma en que se diferenciaba un Sabbat de un día libre. *¿Qué era permitido y qué no lo era? ¿Cómo podría apartar todo un día para descansar, si teníamos cuatro hijas pequeñas que cuidar? ¿Y qué hacer con las inevitables crisis pastorales que inciden continuamente en un día?* Finalmente, las incesantes exigencias de la vida, el liderazgo y el trabajo pastoral terminaron aplastando mi experimento con el Sabbat. Regresé a la costumbre de tomarme un día libre todos los lunes y, de vez en cuando, durante los siete años siguientes, hice varios intentos fallidos por iniciar de nuevo una práctica constante del Sabbat.

Solo fue después de experimentar nuestro segundo descanso sabático en los años 2003–2004 cuando me sentí obligado a resolver aquel «asunto del Sabbat» de una vez por todas, no solo para mí mismo, sino también por el bien de nuestra iglesia. Dediqué un tiempo al análisis del Sabbat, haciendo un estudio bíblico de la palabra *Sabbat* en todas las ocasiones en que aparecía, desde el Génesis hasta el Apocalipsis. Leí la mayoría de los libros acerca del tema del Sabbat, y analicé detenidamente los ricos orígenes y tradiciones judíos del Sabbat, hace ya tres mil quinientos años.

De ese intensivo estudio saqué la identificación de las cuatro características fundamentales que leíste en la primera línea de esta sección, y que define el

Sabbat como un bloque de tiempo de veinticuatro horas en el cual *paramos* de trabajar, disfrutamos del *descanso*, practicamos el *deleite* y *contemplamos* a Dios. Estas cuatro características me han servido bien desde entonces para poder distinguir entre un día libre rutinario y un Sabbat bíblico. Desde un punto de vista secular, la razón de ser de un día libre consiste en renovar nuestras energías y hacernos más eficaces en los otros seis días de la semana. Esta clase de día libre podrá producir resultados positivos, pero en palabras del pastor Eugene Peterson, es «un Sabbat bastardo».[2] Así que miremos con mayor detenimiento estas cuatro características fundamentales del Sabbat.[3]

Parar. El Sabbat es en primer lugar y, por encima de todo, un día en el cual no hacemos ninguna clase de trabajo, pagado o no. En el Sabbat, aceptamos nuestras limitaciones. Abandonamos la ilusión de que somos indispensables para que el mundo siga girando. Reconocemos que nunca terminaremos todas nuestras metas y todos nuestros proyectos, y que Dios está en su trono, arreglándoselas muy bien para gobernar el universo sin nuestra ayuda.

Mi Sabbat comienza el viernes por la tarde, a las seis en punto, y termina el sábado por la tarde, también a las seis en punto. Cuando dejo de trabajar para comenzar el Sabbat, me alejo de todo lo que tenga que ver con mi papel como pastor de la iglesia New Life Fellowship, y también todo lo que sea escribir o preparar mensajes. Deliberadamente, no respondo los mensajes electrónicos, ni devuelvo las llamadas telefónicas, ni acabo los sermones, escribo o termino tareas de mi liderazgo que no he acabado de hacer. Evito Twitter y Facebook, puesto que los medios sociales están conectados con mi labor. También me abstengo de los trabajos por los que no cobro nada, como pagar facturas, lavar la ropa, hacer recados, comprar víveres y hacer la limpieza de la casa.

Descansar. Una vez que paramos, estamos aceptando la invitación que Dios nos hace a descansar. Dios mismo descansó después de su obra creadora. Cada séptimo día, nosotros debemos hacer lo mismo (Génesis 2.1–4). Nos dedicamos a actividades que nos restauren y repongan, desde echarnos una siesta, salir a caminar, leer y comer cosas buenas, hasta disfrutar de nuestros pasatiempos y hacer deportes. La clave está en descansar, tanto del trabajo pagado como del no pagado.

Ahora bien, el descanso del trabajo no remunerado exige una planificación previa. Para llegar a tener alguna esperanza de disfrutar del descanso de un Sabbat, necesito apartar tiempo durante la semana para realizar aquellas tareas rutinarias de la vida que no voy a ejecutar en Sabbat: pagar las facturas, limpiar o arreglar cosas en la casa, lavar la ropa, poner al día la chequera y demás.

¿Qué hago yo para descansar? Duermo una siesta, salgo a pasar un buen rato con Geri, paso un tiempo con nuestras hijas, leo una novela, veo una película que valga la pena, doy una larga caminata, nado, visito a mis parientes y amigos, o me subo en un tren para disfrutar de las artes que hay en Manhattan. Hasta es posible que corte el césped de nuestro pequeño patio como un buen cambio con respecto a mi trabajo.

Deleitarnos. Después de terminar su obra en la creación, Dios declaró que todo aquello era «muy bueno» (Génesis 1.31). No se trataba de un anémico pensamiento de última hora: *Bueno, ya está; me alegro de haber terminado todo esto.* Era un gozoso reconocimiento, una celebración de lo logrado. Como parte de la observación del Sabbat, Dios nos invita a unirnos a la celebración; a disfrutar de su creación y de todos los regalos que nos ofrece en ella, y a deleitarnos en ellos. Estos innumerables regalos nos llegan con muchas formas distintas, e incluyen personas, lugares y cosas.

Como parte de la preparación para practicar el Sabbat, una de las preguntas más importantes que debemos responder es esta: «¿Qué me da gozo y deleite?». La respuesta va a ser diferente para cada uno de nosotros, pero parte de la invitación del Sabbat consiste en disfrutar de la creación y deleitarnos en ella y en lo que nos ofrece. Geri y yo nos deleitamos en la belleza y la grandiosidad de la naturaleza: el océano, los lagos, las playas, las montañas y el cielo nocturno, tachonado de estrellas. A Geri le gustan las comidas diferentes, así que probar, oler y saborear ese regalo que es la comida es algo que tiene una alta prioridad para nosotros. A mí me deleita ir a las bibliotecas y a las librerías. A Geri le encanta cocinar. Por todos los medios que nos sean posibles, en el Sabbat buscamos deleitarnos con nuestros sentidos en el milagro que es la vida.

Contemplar. Meditar en el amor de Dios es el enfoque central de nuestros Sabbats. Lo que hace que un Sabbat sea bíblico es que sea «santo para el Señor». No nos estamos tomando un tiempo para alejarnos de Dios; lo que estamos haciendo es acercarnos más a él. El Sabbat es una invitación a ver lo invisible en lo visible; a reconocer las maneras escondidas en las cuales la bondad de Dios está obrando en nuestras vidas. Eso no significa que forzosamente nos tengamos que pasar todo el día en oración, o estudiando las Escrituras, aunque esas actividades puedan formar parte del Sabbat. Lo que significa esta contemplación es que estamos intensamente enfocados en aquellos aspectos del amor de Dios que nos vienen a través de tantos regalos que nos llegan de sus manos. El poeta y sacerdote británico Gerard Manley Hopkins escribe lo siguiente: «El mundo está cargado de la grandiosidad de Dios». Las Escrituras afirman que toda la creación proclama su gloria (lee el Salmo 19.1). En el Sabbat, buscamos deliberadamente esa grandiosidad en todo, desde las personas hasta las comidas, y desde el arte hasta los bebés, los deportes, los pasatiempos y la música. En este sentido, la contemplación es una extensión del deleite. Estamos buscando de forma deliberada las evidencias del amor de Dios en todas las cosas que él nos ha dado para que las disfrutemos.

Antes de adquirir el hábito de observar el Sabbat, era frecuente que regresara de mis vacaciones o de mis días libres sintiéndome más lejos de Dios por algún motivo. Ahora mis Sabbats son tiempos en los cuales experimento su presencia y su amor de unas maneras muy palpables que de otra forma habría podido asociar a mi «trabajo» como pastor. Por ejemplo, cuando experimento una sensación de placer y aprobación por parte de Dios en el Sabbat, sé que no tiene nada que ver con los logros relacionados con mi labor. Ya esto en sí mismo es un regalo que me ha ayudado a separar mi relación con Dios (mi *estar* con él) de mi trabajo como líder (mi *hacer* para él).

Espero que estas cuatro características te proporcionen un útil marco de referencia cuando comiences a pensar en lo que podría significar para ti la práctica de una observancia significativa del Sabbat, pero si en alguna ocasión sientes que estás demasiado atrapado en los detalles y la logística, lo cual es fácil que suceda, te animo a dar un paso atrás. Vuelve a centrar tu atención en el significado general del Sabbat: una oportunidad para experimentar un anticipo de la eternidad. Esto es lo que escribió el rabino Abraham Joshua Heschel al respecto:

> A menos que uno aprenda a deleitarse en el sabor del Sabbat mientras aún se encuentra en este mundo; a menos que esté iniciado en la valoración de la vida eterna, no va a ser capaz de disfrutar del sabor de la eternidad en el mundo venidero... La esencia de ese mundo venidero es ese Sabbat eterno, y en el tiempo, el séptimo día es un ejemplo de la eternidad.[4]

En el Sabbat, practicamos la eternidad dentro del tiempo. Esperamos con ansias ese día al final de nuestra vida terrenal en el cual nos detendremos, descansaremos, nos deleitaremos y contemplaremos de manera perfecta la gloria de Dios. Durante un breve momento en el tiempo, nos reorientamos apartándonos de este mundo con todos sus quebrantos, y esperamos deseosos el mundo futuro; la forma en que las cosas de la tierra habrían debido ser. En un sentido muy real, la práctica del Sabbat une al cielo con la tierra, preparándonos no solo para descansar de nuestro trabajo, sino también para trabajar a partir de nuestro descanso.

¿Hasta qué punto es saludable tu práctica del deleite en el Sabbat?

Usa la lista de afirmaciones que siguen para hacer una breve valoración de tu práctica del Sabbat. Junto a cada afirmación, escribe el número que mejor describa tu respuesta. Usa la escala siguiente:

5 = Siempre es cierto

4 = Muchas veces cierto

3 = Ocasionalmente cierto

2 = Raras veces es cierto

1 = Nunca es cierto

_____ 1. Practico regularmente el Sabbat, apartando un período de veinticuatro horas en el cual dejo de trabajar y descanso.

_____ 2. El Sabbat me proporciona un sano límite en cuanto a mi trabajo, tanto el remunerado como el no remunerado.

_____ 3. En mi Sabbat semanal me tomo un tiempo para deleitarme en los innumerables regalos de Dios (p.ej., la gente, la belleza, los pasatiempos, las montañas, la comida, la música, etc.).

_____ 4. Yo considero el Sabbat como un día para practicar la eternidad y saborear de antemano el descanso del Sabbat definitivo, cuando vea a Jesús cara a cara.

_____ 5. Practico el Sabbat como un acto profético y contracultural que se resiste al valor de la cultura que me define por lo que hago, y no por lo que soy (es decir, un hijo amado de Dios).

_____ 6. Me siendo tranquilo dejando a un lado mis responsabilidades en el Sabbat, confiando plenamente en que Dios puede gobernar al mundo y edificar su reino sin mí.

_____ 7. Encuentro primordialmente mi identidad en el amor de Dios, más que en mi trabajo o mi papel como líder.

_____ 8. Con frecuencia, recibo ideas y formas de discernimiento inesperados durante el Sabbat.

_____ 9. Aplico mis directrices del Sabbat —que consisten en parar, descansar, deleitarme y contemplar—,a las vacaciones extensas y también a los días de fiesta.

_____ 10. Me preparo y planifico deliberadamente para el Sabbat, de manera que tenga el tiempo y el espacio necesarios para centrarme en el amor de Dios que me llega a través de los numerosos regalos procedentes de sus manos.

Dedica un momento a revisar brevemente tus respuestas. ¿Qué te llama más la atención? Al final del capítulo (página 181–182) hay algunas observaciones generales para ayudarte a comprender mejor el punto en el cual te encuentras, a fin de que reflexiones en tus próximos pasos.

Por qué el Sabbat significa hoy un desafío tan grande

El Sabbat era un concepto revolucionario cuando Dios lo introdujo hace tres mil quinientos años, y sigue siendo un concepto contracultural hasta hoy, aunque tal vez por razones diferentes. En mi trabajo con pastores y líderes cristianos, he observado tres desafíos principales que hacen especialmente difícil la observancia del Sabbat.

Le tenemos miedo a lo que podríamos encontrar dentro de nosotros mismos

¿Recuerdas mi conversación con Bob y su comentario acerca de la razón por la cual hay tantos líderes que parecen no querer que su ritmo de vida sea más lento? «No pueden parar», me dijo. «Si paran, se mueren. Están aterrados. Están aterrados de muerte por lo que van a ver dentro de ellos mismos si adquieren un ritmo más lento... Hay algo mucho más profundo que los impulsa, pero sencillamente, no tienen idea de lo que pueda ser».

¿Qué es ese «algo»? ¿Qué hay debajo de esa resistencia, y en algunos casos, terror incluso, cuando los líderes piensan en la posibilidad de tomar un ritmo más lento para celebrar el Sabbat? Después de observar la situación y conversar con pastores de distintas partes del mundo por numerosos años, creo que la respuesta es *vergüenza*.

La vergüenza es el sentimiento, la experiencia tan intensamente dolorosa de estar fundamentalmente equivocados, ser defectuosos, indignos y «deficientes en algún sentido vital como seres humanos».[5] Así que trabajamos más fuerte y más fuerte aún. *Tal vez. Si logro despuntar esta próxima cima que tengo que superar en el trabajo, entonces me voy a sentir mejor conmigo mismo, y con cómo marchan las cosas; entonces voy a dar un paso atrás para relajarme. Pero por el momento, no puedo parar.*

Es importante distinguir la vergüenza de la culpa. La culpa tiene que ver con algo que yo *hago*. Por ejemplo: «Me llevé una luz roja». Es un error que cometí, no es un reflejo de toda mi persona. En cambio, la vergüenza tiene que ver con lo que yo *soy*. «No solo cometí un error cuando me llevé esa luz roja, sino que *soy* un error». Cuando no estamos a la altura que pensamos que deberíamos estar como líderes, pensamos cosas como estas: *Soy un idiota. ¡Soy fatal y no valgo nada! Soy todo un fraude. Esto no habría sucedido si yo fuera un líder decente.* La vergüenza atestigua, no un *hacer* mal algo, sino un *ser* defectuoso.[6]

El Sabbat puede ser aterrador, porque no hacer nada productivo nos deja una sensación de vulnerabilidad. Es posible que nos sintamos al descubierto; desnudos ante Dios o ante los demás. El trabajo en exceso esconde esos sentimientos de incapacidad o de indignidad, no solo de los demás, sino también de nosotros mismos. Mientras nos mantengamos ocupados, podremos acallar esa voz interna que nos dice cosas como estas:

Nunca soy lo suficientemente bueno.

Nunca estoy lo suficientemente seguro.

Nunca soy lo suficientemente perfecto.

Nunca soy lo suficientemente extraordinario.

Nunca soy lo suficientemente exitoso.

¿Reconoces esa voz?

Hay una cantidad excesiva de líderes y pastores cristianos que usan el trabajolismo para huir de esos vergonzosos mensajes. Yo me cuento entre ellos, aunque en este punto, me consideraría más bien como un trabajólico en rehabilitación. Para hacer una evaluación rápida de tus propias tendencias a trabajar en exceso, piensa en cuántas de estas cualidades serían ciertas en tu caso:

¿Te sientes más entusiasmado en cuanto a tu trabajo, que en cuanto a tu familia o cualquier otra cosa?

¿Te llevas contigo el trabajo a la cama? ¿A los fines de semana? ¿A las vacaciones?

¿Es el trabajo la actividad que más te agrada hacer y de la que más hablas?

¿Trabajas más de cuarenta horas a la semana?

¿Tu familia o tus amigos se han dado por vencidos en cuanto a esperar que tú llegues a tiempo?

¿Te cargas de trabajos extra, porque te preocupa que si no lo haces, esos trabajos van a quedar sin hacer?

¿Subestimas el tiempo que te va a tomar un proyecto y después corres a terminarlo?

¿Te sientes impaciente con las personas que tienen otras prioridades además del trabajo?

¿Tus largas horas de trabajo les han hecho daño a tu familia o a otras relaciones?[7]

¿Qué tal te fue? Si respondiste que sí, aunque sea a unas pocas de las preguntas anteriores, es posible que el trabajolismo sea algo con lo que necesites batallar para poder tener un Sabbat. Y necesitas saber que estás tratando con algo más sustancial que la simple agitación, o el aprendizaje de unas cuantas habilidades y técnicas nuevas. Si has tenido el hábito de trabajar en exceso durante meses o años, es posible que la necesidad de trabajar demasiado esté ya programada en tu cuerpo.

¿Sabías que un patrón constante de trabajo excesivo puede causar un impacto en la neuroquímica de tu cerebro?[8] Cuando estamos constantemente en un ambiente intenso y exigente, nuestro cerebro libera hormonas y sustancias químicas destinadas a ayudarnos a satisfacer los retos a los que nos enfrentamos. Con el tiempo, el cuerpo se acostumbra a esas hormonas y a esas sustancias químicas hasta el punto de que desarrollamos una especie de dependencia con respecto a ellas. En algunos casos, los ejecutivos que se hallan en ambientes intensos, han desarrollado realmente una adicción clínica a la adrenalina.

Pero, ¿qué tiene que ver todo esto con el Sabbat? Veamos, cuando intentamos hacer un cambio valioso en nuestro estilo de vida, digamos desde trabajar todos los días y a todas horas, hasta mantener un equilibrado ritmo laboral y sabático, nuestro cuerpo puede experimentar una especie de síndrome de abstinencia. Y si decides aceptar el reto de actuar seriamente con respecto al Sabbat, la batalla, además de ser emocional y espiritual, también puede ser física.

Asociamos el Sabbat con el legalismo o con un pasado muerto

La confusión acerca del Sabbat se remonta hasta el Sabbat mismo y, desde entonces, tanto los judíos como los cristianos hemos luchado por igual para definir las reglas que deben gobernar esta práctica. En el siglo cuarto, Constantino, el primer emperador romano que era cristiano, trató el tema del Sabbat ordenando por ley que todo el mundo se tomara un día de descanso. En los primeros años de las colonias inglesas en el continente americano, las llamadas «leyes azules» restringían diversas actividades y comercios con el fin de darle cabida al Sabbat cristiano. Las primeras leyes relacionadas con el cierre de los negocios datan del año 1610. No solo incluían el cierre de los negocios, sino también la asistencia obligatoria a la iglesia. E incluso más de ciento ochenta años después, se hacían cumplir estas leyes de una manera estricta:

- George Washington, recién elegido presidente de Estados Unidos, cuando viajaba desde Connecticut hasta Nueva York, fue detenido por violar la ley de Connecticut que prohibía viajar en domingo.
- En el siglo diecinueve, en Arkansas, James Armstrong recibió una multa de $25,00 por sacar papas en su campo.

- John Meeks tuvo que pagar una multa de $22,50 por dispararles a unas ardillas un domingo.[9]

El Talmud, texto central del judaísmo mayoritario, y base de todos los códigos de la ley judaica, identifica treinta y nueve categorías de actividades que estaban prohibidas en el Sabbat. Entre ellas están: sembrar, cosechar, tejer, construir, cocinar y encender fuego. La aplicación de esas prohibiciones fue evolucionando a lo largo de los siglos en muchas comunidades ortodoxas o hasídicas de hoy, está prohibido encender o apagar en sábado aparatos eléctricos, conducir un auto, o caminar más de cierta distancia desde la casa de la persona. Con frecuencia, se conectan las luces y los calentadores de comida con programadores automáticos. En un hospital de la ciudad de Nueva York, donde un alto porcentaje de médicos y pacientes son judíos ortodoxos, se programan los ascensores de manera que se detengan en cada uno de los pisos del hospital, de modo que aquellos que los utilizan no tengan que trabajar en el Sabbat empujando el botón de un ascensor.

Algunos líderes cristianos, al ver estas reglas e imposiciones anticuadas, piensan que la observancia del Sabbat no es más que un legalismo carente de sentido. En cambio, en muchos otros casos, y entre ellos me incluyo a mí mismo durante mis primeros veintisiete años como cristiano, todo lo que hay es una falta de comprensión en cuanto a la gran razón de ser del Sabbat y el rico material bíblico que apoya la necesidad de tener salvaguardias que lo protejan.

Tenemos una visión distorsionada de nuestra identidad básica

Cuando nos reunimos con alguien por vez primera, solemos preguntarle: «¿Qué hace usted?». Lo preguntamos porque, en nuestros tiempos y en nuestra cultura, la identidad es definida en gran parte por la ocupación de la persona o por el título de su trabajo. Y si alguna vez has estado desempleado o has sido padre o madre de los que se ocupan del hogar a tiempo completo, ya sabrás lo extraño que se siente cuando no se tiene título alguno. Es la forma típica de definirnos a nosotros mismos, y la manera en que comprendemos nuestro lugar en el mundo. También clasificamos y valoramos a las personas de acuerdo con lo que hacen. Dime cuál de estos dos sería más estimado en un grupo de pastores jóvenes: ¿un líder de treinta y ocho años de edad que ha levantado un gran ministerio internacional en pleno crecimiento, o un pastor retirado de sesenta y ocho años de edad, que ha servido fielmente a una iglesia rural de setenta y cinco miembros a lo largo de más de treinta años?

Parte de lo que somos sí *es* lo que hacemos. Dios trabaja y nosotros también. Pero esa no es la verdad más profunda acerca de lo que somos. En primer lugar, somos *seres* humanos. Pero cuando las cosas cambian de posición y nuestro papel o título se convierte en el fundamento de nuestra identidad, quedamos reducidos a *quehaceres* humanos. Y cuando eso sucede, parar de trabajar o de realizar una actividad productiva es algo que se vuelve extremadamente difícil. Piensa en la historia de Elliot.

Elliot, superintendente de la escuela dominical en New Life, se me acercó un día después de escucharme enseñar acerca del Sabbat. Me dijo que la forma en que lo habían educado en su casa había hecho que el Sabbat fuera un desafío especial para él: «Cada vez que mi hermana, mis dos hermanos más pequeños y yo oíamos los pasos de mi madre, que iba bajando las escaleras, saltábamos para darle la impresión de que estábamos haciendo algo; lo que fuera: quitando el polvo, poniendo orden en las cosas, limpiando. ¡Se sobreentendía que uno no se debía quedar sentado sin hacer nada! Y que Dios no permitiera que no estuviéramos fuera de la casa a tiempo para ayudarla a cargar con los paquetes cuando llegaba a casa de la tienda de víveres. Ahora, a pesar de que han pasado treinta años, todavía me siento culpable cuando no estoy produciendo algo».

Me identifico con la historia de Elliot. El mensaje claro que había en mi familia cuando yo era niño era este: *tú eres lo que haces*.[10] Nuestra identidad y nuestro valor estaban estrechamente unidos a nuestra capacidad para producir y lograr cosas. Desde tener buenas notas y practicar deportes cuando éramos niños, hasta conseguir buenos trabajos y criar bien a los hijos cuando ya fuimos adultos, la expectativa era que trabajaríamos fuerte. Se descansaba con el fin de recuperarse para poder volver directamente al trabajo de nuevo. La idea de usar el descanso para algo relacionado con el puro disfrute era inconcebible.

Lamentablemente, he descubierto que este distorsionado concepto de la identidad y del descanso en familias como la mía y la de Elliot no es tan poco corriente como parecería. Desde el Asia hasta América Latina, desde Norteamérica hasta el África, desde el Oriente Medio hasta Europa y Oceanía, las familias y las culturas están predispuestas a hacer que nos definamos y valoremos unos a otros, no por la persona que somos, sino por lo que hacemos. No es fácil resistirse ante esa clase de presión.

Entonces, ¿qué nos va a motivar a imaginar de otra forma nuestra vida, devolverle la prioridad y reorganizarla alrededor del Sabbat? Yo creo que la respuesta se encuentra en que logremos captar una visión bíblica mayor del Sabbat como un hermoso diamante cuyas numerosas facetas reflejen la luz y la belleza de la vida en la tierra en una relación con el Dios viviente.

El Sabbat es un hermoso diamante

Las facetas son las superficies planas pulidas que reflejan el brillo, el fuego y el resplandor del diamante. Cada faceta muestra un aspecto único de la calidad y la belleza del diamante.[11] ¡Por ejemplo, un brillante diamante redondo normal puede tener hasta cincuenta y ocho facetas!

El Sabbat es un diamante de un valor incalculable, y con muchas facetas, cada una de las cuales refleja la presencia de Dios con nosotros, y su amor por nosotros. Y así como las facetas reflejan aspectos únicos del diamante, el Sabbat se vuelve cada vez más brillante mientras más lo exploramos y lo practicamos. Entonces es cuando nos hallamos metidos en medio del resplandor de las encantadoras facetas del Sabbat, llenos de asombro y maravillados ante el resplandor del Dios hacia el cual nos señala el Sabbat.

Durante milenios, el pueblo judío ha atesorado este hermoso diamante que es el Sabbat. Francine Klagsbrun, autora de gran éxito que escribió *Jewish Days* [Los días judíos] lo describe bien:

> Antes de poder comprender plenamente la santidad del Día; antes de valorar realmente su belleza; antes de poder comprender sus ritos, yo ya sabía que el Sabbat era un «milagro». Eso era lo que mi padre siempre decía acerca de él, desde cuando yo era niña, hasta bien entrado él en sus cien años de edad... Un verdadero milagro. En todo el universo no existía un día así, hasta que apareció en toda su plenitud en la Biblia hebrea. Otros pueblos antiguos tenían ciertos «días malignos»... Pero ninguno tenía un día fijo en cada semana de cada mes y de cada año, en el cual se paraba todo el trabajo y todas las criaturas descansaban. Sí, incluso los animales.[12]

Me encanta la forma en que Francine Klagsbrun describe el milagro del Sabbat contemplando una pequeña faceta de su resplandor: la exclusividad de la proclamación por parte de Dios de un día fijo como santo y apartado.

A la luz de tres mil quinientos años de historia judía, mis doce años de fiel estudio y práctica del Sabbat son algo así como un poco de humo. No obstante, he podido tener una vislumbre de unas pocas facetas de este hermoso diamante, al parecer inextinguiblemente hermoso, cuatro de las cuales han hecho significantes contribuciones a mi comprensión y mi experiencia del milagro del Sabbat:

- El Sabbat como disciplina básica de formación espiritual
- El Sabbat como resistencia ante los principados y las potestades

- El Sabbat como juego
- El Sabbat como lugar de revelación

Espero, y oro con esa esperanza, que cada una de las facetas te motive y anime a dar los pasos siguientes en la reorganización de tu vida para practicar el deleite del Sabbat y para contestarles con un *no* semanal de veinticuatro horas a las implacables presiones que te rodean.

El Sabbat como disciplina básica de formación espiritual

Casi todas las disciplinas espirituales tienen valor, pero algunas de ellas constituyen el *núcleo* de lo que significa madurar en Cristo. Estas prácticas *no nos salvan*, pero son indispensables para el crecimiento. Considéralo de esta manera. Leer la Biblia no nos hace salvos. Tampoco nos hace salvos la oración. Ni la adoración. Somos salvos cuando ponemos nuestra confianza solamente en Cristo, que murió por nuestros pecados y resucitó de entre los muertos. Pero si no tenemos por costumbre leer las Escrituras, orar o encontrarnos con Dios en la adoración, no es probable que estemos creciendo mucho espiritualmente. La guarda del Sabbat es una disciplina espiritual *básica*; un mecanismo esencial para que Dios nos entregue gracia y bondad en nuestras vidas. Nos proporciona una forma dispuesta por Dios para que nuestro ritmo de vida sea más lento y podamos establecer una conexión significativa con él, con nosotros mismos y con aquellos a quienes estimamos.

Creo que en parte, la razón por la que nos sentimos desencantados con disciplinas espirituales como la guarda del Sabbat, es que nuestra práctica ha degenerado, yéndose a uno de los dos extremos: el legalismo o el libertinaje.

Legalismo ← Formación Espiritual Práctica → Libertinaje

Podemos definir el legalismo como la confianza en que nuestra propia obediencia nos va a conseguir la aceptación por parte de Dios. En el Nuevo Testamento observamos legalismo entre los líderes religiosos judíos que se oponían con tanta vehemencia a que Jesús quebrantara la ley sanando en el Sabbat. Más tarde, el apóstol advertiría con toda claridad contra todo tipo de legalismo en la iglesia: «Por tanto, nadie os juzgue en comida o en bebida, o en cuanto a días de fiesta, luna nueva o días de reposo, todo lo cual es sombra de lo que ha de venir; pero el cuerpo es de Cristo (Colosenses 2.16–17).

Por otra parte, el libertinaje es el abuso de la gracia de Dios al hacer caso omiso de sus mandamientos. En conexión con las disciplinas espirituales, este extremo lleva a la persona a eliminar prácticas como la del Sabbat, considerándolas como irrelevantes e innecesarias. Un ejemplo contemporáneo de esto serían los que no asisten a los cultos de adoración semanales, porque hay muchas otras cosas buenas que hacer en el fin de semana. Al fin y al cabo, Dios no mantiene un registro de nuestra asistencia a la iglesia, ¿no es cierto?

En los primeros veinticinco años de mi vida cristiana, me hallaba decididamente en el campo de los libertinos cuando se trataba del Sabbat. Esa neblina se aclaró para mí cuando por fin pude captar que el Sabbat es una disciplina básica para la formación espiritual, que es tan importante como la oración, el estudio de la Biblia, la adoración y la generosidad.[13] Más aun, el Sabbat es el buen don de Dios para los suyos. Jesús dijo: «El sábado se hizo para el hombre, y no el hombre para el sábado» (Marcos 2.27).

En lugar de pensar en el Sabbat como una imposición, necesitamos aceptarlo como un mecanismo esencial para la entrega del amor de Dios. ¿Por qué habría alguien de querer perderse algo como esto? A los líderes, nos recuerda que la vida tiene que ver más que con el trabajo: la vida tiene que ver con Dios. Cuando el trabajo es equilibrado por medio de un ritmo sabático, ocupa el lugar que le corresponde como un bien, no como un dios.

El Sabbat como resistencia ante los principados y las potestades[14]

Los «poderes y autoridades» se encuentran entre los que el apóstol Pablo describe como «los gobernadores de las tinieblas de este siglo» y las «fuerzas espirituales malignas en las regiones celestiales» (Efesios 6.12). Representan una amplia variedad de influencias malignas que podrían tomar casi cualquier forma. El teólogo Walter Wink los describe «tanto celestiales como terrenales; divinos como humanos; espirituales como políticos; invisibles como visibles».[15] Se los puede encontrar en los sistemas educativos, económicos y políticos que deshumanizan y destruyen a la gente. Son poderosas fuerzas que se hallan tras cosas como la ambición desmedida, la lujuria, el racismo, el sexismo y la adoración al dinero. Y esos mismos poderes demoníacos tratan de mantenernos esclavizados a nuestro trabajo con el fin de apartarnos del deleite del Sabbat.

Cuando practicamos el Sabbat, nos estamos resistiendo ante los principados y las potestades. Analiza la razón que da Dios para la práctica del Sabbat:

Observa el día sábado [...]Recuerda que fuiste esclavo en Egipto, y que el Señor tu Dios te sacó de allí con gran despliegue de fuerza y de poder. Por eso el Señor tu Dios te manda observar el día sábado.

(DEUTERONOMIO 5.12, 15)

Las palabras clave de este mandamiento son: *acuérdate que fuiste siervo en tierra de Egipto, y que Jehová tu Dios te sacó de allá.* Esclavizados en Egipto durante más de cuatrocientos años, los israelitas trabajaban los siete días de la semana, los 365 días del año. Sus padres, abuelos, bisabuelos y tatarabuelos habían existido solamente por una razón: trabajar. Nunca paraban. Nunca descansaban. Nunca se deleitaban.

Como poder establecido en oposición a Dios, Faraón era lo que el apóstol Pablo habría podido llamar «una fuerza espiritual de maldad». Era considerado dios y adorado como tal. Detrás de su gobierno demoníaco había principados y potestades que esclavizaban al pueblo de Dios, definiendo su existencia misma como seres sin personalidad cuya única razón de existir era trabajar y producir. Pero ahora, la opresión del pueblo de Dios por parte de Faraón había sido quebrantada. Y ellos habían recibido una nueva identidad. Su dignidad y su valor ya no se basaba en lo que *hacían*; se basaba en lo que *eran*: hijos e hijas, sobre los cuales el Dios viviente había puesto su amor y su gracia.

Lamentablemente, muchos de nosotros seguimos estando sometidos a un capataz cruel y controlador; un «faraón» que vive ahora dentro de nuestra cabeza, diciéndonos que no podemos parar, ni descansar. La cultura nos encadena, diciéndonos que para lo único que valemos es para lograr o producir algo, y que somos unos fracasados, a menos que tengamos mayores logros, cualquiera que sea su precio. Solo vamos bien si las cosas son «más grandes y mejores». Nos comparamos con otros líderes que parecen estar produciendo más ladrillos y con mayor rapidez, y nos preguntamos: *¿Cuál es mi problema?*

Al ofrecernos el don que es el Sabbat, Dios nos invita a resistirnos ante los principados y las potestades, y unirnos a él. El autor y erudito Walter Brueggemann escribe: «El Sabbat se convierte en una forma visible, concreta y decisiva de optar a favor del Dios del reposo y ponerse de su lado».[16] ¡Y qué invitación tan deleitosa es esa! Dios nos invita a hacer fiesta, a danzar y cantar como los israelitas de la antigüedad cuando fueron liberados de la esclavitud en Egipto. Por medio de esta práctica semanal, desafiamos toda influencia que nos trate de definir, o bien por nuestro papel en el liderazgo, o por nuestra productividad. Proclamamos públicamente ante el mundo que nosotros no somos esclavos, sino hombres y mujeres libres, comprados con la sangre de Jesús.

Cuando los líderes practicamos el Sabbat como tal, no solo nos estamos resistiendo ante los principados y las potestades en nuestra propia vida, sino que también nos convertimos en modelos de resistencia ante aquellos a quienes guiamos, ante el mundo, e incluso ante los mismos poderes y principados.

Hasta hoy, el pueblo judío considera la guarda del Sabbat como un rasgo central de su identidad como el pueblo escogido de Dios. Y es admirable ver cómo el Sabbat sigue funcionando como una forma de resistencia. Me encanta en especial el ejemplo de B&H Photo.

Situada en la 9ª Avenida, en la ciudad de Nueva York, B&H Photo es la mayor tienda de equipos de fotografía y video no perteneciente a ninguna cadena de tiendas en Estados Unidos y la segunda en el mundo entero. Solo Yodobashi Camera, en el centro de Tokio, es mayor. Los dueños, y también muchos de sus empleados, son judíos hasídicos que se visten exactamente como lo hacían sus antepasados del siglo dieciocho en el este de Europa. En un día cualquiera, entre ocho mil y nueve mil personas pasan por la puerta del frente. Sin embargo, el setenta por ciento de su negocio lo hacen en línea, y lo sirven desde un almacén de doscientos mil pies cuadrados situado cerca de allí, en Brooklyn.

Aunque forma parte de un mercado en el cual es grande la competencia, B&H no funciona el Sabbat, ni en una media docena de días festivos judíos a lo largo del año. Cierran sus puertas los viernes a la una de la tarde, y las mantienen cerradas todo el sábado, que es el día de más ventas en toda la semana. Durante el Sabbat, los clientes pueden entrar al portal de B&H en la web, pero no pueden hacer un pedido en línea.

Recientemente, un cliente le preguntó al director de comunicaciones de B&H cómo era posible que ellos cerraran, no solo la tienda de venta al detalle, sino también el portal de la web en un día como el llamado Viernes Negro, el día siguiente al de Acción de Gracias, considerado como el día de ventas más ajetreado del año. El director se limitó a replicar: «Nosotros le rendimos cuentas a una autoridad más alta».[17]

Elie Wiesel, escritor y sobreviviente del Holocausto, también da testimonio de este aspecto del Sabbat como resistencia cuando describe de qué manera la observancia del Sabbat persistió, aun en medio de los horrores de los campamentos de concentración nazis:

Recuerdo a un predicador lituano, un *maggid*, que iba caminando entre nosotros todos los viernes por la noche, acercándose a cada uno insinuando una sonrisa y diciéndole: «Hermano judío, no lo olvides:

Hoy es el Sabbat». Nos quería recordar que el Sabbat seguía reinando sobre el tiempo y el mundo, a pesar del humo y del hedor.[18]

Tanto ese predicador lituano, como los que trabajan en B&H, han captado un importante principio bíblico: Dios es soberano por encima de todos los principales y los poderes del mundo. Dios es el Rey de reyes y Señor de señores.

Cuando practicamos el deleite del Sabbat, estamos proclamando que Jesucristo derrotó en la cruz a todas las fuerzas espirituales de maldad (Colosenses 2.15). Estamos afirmando que los seres humanos tenemos un valor y una dignidad infinitos, que no tienen que ver con su productividad, y que el amor de Dios es la realidad más importante de todo el universo.

El Sabbat como juego

En una visita reciente a la Tierra Santa, mi amiga Christine estaba sentada con unos amigos en un café al aire libre en Jerusalén, un viernes por la tarde, cuando un grupo de varones adolescentes pasaron corriendo, cantando y gritando. Al principio, ella pensó que debía estar pasando algo raro, por el alboroto tan grande que estaban haciendo. Cuando le preguntó al mesero qué estaba sucediendo, él le dijo:

—Están muy felices porque muy pronto va a comenzar el Sabbat.

—¿Felices por el Sabbat? —le preguntó ella, insegura de haberlo oído bien.

—Sí —le respondió él—. Le están dando la bienvenida al Sabbat con sus cantos y sus gritos.

Cuando me contó aquella historia, Christine comparó el entusiasmo de aquellos muchachos con el entusiasmo que podrían tener en los Estados Unidos unos adolescentes que estuvieran pasando un día en Disney World, ¡un día de diversión y juego en el Reino Mágico!

¡Qué maravilla! ¿Te puedes imaginar lo que debe ser esperar con ansias el Sabbat, sintiendo esa clase de gozo y de deleite?

El gran teólogo alemán Jürgen Moltmann fue el primero que me dio a conocer el concepto del Sabbat como juego. En su libro *Theology of Play* [Teología del juego], pregunta: «¿Por qué creó Dios el universo, si él es un ser libre y suficiente?». Su respuesta, con sus raíces en el libro de los Proverbios, es que observamos a Dios «jugando» cuando hizo al mundo. La sabiduría, que existía desde toda la eternidad antes que comenzara el mundo (Proverbios 8.23, 25), jugaba en la presencia del Padre cuando el mundo fue creado: «allí estaba yo, afirmando su obra. Día tras día me llenaba yo de alegría, siempre disfrutaba de estar en su presencia; me regocijaba en el mundo que él creó; ¡en el género humano me deleitaba» (8.30–31). Dios tuvo «el buen deseo y placer de crear. De aquí que la creación es el juego de Dios, un juego de su sabiduría sin necesidad de fundamento e inescrutable. Es el ámbito en el cual Dios despliega su gloria».[19]

Dios le informó a Job que cuando creó al mundo, «alababan todas las estrellas del alba, y se regocijaban todos los hijos de Dios» (Job 38.7, RSV1960), indicando así que nosotros somos fruto de su amor y de su deleite. Dios disfruta del hecho de ser Dios.

Incluida en la creación de Dios hay una juguetona extravagancia; se produce una abundancia excesiva de semillas que nunca van a germinar, las hojas de los árboles adquieren colores brillantes en el otoño, tanto si alguien las ve, como si no, unas especies increíbles de peces nadan escondidas de la vista humana en las profundidades del océano, y todas las flores siguen siendo hermosas, aunque no haya nadie contemplándolas. Todas esas cosas están allí para disfrutarlas.[20] Un teólogo añade que si alguien no se siente seguro de que a Dios le gusta jugar, basta que les eche una mirada a algunas de sus criaturas, como el ornitorrinco, el avestruz y la jirafa. Solo tenemos que verlas para sonreír e incluso reír como niños.[21]

Lo que le interesa decir a Moltmann es que, por ser criaturas hechas a imagen de Dios, nosotros también debemos reflejarlo a él, jugando. Moltmann se imagina el juego como la dedicación a una diversidad de juegos que se derivan del gozo de Dios. Esto es lo que escribe:

> Como la creación, los juegos del ser humano son una expresión de libertad... porque jugar es algo que se relaciona con el gozo que tiene el creador con su creación, y el placer del jugador con su juego. Al igual que la creación, los juegos combinan la sinceridad con la alegría; el suspenso con el relajamiento. El que juega está totalmente absorto en su juego, y lo toma en serio; sin embargo, al mismo tiempo se trasciende a sí mismo y a su juego, porque al fin y al cabo, solo es un juego.[22]

Esta clase de juego señala hacia el gozo que habrá al final de la historia, cuando veremos a Jesús cara a cara, y desaparezcan todo pecado y la muerte misma. En un sentido muy real, el juego nos ofrece un adelanto de lo que será la eternidad. «Estamos jugando cada vez más con el futuro a fin de conocerlo», dice Moltmann.[23]

La mayoría de los pastores y los líderes, y me incluyo entre ellos, no somos muy buenos en eso de jugar. ¡A veces pensamos que somos más serios que Dios mismo con respecto a la vida! A mí me ha sido difícil aprender. En mi familia no se jugaba; trabajábamos. Todas las iglesias a las que he asistido en mi vida, han sido deficientes en cuanto al juego se refiere, y han asociado con frecuencia los placeres desenfadados con la estupidez y la insensatez. ¡Sencillamente, había demasiado trabajo que hacer para Dios! Así que aprender a jugar durante el Sabbat ha formado una parte significativa de mi discipulado para convertirme en un seguidor de Cristo y líder más sano.

El juego es importante, porque es un indicador de que realmente creemos que la vida no consiste solamente en trabajar. Le da equilibrio a nuestra tendencia a ser demasiado serios y demasiado centrados en los resultados. Cuando estamos jugando, no logramos propósito alguno que sea de tipo pragmático.[24] Estamos más relajados, menos tensos, más confiados en la soberanía de Dios, y más atentos a integrar la alegría del juego en los otros seis días.

Sabiduría sobre el Sabbat, procedente de una jovencita de diecisiete años

Peter y Renee Hoffman fueron parte de la iglesia New Life Fellowship durante casi siete años, hasta que se mudaron a Michigan. Había dos cosas que los hacían increíblemente únicos en la ciudad de Nueva York. En primer lugar, vivían en un apartamento alquilado de tres dormitorios con sus doce hijos. (Por fortuna, no todos ellos vivieron en su casa al mismo tiempo). Y practicaban fielmente el Sabbat como familia; llevaban haciéndolo por diez años antes de comenzar a asistir a nuestra iglesia.

Lo que sigue es un resumen de un ensayo escrito por Abbey, su hija de diecisiete años, para la escuela secundaria:

Cada sábado, a las seis y media de la tarde, toda mi casa se queda a oscuras, con la excepción de una pequeña vela puesta sobre la mesa de la cocina. Esa vela lanza un cálido resplandor sobre los rostros de los que estamos sentados alrededor de ella: mis padres, seis hermanos más pequeños y, por lo general, uno o dos invitados. Cuando se les quita la tapa a las enormes fuentes llenas de comida, los aromas llenan el aire como una brisa fresca en una noche de verano... así es cómo mi familia le da la bienvenida al Sabbat, un rito semanal que hemos celebrado cerca de diez años. Comienza a las seis de la tarde del sábado y dura hasta las seis de la tarde del domingo.

Nos es tan fácil dejarnos enredar en los confusos mensajes que nos rodean, que necesitamos tiempo para pasar a un ritmo más lento como familia, y tener en mente lo que es realmente nuestra vida. El rito de guardar el Sabbat es una radical declaración de que no somos Dios, y que confiamos en que él siga manteniendo unido al mundo, aunque nos detengamos por un día cada semana. Apagamos todos los teléfonos y las computadoras, y nos privamos de ver televisión. Estas cosas las reemplazamos con actividades que nos edifiquen espiritualmente y nos mantengan más unidos como familia. En esto se incluye de todo, desde tocar una guitarra y entonar cantos de alabanza, hasta salir a caminar al parque para apreciar lo hermosas que son las hojas en el otoño, o jugar y hacer tonterías. Los domingos por la mañana nos despertamos temprano, con lluvia o con sol, y nos apiñamos en nuestra furgoneta de quince pasajeros para llegar en punto a la iglesia a las nueve. La asistencia a la iglesia nos sirve para recordar que formamos parte de un grupo mayor de creyentes que buscamos una meta común. El Sabbat es mi día favorito de la semana. Si algún día Dios decide darme una familia, voy a continuar celebrando este rito. El Sabbat trae consigo paz, amor y orden a nuestro hogar y a nuestra familia, y sus beneficios van más allá todavía.

Increíble. ¿Te diste cuenta de toda esa profundidad y sabiduría? El Sabbat de los Hoffman que describe Abbey capta las tres facetas del Sabbat que nosotros hemos abarcado hasta ahora: el Sabbat como una disciplina esencial de formación espiritual, como resistencia ante los principados y las potestades, y como juego.

El Sabbat como lugar de revelación

De Dios recibimos revelación por diversos medios, entre ellos las Escrituras, la oración, los mentores sabios, la creación y las puertas cerradas. Y la mayoría de los cristianos estarán de acuerdo en reconocer que hay algunas revelaciones de Dios que solo se producen por medio de cosas como el crisol del sufrimiento y las tormentas de la vida. Sin embargo, son pocos los que se dan cuenta de que hay un principio similar que es aplicable al Sabbat. Hay algunas cosas que Dios solo puede depositar en nuestra alma cuando nos desconectamos por completo del trabajo para poder reposar.

En el Sabbat se nos revela algo de la santidad y la bondad de Dios, no solo en la forma en que él obra, sino también en el modo en que él reposa. Esto significa que cuando no recibimos el don de Dios que es el Sabbat, nos estamos perdiendo algo de Dios; algo que no podemos conseguir de ninguna otra manera. Permíteme ilustrar esto con un sencillo ejemplo tomado de la Biblia.

Dios les ordenó a los israelitas de la antigüedad que dejaran descansar la tierra durante todo un año cada siete años, llamando a esto el descanso sabático para la tierra. ¿Para qué? Para poderla llenar él de nuevo con los nutrientes del suelo que se hubieran agotado. Trabajar la tierra año tras año sin ese descanso, había vuelto estéril el suelo. El suelo de nuestras almas no es demasiado diferente. El trabajo exige algo de nosotros; agota nuestras energías, nuestra sabiduría, nuestras reservas. Si no permitimos que el suelo de nuestras almas descanse, nos estaremos haciendo violencia a nosotros mismos. Los seres humanos fuimos creados para llevar un ritmo de equilibrio entre el trabajo y el descanso. Con el tiempo, la fatiga y el esfuerzo van haciendo cada vez más difícil que vivamos y guiemos a los demás a partir del fruto del Espíritu. Pero en el Sabbat, Dios usa el reposo, el deleite y el juego para reponer en nosotros nutrientes espirituales como el amor, el gozo, la paz, la paciencia y la bondad. Recibimos su amor y él nos repone lo que se nos ha agotado, como personas y como líderes, para que podamos dar fruto.

Una vez que hayamos parado y reposado, también descubriremos que Dios nos está hablando... y mucho. Hay cosas que nos quiere revelar, pero que nosotros nunca vamos a ser capaces de escuchar, y mucho menos prestarles atención, a menos que nos hallemos en una situación de reposo. Por ejemplo, unas metas que tal vez pensemos que son importantes, de repente nos parecen menos importantes, o incluso distracciones con respecto a lo que Dios nos esté invitando a hacer. Nos damos cuenta de que la vida es más amplia y rica que las metas y las preocupaciones de nuestro liderazgo. Cuando practicamos el confiarle a Dios nuestro trabajo (todos los problemas y las preocupaciones que lo acompañan) durante veinticuatro horas, comenzamos a entender que es más fácil confiarle el resultado de nuestro trabajo a él también en los otros días de la semana. Geri y yo nos sentimos continuamente asombrados al ver con cuánta frecuencia Dios usa el Sabbat para hacer más profundas en nosotros unas importantes verdades que creemos. He aquí dos ejemplos recientes:

- **Dios no tiene prisas.** Muchas veces, Dios se mueve más lento que la distribución del tiempo que tengo yo para lograr mis metas. ¡De hecho, descubro con frecuencia que tiene unas metas distintas a las mías! Durante los otros seis días, yo planifico estrategias, recluto ayuda y comparto con los demás la visión para extender el reino de Dios. Mi mente está llena de ideas y planes apasionantes. ¡En el Sabbat, paro de trabajar y pruebo el contentamiento en Dios en su plan deliberado y sin prisas de salvar a un mundo que creo que lo necesita desesperadamente todo de él *ahora mismo*!

- **El trabajo principal que me ha confiado Dios a mí como líder es el de confiar en Jesús (Juan 6.28–29).** Durante los otros seis días, hago lo más que puedo por usar mis dones y mis talentos en la edificación de la iglesia de Dios en el mundo. Trato de confiar en él mientras lo hago. En el Sabbat, solo confío en Jesús y recibo su amor. Recuerdo así que Jesús es cabeza de la Iglesia, y que él gobierna el mundo mejor que yo. En realidad, es él quien tiene el control de todo. Yo no tengo el control de nada.

De hecho, cuando yo duermo, Dios sigue obrando, y cuando despierto, me uno a él en lo que está haciendo (Salmos 121, 127).

Es mucha la revelación que nos espera en el Sabbat si estamos dispuestos a parar con el fin de recibirla. La mayoría de nosotros somos buenos a la hora de hablar. En cambio, no somos igualmente buenos a la hora de escuchar. Cuando practicamos el Sabbat, nos volvemos mejores para escuchar, al descubrir que Dios nos está hablando, y que hemos estado demasiado ocupados para oírlo.

Cuando leíste acerca de estas cuatro facetas del hermoso diamante que es el Sabbat, ¿sentiste el anhelo de experimentar estas cosas y desear no estártelas perdiendo? ¡No tienes por qué perdértelas! Nunca es demasiado tarde para abrazar la belleza y el gozo del reposo del Sabbat.

Crea un «contenedor» para tu Sabbat

Nos hacen falta creatividad y perseverancia, así como ir probando y equivocándonos para hacer la transición desde sencillamente disponer de un día libre hasta observar un «Sabbat para el Señor nuestro Dios». Todo el que ha tratado de tomar el Sabbat en serio se da cuenta muy pronto de que guardarlo exige que pensemos mucho y planifiquemos por adelantado. También requiere que definamos y mantengamos unos límites sobre la forma en que vamos a usar nuestro tiempo en el Sabbat.

Mi amigo Todd Deatherage es cofundador de una sociedad sin fines de lucro dedicada a fomentar la paz y la comprensión entre los pueblos en la Tierra Santa. Como parte de su trabajo, hace numerosos viajes a Tierra Santa cada año. Yo me sentí fascinado cuando Todd me describió sus experiencias sobre el Sabbat *(Shabbat)* en Jerusalén con una familia judía:

> Desde hace unos diez años, un rabino amigo me ha estado invitando a su casa una y otra vez para que experimente el *Sabbat* con su familia. El *Sabbat* siempre comienza con una hermosa cena compartida con los familiares y amigos. Se hacen oraciones y se dicen bendiciones, y les sigue una tranquila noche de conversación, a veces durante tres o cuatro horas. El cuidado y la intencionalidad que se tienen en cuanto a escoger los lugares donde se va a sentar cada cual, la preparación de las comidas especiales y la reunión de los amigos y la familia, siempre me hacen sentir que se trata más de un día francamente festivo, que de una

cena semanal. Imagínate que tuviéramos el Día de Acción de Gracias una vez por semana, y así tendrías una idea sobre cómo es *el Sabbat*.

El rabino y su familia me enseñaron cómo su obediencia a un rígido conjunto de directrices acerca de lo que pueden hacer y lo que no, en el Sabbat, les servía como una especie de contenedor que les permitía entrar al reposo del Sabbat. Para ellos, el Shabbat es muy diferente a los otros seis días de la semana. Todo aquello que distraiga, y son muchas las distracciones que existen en nuestros tiempos llenos de tecnología y saturados de información, es echado a un lado a favor de cosas como la oración, el estudio, las caminatas, las siestas, los paseos al aire libre, las comidas compartidas y las conversaciones con sentido. No habría tiempo ni espacio para este tipo de cosas sin la protección de unos firmes límites con respecto a este día.

Cuando pienso en establecer fronteras o límites para el Sabbat de la forma que describe Todd, como la creación de un contenedor para protección, esto hace que cambie mi punto de vista desde el legalismo, una larga lista de cosas que no se deben hacer, hasta la expectativa. Este es un día en el cual dejo a un lado mis labores con la expectativa de que vendrá algo mejor. No solo miro al pasado, agradecido por lo que Dios ha hecho, sino que también miro al futuro, a lo que él va a hacer.

La observancia del Sabbat puede ser rica y hermosa, pero nosotros tendremos que crear el contenedor de protección, los límites que la hacen posible. Con el fin de entrar en ella, necesitamos someternos a unas directrices concretas que distingan el Sabbat de la agitación común y corriente en los otros seis días de la semana. Por ejemplo, esto podría incluir el que apaguemos todos los medios sociales, los teléfonos y las computadoras. Para otros, tal vez sea una ausencia total de tolerancia en cuanto a todo lo que sea hablar del trabajo. Tal vez el Sabbat podría comenzar y terminar con una cena, una vela encendida y una oración. La clave está en tomar los cuatro principios del Sabbat, parar, reposar, deleitarse y contemplar a Dios, para construir nuestro contenedor de protección de acuerdo con esos principios. He aquí algunas directrices a tener en cuenta mientras piensas en crear tu propio contenedor para el Sabbat y lo comienzas a hacer.

Lee todo lo que puedas sobre el Sabbat. Hay un buen número de libros excelentes sobre el Sabbat, tanto desde el punto de vista cristiano como desde el judío. Algo excelente por lo que comenzar es el libro *Sabbath: Finding Rest, Renewal and Delight in Our Busy Lives,* de Wayne Muller, y *The Sabbath: Its*

Meaning for Modern Man, de Abraham Joshua Heschel. Léelos detenidamente y en un ambiente de oración.

Identifica un período de tiempo que abarque veinticuatro horas seguidas. La mayoría de los pastores se toman el lunes como día libre. Si este es tu caso, podrías comenzar con ese día e ir haciendo la transición hasta convertirlo en un Sabbat. No obstante, suelo recomendar que los pastores y los líderes de iglesias que trabajan los domingos traten de conservar las horas de un Sabbat judío tradicional: desde las seis de la tarde del viernes hasta las seis de la tarde del sábado. Ahora bien, si tienes la costumbre de celebrar un gran número de bodas, o tienes otros compromisos para el sábado que no son negociables, a largo plazo el lunes podría ser un día mejor para celebrar el Sabbat. La clave está en mantener continuamente un día que sea tu Sabbat, en lugar de andar saltando de un día de la semana a otro. Es esencial que tengas un día de Sabbat constante para crear un ritmo significativo y equilibrado entre trabajo y reposo dentro de tus semanas. Aunque en ocasiones cambio de lugar mi Sabbat a fin de celebrar una conferencia, o por causa de algún suceso inesperado, trato de que solo sean raras excepciones.

Haz una lista de aquellas cosas que te produzcan deleite. Aunque te parezca muy sencillo, en realidad es posible que te sea difícil hacer esa lista, en especial si hace mucho tiempo que has experimentado algo que te haya deleitado. Así que dedica un tiempo a reflexionar sobre los lugares, las actividades y las personas que te comunican energía. Piensa también en las cosas que no has hecho y que te gustaría hacer. Por ejemplo, algún deporte en particular, juegos con tus amigos, salir a comer, ir al cine, actividades al aire libre, a un salón de baile , la lectura (para disfrutarla, no como parte de tu trabajo), visitar museos u otras instituciones culturales, asistir a espectáculos, etc. La pregunta clave aquí es esta: *¿qué puedo hacer que me produzca deleite, porque me voy a sentir como si se tratara de un juego?*

Prepárate con anticipación. La preparación te va a exigir reorganizar tu manera de vivir en los otros seis días de la semana, de tal manera que puedas parar realmente y disfrutar de un Sabbat completo de veinticuatro horas. Identifica el trabajo no pagado que sueles hacer en tu día libre y busca tiempo para hacerlo durante la semana. Si no lo haces, sin duda terminarás haciendo un trabajo no pagado en tu Sabbat. En el día en que comience tu Sabbat, o en la noche anterior, inicia tu transición al Sabbat entre tres y cuatro horas antes. Usa tu tiempo de transición para atender a cualquier tarea que se te presente en el último minuto; por ejemplo, comprar víveres, pagar facturas, cortar el césped o hacer una llamada final para fijar algo relacionado con el trabajo que vas a hacer la semana próxima.

Define tu «contenedor» de protección... y después experimenta. Aquí es donde identificas las reglas y los límites de lo que vas a hacer en el Sabbat y lo que no. Aquí vas a tratar de responder preguntas como: *¿qué va a hacer que este Sabbat sea diferente a la actividad común y corriente en los otros seis días de la semana?* Y también: *¿qué necesito hacer, o no hacer, a fin de proteger mis posibilidades de descansar en este día?* Adelante, comienza haciendo una lista de las «cosas que puedo hacer» y las «cosas que no puedo hacer». Por ejemplo:

En el Sabbat...
- Voy a marcar el comienzo oficial del Sabbat encendiendo una vela y dando gracias.
- Voy a pasar de manera deliberada un tiempo escuchando a Dios en las Escrituras, en la oración y en el silencio.
- Voy a ponerme en contacto con las hermosas obras de la creación de Dios, ya sea al aire libre o por medio del arte (música, drama, artes visuales, etc.).

En el Sabbat, no...
- Voy a mirar el Twitter ni el Facebook, ni voy a leer ningún mensaje electrónico que tenga que ver con trabajo.
- Voy a hablar de tareas relacionadas con el trabajo, ni a dedicarme a hacerlas, a menos que se produzca una verdadera emergencia.
- Voy a tratar de ponerme al día en los quehaceres del hogar, ni en los encargos que no he hecho antes.

No hay una lista definitiva que se aplique a todo el mundo. El contenedor de tu Sabbat puede tener un aspecto muy diferente al de tu supervisor, tus colegas o tus amigos. Eso no solo está bien, sino que es necesario, puesto que todos nosotros nos hallamos en diferentes temporadas de la vida y tenemos unos intereses únicos que causan un impacto en nuestra capacidad para experimentar el Sabbat a plenitud.

Una vez que hayas creado tu contenedor, practica estos límites para tu Sabbat por lo menos entre cuatro y seis semanas. Puedes estar seguro de que al principio vas a tener interrupciones y desafíos, así que concédete algún tiempo, y te prometo que las cosas se van a ir haciendo más fáciles a medida que continúes. Después de varias semanas, haz algunos ajustes, añadiendo o eliminando en tus listas las «cosas que puedo hacer» y «cosas que no puedo hacer». Después de unos seis meses, deberías tener ya una idea bastante clara de la clase de Sabbat que funciona en tu caso.

Busca apoyo. Si conoces a alguien que observe continuamente el Sabbat, habla con él. ¿Qué hace? ¿Qué ha aprendido? ¿Cuáles son las trampas que te recomienda que evites? Si no conoces a nadie que practique el Sabbat, búscate un amigo o colega e invítalo para que comience a observarlo contigo, de manera que puedan aprender el uno del otro y procesar juntos sus experiencias. Si eres soltero, es especialmente importante que encuentres apoyo. Muchos solteros se sienten bien en cuanto a unirse con otros en el Sabbat para cenar, organizar reuniones sociales o asistir a ellas, participar en un club de lectura, unirse a una actividad de la iglesia, ser anfitriones en una cena, o desarrollar un pasatiempo como bailar, dar caminatas o cenar. Además, si tomarte un Sabbat tiene unas consecuencias significativas para tu trabajo, asegúrate de hablarles a todos los que podrían recibir el impacto de tu decisión: tu supervisor, tus colegas o aquellos que trabajan directamente bajo tus órdenes. El Sabbat no se debería convertir en una fuente de contiendas entre aquellos con los que trabajas, así que inclúyelos en tus procesos y tus ideas. Tanto como te sea posible, vas a querer contar con su comprensión y su apoyo.

Una vez que desarrolles tus propios ritmos y tu contenedor para el Sabbat, entonces podrás comenzar a ser líder a partir de ese Sabbat.

¿Qué significa ser líder basado en tu Sabbat?

Puesto que he estado en el liderazgo casi tres décadas, te puedo decir que sin lugar a dudas, el Sabbat es el día más importante de la semana para mi condición de líder. También es el día de la semana en el que más creo, y vivo, una verdad fundamental del evangelio. ¿Cómo? *No hago nada productivo y, sin embargo, soy profundamente amado.* Permíteme que te cuente una historia que ilustra lo que quiero decir.

Recientemente, cuando Geri tuvo que pasar una noche fuera de casa en nuestro Sabbat, me tomé la oportunidad para dedicar nuestro tiempo acostumbrado de celebración del Sabbat juntos para pasármelo de manera individual con cada una de nuestras cuatro hijas. Mi tarde del Sabbat comenzó viendo una película con María. A la mañana siguiente, viajé desde Queens hasta Manhattan para desayunar con Christy, nos fuimos a caminar una milla, y después disfruté del almuerzo y la tarde con Eva. Regresé a casa y pasé un tiempo en una agradable conversación con Faith. Recuerdo haberme dicho a mí mismo al final de ese Sabbat: «¡Soy el hombre más bendecido de todos los que estamos vivos!».

El Sabbat me ha enseñado qué es lo más importante: discípulo, el amor, el deleite, el gozo, Geri, nuestras hijas, los amigos, el resto de la familia. Como consecuencia, soy un líder muy distinto al que sería sin el Sabbat como fundamento de mi trabajo semanal. Me es más fácil desprenderme de las cosas. Estoy más atento a la voz de Dios. Y me siento (la mayor parte del tiempo) más relajado.

Así como me ha cambiado a mí de estas formas, el Sabbat ha impactado de manera positiva a los que me rodean; no solo a mi familia, sino también a aquellos de los cuales soy líder. Puesto que he aprendido lentamente la verdad de que el Sabbat tiene que ver con trabajar a partir del reposo (tanto como es reposar después de haber trabajado), me ha sido mucho más fácil darles reposo a aquellos a quienes dirijo. He aquí el principio bíblico:

> *«Observa el día sábado, y conságraselo al Señor [...]No hagas en ese día ningún trabajo, ni tampoco tu hijo, ni tu hija, ni tu esclavo, ni tu esclava [...] De ese modo podrán* **descansar** *tu esclavo y tu esclava, lo mismo que tú».*
> DEUTERONOMIO 5.12, 14, ÉNFASIS AÑADIDO

Aunque, por supuesto, los miembros del personal y los voluntarios con los que trabajamos no son siervos nuestros, se hallan bajo nuestra autoridad, y sujetos a nuestra influencia. Eso significa que cae dentro de los límites legítimos de nuestra responsabilidad el animarlos a establecer los términos que hagan posible el Sabbat para ellos.

Cuando pienses en lo que podría significar para ti el ser líder basado en tu propio Sabbat, aquí tienes algunas cosas que te convendría tener presentes:

Guía con tu ejemplo. Habla acerca de tus experiencias en el Sabbat, tanto de los éxitos como de los fracasos. La práctica del deleite del Sabbat es un acto profético y una poderosa herramienta de enseñanza. La gente necesita tener variedad de modelos. Y aunque es probable que el tuyo sea solo uno, también es posible que sea el primero y más influyente para aquellas personas a las que diriges.

Facilita recursos de apoyo que respondan preguntas y retos. En New Life hemos entrenado a los miembros de nuestra junta, al personal y a los líderes clave acerca del Sabbat. Enseñar acerca del Sabbat forma parte de nuestro proceso de membresía y de nuestro curso básico de formación espiritual. También les proporcionamos continuamente una variedad de libros, sermones, artículos y podcasts, así como otros recursos.[25]

Cuando comiences a presentar el Sabbat como un valor, la gente te va a hacer una gran cantidad de preguntas, en especial cuando empiece a practicar la guarda del Sabbat. Si comienzas por tu equipo o tu personal, busca tiempo para procesar esas preguntas en las reuniones semanales. Cuando le enseñes la guarda del Sabbat a una congregación, prepárate para los numerosos retos que la gente va a tener que superar, desde el cuidado de los niños pequeños o de unos padres ancianos, hasta las emergencias y los trabajos que requieren cambios constantes en el horario. Tú no puedes resolver todos sus problemas, pero puedes estar preparado para proporcionarles recursos y apoyo, y para responder las preguntas que se suelen hacer con mayor frecuencia.

Conversa con tu equipo para preguntarles acerca de su experiencia con el Sabbat. Parte del apoyo al valor del Sabbat consiste en demostrar interés en él. Yo tengo la costumbre de preguntarles a nuestros voluntarios y a nuestro equipo, a nuestros colaboradores y nuestros amigos, cuestiones concretas acerca del ritmo de su Sabbat y de su vida. Esto les comunica la sensación de que me intereso en ellos como personas, no solamente en lo que hacen dentro de su papel en el trabajo.

En la parte 2 veremos más de cerca la forma en que la práctica del Sabbat tiene unas consecuencias significativas para el desarrollo de una cultura sana y la creación de un equipo saludable. No obstante, antes que puedas ser líder realmente basado en tu Sabbat, y comunicarles a otros el don del Sabbat, tienes que comenzar a practicarlo tú mismo.

¿Qué vas a hacer con el Sabbat?

Sam Lam, un amigo mío que es socio gerente de Linkage, preside un programa de liderazgo exclusivo llamado «Linkage 20 Conversations @ Harvard». Su meta es ayudar a sus estudiantes, que ya son altos ejecutivos procedentes de diversas partes del mundo, para que aumenten al máximo su productividad y su rendimiento aprendiendo directamente de otros líderes dinámicos. La mayoría de ellos tienden a ser personas con aspiraciones, altamente motivadas, de tipo A, que desarrollan al máximo su potencial. Sam dice que, tanto si sus estudiantes son cristianos, como si no lo son, a casi todos ellos se les puede describir como personas que maltratan el Sabbat, porque violan continuamente sus límites. (Él mismo confiesa que es un maltratador del Sabbat en rehabilitación).

No obstante, para Sam la cuestión central para esos líderes no es: *¿cuántas horas trabajan a la semana?* La verdadera cuestión es esta: *¿qué haces con tu Sabbat?* Esto es lo que escribe:

Si no guardas el Sabbat, Dios lo va a guardar para ti. Durante numerosos años, pensaba que habían sido la idolatría y otros pecados

cometidos por el pueblo de Israel los que habían tenido por consecuencia sus setenta años de cautiverio en Babilonia. Entonces, un día
me encontré en las Escrituras un texto que cambió mi manera de
ver el Sabbat. Dice así: «Para que se cumpliese la palabra de Jehová
por la boca de Jeremías, hasta que la tierra hubo gozado de reposo;
porque todo el tiempo de su asolamiento reposó, hasta que los setenta
años fueron cumplidos» (2 Crónicas 36.21). Dicho en otras palabras, el
hecho de no haber guardado el Sabbat exigió una especie de compen-
sación. Había que pagar el precio por aquella pérdida. Yo consideré
que aquello significaba que hay un principio similar que se nos aplica
hoy a nosotros. Si no guardamos el Sabbat, estamos incurriendo en un
déficit, y Dios mismo nos va a parar, por medio de una crisis, de un
problema de salud, una emergencia, o cualquier otra cosa que capte
nuestra atención.

Aunque no estoy seguro de querer construir toda una teología del Sabbat
a partir de la exégesis de Sam, sí he presenciado repetidas veces lo ciertas que
son sus palabras. Muchas veces, Dios nos para cuando nosotros violamos repetidamente nuestras limitaciones, y descuidamos nuestra necesidad de reposo.
Si rechazas el don que es el Sabbat, tarde o temprano, de una manera u otra,
te vas a encontrar tirado en el suelo emocional, física o espiritualmente. Tal
vez te encuentres ahora mismo en esa situación. En ese lugar de vulnerabilidad, Dios va a comenzar a restaurarte, y te va a ofrecer de nuevo el don del
Sabbat. Conmigo lo ha hecho más de una vez. Eso es lo mucho que nos ama
a ti y a mí.

Para comprender tu evaluación sobre el Sabbat

Si hiciste la evaluación del Sabbat que aparece en las páginas 158, aquí tienes algunas
observaciones para ayudarte a reflexionar acerca de tus respuestas.

Si tu puntuación fue mayormente de uno y dos puntos, es probable que estés
trabajando más de lo que quiere Dios que labores, tal vez sin tener continuamente siquiera
ni un día libre. Tu cuerpo, mente y espíritu fueron creados para un ritmo de trabajo y
un Sabbat, y ese ritmo es algo que necesitas con desesperación. Te exhorto a meditar
detenidamente en las Escrituras citadas en este capítulo que se refieren al Sabbat, y
considerar en oración sus consecuencias para tu liderazgo, tu vida personal y tu equipo. Tal
vez quieras comenzar con un Sabbat de doce horas, e irlo ampliando a partir de ese punto
inicial.

Si tu puntuación fue mayormente de dos y tres puntos, es probable que hayas comenzado tu jornada con un ritmo saludable de liderazgo en el cual haya un equilibrio entre el trabajo y el Sabbat. Tienes la capacidad de desprenderte de las cosas y establecer límites alrededor de tu trabajo, comprender que tu identidad no está construida sobre ese trabajo, y disfrutar de los dones de Dios. Con este fundamento, tienes lo que necesitas para experimentar un Sabbat rico y poderoso que les dé forma a los otros seis días de la semana. Te animo a que pienses con detenimiento en la naturaleza del Sabbat, tanto desde el punto de vista teológico, como desde el práctico. También te sugiero que hables con un amigo, o uses un diario para explorar las raíces de los obstáculos o la resistencia que sientas en cuanto a la práctica del Sabbat.

Si tu puntuación fue mayormente de cuatro y cinco puntos, te encuentras en una posición maravillosa para profundizar tu experiencia y el disfrute de las riquezas que Dios te ofrece en el Sabbat. Estás listo para definirles de una manera más clara las bases teológicas y los matices prácticos que rodean el Sabbat a aquellos que trabajan contigo, y tal vez también a un grupo más amplio. Te animo a invertir el tiempo y la energía que sean necesarios para prepararte más completamente, de manera que puedas ser el iniciador de algo nuevo cuando ayudes a otros a practicar el deleite del Sabbat como disciplina básica en su formación espiritual.

Parte 2

La vida exterior

Estuve pensando en comenzar este libro con los cuatro capítulos que siguen y que se refieren a la vida externa del líder. ¿Por qué? Porque la mayoría de los que estamos en el liderazgo buscamos materiales prácticos e ideas nuevas que podamos poner en práctica de inmediato. Sin embargo, descubrí que cuando comenzamos por las prácticas externas, sin ver primero nuestra vida interior, los cambios positivos que hagamos se vuelven insostenibles.

En la parte 1, presenté la imagen de un rascacielos de Manhattan, en los cuales se han clavado en el suelo unas columnas de hormigón o de acero llamadas «pilotes», hasta hacerlas penetrar en la roca sólida. Esta imagen comunica con eficacia el punto clave de la primera mitad de este libro: para ser unos líderes emocionalmente sanos, necesitamos introducir ciertas prácticas en nuestra vida hasta lograr que alcancen una gran profundidad para edificar realmente bien. Definí estas cuestiones de la vida interior, hablándote de enfrentarte a tu sombra, de ser líder basado en tu matrimonio o en tu soltería, de ir más lento para que haya una unión llena de amor y de practicar el deleitarte en el Sabbat.

Al pasar a la parte 2 para hablar de la vida exterior del líder, quiero ir del cuadro del rascacielos a la antigua imagen de un gran árbol frutal. Esta capta con mayor claridad la inseparable conexión orgánica entre las raíces, nuestra vida interior, y las ramas que producen el fruto, nuestra vida exterior.

Un árbol con un sistema poco profundo de raíces parecerá hermoso en el exterior, pero esas raíces son incapaces de conseguir el agua y los nutrientes necesarios para que crezca hacia arriba todo el árbol. Esto se convierte en un problema importante cuando nuestros ministerios y organizaciones crecen más y con mayor rapidez que lo que puede sostener la profundidad de nuestras raíces. Las raíces profundas y extendidas afirman al árbol, permitiéndole obtener grandes cantidades de agua y de nutrientes de una parte del suelo más grande y más honda. En muchos casos, el sistema de raíces de nuestra vida espiritual es inadecuado para los retos de darle forma y liderazgo a una iglesia, una organización creciente o un equipo (parte 1).

Al mismo tiempo, parece lógico que una vida interior más profunda lleve a unas buenas prácticas en la organización. Sin embargo, es lamentable que con frecuencia no sea esto lo que suceda. Hay una desconexión cuando no le aplicamos nuestra espiritualidad con Jesús a tareas del liderazgo como las de planificar, formar equipo, fijar límites, señalar finales y comenzar nuevos principios. Con demasiada frecuencia, en lo que nos apoyamos para llevar adelante esas tareas es en unas prácticas de negocios sin modificar, injertando ramas seculares en nuestro sistema de raíces espirituales. Esto tiende a dar una clase indebida de fruto. Aunque estamos llamados a redimir lo mejor de lo que podamos aprender en el mundo de los negocios, lo debemos podar cuidadosamente, de manera

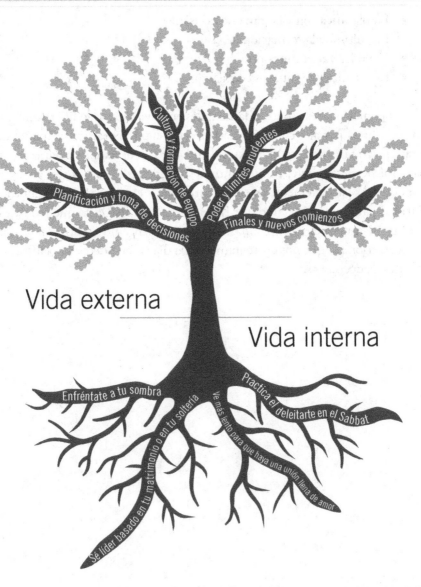

que «encaje» en la vida inherentemente espiritual de nuestros equipos y ministerios. La vida que nos llega de nuestro sistema de raíces con Jesús debe fluir hacia arriba y hacia afuera, hasta llegar a todos los aspectos de nuestras tareas externas en el liderazgo, para que podamos dar buen fruto.

En los capítulos que siguen, examinaremos las formas específicas en que los nutrientes y el agua de las raíces del árbol les dan vida y forma a los aspectos críticos del liderazgo (las ramas). He decidido centrarme en cuatro tareas críticas dentro de la vida externa de un líder:

- La planificación y la toma de decisiones
- La cultura y la formación de equipo
- El poder y los límites prudentes
- Los finales y los nuevos comienzos

Estas cuatro tareas son fundamentales en la vida de todo líder y, sin embargo, se las pasa por alto con demasiada frecuencia. Integrar mi vida interior con estas cuatro tareas de mi vida exterior fue algo vigorizador y vivificante, tanto para mí personalmente, como para nuestra iglesia. Dios nos dio gozo; gracia para esperar pacientemente que se desarrollara su voluntad, y que hubiera una claridad para seguir adelante que fuera liberadora. Eso es lo que pido y espero para ti mientras lees estas páginas. Así que comencemos ahora con la primera tarea exterior a la que nos enfrentamos cada día como líderes: la planificación y la toma de decisiones.

Capítulo 6

La planificación y la toma de decisiones

D os años después de fundar New Life en 1987, Geri y yo íbamos en un avión para participar en una conferencia cristiana. Yo tenía una noticia que darle y había estado esperando el mejor momento para decírsela.

—Oh, Geri, dicho sea de paso, dentro de cinco meses vamos a comenzar un culto en español por la tarde. Ya todo está en movimiento. ¡Va a ser algo fantástico!

Silencio.

Rebusqué en mi mente, recordando nuestro historial en ese punto, para sentirme más tranquilo con esa decisión.

Todo lo que habíamos hecho hasta ahí —asistir al seminario, estudiar en Costa Rica, trabajar en una iglesia de habla hispana durante un año y después fundar New Life en una comunidad con una gran cantidad de hispanoparlantes—, nos había ido llevando a esa situación. Y ahora, Dios había orientado a un matrimonio recién llegado de Colombia para que se uniera a nuestro equipo de líderes.

Desde mi punto de vista, no había duda alguna de que comenzar un culto en español era lo que Dios quería. Podríamos alcanzar gente para Cristo y ampliar nuestro impacto en la comunidad. *¿Cómo iba a ser posible que no fuera esa la voluntad de Dios?* Tener una segunda congregación también nos abría una puerta para que más gente de nuestro grupo central usara sus dones en el ministerio. *¡Teníamos todas las de ganar! ¡Por supuesto que era lo que debíamos hacer!*

—¿De qué estás hablando? —dijo finalmente Geri con un claro tono de enojo en la voz—. ¿No has acabado de asentar la iglesia en inglés y ya estás listo para extenderte a otro idioma? ¡Si ni siquiera tenemos todavía una base sólida de líderes! Y a fin de cuentas, ¿quién va a predicar en ese culto? ¿Tú?

Yo ya estaba preparado.

—No —le dije con toda tranquilidad—. Hay un matrimonio que ha estado pastoreando en Colombia. Llegan la semana próxima. Y vienen con excelentes recomendaciones. Yo no voy a tener que hacer mucho más que predicar tal vez una o dos veces al mes.

—Tienes que estar bromeando —masculló Geri mientras volvía la cabeza hacia la ventanilla para ver las nubes.

En el fondo, yo estaba pensando: *Probablemente ella tenga razón, pero si no lanzamos esto pronto, voy a perder el español que me costó tanto trabajo aprender, y toda esa inversión de tiempo, energía y dinero habrá sido en balde.*

El espacio del descansabrazos que había entre nosotros se hizo más ancho al caer en un silencioso abismo.

Mientras Geri seguía mirando las nubes que pasaban por debajo del avión, le pedí a Dios que le diera fe y visión. Entonces rompí el silencio.

—No te preocupes, Geri —le dije, tratando de parecer tranquilo y seguro—. Ya lo hablé con nuestra junta consultiva y todos están entusiasmados con el proyecto.

Geri suspiró.

—Pete, no estás listo. No lo has pensado con detenimiento, pero yo sé que lo vas a hacer de todas formas, y que nada que yo te diga te va a detener.

Ella tenía razón.

El ministerio con nuestra comunidad de habla hispana creció con rapidez en el primer año. Pero el matrimonio colombiano no funcionó, por lo que los reemplazamos enseguida con otro pastor. Tres años más tarde, ese pastor se llevó doscientas personas de la congregación y comenzó otra iglesia. Esta se dividiría tres veces más antes de terminar cerrando sus puertas diez años más tarde.

La congregación de habla hispana que quedó en New Life después de la división, terminó estabilizándose y se convirtió en una floreciente congregación por derecho propio, a la par de la congregación de habla inglesa. Pero todo ese caótico y doloroso episodio se llevaría nueve largos años y una gran cantidad de malentendidos y sufrimientos innecesarios para resolverse.

Cuando Geri y yo tuvimos aquella conversación en el avión, yo estaba aún a años de distancia del momento en que llegaría a comprender las cuatro raíces cruciales que describo en los capítulos 2 a 5, y que son las que afirman la vida interior de un líder con Dios. Sin esa ancla, mi liderazgo era débil y fragmentario, en especial cuando se trataba de planificar y de tomar decisiones. Nuestra estructura en el liderazgo, todo por encima de la superficie, estaba comenzando a revelar lo superficial que era mi sistema de raíces. Y las consecuencias se hacían evidentes en New Life. Había relaciones tensas, voluntarios exhaustos y conflictos continuos. La gente se comenzó a ir, los ministerios pasaban por dificultades y yo sentía una presión constante en aumento para que lo cubriera todo con las apariencias de una excelencia en el ministerio, lo cual solo empeoraba las cosas y las hacía más difíciles de manejar.

Sabía que teníamos problemas pero, durante años, creí que bastaba con que pudiera identificar el proceso correcto de planificación y de toma de decisiones, para entonces tomar buenas decisiones. Tal como salieron las cosas, aquello era ingenuo y desacertado. No fue sino hasta que desarrollamos nuestro sistema de raíces (es decir, nuestra vida interior descrita en los capítulos 2 a 5), que comenzamos a hacer progresos en la superación de nuestra planificación y nuestra toma de decisiones tan pobres hasta ese momento. Nuestra vida con Jesús comenzó a fluir hacia arriba y hacia fuera de unas maneras nuevas y poderosas. La drástica diferencia entre nuestras viejas normas y nuestra planificación nueva, emocionalmente sana, además de nuestra toma de decisiones, se hizo de repente tan clara como el cristal.

¿Hasta qué punto es sana la forma en que practicas la planificación y la toma de decisiones?

Usa la lista de afirmaciones que sigue para hacer una breve evaluación de tu planificación y tu toma de decisiones. Junto a cada afirmación, escribe el número que mejor describa tu respuesta. Usa la siguiente escala:

5 = Siempre es cierto

4 = Muchas veces cierto

3 = Ocasionalmente cierto

2 = Raras veces es cierto

1 = Nunca es cierto

_____ 1. Mi proceso de planificación y de toma de decisiones manifiesta constantemente mi fe en que discernir y cumplir la voluntad de Dios son cosas que se hallan entre mis tareas más importantes como líder.

_____ 2. Estoy consciente de la forma en que mi sombra me podría tentar a decir que sí a más oportunidades de las que Dios quiere, o a decirles que no a unas puertas que Dios me ha abierto (p.ej., movido por el miedo al fracaso).

_____ 3. Mi proceso de planificación y toma de decisiones es reflejo de mi creencia en que la preparación interna (pasar el tiempo suficiente con Dios) es más importante aun que mi preparación externa (reunir los datos relevantes).

_____ 4. Tengo por costumbre dedicar el tiempo suficiente a la oración y la reflexión antes del proceso de planificación y de toma de decisiones con mi equipo, y durante el proceso mismo.

_____ 5. Estoy dispuesto a sufrir a corto plazo por tomar una decisión impopular, con el fin de asegurar el bien a largo plazo para nuestro ministerio, organización o equipo.

_____ 6. Tengo el cuidado de no dedicarme a conversaciones importantes sobre la planificación, ni a tomar decisiones significativas cuando estoy emocionalmente alterado (molesto, frustrado, enojado, etc.).

_____ 7. Tengo la costumbre de pensar en las formas en que los planes y las decisiones podrían causar un impacto en mi matrimonio o en mi soltería, en mi unión de amor con Cristo y en mi ritmo del Sabbat.

_____ 8. Tengo la costumbre de pensar en las formas en que mis planes y mis decisiones van a causar un impacto en el matrimonio o mi soltería, la unión de amor con Cristo y el ritmo del Sabbat en aquellos que trabajan conmigo

_____ 9. Me resisto ante la tentación de tomar decisiones importantes con rapidez. Tengo el cuidado de pensar detenidamente, con prudencia y en oración, en las consecuencias a largo plazo.

_____ 10. Estoy profundamente consciente de mi tendencia humana a engañarme a mí mismo, para confundir fácilmente mi voluntad con la de Dios.

Dedica un momento a revisar brevemente tus respuestas. ¿Qué te parece que resalte más? Al final del capítulo (página 221) hay algunas observaciones generales que te ayudarán a comprender mejor el nivel presente de salud que tienes en tu planificación y tu toma de decisiones.

Características de la planificación y la toma de decisiones corrientes

Me encanta idear estrategias, darles forma a las visiones y soñar soluciones creativas para los problemas. No obstante, en el proceso de hacer eso, muchas veces he dado por supuestas cosas erróneas. Mira si te puedes identificar con algunas de ellas.

Suponía que...

- Si comenzábamos y terminábamos nuestras reuniones en oración, Dios guiaría todas nuestras decisiones.

- La voluntad de Dios siempre era que nuestra iglesia se hallara en una temporada de dar fruto (y raras veces, o tal vez ninguna, en tiempo de poda).
- Si una iniciativa era estratégica e impactante, eso quería decir que era voluntad de Dios.
- Siempre era voluntad de Dios que superáramos las limitaciones con las que nos tropezábamos.
- Cada miembro de nuestro equipo tenía la costumbre de prestar atención a lo que estaba sucediendo en su interior, además de usar las Escrituras y los consejos sabios para discernir la voluntad de Dios en la planificación y la toma de decisiones.
- Cada miembro de nuestro equipo llegaba a las reuniones sin distracciones en la mente, después de haberse anclado previamente en una amorosa unión con Dios y en la oración.
- El crecimiento numérico y el aumento en los niveles de participación en el servicio prestado a través de los programas del ministerio eran evidencia de un crecimiento auténtico en Cristo.
- Dios pasaría por alto cuantas motivaciones mezcladas pudiéramos tener, siempre que nuestros planes y nuestras decisiones fueran dirigidos en general en la dirección correcta.

Lamentablemente, todas esas suposiciones eran erradas. Peor aún: estas y otras suposiciones defectuosas permanecían en la práctica normal de muchos líderes cristianos y de los equipos que dirigían, en cuanto a la planificación y la toma de decisiones. Cuando recurrimos de manera casi automática a suposiciones como esas, estamos sucumbiendo ante una o más de tres tentaciones que son comunes: definimos el éxito de una forma demasiado estrecha, hacemos planes y actuamos sin contar con Dios, por lo que nos vamos más allá de los límites señalados por él.

Definimos el éxito de una forma demasiado estrecha

En las iglesias tenemos la tendencia a definir el éxito a partir de cosas como la asistencia, las finanzas (las ofrendas, el hecho de cumplir o superar el presupuesto, etc.), la cantidad de personas que aceptan a Cristo, los bautismos, el número de los que participan en los grupos pequeños o en otros programas de los ministerios, etc. Si trabajamos para una organización sin fines de lucro, o en el ambiente de los negocios, es posible que midamos los aumentos de valor en las acciones del mercado, la expansión de los programas o el número de personas a las que servimos. Cuando los números suben, tenemos éxito; cuando los números bajan, no lo tenemos.

Los números pueden ser válidos como medida de lo fructíferos que somos para Dios, pero su uso para definir el éxito no deja de tener sus peligros. Esto lo sé por experiencia.

En los primeros días después que comenzamos New Life, se nos ofreció una subvención de cinco mil dólares si estábamos dispuestos a participar en una estrategia de acercamiento a la comunidad. Esta incluía ponerles a mano la dirección a diez mil sobres, en los cuales insertábamos un volante producido profesionalmente para invitar a la gente a nuestro culto del día de Pascua. Esa estrategia había funcionado de manera brillante para un buen número de iglesias, por lo que se nos dijo que también ayudaría a New Life a crecer. Presenté la visión y nuestro pequeño grupo central trabajó febrilmente, escribiendo nombres y direcciones en todos los sobres durante un período de dos semanas. Llegó el domingo de Pascua. Llegaron cincuenta personas más, además de las veinticinco que ya asistían. La mayoría eran invitados de fuera de la ciudad, y amigos de los miembros de nuestro grupo central. Dos personas de la comunidad nos visitaron. Ninguna de las dos regresó. El pequeño ímpetu que habíamos logrado se quedó estancado.

¿Qué había sucedido?

Al recordar esa experiencia, atribuyo gran parte de lo sucedido a mi inmadurez y a mi falta de experiencia como líder. Diez mil cartas en inglés no podían llegar muy lejos en una comunidad donde la gente hablaba numerosos idiomas, y donde vivían setenta mil personas en una sola manzana, en altos edificios de apartamentos. Además, también es posible que se hubiera corrido la voz de que teníamos otros problemas, como el que abrían los autos para robar mientras las personas asistían a los cultos. Pero tal vez, la mayor razón por la que fracasaron nuestros esfuerzos se debió a algo más insidioso: a un concepto muy estrecho de lo que es el éxito.

Los modelos de éxito que me he ido encontrando en los libros, en los medios de comunicación y en numerosas conferencias para líderes cristianos se basan mayormente en las grandes iglesias de rápido crecimiento situadas en los contextos suburbanos de las clases altas, o en las megaiglesias de Corea del Sur, América Latina y el África. También influyó fuertemente en mí lo que leí acerca de la historia del Gran Avivamiento que hubo en Estados Unidos y los avivamientos dirigidos por personas como John Wesley (1703–1791) en Inglaterra, Charles Finney (1791–1875) en Nueva York y William J. Seymour (1870–1922) en la calle Azusa de Los Ángeles.

Aprendí mucho de todas esas fuentes, pero mis esfuerzos por aplicar lo que aprendía, se centraban primordialmente en las cosas externas; cosas como la expansión de los ministerios, la movilización de las personas para que sirvieran utilizando sus dones, y la creación de estrategias para añadir más personas a nuestra iglesia, multiplicando los grupos pequeños y tratando de que tanto la adoración como la predicación fueran excelentes, de manera que la gente siguiera asistiendo. Esas cosas externas eran importantes. El problema estaba en que la parte de nuestro tiempo y nuestra energía dedicada a pensar en las cuestiones externas superaba grandemente a la cantidad de tiempo y de energía que dedicábamos a las medidas internas de transformación, como la profundidad de las relaciones personales de los asistentes con Dios, la calidad de los matrimonios y la soltería, el nivel de madurez emocional y la integridad de nuestras relaciones como comunidad. A nivel del liderazgo, también le dábamos una importancia mínima a la transformación de nuestras vidas por debajo de la superficie como la fuente del poder desde el cual alcanzaríamos al mundo. No es que no creyéramos en ella. Yo la predicaba desde el púlpito, tanto como cualquier buen pastor. Pero en el frenesí de la actividad ministerial, sencillamente, no teníamos a nuestra disposición ni el tiempo ni la energía necesarios para hacerla posible. Estábamos demasiado preocupados con nuestra agitación y nuestros sobrecargados calendarios.

Si yo hubiera tenido una definición más amplia del éxito, esta nos habría hecho disminuir nuestro ritmo de vida lo suficiente para entrar a un proceso de discernimiento más lleno de oración acerca de aquel ofrecimiento monetario y la promesa de que se produciría un crecimiento numérico. En aquellos tiempos, yo no sabía discernir la definición que tiene Dios acerca del éxito, ni su voluntad para nosotros dentro de nuestro contexto particular, así que me limité a aceptar el modelo estándar que se basaba mayormente en las cosas externas. Y durante muchos años, no aprendí de esos errores. ¿Por qué? Porque el problema era más profundo que mi falta de experiencia: estaba encerrado y cegado a causa de una estrecha definición del éxito.

Hacemos planes y actuamos sin contar con Dios

Tal parecería que los líderes de Dios hubieran estado haciendo sus planes sin contar con él desde los comienzos de la historia escrita. Piensa un poco...

Abraham y Sara esperaron once años para que Dios les diera el hijo de la promesa. Como Dios no hizo las cosas de acuerdo con los cálculos de ellos, se impacientaron y decidieron que Abraham dormiría con Agar, la criada egipcia de la familia. Así nació Ismael, y todos sabemos que después de eso solo ha habido problemas y quebrantos (Génesis 16.1–4).

Moisés mató por impulsividad a un egipcio en un esfuerzo mal dirigido cuyo fin era conseguir justicia para su pueblo. Su imprudente decisión le costó cuarenta años en el desierto, perder su relación con su familia adoptiva y faltó poco para que le costara la vida (Éxodo 2.11–23).

Los israelitas de la antigüedad querían ser como las demás naciones, gobernadas por reyes. En lugar de tener por líder a un Dios invisible, exigieron un rey humano que los protegiera de sus enemigos. «¡De ninguna manera! Queremos un rey que nos gobierne. Así seremos como las otras naciones» (1 Samuel 8.19–20). El profeta Samuel trató de disuadirlos, pero ellos se negaron. Lo que siguió fue una serie de tensiones, conflictos e idolatrías, que terminaron por dividir el reino (1 Reyes 12).

Salomón planificó, desarrolló alianzas estratégicas, y negoció tratados con el fin de construir para Dios un reino mayor y mejor en la tierra. Sin duda, para el ciudadano promedio sus logros eran un suceso obvio, evidencia de la aprobación y la bendición de Dios. Sin embargo, Dios calificó sus esfuerzos como inútiles intentos por engrandecerse a sí mismo. Salomón estaba haciendo sus planes sin contar con Dios.[1]

La lista sigue: desde la decisión del rey Saúl de permanecer en su trono y matar a David, hasta el profeta Jonás huyendo del mandato de Dios de ir a Nínive, la decisión de Judas Iscariote de entregar a Jesús a las autoridades religiosas, o el apóstol Pedro negándose a comer con los gentiles de Galacia. Hacer planes para Dios sin escucharlo a él primero ha sido la práctica normal durante miles de años.

Malcolm Muggeridge, autor y comentarista de televisión británico, afirmó en una ocasión que si Jesús estuviera vivo entre nosotros hoy, sin duda el diablo le habría añadido una cuarta tentación a las tres que le lanzó en el desierto. Él supone que la cuarta tentación podría haber tenido un aspecto parecido a esto:

Un día, un magnate romano llamado Lucio Grado oye a Jesús predicando en Galilea y se siente muy impresionado. «Este Jesús tiene potencial para convertirse en estrella. ¡Podría ser una superestrella!».

Entonces les da órdenes a sus representantes para que «hinchen» a Jesús y después lo lleven a Roma. Les dice que se traigan con él a ese personaje llamado Juan el Bautista, y también a unos cuantos maestros anfitriones de espectáculos de la escuela filosófica de Atenas.

Lucio Grado continúa diciendo: «Yo lo voy a poner en el mapa y lanzarlo a una increíble carrera como evangelista mundial. Voy a propagar sus enseñanzas por todo el mundo civilizado y más allá. ¡Estaría loco si rechazara esa oferta! En lugar de que lo siga un montón de gente sacada de la chusma de Galilea, todo el mundo lo va a conocer».

«De hecho, no va a haber comerciales. Solo un patrocinador de relaciones públicas altamente respetado: Lucifer, Inc. No se va a decir más que esto: "Este programa llega a ustedes por cortesía de Lucifer, Inc." al principio y al final del mismo».[2]

Muggeridge escribió estas palabras en los años sesenta. ¿Suenan mucho más ciertas hoy, tan saturados como estamos de medios sociales y tecnologías digitales? ¿Y a quién de nosotros se le ocurriría rechazar su lógica o aconsejarle a Jesús que se negara a aceptar una oferta como esa? Yo habría trabajado duro para sacar a Lucifer de los créditos por el programa, pero dudo que hubiera rechazado francamente en el nombre de Jesús una oferta así, tan evidentemente enviada por Dios, en especial durante los primeros años de su ministerio. ¿Por qué? Porque mi equipo y yo definíamos el éxito como poder llegar a la gente en nombre de Cristo, y todo lo que estuviera de acuerdo con ese requisito básico, habría sido considerado de manera automática como voluntad de Dios. Y la ficticia oportunidad ideada por Muggeridge habría pasado la prueba con toda clase de honores, facilitándonos la labor de planificar sin contar con Dios.

Es bíblico y maravilloso hacer planes para la extensión del reino de Dios. No obstante, las preguntas que nos debemos hacer continuamente son estas: *¿cuál sería el lugar que ocuparía esta oportunidad o este programa dentro del gran plan de lo que Dios está haciendo en el mundo? ¿Sentimos que Dios nos está invitando a hacer ese trabajo?* Nuestra perspectiva es limitada. Sus pensamientos y sus caminos son inmensamente más altos que los nuestros, y diferentes (Isaías 55.8–9). La única manera que tenemos de conocer sus planes es escuchar detenidamente su voz.

Nos pasamos de los límites establecidos por Dios

Los líderes cristianos tenemos una inmensa cantidad de límites: límites humanos, límites personales, límites de equipo y límites que dependen del ministerio o la organización. Estamos limitados en cuanto a tiempo, energía y dones. Tenemos límites relacionados con nuestros recursos y nuestras dependencias. Nuestra responsabilidad con la familia le pone un límite a la cantidad de tiempo que les podemos dedicar a otras cosas. Como seres humanos, somos criaturas que continuamente nos tenemos que enfrentar a una gran cantidad de límites, algunos de ellos poco importantes, mientras que otros son extremos.

El teólogo Reinhold Niebuhr tenía esto en mente cuando describió la naturaleza misma del pecado como «el afán por superar nuestras limitaciones y nuestra finitud movidos por la ansiedad que nos produce nuestra existencia como criaturas».[3] Y hoy, los líderes cristianos seguimos haciendo eso... todo el tiempo. Por alguna razón, nos parece imposiblemente difícil esperar, escuchar y respetar nuestras limitaciones. Tal vez sea una de las formas más grandes y sin embargo, más sutiles, en que nos rebelamos contra Dios. Hazme caso. Yo he estado en esa situación, y lo he hecho en más de una ocasión. Permíteme contarte uno de mis ejemplos más «espectaculares».

Debido a nuestra gran proximidad a Manhattan, New Life ha atraído a muchos actores y actrices cristianos talentosos a lo largo de los años. Cuando algunos de ellos se ofrecieron a usar sus dotes a favor de la iglesia, nos pareció lo más natural del mundo que la iglesia incorporara una producción teatral como parte de nuestro próximo encuentro de Navidad con la comunidad. Dimos por seguro que si Dios nos había dado una clara oportunidad de alcanzar gente para Cristo de esa manera, entonces tenía que ser voluntad suya que los utilizáramos. Al menos, está claro que eso era lo que yo pensaba... hasta que representamos la obra *Godspell*.

Era 1993, solo seis años después de haber abierto la iglesia. A causa de todo el entusiasmo acerca de la producción, atrajimos durante cuatro noches una asistencia que era cinco o seis veces mayor que el tamaño de nuestra congregación. La actuación fue brillante. Hubo gente que aceptó a Cristo. Todo parecía indicar que *Godspell* y nuestra presentación de Navidad habían sido un inmenso éxito.

Sin embargo, no es precisamente la palabra «éxito» la que habrían usado todos los que participaron en la producción para describirlo. Otras palabras como «caos» y «confusión» se habrían usado delante de la gente educada. Recordando ahora lo sucedido, diría que fue un desastre sin alivio posible detrás del escenario. No teníamos la cantidad suficiente de líderes maduros para manejar la compleja dinámica de las relaciones involucradas en una producción tan elaborada. Los numerosos choques de personalidades y conflictos exigían una cantidad incalculable de reuniones y llamadas telefónicas para resolverlos. Los ensayos, cuya meta era lograr algo excelente (o tal vez algo más parecido a la perfección) agotaban a los actores, al equipo de trabajo y al personal de apoyo, que eran voluntarios virtualmente todos. Los cónyuges se quejaban, las familias estaban estresadas, los días de Navidad con el resto de las familias estaban cancelados.

Además, carecíamos de una infraestructura suficiente para soportar la amplitud del alcance comunitario que teníamos planificado, ¡y ostensiblemente, ese alcance era el propósito de toda la producción! Así que, aunque recogimos cuidadosamente por contacto directo toda la información sobre los visitantes que asistieron a los cuatro cultos, esa lista de nombres todo lo que hizo fue llenarse de polvo después de los días de fiesta. Nadie tenía la energía necesaria para hacerle el seguimiento a la gente.

¿Se oponía Dios a nuestro deseo de usar nuestros cultos de Navidad para presentarle a la comunidad el mensaje de su amor? No; no lo creo. Pero es difícil de imaginar en qué sentido habríamos podido estar dentro de su voluntad, cuando desafiamos de una manera tan evidente nuestras limitaciones por la forma en que hicimos las cosas.

Irnos más allá de nuestras limitaciones es uno de los retos y tentaciones más significativos a los que nos enfrentamos los líderes.[4] Hace falta madurez para no aceptar una gran oportunidad para el crecimiento y, en su lugar, dedicarse a un plan más modesto. Si somos cien personas, ¿por qué no convertirnos en doscientas? Y si somos trescientas personas, ¿por qué no convertirnos en quinientas? Nos es fácil tener fantasías con respecto a nosotros mismos, que nuestra vida real no puede sostener. Pero tratar de hacer más de lo que Dios quiere que hagamos es una fórmula, tanto para el fracaso como para el agotamiento nervioso.

Los límites tocan el centro mismo de nuestra relación con Dios. Sin darles explicación alguna, Dios estableció un límite claro para Adán y Eva: «Del árbol de la ciencia del bien y del mal no comerás; porque el día que de él comieres, ciertamente morirás» (Génesis 2.17). A ellos les tocaba confiar en la bondad de Dios, y en sus caminos, que no son fáciles de comprender. El teólogo Robert Barron describe el núcleo de la rebelión de Adán y Eva como una negación a detenerse para aceptar el ritmo de Dios.[5] En realidad no es tan diferente de mi negación a someterme a los límites que Dios ha dispuesto para mí, y para aquellos a quienes guío. Esa ha sido siempre mi mayor tentación y mi mayor lucha en el liderazgo. Y no soy el único.

Somos demasiados los que caemos en el pecado de la presunción. Este consiste en no respetar los límites de lo que es permitido o adecuado. También lleva consigo un cierto aire de arrogancia. Es un pecado al que el salmista parece ser particularmente sensible, y deseoso de evitar: «Libra, además, a tu siervo de pecar a sabiendas; no permitas que tales pecados me dominen. Así estaré libre de culpa y de multiplicar mis pecados» (Salmos 19.13). A causa de eso, veo los límites como una baranda protectora que impide que me descarríe fuera de la voluntad de Dios y me mantiene dentro de su camino, que más tarde se irá desarrollando delante de mí.

Hagamos una pausa por un instante. Mientras reflexionas sobre las tres características que acabamos de analizar, definir el éxito de una forma demasiado estrecha, hacer planes sin contar con Dios e ir más allá de los límites dispuestos por Dios, ¿cuál de ellos representa la mayor de las tentaciones para ti? ¿Por qué piensas que puede ser cierto eso? Y si esas características representan la planificación y la toma de decisión comunes y corrientes entre los líderes cristianos de hoy, entonces ¿qué aspecto tendría el que nos dedicáramos a una planificación y una toma de decisión que fueran emocionalmente sanas?

¡Qué bueno que me lo preguntaste!

Características de la planificación y la toma de decisiones emocionalmente sanas

La planificación y la toma de decisiones emocionalmente sanas comienzan con una suposición (aunque no sea una defectuosa, como las anteriores). Esta es la suposición: como seres humanos caídos que somos, tenemos la tendencia a desarrollar un corazón endurecido. En el siglo doce, el Abad Bernardo de Claraval le escribió a Eugenio III, un monje que era discípulo suyo y que había sido nombrado papa recientemente:

> Me temo que te desesperes ante la posibilidad de hallarles un fin a las numerosas exigencias que tienes encima, y te endurezcas... Sería mucho más sabio apartarte de esas exigencias, aunque fuera por un tiempo, que permitir que te distraigan y te lleven poco a poco hacia donde ciertamente, tú no quieres ir ¿Hacia dónde? Hacia un corazón endurecido. No sigas adelante para preguntarme qué es eso; si no te ha hecho sentir aterrado, es que ya lo tienes.[6]

En otras palabras, dice el Abad Bernardo, si no te preocupa el que se te endurezca el corazón, es porque ya se ha endurecido. Un corazón endurecido es un gran problema para un líder, en cualquier contexto, pero descarría por completo toda esperanza de ser capaz de escuchar con claridad y cumplir la voluntad de Dios. No nos podemos dedicar a planes y decisiones que

> **La planificación y la toma de decisiones emocionalmente sanas**
>
> 1. **Definimos el éxito como una manera radical de hacer la voluntad de Dios.**
> 2. Creamos un espacio para la preparación del corazón.
> 3. Oramos para pedir prudencia.
> 4. Buscamos a Dios en nuestras limitaciones.

honren a Dios, mientras no preparemos nuestro corazón y lo mantengamos deliberadamente blando y sensible ante su dirección.

A lo largo de los años, he terminado apoyándome en cuatro características de la planificación y la toma de decisiones emocionalmente sanas, y creo que es necesario que echen más raíces aún en el suelo de nuestros corazones. Estas cuatro características surgieron de nuestro trabajo de liderazgo en New Life, y también con iglesias y líderes de diversos lugares del mundo.

Comencemos con el fundamento del cual surgen todos los demás: la definición del éxito como una manera radical de hacer la voluntad de Dios.

Definimos el éxito como una manera radical de hacer la voluntad de Dios

Desde el momento en que me hice cristiano, creí de manera intelectual que era vitalmente importante hacer caso a la voluntad de Dios. Esa creencia se hizo más profunda cuando Geri y yo comenzamos en 1996 a caminar en busca de la espiritualidad emocionalmente sana y me di cuenta entonces de lo mucho que me había perdido de la voluntad de Dios, o que había ignorado por completo hasta aquellos momentos. Pero mi manera de enfocar la planificación y la toma de decisiones no quedó totalmente transformada hasta que tomamos nuestros cuatro meses sabáticos de contemplación entre los años 2003 y 2004. Fue entonces cuando comenzaron a echar raíces en el suelo de mi alma los cuatro puntos de la vida interior que describo en la parte 1. Como resultado, mi definición del éxito quedó tan ampliada y se hizo tan profunda, que mi enfoque sobre el discernimiento de la voluntad de Dios pasó por una reforma extrema.

¿Qué sucedió? Que hice más lento mi ritmo de vida, para poder usar mucho más tiempo para *estar* con Dios, integrando en ella momentos regulares de soledad y de silencio, observando un Sabbat semanal, orando con el Oficio Diario y creando deliberadamente mi propia regla de vida. Escuchar a Dios y someterme a su voluntad se convirtió en el nuevo enfoque central de mi vida, como persona y como líder. Me di cuenta de que New Life tenía un objetivo: convertirnos en lo que Dios nos había llamado a convertirnos, y hacer lo que Dios nos había llamado a hacer, sin que nos importara dónde nos pudiera llevar ninguna de las dos cosas. Eso sería lo único que nos daría el éxito. Significaba que todos los marcadores de antes, como el aumento en la asistencia a los cultos, los programas más grandes y mejores, o una cantidad mayor de servicio, tendrían que tomar el asiento trasero ante este principio básico. Ya no estaba dispuesto a «triunfar» a expensas de dejar de escuchar y obedecer la voluntad de Dios.

¿Has pensado alguna vez que tu ministerio, organización o equipo podría estar creciendo y, al mismo tiempo, fracasando?

Antes de responder a esa pregunta, piensa conmigo por un momento acerca de algunos de los seres humanos que han sido fieles al Señor y, por tanto, han sido los líderes de mayor éxito. Jesús dijo acerca de Juan el Bautista: «Les digo que entre los mortales no ha habido nadie más grande que Juan» (Lucas 7.28). Sin embargo, si fuéramos a hacer una gráfica de barras sobre los distintos tamaños que tuvo el ministerio de Juan a lo largo del tiempo, veríamos un punto más elevado, seguido por una caída continua y precipitada (y sin mencionar la parada definitiva que se produjo después que fue decapitado). El profeta Jeremías sirvió a Dios con pasión y obediencia, pero mayormente, lo desechó o lo ridiculizó un remanente insensible; decididamente, aquello no lo habría considerado nadie como un éxito. Para el profeta Amós, el éxito consistió en dejar atrás su hogar más espiritualmente fructífero en el reino de Judá al sur, para ir a predicar al reino de Israel al norte, cuyos pobladores nunca respondieron positivamente ante su mensaje. Jesús dejó un avivamiento en Capernaum, donde un gran número de personas estaban respondiendo bien, para comenzar de cero en otras ciudades (Marcos 1.39–40).

Es difícil ver cómo se habría considerado exitoso alguno de los nombres que mencionamos anteriormente en la mayoría de las circunstancias del liderazgo en la actualidad. Y sin embargo, la Biblia indica con claridad que Dios aprobó sus ministerios. La consecuencia de eso es que muy bien podría ser que estuvieran creciendo nuestros ministerios y, sin embargo, fracasando. ¿Por qué? Porque el estándar de Dios en cuanto al éxito no se limita al crecimiento. El éxito consiste en primer lugar y por encima de todo, en hacer lo que Dios nos ha pedido que hagamos, hacerlo a su manera, y hacerlo en su momento.

Hace años, cuando estaba comenzando a batallar por definir de nuevo lo que es el éxito, me imaginaba cómo sería comparecer ante el trono de Dios al final de mi vida en la tierra, y decirle: «Toma, Dios mío. Esto es lo que yo he hecho para ti. New Life tiene ahora diez mil personas». Entonces él me respondería: «Pete, te amo, pero no era eso lo que te encomendé que hicieras. Esa tarea era para un pastor que estaba en otra parte de la ciudad».

Considera la amplia gama y la diversidad de las responsabilidades que Dios nos confía a los líderes cristianos de hoy. Tal vez seas el jefe ejecutivo de una de las compañías de la lista de Fortune–500, un miembro del personal de una organización paraeclesiástica que trabaja con adolescentes sin hogar, un pastor que trabaja en un ambiente urbano hostil, un líder de negocios en el centro de Europa, un anciano de una iglesia en rápido crecimiento en el África, o un pastor con dos trabajos distintos en una zona rural escasamente poblada. ¿Cómo se podría encontrar una definición única del éxito en tantas circunstancias tan diversas? Y sin embargo, ese es el estándar que con demasiada frecuencia aplicamos a la práctica cuando *solo* usamos marcadores externos para definir y medir el éxito.

Lo que necesitas recordar es que son esa situación tuya, y la voluntad de Dios para ti en ella, las que van a definir lo que Dios considera como un éxito, tanto para ti personalmente, como para la iglesia, el ministerio o el equipo que diriges. El reto al que se debe enfrentar todo líder y todo equipo es el de dedicarse a la lenta y meticulosa tarea de identificar con precisión qué es eso para ti en cualquier momento de la vida.

Inicialmente, me fue difícil aceptar la definición del éxito según Dios para New Life a lo largo de los años. Me hacía funcionar con mayor lentitud, y de repente, me sentía como si no me viera tan bien como los líderes de otros ministerios mayores con los cuales me comparaba a mí mismo. Pero a medida que fue pasando el tiempo, y nos apoyamos en la sabiduría de Dios para el contexto que necesitábamos en New Life, fuimos viendo que el Señor nos había dado claramente tres marcadores del éxito. Esta es la forma en la que lo definimos:

El éxito consiste en que las personas sean transformadas muy por debajo de la superficie de su vida. En New Life, nuestra dedicación a hacer radicalmente la voluntad de Dios nos llevó a darle prioridad a la espiritualidad emocionalmente sana, como la forma clave con la que alcanzaríamos al mundo para Cristo. Esto significaba que teníamos que descubrir maneras de medir el éxito, no solo por el crecimiento numérico, sino en función de nuestra transformación espiritual. He aquí varios ejemplos de las medidas que establecimos:

- Cada uno de los líderes de New Life va a desarrollar su relación con Dios pasando entre diez y treinta minutos orando y leyendo las Escrituras por la mañana, y unos cuantos minutos más de oración y reflexión después del mediodía o por la noche.
- Nuestro personal, nuestra junta y nuestros líderes clave van a hacer más lento su ritmo de vida con la práctica del Sabbat durante veinticuatro horas seguidas por semana.
- Nuestro personal, nuestra junta y nuestros líderes clave van a orar con el examen por lo menos una vez al día, a fin de discernir y seguir la voluntad de Dios en sus vidas.[7]
- Todos los miembros de nuestro equipo pastoral y administrativo van a integrar habilidades emocionalmente sanas en su ministerio y sus relaciones.

- Cada miembro de New Life va a desarrollar una regla de vida personal que lo capacite para recibir y dar el amor de Dios. Van a compartir esto en su entrevista como miembros.
- El ochenta y cinco por ciento de nuestros miembros se van a conectar con un grupo pequeño o ministerio (esto es, una comunidad más pequeña), como parte de su formación espiritual.
- Todos los niños y adolescentes van a participar en un grupo pequeño de discipulado con un líder que se les nombre.
- El cincuenta por ciento de los matrimonios pasarán por un entrenamiento para considerar su relación como señal viviente del apasionado amor que Dios le tiene al mundo.

Algunas de estas cosas son bastante fáciles de medir, pero otras han resultado más difíciles. Sin embargo, incluso cuando la medición es suficientemente clara, es de vital importancia reconocer humildemente nuestras limitaciones a la hora de «medir» la transformación de una persona a imagen de Jesús. Piénsalo de esta manera. Así como las condiciones que se necesitan para el crecimiento varían entre las ochocientas mil especies de vegetales que hay en el mundo, también todo cristiano es único y tiene necesidad de un enfoque personal, a su medida, en cuanto a su crecimiento espiritual. Cada planta necesita una combinación diferente de recursos: luz, temperatura, fertilizante, pH, etc. Las legumbres, como la soya y el trébol, tienen en sus raíces unas bacterias y consiguen su propio nitrógeno. Necesitan un tipo particular de fertilizante que no tenga nitrógeno. Algunas plantas, como las hierbas, necesitan la luz del sol. Otras, como el acanto, necesitan estar siempre a la sombra. Llegar a dominar un conocimiento práctico de las combinaciones únicas para todas las ochocientas mil especies vegetales es labor para toda una vida. Y conocer los numerosos caminos exclusivos que usa Dios para ayudar a los suyos a crecer hasta ser personas maduras, también es un trabajo de por vida. No existe un camino que sirva para todas por igual.[8]

Geri y yo nos dedicamos recientemente a un proceso para definir lo que medía el crecimiento con nuestro equipo de líderes en el ministerio a los matrimonios. Martillamos, nuestra definición de la formación espiritual en el matrimonio, le sacamos lascas y llegamos incluso a cincelarlo hasta que todos los que estábamos allí reunidos nos sentimos conformes y de acuerdo en todas las palabras. Nos quedamos con él todo el tiempo que fue necesario, porque es una pieza muy crítica dentro de la dirección y la planificación de nuestro ministerio. Al mismo tiempo, reconocemos nuestras limitaciones en cuanto a medir la transformación de una persona en Cristo. No estamos tratando con dispositivos, sino con personas. Así que es importante que enfoquemos todas las tareas de medición con humildad y delicadeza. Todos compartimos algunos elementos comunes en nuestra formación en Cristo, como las Escrituras, la oración y la comunidad (al igual que virtualmente todas las plantas necesitan sol y agua), y en verdad, definimos nuestros propios marcadores acerca del éxito. No obstante, los puntos particulares en cuanto a la forma en que funcionan, difieren de una persona a otra. Por eso tratamos de cultivar una humilde cautela cada vez que enseñamos y aplicamos diversas medidas sobre el crecimiento espiritual y la madurez.

El éxito consiste en cruzar los puentes raciales, culturales, económicos y de sexo. Desde el principio, New Life ha sido llamada a ser una iglesia multirracial e internacional que cruza una gran cantidad de «divisiones» raciales, culturales, económicas y de sexo, como testimonio profético del poder que tiene el evangelio. Estamos dedicados a ser modelo de esto en todos los niveles y en todos los ministerios de nuestra iglesia. Es lo que les da forma a nuestra manera de contratar personal, a nuestra programación, a nuestra adoración, a nuestros grupos pequeños, a nuestros esfuerzos de acercamiento a la comunidad, a nuestras finanzas, a nuestra predicación y a nuestra definición de lo que constituye la excelencia en el ministerio.

¿Qué aspecto tendría todo esto en la práctica?

Todos y cada uno de nuestros niveles de liderazgo: ancianos, personal, líderes de ministerios, etc., reflejan nuestra diversidad. Eso significa que hay profundas diferencias culturales y raciales que nos podrían dividir. En un intento por cruzar esas divisiones, tenemos la costumbre de tomarnos el tiempo necesario para escuchar cada cual las historias de los demás, como parte de lo que es compartir la vida. Esta forma radical de hacer la voluntad de Dios nos ha llevado a conversaciones y situaciones que han sido dolorosas y han consumido mucho tiempo. Por ejemplo, no es fácil dominar todas las tensiones que se producen cuando se escucha a un miembro de la iglesia que es de ascendencia china, hablando acerca de sus experiencias y sus actitudes hacia los hispanos y los afroamericanos, y después escuchar a un miembro hispano o afroamericano hablando de sus experiencias y sus actitudes hacia los miembros chinos. Pero esto es parte de lo que significa cruzar las divisiones, así que lo hacemos. Hablamos con franqueza y de manera regular hacia los puntos de tensión de la reconciliación en New Life: en las reuniones del personal, en los sermones, en los grupos pequeños y en las reuniones de preparación. Esta definición del éxito ha afectado a la manera en que adoramos, los lugares donde vivimos, la forma en que criamos a nuestros hijos, nuestras amistades de todos los días, y la forma en que hablamos de las cuestiones políticas difíciles.

204 El líder emocionalmente sano

El éxito consiste en servir a nuestra comunidad y al mundo. Hemos sido llamados a ser una iglesia *de* pobres y marginados, no simplemente una iglesia *para* los pobres y marginados. Así, por ejemplo, le ofrecemos duchas limpias a la población indigente de nuestro vecindario. Ese compromiso significa que nuestro edificio pasa por unos desgastes notables. El hecho de estar situados cerca de un cruce de caminos muy transitado en Queens significa que se pueden necesitar entre treinta y cuarenta minutos para encontrar un lugar donde estacionar el auto los domingos. Un gran hotel situado a una cuadra de distancia de New Life fue convertido hace poco en un refugio para indigentes, en el cual hay más de doscientas familias, lo que representa casi setecientas personas. Eso añadió un enorme estrés a las escuelas y las agencias de servicios sociales de nuestro vecindario. Como resultado, ampliamos los ministerios existentes, como nuestra despensa para los pobres, e iniciamos varios ministerios nuevos, como un programa de mentoría y servicios para después de las clases. Servir a nuestra comunidad como medida del éxito también significa que tenemos una fuerte dedicación a movilizar a aquellos miembros de nuestra congregación que han sido bendecidos con más recursos, estudios o habilidades, de manera que se puedan involucrar en ministerios prácticos, como la ayuda a los indigentes, a los jóvenes en peligro o a los que carecen de seguro médico.

Antes de pasar a los tres indicadores del éxito restantes, te animo a que hagas una pausa y reflexiones por un momento. ¿Qué cambiaría en tu contexto si no definieras el éxito a partir de los números, sino hacia una forma radical de hacer la voluntad de Dios? ¿Cuáles son los marcadores del éxito a los cuales Dios te está llamando a ti y también a tu equipo? ¿Cuáles son los temores o las ansiedades de los que estás consciente, incluso cuando piensas en estas preguntas? Créeme. Yo comprendo lo desorientadoras que pueden resultar esas preguntas. Pero también sé lo gratificante y liberador que es vivir y guiar desde el centro de la definición del éxito según Dios. Si estás dispuesto a correr algunos riesgos y vivir soportando las tensiones, te aseguro que no lo lamentarás.

Creamos un espacio para la preparación del corazón

En la planificación y la toma de decisiones emocionalmente sanas, no nos limitamos a comenzar las reuniones con oración y después saltar de frente a nuestra agenda. Comenzamos creando un espacio para la preparación

---

LA PLANIFICACIÓN Y LA TOMA DE DECISIONES EMOCIONALMENTE SANAS

1. Definimos el éxito como una manera radical de hacer la voluntad de Dios.
2. **Creamos un espacio para la preparación del corazón.**
3. Oramos para pedir prudencia.
4. Buscamos a Dios en nuestras limitaciones.

del corazón. Nos alejamos deliberadamente de las distracciones y las presiones que nos rodean, de manera que podamos discernir y seguir la voluntad de Dios. Esta preparación se produce a dos niveles: la preparación personal del corazón y la preparación del corazón en equipo.

La preparación personal del corazón

Antes de entrar a la sala donde nos vamos a reunir, nuestra primera prioridad como líderes es preparar nuestro corazón con Dios. ¿Cuánto tiempo se necesita para ello? Eso depende del nivel de la decisión o de los planes que estamos preparando y de la cantidad de ruido interno que podría estar atestando tu vida interior en esos momentos. El sencillo principio que seguimos en New Life es este: mientras más peso tenga la decisión, más tiempo se necesitará para la preparación. Jesús es nuestro modelo de esta clase de preparación del corazón. Antes de escoger a los Doce, permaneció despierto toda la noche:

> **Por aquel tiempo se fue Jesús a la montaña a orar,** *y pasó toda la noche en oración a Dios.* *¹³Al llegar la mañana, llamó a sus discípulos y escogió a doce de ellos, a los que nombró apóstoles.*
>
> Lucas 6.12–13, énfasis añadido

Con el propósito de discernir las prioridades del Padre en medio de las voces que clamaban para que se quedara en Capernaum, Jesús se levantó temprano por la mañana en busca de la soledad:

> **Cuando amaneció, Jesús salió y se fue a un lugar solitario.** *La gente andaba buscándolo, y cuando llegaron adonde él estaba, procuraban detenerlo para que no se fuera.* *⁴³Pero él les dijo: «Es preciso que anuncie también a los demás pueblos las buenas nuevas del reino de Dios, porque para esto fui enviado.*
>
> Lucas 4.42–43, énfasis añadido

Jesús se relacionaba continuamente con la gente, y después se apartaba de ella y de las exigencias de su ministerio con el fin de orar a solas:

> *La fama de Jesús se extendía cada vez más, de modo que acudían a él multitudes para oírlo y para que los sanara de sus enfermedades.* **Él, por su parte, solía retirarse a lugares solitarios para orar.**
>
> Lucas 5.15–16, énfasis añadido

Tal vez la más instructiva de todas es la batalla de Jesús para someterse a la voluntad de su Padre en Getsemaní. Ese es uno de los textos de planificación y toma de decisiones más significativos en todas las Escrituras. Jesús dice tres veces lo mismo en su oración:

«Padre mío, si es posible, no me hagas beber este trago amargo. Pero no sea lo que yo quiero, sino lo que quieres tú.»

MATEO 26.39

Jesús, el líder, no obedeció sin pensarlo. Aprendió a hacerlo, por lo cual nosotros también lo debemos aprender:

En los días de su vida mortal, Jesús ofreció oraciones y súplicas con fuerte clamor y lágrimas al que podía salvarlo de la muerte, y fue escuchado por su reverente sumisión. Aunque era Hijo, mediante el sufrimiento aprendió a obedecer.

HEBREOS 5.7–8

Toda obediencia que sea auténtica, es una obediencia aprendida, por la que se ha luchado y que se ha pedido en oración. Si al Hijo de Dios, el sometimiento a la voluntad del Padre le tomó postrarse en el suelo sobre su rostro y librar una gran batalla, ¿cómo podemos nosotros esperar que nos va a ser menos costosa?

Mi meta al preparar mi corazón para la planificación y la toma de decisiones es permanecer en un estado al que Ignacio de Loyola llama *indiferencia*. Con ello no se refiere a la apatía o el desinterés. Solo quiere decir que nos debemos volver indiferentes ante todo aquello que no sea la voluntad de Dios. Ignacio enseñaba que el grado en que estemos dispuestos a cualquier resultado o respuesta por parte de Dios, es el grado en el cual estamos listos para oír realmente lo que él nos quiere decir. Si nos estamos aferrando, o apegando en demasía a un resultado, y no a otro, no vamos a escuchar con claridad a Dios. Nuestros oídos espirituales estarán ensordecidos por el estruendo de nuestros amores, temores y apegos desordenados. En un estado así, la conclusión casi segura es que vamos a confundir la voluntad de Dios con la nuestra.

Ignacio consideraba este estado de *indiferencia* como una libertad espiritual. Sostenía que si somos verdaderamente libres, no nos preocupamos por cosas como la salud o la enfermedad, la riqueza o la pobreza. Ni siquiera nos debería importar si nuestra vida es larga o corta.[9] La ponemos en las manos de Dios y le confiamos a él los resultados. Por supuesto, nadie *quiere* estar enfermo ni morir joven, pero lo que él quiere decir es que aquello que hacemos, los lugares donde vamos o las personas a quienes vemos, son determinados por Dios, que nos va guiando, y no por nuestras circunstancias externas. Lo que es más importante que todas esas cosas es que nos decidamos a amar y obedecer a Dios, movidos por el amor que él nos ofrece a nosotros y al mundo.

Llegar a esa situación de indiferencia interior y de confianza en que la voluntad de Dios es buena, cualquiera que sea su resultado, no es una tarea sencilla. Estamos apegados a toda clase de cosas secundarias, como los títulos, las posiciones, los honores, los lugares, las personas, la seguridad y las opiniones de los demás. Cuando esos apegos son excesivos, se convierten en retenciones desordenadas o incluso amores desordenados, que sacan a Dios del centro de nuestra vida y lo suplantan, convirtiéndose en el centro mismo de nuestra identidad.[10]

Lo que eso significa para mí es que oro *para pedir* indiferencia de manera que pueda hacer la oración *de* indiferencia. Oro todos los días para pedir la gracia de poder decir con sinceridad: *Padre, soy indiferente a todo resultado que no sea tu voluntad. No quiero ni más ni menos que el cumplimiento de lo que tú deseas para lo que yo hago.* Y oro a diario por ambas cosas. Si no hago esta necesaria preparación del corazón, la oración *para pedir* indiferencia y la oración *de* indiferencia, corro el riesgo de no escuchar la voz de Dios.

También preparo mi corazón con una práctica monástica benedictina llamada en latín *statio*, en especial cuando tengo varias reuniones en un mismo día. Esa práctica reconoce la importancia de la transición o de los «tiempos intermedios». La escritora Joan Chittister describe bien la *statio*: «La práctica de la *statio* tiene por propósito centrarnos y alertarnos en cuanto a lo que estamos a punto de hacer, además de hacernos presentes ante el Dios que está ante nosotros. La *statio* es el deseo de hacer de manera consciente lo que de lo contrario haría de manera mecánica. La *statio* es la virtud de la presencia».[11]

Como tantos otros líderes, cuando me paso un día de una reunión a otra sin parar, me puede suceder con facilidad que arrastre conmigo las cuestiones y los problemas de una a la siguiente. Para poder estar totalmente presente en la próxima reunión, necesito hacer el cierre de la anterior. Si no lo hago, no voy a ser capaz de escuchar la dirección de Dios por encima de mis propios ruidos internos. Así que practico la *statio*. Me tomo unos pocos minutos en soledad para estar en silencio entre las reuniones. Puesto que sé que Dios me puede hablar por medio de mi cuerpo, comienzo por prestarle atención, para ver si lo siento tenso o ansioso. Si me resulta imposible estar solo unos pocos minutos, tal vez comience la reunión con dos o tres minutos de silencio, lea un texto bíblico o un salmo, o encienda una vela para que recordemos los que estamos en la habitación que Jesús es la luz que estamos buscando. Esas cosas las hago para centrarme yo mismo en Jesús, pero también tengo la esperanza de que el equipo se beneficie cuando las hago.

La preparación del corazón del equipo

Para tomar buenas decisiones, comenzamos nuestras reuniones —ya sean semanales del equipo o de planificación que duran todo un día—, creando el espacio necesario para que los miembros del equipo centren sus corazones ante Dios.

Si yo soy el que dirijo la reunión, comienzo con dos o tres minutos de silencio, o tal vez oremos juntos con el Oficio Diario. Es posible que lea una reflexión devota que nos centre en Cristo. El propósito de esos momentos de apertura es crear un ambiente libre de luchas o de resultados de manipulaciones, para poder buscar juntos la voluntad de Dios. Guardamos silencio u oramos con el fin de estar quietos ante el Señor y esperar pacientemente por él (Salmos 37.7).

Cuando nuestro personal se va a otro lugar para tener uno de los tres retiros de planificación del año (generalmente en septiembre, enero y junio), dedicamos una parte de nuestro tiempo de retiro para permitir que los miembros del equipo tengan un encuentro personal con Dios antes que nos reunamos para hacer planes. A veces les proporcionamos un texto bíblico para que lo mediten, o les ofrecemos un tiempo de silencio guiado, con preguntas para reflexionar. Nos agrada comenzar todos los retiros de planificación importantes con una experiencia sobre «ser» antes de entrar en el componente de esas reuniones más extensas relacionado con el «hacer». Por ejemplo, hace poco comenzamos un retiro del personal leyendo acerca de los ritmos entre la soledad y el ministerio que seguía Jesús, y después hicimos un comentario sobre un poema de Judy Brown. Leímos el poema dos veces en voz alta, pidiéndoles a los presentes que subrayaran y que tomaran notas de lo que les llamaba la atención.

Fuego

Lo que hace arder un fuego
es el espacio entre los leños,
un espacio para respirar.
Demasiado de las cosas buenas,
demasiados leños
colocados muy juntos,
pueden apagar las llamas
casi con tanta seguridad
como lo haría un cubo de agua.

Así que hacer una fogata
exige tanta atención
a los espacios intermedios
como a los leños.

Cuando seamos capaces de hacer
espacios abiertos
de la misma forma
que aprendimos
a amontonar los leños,
entonces podremos ver cómo
son el combustible y su ausencia
los que hacen juntos que sea posible el fuego.

Solo necesitamos poner un leño
ligeramente de vez en cuando.
Un fuego
crece
solo porque hay un espacio,
con aberturas
por donde la llama
que sabe cómo quiere arder
pueda hallar su camino.[12]

Judy Brown

Después, dedicamos unos diez minutos para hacer un comentario. Le preguntamos al grupo: *¿Cuáles palabras o frases de este poema les llaman la atención?*

Entonces les dimos a todos unos veinticinco minutos cada cual por su cuenta, para una reflexión personal guiada usando estas preguntas:

- ¿En qué momentos del año pasado has amontonado demasiados leños en tu ministerio o en tu vida?
- ¿Cuándo no ha sido bueno el que haya habido *demasiado de las cosas buenas*?
- ¿Qué significa para ti crear suficientes espacios en esta temporada de tu vida?

- ¿Cuáles serían los fuegos de Dios que surgirían si tú dejaras más espacio entre los leños?

Entonces, el equipo se reunió para unos veinticinco minutos más en grupos de tres:

- ¿Cómo sentiste la presencia de Dios en tu tiempo personal?
- A la luz de lo que sentiste, ¿qué necesitas de Dios ahora mismo (por ejemplo, disciplina, valor, fe, fortaleza, prudencia)?
- Terminen orando unos por otros.

El hecho de darle al equipo este bloque de dos horas para conectarse con Dios nos preparó para entrar con mayor eficacia en la parte de planificación del retiro. Nos unió alrededor de una añoranza común: nuestra necesidad de ritmos; de *estar* con Jesús, como la fuente desde la cual *hacemos* las cosas para él. También creó un sentimiento de equipo cuando compartimos juntos. Todo eso nos capacitó para tomar mejores decisiones. Por ejemplo, en ese retiro se hizo obvio que el calendario de la iglesia para la temporada siguiente estaba demasiado apretado. Así pudimos dar marcha atrás para hacer unos cuantos ajustes menores, pero significativos. Si no hubiéramos invertido primero en el ejercicio de *estar*, muy fácilmente habríamos podido seguir hacia delante a toda prisa, sin darnos cuenta de que estábamos «amontonando demasiados leños» en nuestros propios fuegos durante aquel proceso.

Oramos para pedir prudencia

La prudencia es una de las cualidades o virtudes más importantes en el carácter de los líderes eficaces. Sin ella es imposible hacer buenos planes y tomar buenas decisiones. Se usa la palabra *prudencia* para caracterizar a las personas que tienen la previsión de tomarlo todo en cuenta. La gente prudente piensa por adelantado y analiza con cuidado las consecuencias a largo plazo que pueden tener sus decisiones. Esa es la forma en que ejercitan el buen juicio, que es uno de los grandes temas del libro de los Proverbios. He aquí unos pocos ejemplos de esto:

> *La sabiduría del* **prudente** *es discernir sus caminos.*
> PROVERBIOS 14.8A, ÉNFASIS AÑADIDO

LA PLANIFICACIÓN Y LA TOMA DE DECISIONES EMOCIONALMENTE SANAS

1. Definimos el éxito como una manera radical de hacer la voluntad de Dios.
2. Creamos un espacio para la preparación del corazón.
3. **Oramos para pedir prudencia.**
4. Buscamos a Dios en nuestras limitaciones.

El ingenuo cree todo lo que le dicen; el **prudente** *se fija por dónde va.*

Proverbios 14.15, énfasis añadido

El afán sin conocimiento no vale nada; mucho yerra quien mucho corre.

Proverbios 19.2

Los pensamientos del **diligente** *ciertamente tienden a la abundancia; mas todo el que se apresura alocadamente, de cierto va a la pobreza.*

Proverbios 21.5, RSV1960, énfasis añadido

El **prudente** *ve el peligro y lo evita; el inexperto sigue adelante y sufre las consecuencias.*

Proverbios 22.3, énfasis añadido

Prepara primero tus faenas de cultivo y ten listos tus campos para la siembra; después de eso, construye tu casa.

Proverbios 24.27

La prudencia ha sido llamada «la virtud ejecutiva», lo cual significa que nos capacita para pensar con claridad y no dejarnos arrastrar por nuestros impulsos o emociones. Recuerda experiencias del pasado, tanto nuestras como de otros, y saca de ellas las lecciones y los principios que sean aplicables a la situación. Ella está asociada a la humildad y siempre dispuesta a buscar el consejo de otros que tengan más experiencia. Es cautelosa y tiene el cuidado de proveer para el futuro. La prudencia pregunta: «Dejando a un lado los sentimientos, ¿qué es lo mejor a largo plazo?».[13] Considera cuidadosamente todos los factores, posibilidades, dificultades y resultados relevantes. Tal vez lo más importante de todo sea que se niega a apresurarse; está dispuesta a esperar en Dios todo el tiempo que sea necesario, y concederle al proceso de toma de decisiones el tiempo que necesite.[14]

La Biblia hace un contraste frecuente entre los que son prudentes y los *simples*, o *necios*. Estos personajes son ingenuos y se dejan influir con facilidad por aquellos que los rodean. No quieren pasar por el duro trabajo de pensar detenidamente las cosas y hacer preguntas difíciles. Sus decisiones suelen ser apresuradas e impulsivas, enfocadas en soluciones a corto plazo que solo sean arreglos sencillos y rápidos.

Así que me puedes llamar simple y necio, porque todas esas cosas caracterizaban mis decisiones en mis primeros años de ministerio. De hecho, solía decir en broma que tenía un doctorado en filosofía con especialidad en errores.

¿Cuántas veces nombré voluntarios y miembros del personal con una rapidez excesiva, sin hacer preguntas difíciles de ningún tipo? ¿Con cuánta frecuencia añadí un ministerio nuevo sin pensar en detalle sobre el apoyo que ese ministerio necesitaría? ¿Cuántas veces dije que sí a un compromiso sin mirar siquiera mi agenda? Con frecuencia decía que sí a los movimientos de expansión para nuestra iglesia, sin tener en consideración el impacto que podían causar en las familias de los miembros de nuestro equipo, en los ritmos y en los Sabbats. Muchas veces parecía como que estábamos limpiando algo que había salido mal y, al mismo tiempo, lanzando algo nuevo que crearía otro conjunto adicional de problemas. Pedirle prudencia a Dios no era algo que estuviera siquiera en mi lista de oración. Pero hace mucho tiempo, aprendí mi lección, y pedirle prudencia se ha convertido en una oración constante cuando trato de hacer su voluntad.

Orar para pedir prudencia y tratar de practicarla lo mejor que podamos nos ha sido muy útil en nuestro proceso continuo de discernimiento. Sigue haciendo una contribución incalculable a nuestro gozo como líderes, en especial cuando se une a una dedicación radical a hacer la voluntad de Dios. La siguiente historia es un ejemplo reciente de esto.

Estábamos en el año final de una significativa transición de líderes de cuatro años y medio. Le había estado dando mentoría a Rich y pastoreando en conjunto con él durante catorce meses, de manera que yo pudiera dejar el puesto de pastor principal de New Life y Rich pudiera empezar a desempeñar el papel con fortaleza. (Hablaremos más acerca de este proceso de sucesión en el capítulo 9). A él le iba bien y estaba empezando a hacer oír su propia voz. La transición se estaba produciendo sin incidentes. Una de sus primeras iniciativas propias fue reavivar nuestra visión de largo tiempo en cuanto a convertirnos en una congregación multisitios. Durante las semanas siguientes, dedicábamos a ello cada vez más tiempo en las conversaciones que teníamos entre los dos. Por años, gente de toda la nación nos había estado animando a convertirnos en una iglesia multisitios, por lo que dos ministros de otras ciudades estaban interesados en la posibilidad de trabajar como pastores de multisitios. Mi pensamiento inicial fue que se trataba de una idea fantástica.

Cuando se les presentó la idea al equipo de líderes y al personal, creó una sensación palpable de entusiasmo y de ímpetu. New Life estaba creciendo con rapidez, el personal se sentía entusiasmado ante las posibilidades de tener un crecimiento y un impacto más grandes aún. Sin embargo, un día, Redd, uno de los miembros de nuestro equipo ejecutivo, le habló al resto del equipo de liderazgo para hacer una recomendación.

«Esta decisión es demasiado grande», dijo. «En realidad, necesitamos discernir esto de manera deliberada. Yo creo que necesitamos tomar dos o tres horas para un proceso de discernimiento colectivo». Todos estuvimos de acuerdo y fijamos una fecha para hacerlo un par de semanas más tarde.

Nos habíamos preparado en parte leyendo un libro acerca del discernimiento en común, llamado *Pursuing God's Will Together: A Discernment Practice for Leadership Groups* [Buscar juntos la voluntad de Dios: una práctica de discernimiento para grupos de liderazgo], por Ruth Haley Barton.[15] Redd simplificó unos cuantos de los principios para aplicarlos a nuestro contexto, y comenzamos. En primer lugar, oramos para pedir indiferencia: que cada uno de nosotros estuviera dispuesto a soltarse del apego que pudiera tener a cualquier resultado en particular. Entonces pasamos lista para evaluar hasta qué punto estaba dispuesto cada uno de nosotros a lo que Dios pudiera decir. Redd preguntó: «¿Cuántos de los presentes en esta habitación estamos indiferentes ahora en referencia a los resultados?». Comenzamos con una sencilla pregunta para responder sí o no, pero en otras reuniones de discernimiento posteriores hemos usado una puntuación de uno a diez, en la cual el uno significa que estamos afianzados en un resultado en particular, y comprometidos con él, y el diez significa que estamos totalmente dispuestos a seguir adelante en lo que Dios pudiera querer.

Al final de nuestro proceso, que duró tres horas, a todos nos quedó claro que seis meses eran muy poco tiempo para abrir otros sitios, y que había una serie de cosas que necesitábamos atender antes de abrirlos. Tal vez lo más significativo era que necesitábamos completar el proceso de sucesión. Y había dos puestos clave que necesitábamos ocupar. También necesitábamos fortalecer nuestra estrategia de desarrollo de los líderes en todos los niveles.

La prudencia de un proceso de toma de decisión realizado con mayor lentitud también le dio tiempo a Rich para llegar a estar consciente del papel que su sombra podría estar desempeñando en esta decisión. Aunque él no estaba totalmente consciente de un punto en aquellos momentos, después de nuestro proceso de discernimiento y de la reflexión adicional, lo pudo describir con claridad:

> Me fue difícil admitirlo al principio, pero se me fue haciendo cada vez más claro a medida que se iba desarrollando nuestra reunión de discernimiento. Una gran parte de mi persona quería demostrarme a mí mismo, y a los que me rodeaban, que yo podía llevar a New Life al siguiente nivel. No podía menos que darme cuenta de que muchos otros pastores de mi edad están fundando con gran energía recintos multisitios y nuevas congregaciones, y tienen un gran éxito en cuanto al

aumento de sus números. Con las limitaciones de nuestras dependencias en ese momento, llegué a la conclusión de que no nos estábamos manteniendo a la misma altura que ellos. Sí, sé que es desagradable, pero es cierto. Estoy muy agradecido de que Redd organizara este proceso. No estoy seguro de dónde habría estado ahora sin él.

Las Escrituras nos enseñan que «el buen juicio hace al hombre paciente» (Proverbios 19.11). La gente prudente es paciente. Rich manifestó tener buen conocimiento de sí mismo y prudencia, al ser capaz de resistirse a las presiones externas e internas que habrían hecho que abriera todos esos lugares con demasiada rapidez. Eso no solo les ahorró a él y a su familia una gran cantidad de angustia, sino también a la iglesia.

Aprendemos prudencia de los errores de otras personas.[16] La aprendemos de nuestros propios errores.[17] La aprendemos de los consejos sabios que recibimos.[18] Sin embargo, la forma más importante en que crecemos en esta indispensable virtud, consiste en pedirle este don continuamente a Dios.

Aún queda una última característica de la planificación y la toma de decisiones emocionalmente sanas, de la cual necesitamos hablar: encontrar a Dios *dentro* de nuestras propias limitaciones.

Buscamos a Dios dentro de nuestras propias limitaciones

Tal vez nuestras limitaciones muy bien podrían ser el último lugar donde buscaríamos a Dios. Queremos superar las limitaciones, planificar alrededor de ellas, negar que existen, batallar con ellas y abrirnos paso a través de ellas. En la práctica estándar del liderazgo, hasta es posible que consideremos una señal de valentía o de estar dando un paso de fe el que nos rebelemos contra nuestras limitaciones. Pero cuando no buscamos a Dios *dentro* de ellas, muchas veces le pasamos por al lado.

En una conferencia sobre el Liderazgo Emocionalmente Sano que dimos para pastores y líderes hace algunos años, no fijamos un límite para el número de asistentes. Nuestro equipo administrativo había recomendado que cerráramos la inscripción al llegar a trescientas veinticinco personas. Yo dije que no, pensando en todos los beneficios que traería consigo un lleno total: el impacto adicional, el aumento de los ingresos, la emoción de una sala repleta. Al final,

> **La planificación y la toma de decisiones emocionalmente sanas**
> 1. Definimos el éxito como una manera radical de hacer la voluntad de Dios.
> 2. Creamos un espacio para la preparación del corazón.
> 3. Oramos para pedir prudencia.
> 4. **Buscamos a Dios en nuestras limitaciones.**

sí cerramos las inscripciones, pero no lo hicimos hasta tener ya muchos más asistentes de los que podían absorber nuestro personal, los voluntarios, los sistemas y el edificio mismo. Como consecuencia, todos trabajamos de manera excesiva durante días y noches largos en las semanas previas a la conferencia. Yo aumenté mi consumo de cafeína de dos a seis tazas de café al día. Y en la conferencia misma, el personal y los maestros gastaron mucho más del tiempo y la energía que Dios nos había dado para que los usáramos. Cuando por fin terminó la conferencia, nuestro equipo estaba más que exhausto. La adrenalina me fue impulsando toda la conferencia, pero una vez terminada, me encontré tirado en una cama diez días. No tenía gripe ni catarro, pero no podía funcionar, y ni siquiera moverme, sin sentir dolor. Finalmente, me fui a mi médico y le pregunté qué era lo que andaba mal. Él diagnosticó de inmediato el problema: «Pete, estás exhausto. Tu cuerpo necesita un descanso. Vete a tu casa a dormir».

¿Qué había sucedido? Que había violado las limitaciones que me había dado Dios, ignorando las numerosas señales que mi cuerpo me había estado dando todo el tiempo para que me diera cuenta de que estaba descentrado con respecto a Dios. Me había rebelado *contra* Dios en el mismo medio de mi trabajo *para* él. ¡Y hasta había escrito un libro acerca de cómo no hacer eso mismo que terminé haciendo![19]

¿Por qué rompí con todas nuestras limitaciones? Porque vi una gran oportunidad para ampliar nuestro impacto. ¿Qué fue lo que no vi? Que Dios podía estar presente en lo pequeño y reducido, y causar también un impacto allí.

New Life, como todas las iglesias, se tiene que atener a sus límites. Nuestro edificio, nuestro vecindario de gente escasa de recursos, y nuestra gente humilde, son solo unos pocos de ellos. Pero si busco a Dios en medio de esas limitaciones, en lugar de tratar de darles vuelta y seguir adelante, comienzo a ver algo diferente. Nuestras limitaciones mismas se convierten en los medios más grandes para llevar a otros a Jesús. ¿Recuerdas las palabras del apóstol Pablo? El poder de Dios se perfecciona en nuestras *debilidades*, no en nuestras fortalezas (2 Corintios 12.9).

Dios se nos revela a nosotros y al mundo por medio de las limitaciones de unas maneras únicas y poderosas; solo basta que tengamos ojos para verlo. Reflexiona en estos ejemplos tomados de las Escrituras:

- Moisés estaba limitado por el hecho de que era torpe para hablar. Cuando le expresó a Dios su preocupación, este le dijo: «¿Y quién le puso la boca al hombre? [...] ¿Acaso no soy yo, el Señor, quien lo hace sordo o mudo, quien le da la vista o se la quita? 12 Anda, ponte en marcha, que yo te ayudaré a hablar y te diré lo que debas decir» (Éxodo 4.10–12). Dios indica claramente que él se halla presente en las limitaciones de Moisés y a través de ellas. Y Moisés guía a tres millones de personas los cuarenta años siguientes en el poder de Dios.

- Jeremías estaba limitado por una tendencia a la melancolía. Maldijo el día en que había nacido y se quería morir. Sin embargo, Dios estaba presente en las limitaciones de su temperamento y a través de ellas, dándole unas vislumbres sobre su corazón que todavía conmueven a millones de los que formamos su pueblo hasta el día de hoy.

- Juan el Bautista estaba limitado por la vida sencilla, semimonástica, que había llevado en el desierto. Pero Dios estaba presente en esa limitación, y le otorgó la capacidad de ver algo que ningún otro pudo ver con claridad en su tiempo: la extraordinaria revelación de Jesús como el Cordero de Dios.

- Abraham estaba limitado porque solo tenía un hijo con Sara. Sufría bajo esa limitación y, sin embargo, se encontró con Dios de unas maneras extraordinarias en medio de su caminar en fe. Se convirtió en el padre de todos nosotros (Romanos 4.17), y su historia nos presenta revelaciones sobre quién es Dios. Todo ello surgió de sus limitaciones.

- Gedeón estaba limitado por el tamaño de su ejército: solo trescientos israelitas, para atacar a ciento treinta y cinco mil madianitas. Pero Dios estaba con él en esa limitación y su ejército ganó una batalla que no habría podido ganar con sus propios recursos. Así, su historia ha dado testimonio por miles de años sobre el poder de Dios y la importancia de una obediencia humilde.

- Los doce discípulos se vieron limitados a la hora de alimentar a cinco mil hombres (entre quince mil y veinte mil personas en general), con solo cinco panes de cebada y dos peces. Jesús alimentó a las multitudes con ellos, y se reveló a sí mismo como el Pan de Vida.

Y si necesitas un ejemplo más contemporáneo, piensa en Craig Groeschel, fundador y pastor principal de LifeChurch.tv, una iglesia multisitios con veintitrés locales en siete estados. Él afirma que ellos nunca habrían lanzado Life-Church.tv si no se hubieran apoyado en sus límites, que en aquellos momentos eran la falta de finanzas, que les impedía construir unas dependencias más grandes.

Con frecuencia, los límites solo son dones de Dios que nos llegan disfrazados. Eso hace de ellos una de las verdades más contraintuitivas y difíciles de aceptar en las Escrituras. Se oponen francamente a nuestra tendencia natural a querer jugar a Dios y gobernar el mundo. Pero sigue siendo una firme verdad; una que he experimentado de manera constante, al menos de dos formas, en mi propio liderazgo.

Mis limitaciones de tiempo son un don. Gracias a Geri, hemos estado dirigiendo a un intenso grupo pequeño en el sótano de nuestro hogar casi todos los años, los veintiséis años en que fui el pastor principal. Pero no estaba convencido al ciento por ciento. Muchas veces pensaba: *¿Cuántos pastores principales estarán pasando esta cantidad de tiempo con un grupo de quince personas todo un año, unas cuantas de las cuales ni siquiera parecen estar tan interesadas?* Con tantas cosas aparentemente «mayores» en mi lista de cosas por hacer, me habría sido fácil excusarme de dirigir el grupo y participar en él. Limitaba el tiempo y la energía que yo tenía que invertir en unos esfuerzos de mayor impacto para hacer crecer a nuestra iglesia. O al menos, eso creía yo. Sin embargo, Dios ha usado continuamente a Geri para mantenerme con los pies en la tierra en las cosas pequeñas y las importantes a lo largo de todo nuestro ministerio. De esa inversión callada pero continua a lo largo de los años ha salido una corriente continua de líderes que han servido a la iglesia y ampliado su alcance mucho más allá de lo que yo me habría podido imaginar. Y virtualmente todos los recursos y libros publicados para grupos pequeños que hemos escrito, recibieron su forma y fueron moldeados al crisol de nuestro sótano esos años.

Las limitaciones causadas por nuestra ubicación son un don. Muchas veces he refunfuñado y me he quejado al comparar nuestra ubicación con las de otras iglesias. Por ejemplo, es difícil contratar personal de fuera de nuestra iglesia, porque no son muchos los que se quieren mudar a Queens, Nueva York. En mis primeros tiempos, me sentía verdaderamente celoso de otros líderes e iglesias cuyas congregaciones estaban repletas de ejecutivos y personas con experiencia en administración y negocios, y recursos. Sin embargo, de las limitaciones de Queens, Dios ha levantado un talentoso equipo de personal que sirve a una asombrosa cantidad de personas diversas entre sí, que han inmigrado desde el mundo entero, para vivir en nuestro pequeño rincón de la ciudad de Nueva York. Son tantas las personas de New Life que tienen una fe profunda, y hambre y sed por el reino de Dios, y unos talentos únicos para servir, que no me es posible imaginarme un lugar más bendecido en el que pudiéramos estar. ¡Y tal vez, lo más asombroso de todo es que hay muchos líderes cristianos de diversos lugares del mundo que viajan a Queens para *conocerlos*!

Nosotros solo vemos una pequeña parte del plan de Dios en cualquier punto del tiempo. Sus caminos no son nuestros caminos. Pero lo que él hace en nuestras limitaciones y por medio de ellas, es más de lo que nosotros podríamos realizar jamás con nuestras propias fuerżas.

Hemos abarcado mucho terreno con respecto a la planificación y la toma de decisiones emocionalmente sanas. Dedica unos cuantos minutos a reflexionar sobre las cuatro características: definir el éxito como una manera radical de hacer la voluntad de Dios, crear un espacio para la preparación del corazón, orar para pedir prudencia y buscar a Dios *en* nuestras limitaciones. Cuando consideras los retos a los que te enfrentas en tu propio liderazgo, ¿cuáles son los que te hablan más? ¿Cuáles son los temores y las preocupaciones que tienes cuando te imaginas la puesta en práctica de esto en tu liderazgo? ¿Cuál es el precio a corto plazo que tienes que pagar por parar, cambiar de rumbo y hacer algo diferente? ¿Cuáles podrían ser las consecuencias a largo plazo si no lo haces? Si estás dispuesto a arriesgarte, y a vivir con cierta desorientación temporal, te puedo asegurar que Dios te estará esperando allí.

> **LA PLANIFICACIÓN Y LA TOMA DE DECISIONES EMOCIONALMENTE SANAS**
> 1. Definimos el éxito como una manera radical de hacer la voluntad de Dios.
> 2. Creamos un espacio para la preparación del corazón.
> 3. Oramos para pedir prudencia.
> 4. Buscamos a Dios en nuestras limitaciones.

Plantea las cuatro preguntas

Comencé este capítulo con una historia acerca de anunciar una mala decisión estando dentro de un avión. Consciente de lo que ahora sabes acerca de la toma de decisiones sanas, piensa en lo que estuvo errado en mi proceso cuando le informé a Geri que íbamos a abrir una nueva congregación de habla hispana:

- No estaba consciente de mi propia sombra. Mi decisión de lanzarme a toda prisa nacía de mi propia necesidad inconsciente de sentirme importante y validado como líder. No estaba consciente de la forma en que eso distorsionaba mi capacidad para escuchar la voz de Dios. Además, estaba motivado de manera egoísta por un injustificado temor a perder mi capacidad para hablar español.
- No estaba actuando como líder basado en mi matrimonio, ni estaba pensando en la forma en que esta nueva congregación podría causar un impacto en mi relación con Geri o con nuestra familia. Neciamente, tomé una gran decisión con unas consecuencias significativas, sin hablarlo detenidamente primero con Geri.

- Di por sentado que, puesto que era voluntad de Dios, las exigencias que significaría añadir una nueva congregación no afectarían a mi unión de amor con Jesús. Estaba equivocado. Contribuyeron a aumentar las presiones sobre mi semana, lo cual terminó limitando más mis tiempos con Dios.
- Cuando tuvimos aquella conversación, yo no estaba practicando el Sabbat. Mi día libre era el lunes. Aunque me seguía tomando los lunes libres, estaba cada vez más distraído y preocupado en ese día por una multitud de problemas y responsabilidades adicionales relacionados con la adición del ministerio de habla hispana.

Al terminar este capítulo, te invito a evitar los errores que he cometido yo, usando cuatro raíces de la vida interna que aparecen en la parte 1 para reflexionar sobre tus propias experiencias y comenzar una transición hacia la planificación y la toma de decisiones emocionalmente sanas, o profundizar tu práctica actual de estas cosas.

- **Enfréntate a tu sombra.** ¿Cómo podría mi sombra, o la de otros miembros de mi equipo, causar un impacto sobre mis decisiones y mis planes? ¿Cuáles son mis temores mayores? A la luz de las decisiones que tengo ante mí, ¿estoy apartando suficiente tiempo para la preparación personal de mi corazón, a fin de reducir al mínimo cuanta influencia pudiera tener mi sombra en mis decisiones y mis planes? ¿Cuánto tiempo necesitan los miembros de mi equipo para preparar sus corazones? ¿Cuál consejo sabio necesito para reducir al mínimo la influencia de mi sombra en mis decisiones?
- **Sé líder basado en tu matrimonio o en tu soltería.** ¿Cómo va a impactar esta decisión o este plan a mi capacidad para ser líderes basado en mi matrimonio o en mi soltería? ¿Cuáles cambios tendríamos necesidad de hacer como equipo con el fin de tener en cuenta nuestra necesidad de tener un matrimonio o una soltería sanos y llenos de energía? ¿Estamos abrazando las limitaciones que Dios nos ha dado en nuestro matrimonio y nuestra situación de solteros en particular?
- **Ve más lento para que haya una unión llena de amor.** ¿Qué impacto podría causar esta decisión o este plan en mi capacidad para mantenerme en una unión de amor con Jesús? En una escala de uno a diez, ¿cuál es el nivel de ansiedad que hay en nuestro equipo cuando pensamos en esta decisión? ¿Hemos orado para pedir prudencia y reunido todos los datos

de importancia? ¿He (o hemos) hecho el trabajo lento y diligente que se necesita para escuchar el susurro de Dios en cuanto a la manera en que él define el éxito para nosotros? ¿Cuáles tentaciones necesito o necesitamos tener el cuidado de evitar?

- **Practica el deleitarte en el Sabbat.** ¿Cómo va a afectar esta decisión a nuestros ritmos de trabajo y del Sabbat? ¿Hemos pensado detenidamente los detalles con respecto a la forma en que estos planes van a afectar al resto de nuestro trabajo, de manera que no termine interfiriendo con nuestro deleite del Sabbat? ¿Estoy yo, o está mi equipo, haciendo estos planes y tomando estas decisiones para tener un lugar de reposo? ¿Hasta qué punto hará distintas las cosas esta decisión dentro de diez, cincuenta o cien años? ¿Cómo va a cambiar las cosas esta decisión después que hayamos entrado a nuestro Sabbat eterno y hayamos visto a Jesús cara a cara?[20]

La dedicación a estos cuatro asuntos en un ambiente de oración te ayudará a ser más vigilante y prudente en tu toma de decisiones, protegiéndote para que no confundas la voluntad de Dios con la tuya. Me gusta decir que trabajar en estos cuatro aspectos es la forma en que «observo a los canarios».

Observa a los canarios

Hace ya mucho tiempo, antes que los mineros carboneros o auríferos tuvieran equipos de alta tecnología para medir los niveles de dióxido de carbono en el aire, los gases peligrosos se acumulaban en las minas y producían unas devastadoras explosiones. Así que los mineros aprendieron a usar una solución nacida en una técnica sencilla: llevaban canarios (que son altamente sensibles a los gases venenosos) para que les sirvieran de barómetros en cuanto a la calidad del aire dentro de las minas. Los canarios gorjeaban y cantaban todo el día. Pero cuando los niveles de monóxido de carbono eran demasiado altos, dejaban de cantar. Si se quedaban en las minas, comenzaban a tener problemas para respirar, se desmayaban y por fin morían. Cuando dejaban de cantar, era señal de que los niveles de gas eran demasiado altos, y los mineros tenían que salir enseguida de la mina para no quedar atrapados en una explosión.

¿Quién, o qué, es el canario de tu toma de decisiones, esos pequeños indicadores de que algo podría no andar bien? ¿Cómo identificas dentro de ti mismo que estás tomando decisiones o trazando planes que no proceden de Dios? ¿Y quiénes son las personas que Dios ha puesto en tu vida, que te aman lo suficiente para avisarte cuando el nivel de peligro está aumentando, y podrías correr el riesgo de un suceso explosivo en tu planificación y tu toma de decisiones? Si no tienes a nadie, pídele a Dios que te dé una o dos personas. Y prepárate a experimentar un gozo nuevo y un profundo contentamiento por haber añadido esa «salud emocional» a tus procesos de planificación y toma de decisiones.

A continuación, en el capítulo 7, vamos a ver cómo transforma —la cultura de nuestra organización y el modo en que formamos nuestros equipos— al cambio deliberado de la manera en que trazamos planes y tomamos decisiones.

Para comprender la evaluación de tu planificación y tu toma de decisiones

Si hiciste la evaluación que se halla en las páginas 189–190, aquí tienes algunas observaciones que te ayudarán a comprender mejor tu situación actual en cuanto a la planificación y la toma de decisiones.

Si tu puntuación fue mayormente de uno y dos puntos, es probable que tu relación con Cristo esté dividida en compartimentos a causa de tu proceso de planificación y toma de decisiones. Estás en las primeras etapas del aprendizaje sobre cómo buscar en oración la voluntad de Dios y ser al mismo tiempo prudente, al reunir la información necesaria y tomar unas decisiones sabias. Puedes dar tus primeros pasos profundizando en las raíces que sostienen tu vida interna con Dios (parte 1) y construir lentamente un sistema sano de apoyo que influya sobre tu manera de ser líder. Después edifica poco a poco sobre eso, integrando uno o dos de los principios que contiene este capítulo.

Si tu puntuación fue mayormente de dos y tres puntos, es probable que estés operando solo con una comprensión y una práctica parciales de la planificación y la toma de decisiones emocionalmente sanas. Eso significa que probablemente estés cosechando una mezcla de caos y buenos frutos en tu liderazgo. Recibe la puntuación de tu evaluación como una invitación de parte de Dios para integrar más lentamente tu sistema de raíces espirituales en unas buenas prácticas en la organización o el equipo. Pídele sabiduría a Dios en oración con respecto a cuáles principios de este capítulo son más importantes para que comiences a ponerlos en práctica ya.

Si tu puntuación fue mayormente de cuatro y cinco puntos, lo más probable es que estés haciendo un buen trabajo en la integración de tu espíritu de oración y tu prudencia dentro de tu planificación y tu toma de decisiones. Puedes esperar un crecimiento mayor y una libertad más amplia en tu proceso de discernimiento de la voluntad de Dios. Espera sorpresas de parte de él, cuando te tome a ti y tome a tu equipo para una emocionante aventura. Espera de él unos momentos transformadores que se les presentarán a lo largo del camino. Y permite que las ideas descritas en este capítulo te estimulen para que crees nuevas maneras de ser líder dentro de un proceso más sano y dinámico de planificación y toma de decisiones.

Capítulo 7

Cultura y formación de equipos

Permíteme que te cuente una historia acerca de un cordero y un tigre.

Había una vez en el Bosque de la Amistad un cordero que vivía allí, al que le encantaba pastar y andar saltando. Un día llegó un tigre al bosque y les dijo a los animales: «Me gustaría vivir entre ustedes». Ellos se sintieron encantados. A diferencia de algunos de los otros bosques, ellos no tenían ningún tigre en el suyo. Sin embargo, el cordero tenía ciertas aprensiones y, por su naturaleza, se las expresó tímidamente a sus amigos. Pero ellos le dijeron: «No te preocupes. Nosotros le vamos a hablar al tigre y le vamos a explicar que una de las condiciones para que viva en este bosque es que tiene que dejar que otros animales vivan en él».

Así que el cordero siguió llevando la vida de siempre. Pero no pasó mucho tiempo antes que el tigre comenzara a rugir, a hacer gestos amenazantes y a moverse de manera peligrosa. Cada vez que lo hacía, el cordero acudía asustado a sus amigos y les decía: «Para mí, este bosque se ha vuelto muy incómodo». Pero sus amigos lo tranquilizaban. «No te preocupes; es que los tigres se comportan de esa manera...» Le hicieron ver que en realidad él no había sufrido ningún daño y que, tal vez, lo que pasaba es que era demasiado sensible.

De modo que el cordero trató de quitarse al tigre de la mente... Pero de vez en cuando, por lo general cuando estaba menos preparado, el tigre le daba otro susto.

Finalmente, el cordero no pudo resistir más aquello. Decidió que, aunque amaba mucho al bosque y a sus amigos... el precio era demasiado grande. Así que se acercó a los otros animales del bosque y se despidió de ellos.

Sus amigos no le quisieron hacer caso... «Seguramente podremos arreglar todo esto... Probablemente solo haya un malentendido que se puede resolver con facilidad si todos nos sentamos juntos para comunicarnos...»

Sin embargo, se oyó a uno de los animales menos sutiles del bosque hacer esta observación: «Yo nunca he oído algo tan ridículo. Si quieres que una oveja y un tigre vivan en el mismo bosque, no tratas de hacer que se comuniquen. Lo que haces es meter al dichoso tigre dentro de una jaula».[1]

Es un cuento estupendo, ¿no es cierto? Y en realidad, no se refiere tanto al cordero y al tigre, como a los amigos del cordero, los líderes del Bosque de la Amistad. El tigre es un tigre, y los tigres no se vuelven corderos, ni ninguna otra clase de criatura inofensiva del bosque. Tener más reuniones y establecer «comunicación» no era lo que resolvería el problema. Lo que se necesitaba, más que cualquier otra cosa en el Bosque de la Amistad, era un liderazgo sano y diferenciado; unos líderes que conocieran sus valores y que no se dejaran influir por los desacuerdos y las presiones de los demás.[2] Los líderes necesitaban el valor necesario para «enjaular al tigre» por amor a su comunidad. Por mucho que negociaran, no iban a cambiar la naturaleza del tigre. Necesitaban afirmarse en la decisión de proteger a su comunidad y estar dispuestos a tolerar la incomodidad que producen las críticas (y que con toda seguridad procederían del tigre y de otros), así como las inevitables acusaciones. *¿Qué te pasó? Desde que te volviste líder, te has vuelto desamorado y controlador. ¿Quién te hizo juez y jurado?*

Los líderes del Bosque de la Amistad también necesitaban definir los valores de su cultura, limitando el poder del tigre, no fuera a ser que se convirtiera en el líder extraoficial de la comunidad. Al darle poca importancia a la gravedad de la amenaza («probablemente solo sea un malentendido») y negarse a enfrentar directamente el problema (bajo el pretexto de querer ser razonables), no solo dejaron abierta su comunidad a la posibilidad de sufrir unos temibles daños, sino que también se perdieron la oportunidad de definir con claridad los límites entre lo que es una conducta aceptable y una inaceptable. Y suponiendo que eran una comunidad cristiana (al fin y al cabo, era el bosque «de la amistad»), tampoco supieron discernir que ese intenso conflicto podría contener en su interior un don de Dios que los capacitaría para crecer y madurar juntos a semejanza de Cristo.

¿Qué son la creación de cultura y la formación de equipo?

Crear una cultura emocionalmente sana y formar un equipo también sano son dos cosas que se encuentran entre las tareas primarias de todo líder, ya sea pastor principal, jefe de departamento en un ministerio paraeclesiástico, ejecutivo de una organización sin fines de lucro o de negocios, miembro de la junta de una iglesia, o líder de un grupo pequeño. Y para los líderes *cristianos*, esta tarea es más exigente aún, puesto que la clase de cultura y de equipos que nosotros creamos tienen que ser radicalmente diferentes a los que hay en el mundo.

En ese caso, ¿qué son precisamente esas cosas llamadas *formación de equipo* y *cultura*, que nosotros tenemos la responsabilidad de desarrollar y administrar bien?

La *formación de equipo* es bastante fácil de definir; comprende la movilización de un grupo de personas con habilidades diferentes que están comprometidas con una visión compartida y unas metas comunes. En cambio, la *cultura* es algo más difícil de describir. ¿Por qué? Porque consiste primordialmente en unas reglas no expresadas acerca de «la forma en que nosotros hacemos las cosas por aquí».

La cultura es ese algo impreciso, la presencia o personalidad invisible de un lugar que puede ser difícil de describir sin haberla experimentado realmente. Con frecuencia, es más fácil sentirla que expresarla. Tal vez las definiciones más sencillas y mejores que he encontrado, describen la cultura como «la suma total de los patrones aprendidos de pensamiento y de conducta» de cualquier grupo dado;[3] y dicen que «cultura es lo que hacen con el mundo los seres humanos».[4]

Las compañías multinacionales, como Google, Apple e IBM, tienen unas culturas muy distintas. Las comunidades étnicas, los grupos políticos y las naciones tienen culturas. Las denominaciones y las organizaciones paraeclesiásticas también tienen las suyas. Cada iglesia, ministerio, grupo de trabajo o equipo tiene un cierto estilo que constituye el espíritu o escala de valores de esa comunidad en particular. La cultura incluye cosas como nuestra visión, valores y estrategias (dirigida a los que andan buscando, multisitios, movida por un propósito, etc.), prácticas y estilo comunes (nosotros tenemos un coro que usa togas; nos sentamos en silencio antes de los cultos, nos vestimos de manera informal, etc.), e incluso tenemos nuestro lenguaje y nuestro uso del espacio. Las formas en que ejercitamos la autoridad, llevamos a cabo las relaciones, manejamos los conflictos, nos situamos en la comunidad (o en el mundo de los negocios) y definimos el crecimiento personal o espiritual, son todas expresiones de la cultura de la cual somos líderes. Y como líderes cristianos, debemos actuar con deliberación en cuanto a tomar el caos de lo que aporta la gente a la organización (procedente de sus trasfondos y familias de origen tan diferentes) y moldearlo para convertirlo en una nueva cultura que quiere operar como la familia de Jesús.

¿Hasta qué punto es sana tu práctica de la cultura y de la formación de equipo?

Usa la lista de afirmaciones que aparece a continuación para hacer una breve evaluación de tu práctica del liderazgo cuando se trata de la cultura y de la formación de equipo. Junto a cada afirmación, escribe el número que describa mejor tu respuesta. Usa la siguiente escala:

5 = Siempre es cierto

4 = Muchas veces cierto

3 = Ocasionalmente cierto

2 = Raras veces es cierto

1 = Nunca es cierto

_____ 1. Yo invierto en las personas clave de mi equipo, tanto en su transformación en Cristo, como en sus habilidades y su desarrollo profesional.

_____ 2. Me enfrento directamente y con prontitud a los «elefantes de la sala» (tensiones, impuntualidad, lenguaje corporal hostil, sarcasmo, observaciones poco amables, silencio, etc.).

_____ 3. Considero los ritmos sanos y la unión de amor con Jesús de los miembros del equipo como el fundamento indispensable para la formación de una cultura y un equipo saludables. Nuestro programa y nuestra agenda reflejan estos valores.

_____ 4. Exploro y hago preguntas cuando la gente reacciona con fuerza, o se siente irritada, en lugar de no hacer caso a sus reacciones.

_____ 5. Negocio diferencias y aclaro expectativas cuando hay frustración y conflicto.

_____ 6. Me comunico de maneras que sean claras, sinceras, respetuosas y oportunas.

_____ 7. Aparto deliberadamente tiempo y espacio en las reuniones del equipo para infundir ciertos valores determinados (p.ej., las Escrituras, la expresión de gratitud, o la comunicación de nuevas ideas en el liderazgo).

_____ 8. Dedico el tiempo que sea necesario para explorar las causas radicales de las formas inadecuadas de conducta, viéndolas como una oportunidad para la formación espiritual.

_____ 9. La gente siente que yo estoy dispuesto a tomar el tiempo que haga falta para «sintonizar» con ella.

_____ 10. Hago preguntas concretas acerca de la calidad del matrimonio o la soltería de las personas, porque son un factor clave en la formación de una cultura y unos equipos que sean sanos.

Dedica un momento a revisar brevemente tus respuestas. ¿Qué te parece que se destaca más? Al final del capítulo (página 250) hay algunas observaciones generales para ayudarte a comprender mejor el nivel actual de sanidad en tu liderazgo con respecto a la cultura y a la formación de equipo.

Características de la cultura y la formación de equipos emocionalmente sanos

En lo que respecta a la cultura y a la formación de equipos, he pasado demasiados años operando como los líderes del Bosque de la Amistad. Esos líderes no estaban conscientes de su responsabilidad en cuanto a crear una cultura y un equipo sanos. Tampoco lo estaba yo. Ellos no se querían meter en conflictos. Yo tampoco. Ellos eran miopes, no pensaban en las consecuencias a largo plazo de sus decisiones. Yo también hacía eso... y mucho.

No pensaba demasiado en la clase de cultura que quería crear, ni invertía la energía necesaria para ayudarla a convertirse en una realidad viviente. En nuestro equipo no hablábamos de la cultura, no porque no quisiéramos hacerlo, sino porque ni siquiera sabíamos que existiera algo así. Por supuesto, actuábamos de la manera debida cuando la conducta de alguien era claramente inadecuada (por haber actuado de manera inmoral, haberle gritado a alguien durante una reunión, haber hecho una observación racista, etc.), pero por lo demás, estábamos enfocados en alcanzar nuestras metas. El buen entendimiento dentro del equipo era importante, pero solo como medio para ser lo más efectivos posible.

Sin embargo, la creación de una cultura y un equipo emocionalmente sanos es una de las oportunidades más poderosas que tenemos para causar un impacto en la vida de las personas y en nuestra misión a largo plazo. Esto se aplica por igual a pastores, maestros, líderes de ministerios, miembros de juntas, ejecutivos en el mundo de los negocios y obreros de misiones.

A lo largo de los años, he identificado cuatro características básicas en la edificación de una cultura y un equipo emocionalmente sanos. Cuando la cultura y el equipo de una organización son sanos, estas cosas son ciertas:

- El rendimiento en el trabajo y la formación espiritual personal son inseparables.

- Se reconoce y enfrenta a los elefantes que haya en la sala.
- Se invierten tiempo y energía en el desarrollo espiritual personal del equipo.
- La calidad de los matrimonios y la soltería de las personas es fundamental.

Cada una de estas cuatro características nació de una gran cantidad de errores dolorosos y años de pruebas y errores en New Life. Cada uno me exigió que pasara de la indiferencia a la deliberación y a la reflexión. Mientras hacía eso, me sentía impulsado a pedirle continuamente a Dios el valor necesario para moldear de otra forma nuestra cultura de maneras específicas, y para sostener conversaciones difíciles que yo habría preferido evitar.

Veamos más de cerca estas características, comenzando por el fundamento del cual parten todas las demás: la necesidad de hacer inseparables el rendimiento en el trabajo y la formación espiritual.

El rendimiento en el trabajo y la formación espiritual personal son inseparables

La forma en que los miembros de nuestro equipo rinden en su trabajo es importante. Nosotros los invitamos a servir, ya sea como voluntarios o como miembros pagados del personal, con el objetivo de realizar una tarea, y necesitamos que hagan bien esa tarea. En las culturas y los equipos emocionalmente sanos, se habla con franqueza de esas expectativas para los diferentes papeles, y se llega a acuerdos acerca de ellas. Hablamos entre nosotros de una manera respetuosa, sincera y clara al evaluar la forma en que estamos trabajando. Pero eso no es suficiente. El interés que tienen las personas de nuestro equipo en su vida interior también es importante. La cuestión es esta: «¿Hasta qué punto es importante?». En una cultura o un equipo emocionalmente sanos, la respuesta es: «Muy importante». De hecho, la salud y el crecimiento de la vida interior de una persona son inseparables de su rendimiento en el trabajo. Lamentablemente, aunque la mayoría de nosotros tenemos una idea clara acerca de ciertos límites que no se pueden pasar (la inmoralidad, el robo, la mentira, la conducta contenciosa, etc.), nuestras expectativas en cuanto a la madurez espiritual de las personas sigue siendo superficial y poco clara. Observa cómo describen los siguientes líderes su manera de tratar a algunos miembros problemáticos de su equipo:

Cultura y formación de equipos emocionalmente sanos

1. **El trabajo y la formación personal son inseparables.**
2. Se identifica y enfrenta a los elefantes que haya en la sala.
3. Se invierten tiempo y energía.
4. La calidad del matrimonio o la soltería de las personas es fundamental.

- *¿Jacob? Bueno, tengo que cuidar lo que digo cuando él anda cerca. Es muy sensible a las críticas. Si manifiesto alguna duda acerca de la forma en que supervisa el programa de ministerio a los niños, temo que renuncie. Entonces voy a tener un problema mayor aún, porque no voy a poder encontrar nadie más que esté dispuesto a dirigir el programa como voluntario.*

- *Mía es joven, inmadura y algunas veces impetuosa. Solía llamarle la atención cuando decía algo inadecuado, pero ahora suelo quedarme callado. Sí, tiende a perder voluntarios porque, según alega ella misma, no se sienten comprometidos. Pero estoy seguro de que terminará volviéndose más paciente y menos brusca. Comoquiera que sea, no tengo el tiempo que haría falta para comentar todas estas cosas con ella. Además, hace un trabajo excelente con nuestro portal en la web y con los medios sociales, así que me imagino que de alguna forma, una cosa se equilibra con la otra.*

- *Owen es un gran tipo y como líder de grupo pequeño es excelente, pero no le gusta meterse en conflictos. Yo tengo que asegurarme de observar su lenguaje corporal y el tono de su voz para saber si hay o no hay algo que le esté molestando. Él no me lo va a decir, ni si se lo pregunto de manera directa, así que con él, tengo que leer entre líneas. Ya lo estoy haciendo bastante bien, así que la mayor parte del tiempo, todo marcha bien.*

- *El auto de Claire da la impresión de haber estado en medio de un tornado. Tiene bolsas de comida chatarra, recibos, artículos de tocador, carpetas de archivo y partituras de música regados por todas partes, tanto en el asiento delantero como en el de atrás... y su oficina no tiene un aspecto muy distinto. Además de ser de esas personas que llegan en el último minuto, también la vida la tiene un poco abrumada en estos momentos, pero siempre se las arregla de alguna manera para hacer el trabajo al final. Es una gran líder de adoración, así que estoy dispuesto a soportar el caos que siempre parece seguirla.*

Bien, ¿tienes algún Jacob, Mía, Owen o Claire en tu equipo? ¿Alguien cuyas asperezas complican continuamente las cosas, o causan problemas que, o bien tienes que tolerar, o necesitas emplear demasiado tiempo para arreglar los daños que causan?

Ciertamente, sé que los tuve. Y como les pasa a la mayoría de los pastores y los líderes, no tenía tiempo para ayudar a esas estimadas personas a enfrentarse con una dinámica sin resolver, procedente de sus familias de origen, o con la falta de conocimiento de ellos mismos que causaba un impacto en nuestro equipo, en especial porque en mis primeros años de ministerio, yo mismo aún no había recorrido ese camino. Lo mejor que podía hacer era plantearles unas cuantas sugerencias:

«Trata de ser menos sensible».

«Aquí tienes un libro estupendo sobre la resolución de conflictos que te sugiero que leas».

«Te recomiendo que te hagas valer. Tú tienes cosas magníficas que decir».

Ya te podrás imaginar lo útiles que deben haber sido estas sugerencias para resolver los problemas. En aquellos tiempos, nada que les ofreciera a esos miembros problemáticos del equipo los podría ayudar a abrirse paso a través de sus capas de inmadurez emocional y falta de conciencia de sí mismos. Y eso era un gran problema.

Los líderes mínimamente transformados siempre van a producir unos equipos mínimamente transformados que van a llevar a cabo unos ministerios mínimamente transformados. Esto es cierto, incluso si los números aumentan y la programación es excelente. ¿Cómo podríamos esperar que fuera de otra forma? ¿Cómo podemos esperar que cambiaremos al mundo para Cristo, si nosotros mismos no nos dejamos cambiar por él? Para tener alguna esperanza de tratar debidamente con los miembros de los equipos que sean inmaduros o problemáticos, tenemos que comenzar primero por nuestra propia transformación espiritual.

El desarrollo espiritual personal

En New Life, siempre recomiendo que la primera categoría que se mencione en todas las descripciones de responsabilidades para los líderes, diga: «Desarrollo de la formación espiritual personal».

Nosotros comenzamos por nosotros mismos. ¿Por qué? Porque la forma más importante en que podemos comunicar el vínculo inseparable que existe entre el rendimiento en el trabajo y la formación espiritual personal, es dar ejemplo de lo que eso significa. Cuando convertimos nuestra transformación en Cristo en la primera prioridad de nuestro liderazgo, infundimos valor a nuestra cultura y a nuestros equipos.

Geri y yo actuamos de manera muy deliberada en cuanto a dar ejemplo de ello. Nos reunimos con mentores y entrenadores. Asistimos a seminarios de entrenamiento, talleres de trabajo y conferencias. Leemos de una manera voraz. Observamos fuera de nuestro contexto, la cultura estadounidense, y nuestra subcultura evangélica en busca de puntos de vista y prácticas nuevos que nos ayuden a crecer en lo personal y en lo profesional. En los veintinueve años de nuestro ministerio, nos hemos tomado tres temporadas sabáticas para enfocarnos en aprender, crecer y permitirle a Dios que transforme los aspectos de nuestra vida y nuestro ministerio que estén quebrantados. Compartimos con franqueza lo que Dios nos está enseñando en los sermones, las reuniones del personal, las conversaciones privadas y las reuniones con los miembros de nuestro grupo pequeño. En todo eso que hacemos, comunicamos el valor fundamental de que somos líderes basados en lo que somos. De esa manera, disciplinarnos a nosotros mismos para invertir tiempo, energía y dinero en nuestro desarrollo personal no es una satisfacción egoísta, sino una de las cosas más llenas de amor que les podemos ofrecer a aquellos a quienes servimos.

El desarrollo espiritual de los miembros del equipo

Una vez que invertimos en la integración del rendimiento en el trabajo con la formación espiritual personal, y damos ejemplo de este principio, entonces nos podemos dedicar deliberadamente en un ambiente de oración a resolver los vacíos evidentes que haya en los miembros de nuestro equipo. Esto no es algo «extra» cuando se trata de ser líder cristiano, ni algo con lo que rellenamos las resquebrajaduras con el fin de lograr que se haga nuestro trabajo «real». Es algo básico, central, con respecto a lo que significa ser líder siervo para Cristo. Permíteme ilustrarlo con una historia acerca de Phil, uno de los miembros nuevos de nuestro personal en New Life.

Al cabo de seis meses de haberse unido a nuestro personal, ya era evidente que Phil era una persona que evitaba conflictos. Como parte de su entrenamiento con respecto a este problema, Geri y yo le ofrecimos la oportunidad de servir como estudio de caso en una conferencia sobre el liderazgo emocionalmente sano que se celebraría próximamente. Él aceptó con gusto.

Phil identificó algo que se había producido durante nuestro reciente culto de bautismos del domingo de Pascua, en el cual él había evitado un conflicto con Myrna, su asistente ejecutiva. El sábado antes de la Pascua, Phil recibió un mensaje de texto procedente de su supervisor, en el cual decía que una adolescente llamada Emily se sentía emocionada porque iba a ser bautizada. Había invitado a su familia, que no formaba parte de la iglesia, para que compartiera con ella aquel gran día. El problema estaba en que, por alguna razón desconocida, su nombre no había sido incluido en la lista de candidatos. Eso significaba que no estaba en el programa para el culto. Cuando el supervisor de Phil le pidió que arreglara aquel problema, de manera que la jovencita quedara incluida, él le respondió: «Claro. No hay problema».

Pero sí había un problema. Además de estar en medio de su Sabbat, Phil y su esposa estaban celebrando su primer aniversario de bodas. No obstante, se pasó las cinco horas siguientes resolviendo el problema, con lo que echó a perder tanto su Sabbat como su aniversario. Hizo él mismo todos los arreglos, sin llamar nunca a Myrna, su asistente ejecutiva, que había sido la responsable

SUBE LA ESCALERA DE LA INTEGRIDAD

10- Espero y tengo muchas ganas de...

9- Pienso que mi sinceridad al hablar va a beneficiar nuestra relación porque...

Lo que espero (9-10)

8- Lo más importante que quiero que sepas es...

7- Algo que podría hacer yo para mejorar la situación es...

6- Estoy dispuesto/no estoy dispuesto a...

Lo que valoro (5-8)

5- Esta cuestión es importante para mí, porque valoro... y violo esa valoración cuando...

4- Lo que siento acerca de esto es... (Lo que mi reacción me dice acerca de mí mismo es...)

3- Mi necesidad en esta cuestión es...

Lo que está pasando dentro de mí (1-4)

2- Mi participación en esto es...

1- Ahora mismo, lo que tengo en la mente es... (Me siento ansioso cuando hablo de esto porque...)

Asegúrate de atenerte a una sola cuestión.

de poner en el programa a los candidatos y, evidentemente, no había incluido a Emily cuando hizo la lista.

El domingo de Pascua de Resurrección, Myrna se acercó a Phil y se excusó por el error que había cometido al hacer la programación. Phil le sonrió y le respondió: «Está bien. El problema no era tan grande».

Cuando Geri y yo supimos lo que había sucedido, trabajamos con Phil sobre la forma diferente en que habría podido resolver aquella cuestión. Lo invitamos a usar una herramienta que nosotros hemos desarrollado y a la que llamamos «La escalera de la integridad».[5] El propósito de dicha escalera es ayudar a la persona a descubrir lo que está pasando dentro de sí; discernir sus valores y darse a valer ella misma de una forma respetuosa, sin culpar a nadie. La llamamos escalera de la integridad porque proporciona un enfoque sistemático que ayuda a la persona a ser sincera y transparente cuando se prepara para enfrentarse a los problemas y conflictos que tenga con otro individuo.

A lo largo de las seis semanas siguientes, Phil se pasó una gran cantidad de tiempo reflexionando en eso y a continuación escribió sus respuestas a las declaraciones que aparecen en cada peldaño de la escalera. Después practicó sus respuestas en varias reuniones con Geri y conmigo. Poco a poco, desarrolló seguridad en cuanto a su capacidad para darse a valer clara y sinceramente con Myrna. En nuestra conferencia, frente a trescientos pastores y líderes, invitamos a Myrna a que se nos uniera en la plataforma. Entonces Phil le resumió a ella las respuestas que había puesto en la escalera en unos cinco minutos. Esto es lo que dijo:

Myrna, te agradezco que hayas estado dispuesta a permitirme que comparta contigo algo que es importante para mí. Tiene que ver con aquel conflicto acerca del bautismo de Emily en el programa del día de Pascua. Aprecié que me pidieras disculpas por tu error. Y después te dije que «estaba bien, que el problema no era tan grande». Te mentí. Era un problema muy grande, porque algo que yo pensaba que solo me iba a tomar cinco minutos, terminó tomándome cinco horas y, básicamente, echando a perder el Sabbat de Debbie y yo, así como el fin de semana de nuestro primer aniversario de casados.

Mi propósito al decirte todo esto ahora es que lo que me molestó realmente fue el no haber sido sincero contigo. No le hice caso, como si no hubiera sido nada, pero eso estaba lejos de ser cierto. Al final, lo que me entristeció... y me asustó, fue que te haya podido mentir con tanta facilidad. Al reflexionar en todo aquello, me di cuenta de que en mi cultura [la familia de Phil procede de la India] hay una regla sobreentendida según la cual una persona joven nunca le habla de un problema a una persona de más edad, o de más experiencia en el trabajo, aunque esa persona esté mal informada o haya cometido un error. Nos lo tenemos que guardar para nosotros mismos. Así, terminamos diciendo mentiras, lo que daña las relaciones en las iglesias y las familias.

Además de eso, soy de los que complacen siempre a la gente y quiero caerte bien. Tenía miedo de que te pudieras ofender si te hablaba del impacto que aquello había causado en mí y que después te distanciaras de mí. Valoro la veracidad y la integridad dentro de mí mismo. Cuando no soy sincero conmigo mismo o con los demás, estoy violando mi propia integridad. Quiero ser un líder auténtico, así que te doy las gracias por permitirme practicar la veracidad al hablar.

Lo más importante que quiero que sepas es que te respeto y valoro tu trabajo. Eres una asistente ejecutiva excelente. Y necesito que sepas lo difícil que es para mí hablar con esta franqueza, debido a mis antecedentes: generaciones de personas en mi familia y mi cultura no han hecho esto. Creo que decirte esto va a beneficiar nuestra relación, porque vas a saber que puedo ser sincero contigo. Espero con interés más oportunidades en nuestra relación laboral futura en las que pueda ser una señal de la presencia del reino para nuestra comunidad. Y espero que te sientas libre para acercarte a mí también.

Myrna sonrió, le dio un abrazo y le dijo: «Gracias».

Eso fue todo.

Tal vez te estés preguntando si valdría todo eso el tiempo y el esfuerzo que invertimos en ello. Pero te voy a pedir que también tengas en cuenta unas cuantas preguntas más. ¿Dónde estaría Phil como líder dentro de uno, tres, diez años, si sigue evitando los conflictos y guardándose para sí sus desilusiones y sus heridas? ¿Qué clase de grupos pequeños y de ministerios podrá crear en New Life, si no es capaz de enfrentarse a su propia inmadurez? ¿Qué le sucederá a su relación con Myrna, su compañera de trabajo, y con sus supervisores, si se sigue escondiendo detrás de la fachada de parecer un personaje bueno y feliz, porque no puede resolver los conflictos? ¿Y cómo podría todo eso causar un impacto en la salud de la iglesia en general?

Todos los miembros de tu equipo van a tener diferentes puntos de fricción y aspectos en los que necesitan desarrollo... y tú también. Tal vez sea en el aspecto de enfrentarse a su sombra y de cultivar una conciencia mayor de sí mismos. Quizás tú los podrías animar a escribir acerca de ellos mismos en un diario, acudir a un mentor o a un terapeuta, leer algún libro en particular. Otro miembro del personal podría trabajar tan fuerte y ser tan concienzudo, que necesitaría que se le indicara que trabajara menos horas y dedicara un tiempo a estar con Dios de una manera más deliberada. Tal vez uno de tus líderes solteros tenga desafíos relacionados con la creación de deleites en su vida y el establecimiento de mejores límites alrededor del ministerio. Yo te sugeriría que hicieras con ellos un torrente de ideas acerca de ello. La semana pasada, me pasé casi dos horas conversando con Ruth, nuestra directora ejecutiva de EES, acerca de eso mismo.

Aquí, el factor clave es que estés atento a cada uno de los miembros de tu equipo y ores por él. Al igual que nosotros, ellos guían a los demás basados en su personalidad exclusiva; a partir de lo que *son*. Pero así como nosotros no podemos dar lo que no poseemos, por muchos dones o mucha experiencia que tengamos, tampoco lo pueden hacer ellos.

Se identifica y enfrenta a los elefantes que haya en la sala

Se habla de un «elefante en la sala» para referirse a una forma de conducta obviamente inadecuada o inmadura que no se llega a reconocer o resolver. Por lo general, esos elefantes deambulan salvajes y libres en medio de muchos equipos. Algunos ejemplos:

- Jacqueline es una líder de adoración extraordinaria. Sus dones son una bendición para tu iglesia. Pero en las reuniones de planificación de los cultos semanales se mantiene al margen, temperamental y huraña, lo cual parece indicar que preferiría no estar allí. Los otros cinco miembros del equipo no pueden menos que notar eso, pero nadie le pregunta por qué se comporta así.

- Michael, que es miembro de la junta de la iglesia, les envía a seis miembros del equipo de personal un mensaje electrónico en el cual critica la decisión que han tomado de cancelar las reuniones de oración antes y después de las Navidades. El tono de su mensaje es de enojo; casi de ira. El pastor principal tiene una conversación superficial de cinco minutos con Michael, en un intento por resolver con rapidez las preocupaciones de este. El problema a corto plazo parece arreglarse, pero la tensión sigue existiendo.

- Rob es un talentoso comunicador. A la gente le encanta. El problema es que tiene el hábito de dar una imagen falsa de la verdad. Por ejemplo, continuamente acepta hacer cosas que nunca llega a realizar. También exagera y adorna los datos. Los que están cerca de él han aprendido a tolerar aquello como parte de lo que es ser un «comunicador visionario».

> **CULTURA Y FORMACIÓN DE EQUIPOS EMOCIONALMENTE SANOS**
>
> 1. El trabajo y la formación personal son inseparables.
> 2. **Se identifica y enfrenta a los elefantes que haya en la sala.**
> 3. Se invierten tiempo y energía.
> 4. La calidad del matrimonio o la soltería de las personas es fundamental.

- El ministerio de Nora está floreciente. Pero ella se presenta tarde a las reuniones del personal y a las particulares... con mucha frecuencia. Se disculpa y presenta unas excusas razonablemente aceptables, pero sigue llegando atrasada. Otras personas se quejan de su falta de puntualidad, pero nadie la llama a rendir cuenta.

- Patrick, el asistente administrativo, ha formado parte del personal diez años, pero no está haciendo su trabajo para los ministerios a los que sirve. Critica fuertemente a los demás, en especial a los nuevos miembros del personal que no tienen la historia que tiene él con la iglesia. La iglesia está cambiando y creciendo, pero Patrick no. Su supervisor no sabe cómo hablarle acerca de este tema, ni qué hacer con todas las quejas procedentes de aquellos a los cuales se supone que Patrick debería estar apoyando. El elefante sigue sentado en la sala año tras año.

Es tan común y corriente que se pasen por alto formas de conducta inaceptables en situaciones como estas en los equipos, que cuando sugiero que parte del liderazgo consiste en poner al descubierto y analizar a esos elefantes, es frecuente que los líderes me miren incrédulos: «Pete, tú tienes que estar bromeando. ¿Sabes lo que sucedería si comenzara a enfrentarme a todos los elefantes que hay en la sala? Podría perder la mitad de mi equipo. ¡Y entonces no tendría tiempo para nada más!».

Según cuál sea tu situación, tal vez necesites establecer prioridades en oración sobre la forma en que debes proceder. Te puedo asegurar que yo lo hice al realizar la transición de nuestra cultura en New Life. Recuerda: raras veces los elefantes que hay en la sala desaparecen solos. De hecho, es frecuente que se alimenten del silencio y crezcan hasta convertirse en elefantes mayores aún, repletos de crisis, con el pasar del tiempo. Lo sé porque he ignorado muchos y, como consecuencia, he pagado un elevado precio.

Durante muchos años, no me vi a mí mismo como el guardián de los valores de la cultura en New Life. Ni siquiera sabía que teníamos una. No me sentía preparado. Tenía la esperanza de que lo hiciera otra persona. Equivocadamente, esperaba que mi equipo así como nuestro personal, la junta de la iglesia y los voluntarios clave «lo hicieran todo bien» de manera automática. Me sentía sorprendido, y muchas veces enojado, cuando ellos traían consigo una y otra vez sus formas enfermizas de relacionarse a la cultura de New Life. *Pero ¿qué estaba pensando yo?* ¡Por supuesto, ellos estaban trayendo sus formas inmaduras de conducirse y sus asperezas consigo! ¿Qué otra cosa podrían haber hecho? Aquello era todo lo que sabían.

Mientras más arriba vamos en el liderazgo, mayor es el nivel de madurez que se necesita. A medida que las personas entran a unas esferas de influencia y de mayor responsabilidad progresivamente más amplias, es inevitable que las cuestiones sin resolver que tengan en su vida interior vayan quedando al descubierto. La inmadurez que tiene sus raíces en cuestiones procedentes de su familia de origen, de traumas, de problemas con la autoridad y de una manera defectuosa de pensar, por ejemplo, se va a revelar ella misma tarde o temprano. Por mucho que todos querríamos que los líderes llegaran hasta nuestra puerta como expertos de primera formados y maduros, raras veces es eso lo que sucede en la realidad.

Debido a nuestra obligación de liberar a New Life de elefantes indeseados y crear una nueva cultura, Geri y yo desarrollamos unas habilidades útiles para nuestros líderes y nuestra iglesia a lo largo de un período de dieciséis años. La fórmula era sencilla: habilidades nuevas + lenguaje nuevo + seguimiento deliberado = comunidad transformada.

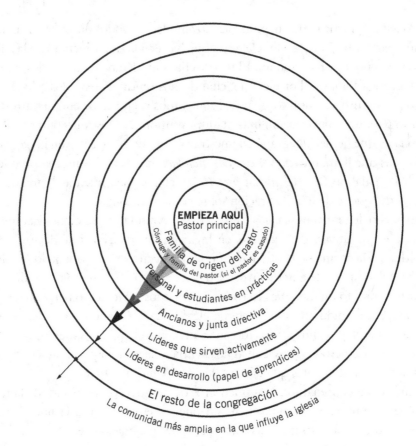

Nuestra meta era darle a la gente unas herramientas que les permitieran amar bien dentro de la nueva familia de Jesús, comenzando por nuestro equipo de líderes. A esas ocho herramientas las llamamos «habilidades emocionalmente sanas».[6] Aunque te puedan parecer engañosamente sencillas, cada una de ellas está construida sobre un rico fundamento teológico, y contiene múltiples niveles de profundidad para comprenderlas y llevarlas a la práctica. Son las siguientes:

1. Leer la temperatura que hay en la comunidad
2. Dejar de leer mentes
3. Aclarar las expectativas
4. El genograma de tu familia
5. Explorar el témpano de hielo
6. Escuchar de manera encarnacional
7. Subir la escalera de la integridad
8. Pelear limpio

Poner en práctica estas habilidades nos ha dado a todos nosotros un marco común para enfrentarnos a los elefantes que haya en la sala y luchar con las difíciles cuestiones que representan. El uso de ellas también nos ayudó a desarrollar un nuevo vocabulario. Por ejemplo, cuando nos sentimos tentados a hacer un juicio prematuro, es posible que nos abstengamos y, en vez de ello, sirvamos de modelo para una conversación más madura y amorosa. Dos conceptos sencillos, pero clave, que hemos integrado en nuestra cultura de New Life son las *perplejidades* y las que llamamos *quejas con recomendaciones*. Este último comprende el uso de las palabras *Observé que... y preferiría...* cuando se presenta alguna queja. Permíteme que te dé una ilustración sobre cómo funcionan.

El hecho de sentirnos perplejos nos permite evitar las suposiciones y las interpretaciones negativas. Por ejemplo, en lugar de decir: «¿Por qué dejaste tanto desorden en la cocina de la oficina?», podemos decir: «Me he quedado perplejo al ver que no limpiaste antes de irte». En vez de decir: «Me habrías debido contestar más pronto mi mensaje electrónico», decimos: «Me siento perplejo de que no hayas respondido antes mi mensaje electrónico». Cuando declaramos que estamos «perplejos», nos vemos forzados a reconocer que no sabemos la razón por la que sucedieron las cosas. Eso nos ayuda a hacer una pausa y a tranquilizar nuestro corazón antes que dé un salto y se ponga a juzgar.

También les enseñamos a los miembros de nuestro equipo y a los de la iglesia cómo se presenta una queja sana en nuestra cultura como la nueva familia de Jesús. Para «desaprender» los patrones generacionales negativos que adquirieron en su familia de origen, les sugerimos a las personas que usen las palabras *Observé que... y preferiría...* como fórmula para presentar una queja. Por ejemplo, cuando un supervisor le envía una presentación en PowerPoint al técnico voluntario a último minuto, en vez de guardarse su frustración y su enojo, este podría decir: «*Observé que* me enviaste tu PowerPoint dos horas antes de tu presentación, *y preferiría* que me lo pudieras enviar un día antes, de manera que tenga tiempo de subirlo a nuestro sistema». En lugar de decir: «Llegaste tarde a nuestra reunión. Si no te presentas a tiempo, no voy a poder trabajar contigo en el futuro», podríamos alegar: «Observé que llegaste con veinte minutos de atraso a la reunión de nuestro equipo de líderes, por lo que preferiría que llamaras cuando veas que se te ha hecho tarde, para que yo pueda hacer los cambios necesarios en mi agenda».

Es una simple frase, pero el hecho de decir *Observé que... y preferiría...* es eficaz para darle a la gente un entrenamiento que les enseñe a relacionarse de una manera diferente. Eso les ayuda a estar conscientes de los enojos y de las pequeñas irritaciones que surgen cada día.[7]

Entonces, ¿qué aspecto tiene que reconocer intencionalmente y confrontar con los elefantes que haya en la sala de un modo que sirva para que las personas maduren en Cristo? Aquí tienes dos ejemplos sencillos, pero concretos.

Steve. Geri y yo estábamos reunidos en nuestra casa con Steve, uno de los miembros de nuestro pequeño grupo de líderes. Él nos contó cómo, después que hizo una grandiosa presentación en su trabajo, su jefe envió un mensaje electrónico dándoles las gracias a todos, menos a él. «Yo sabía que le caía mal», observó Steve enojado. «Nunca le caí bien». Geri y yo nos miramos, sabiendo que aquel era un buen momento de enseñanza en el cual le podríamos dar mentoría a Steve.

«¿Estás seguro de eso?», le preguntó Geri. «¿Te lo ha dicho él? ¿No habrá otras maneras de interpretar lo que sucedió?». Basados en la habilidad que llamamos: «Dejar de leer mentes», yo hice el papel de Steve, en la forma equivocada en que habría podido interpretar lo sucedido. Actué como si fuera Steve entrando a la oficina de su jefe, y Steve hizo el papel de su jefe. «Señor Simmons», comencé a decirle, «en realidad estoy confundido acerca de la razón por la que usted le envió un mensaje de agradecimiento a todo el mundo en nuestro equipo, menos a mí, en especial cuando usted pareció estar tan complacido con la presentación que hice en la reunión. ¿Hay algo que yo no haya entendido bien?».

Andy. Un pastor amigo mío me habló hace poco acerca de su interacción con Andy, un músico del equipo de adoración de su iglesia. Andy se había quejado con ese amigo mío porque la práctica del equipo de adoración duró treinta minutos más de lo señalado, debido a todas las bromas que el director de música había permitido. Pocos días más tarde, el director de música, sintiendo el enojo de Andy, le había preguntado: «Eh, Andy, ¿te enojaste durante el ensayo de la otra noche? Te marchaste tan rápido». Andy le contestó: «No; solo que me herí la espalda el otro día y quería llegar cuanto antes a mi casa». El problema estaba en que a Andy no le había pasado nada en la espalda. ¡La noche anterior había estado jugando baloncesto con el equipo de la iglesia!

Mi amigo decidió acercársele a Andy unos días más tarde y tuvo cuidado de no avergonzarlo ni juzgarlo. «Oye, Andy, siento curiosidad», le dijo. «Alcancé a oír al director de música decir que tenías un problema en la espalda y que esa era la razón por la que te habías ido más temprano a tu casa después del ensayo. ¿Qué te hizo decir eso?». La conversación que siguió fue muy poderosa, porque Andy le habló de su tendencia a mentir para evitar conflictos. Hablaron acerca de cómo se evitaban los conflictos en la familia de Andy cuando era niño. Identificaron algunas de sus suposiciones defectuosas acerca de la «bondad» en la cultura de la iglesia. Hasta pensaron en que él debía volver a encontrarse con el director de música y restaurar la conversación anterior.

Tanto para Steve como para Andy, aquellos momentos fueron importantes para crecer y madurar. Les sirvieron de oportunidades para «desaprender» los patrones enfermizos procedentes de sus familias de origen, para aprender cómo llevamos la vida en la familia de Jesús. Los que se enfrentaron a su conducta también estaban edificando una cultura más sana. Cuando Steve y Andy cambien su forma de relacionarse y de amar, las comunidades mayores de las cuales forman parte, también se van a transformar. Una y otra vez hemos descubierto que los momentos breves de mentoría directa persona a persona, como estos, tienen un efecto sostenido de reacción en cadena a través de la cultura, que excede en mucho su importancia aparente.

Hay gran sabiduría en el antiguo axioma: «Todos los caminos conducen a Roma». De la misma forma en que los rayos de una rueda llevan al cubo, el excelente sistema de vías que tenía el Imperio Romano conducía a los viajeros directamente de vuelta a Roma. De igual manera, todas las cuestiones superficiales que hay en nuestra vida terminan llevándonos de vuelta a las mismas cuestiones enfermizas arraigadas en la forma en que nos relacionamos con nosotros y con los demás. Cuando trabajamos con alguien para desarrollar una de ellas por completo, como el pequeño incidente entre Andy y el director de música, lo que podemos esperar es que nos lleve a las profundas raíces que les dan forma a otras conductas similares. Enfócate por completo en esta y la luz expondrá también a las demás.

Si somos líderes dentro de la iglesia o en el sector de las organizaciones sin fines de lucro, es posible que no podamos pagar sueldos como los de las compañías de negocios. De hecho, sería muy posible que la mayoría de los equipos que dirigimos estuvieran formados por voluntarios. Pero sí podemos ofrecer algo mucho más valioso: un desarrollo espiritual personal que ayude a aquellos a quienes guiamos para que se asemejen más a Jesús.

Y eso sí que es todo un regalo.

Se invierten tiempo y energía en el desarrollo espiritual personal del equipo

Los líderes emocionalmente sanos se dedican al desarrollo personal de su equipo, no solo a sus habilidades profesionales o ministeriales. Saben que esto producirá gran fruto y que tendrá un poderoso efecto dominó a través del ministerio.

Jesús enseñaba a las masas y las guiaba, pero invirtió su mayor labor en un equipo básico de doce hombres, los cuales a su vez le dieron forma a la cultura de la Iglesia naciente. Cuando se acercaba el momento de su crucifixión, Jesús dedicó una cantidad aún mayor de energía al entrenamiento de ellos. De igual forma, los líderes cristianos debemos desviar una parte de nuestra energía de los programas, o del ministerio en general, para usarla en el desarrollo deliberado de nuestro equipo básico. Al igual que Jesús, necesitamos un enfoque a dos niveles: el liderazgo general de las masas y la maduración de nuestro equipo. Si somos los líderes principales de una iglesia, un ministerio u otra organización grande, necesitamos identificar nuestro equipo de «los treinta básicos». Si somos líderes de un equipo más pequeño dentro de una organización o ministerio, necesitamos identificar a las personas clave de nuestro equipo y dedicarnos a invertir en ellas.

Natural Church Development (NCD) o lo que es lo mismo: Desarrollo Natural de la Iglesia, es la principal organización entre las que investigan el crecimiento sano de las iglesias alrededor del mundo. A partir de fines de los años noventa, NCD ha llevado a cabo 93.000 encuestas en más de 70.000 iglesias de setenta y un países. Para valorar el corazón y la salud de una iglesia, solo encuestan a *treinta personas del núcleo básico* de la congregación, cualquiera que sea el tamaño que tenga la iglesia.[8] Esas personas que pertenecen a ese núcleo básico deben reunir tres

---

CULTURA Y FORMACIÓN DE EQUIPOS
EMOCIONALMENTE SANOS

1. El trabajo y la formación personal son inseparables.
2. Se identifica y enfrenta a los elefantes que haya en la sala.
3. **Se invierten tiempo y energía.**
4. La calidad del matrimonio o la soltería de las personas es fundamental.

criterios: (1) ser miembros de un grupo dentro de la iglesia (el coro o el equipo de adoración, el grupo de hombres, un grupo pequeño, etc.); (2) participar de forma activa en el ministerio (no solo reunirse por un interés social); y (3) estar comprometidos con la vida y el crecimiento de la congregación. Cuando los líderes de las congregaciones de mayor tamaño preguntan si pueden encuestar a más de treinta personas, esta es la respuesta de NCD:

> Aunque es posible, no es aconsejable, porque no hace falta un número mayor para producir unos resultados estadísticamente precisos. Les recomendamos a los líderes que se tomen el tiempo necesario para reducir su lista a las treinta personas que reúnan los criterios, y cuya opinión ellos valoren más, o aquellos que ellos consideren que tengan la mayor influencia en la vida de la iglesia. En realidad, lo que estarán haciendo es tomar una biopsia del corazón del organismo.[9]

Cuando ellos quieren evaluar si la cultura de la iglesia ha cambiado o no después de uno o dos años, la congregación hace otra encuesta de NCD con otra muestra de treinta individuos tomados del núcleo de personas que reúnen los criterios. ¿Por qué? Porque saben que esas personas son las que le infunden a toda la cultura sus valores, su espíritu, su forma de conducirse, sus prácticas y su espiritualidad.

Aunque en New Life no hemos hecho formalmente el proceso de Desarrollo Natural de la Iglesia, nos centramos de manera deliberada en nuestro núcleo central de entre treinta y cuarenta miembros del personal, ancianos, ministros y líderes clave de los grupos pequeños para integrar los principios que estás leyendo en este libro. De esa forma, la cultura que tratamos de crear se esparce a toda la iglesia.[10]

He aquí unos cuantos ejemplos recientes del aspecto que toman las cosas cuando se hace esta clase de inversión en el desarrollo personal espiritual de los miembros del equipo. En nuestras últimas reuniones semanales de equipo, hemos dedicado tiempo a hablar acerca de la práctica del Sabbat, de escuchar a Dios por medio del examen, de discernir nuestras vocaciones específicas como líderes y de los descubrimientos recientes de las ciencias neurológicas con respecto a la forma en que cambian las personas. También cada semana hacemos juntos al mediodía una oración tomada del Oficio Diario. Después pasamos a los puntos de negocios que aparecen en la agenda, como las actividades que se van a realizar en fechas cercanas, los cambios en las normas, los problemas, etc.

No obstante, hay momentos en los cuales esa inversión en nuestro equipo cuesta más tiempo y energía de lo que habíamos pensado. La situación siguiente se produjo dos semanas antes que yo le hiciera la entrega oficial a Rich, convirtiéndolo en el nuevo pastor principal de New Life. Rich había estado dirigiendo formalmente al personal los dieciocho meses anteriores, lo cual significaba que mi contacto con Mike, el joven miembro del personal que aparece en esta historia, había sido mínimo hasta ese momento.

Era domingo y Geri estaba presentando en nuestros tres cultos un mensaje titulado: «Lecciones difíciles aprendidas en veintiséis años en New Life». Antes del tercer culto, le pedí a Mike, nuestro amigo del personal pagado que era responsable de la grabación de videos, que grabara el mensaje final de ella en New Life.

—No —me contestó—. Yo solo grabo el segundo culto.

—Ya lo sé —le dije—, pero este domingo es especial. Y quiero tener su mejor mensaje en un video, así que por favor, graba este.

Mike se empecinó:

—Planeo sentarme en el auditorio y participar en este culto, así que no lo voy a grabar.

Yo me sentí cada vez más enojado y confundido. *Este personaje tiene veinticinco años y lleva un año en el personal. Yo he sido el pastor principal de New Life desde antes que él naciera. ¿Por qué no está haciendo lo que yo le digo que haga?*

Entonces eché a andar por un camino de dudas sobre mí mismo (mi propia sombra). Tal vez estoy actuando como un perfeccionista. *¿Por qué estoy tan tenso? De todas formas, a Geri no le importará mucho.*

Nombré a otro miembro del personal que había grabado cultos antes y le sugerí a Mike que le pidiera a esa persona que grabara el mensaje en vez de él.

—Él no lo sabe hacer —me contestó Mike secamente mientras se alejaba de mí.

Yo estaba demasiado atónito para reaccionar.

Geri predicó un mensaje increíble en el tercer culto. Y yo me enfurecí porque no se había grabado.

Tenía ganas de botar a Mike allí mismo. Pero después de despedir a la gente al terminar el último culto, me di cuenta de que no estaba listo para hablar con nadie acerca de lo ocurrido, así que me fui a mi casa.

Me hicieron falta la noche del domingo y todo el lunes para calmarme lo suficiente, pensar con claridad acerca de lo que había sucedido, e identificar la mejor manera de actuar. Tenía otros planes para el lunes, pero sabía que aquel era un momento importante de formación cultural y espiritual para Mike, para el equipo ejecutivo y para mí mismo.

Tuve que batallar con una pregunta: *¿es esta la manera en que me van a tratar cuando deje el cargo dentro de dos semanas y haga la transición a una nueva posición?* Esa era precisamente la razón por la cual unos cuantos amigos míos que eran líderes de edad me aconsejaron desde el principio que no hiciera una sucesión de líderes. *¿Tendrían razón?* Estaba claro que la respuesta era que no la tenían. Todas mis relaciones con la junta de la iglesia, con Rich, con el personal y con los miembros de la congregación eran respetuosas y amables.

También me di cuenta de que este podría ser un gran momento para todos... al menos en potencia. Así que escribí dos páginas de notas para ordenar mis confusos pensamientos a fin de tener una reunión el martes por la mañana con Rich y con el supervisor directo de Mike.

Comencé la reunión relatando lo que había sucedido con Mike el domingo. Hablé acerca de la limitada experiencia de Mike en el trabajo, su familia de origen, su nivel de madurez personal y también sus talentos. Esos talentos lo habían llevado a una posición de influencia que estaba por encima del nivel de desarrollo de su carácter. Y esa rápida subida a una posición de autoridad dentro de la iglesia estaba produciendo unas consecuencias indeseadas. Mike había entrado a trabajar por horas en el personal, pero pronto había pasado a una función de tiempo completo, con unas responsabilidades mucho mayores. A un nivel, estaba realizando bien su trabajo, pero nadie estaba invirtiendo en él personalmente. En los doce meses que llevaba como miembro del personal, había tenido dos jefes diferentes y poca supervisión. Yo también tenía conocimiento de que otros dos miembros del personal que llevaban largo tiempo trabajando en él se habían sentido preocupados por su conducta en otras ocasiones. La conducta y la actitud de Mike iban más allá de todo lo que yo habría podido desestimar como típicos errores de un joven de veinticinco años. Había algo seriamente desordenado en su comprensión de lo que significaba pertenecer al personal de New Life y representarnos a nosotros, cualesquiera que fueran sus talentos.

Mike no iba a permanecer mucho tiempo en New Life, a menos que un supervisor se enfocara en ayudarlo en su desarrollo personal. La cuestión estaba en la forma de crear seguridad para él en esa crisis, de manera que se le pudiera dar mentoría y desarrollo. ¿Cómo lo podíamos ayudar sin herirlo? *No* enfrentar esa situación sería claramente un serio fallo por parte nuestra. Le estaríamos prometiendo un futuro a largo plazo en nuestro personal, promesa que no podríamos cumplir si su conducta seguía careciendo de control.

Antes de la reunión con Mike, pensé: *Este joven es muy talentoso. Le vamos a hacer un doloroso regalo y le pido a Dios que lo reciba. Pero necesitamos ofrecérselo, puesto que son pocos los otros lugares de trabajo que estén dispuestos a hacer esto por él en el futuro.*

Mi recomendación fue que llamáramos a Mike a la sala de reuniones para informarle que su conducta era inaceptable. Esto era lo que le queríamos comunicar: «Mike, si alguien que sea tu superior te pide que hagas algo en un día en que estés trabajando, lo debes hacer. Si le haces algo como esto otra vez a cualquier persona con autoridad en New Life, se te va a despedir. En cualquier otro lugar de trabajo ya lo habrían hecho».

La preparación para la reunión me llevó casi dos días. Y nos tomó a los tres del personal otra hora para prepararla. La conversación en sí se hizo en menos de diez minutos.

Por la gracia de Dios, la historia tuvo un final feliz. Mike pidió disculpas sinceramente.

Mike sigue estando dentro de un proceso con respecto a su futuro en New Life. Yo sé que es muy probable que nuestro compromiso con él y con unos equipos y una cultura sanos, nos exijan más conversaciones como esa más adelante. Pero confío en que, siempre que nosotros en New Life dediquemos el tiempo necesario a su formación personal, él va a ser un gran don para muchos el resto de su vida, cualquiera que sea el lugar o la forma en que sirva a Cristo en los años futuros.

Como líderes, tomamos decisiones cada día acerca de las formas en que vamos a administrar nuestras energías y nuestros recursos; los propios y los de la organización o el equipo que dirigimos. Esas decisiones se encuentran entre las más importantes de todas las que tomamos.[11] No hay ningún programa rápido, ni ninguna fórmula para transformar nuestra cultura, ni para formar nuestros equipos. Los momentos de enseñanza nos vienen con frecuencia cuando menos los esperamos. Además, muchas veces se cruzan dolorosamente con nuestras propias vidas y nuestros problemas internos. Pero esos momentos de transformación son tan poderosos, tanto para nuestros equipos como para nuestra cultura, que vale la pena el gasto de tiempo y de energía que hace falta para administrarlos bien.

Ahora bien, hay todavía un tema también crucial, aunque muchas veces pasado por alto, que debemos tener cuidadosamente en cuenta en nuestra cultura y nuestra formación de equipos: la calidad del matrimonio y de la vida soltera de aquellos que forman nuestro equipo central.

La calidad del matrimonio o la soltería de las personas es fundamental

Si trabajas en un campo como el de la educación, el gobierno, el mundo de los negocios o el cuidado de la salud, el estado de tu matrimonio o de tu soltería no le importa a nadie. De hecho, en algunos lugares es contrario a la ley hasta hacer preguntas acerca de esas cuestiones. En cambio, el estándar es más elevado para aquellos de nosotros que trabajamos dentro de la iglesia y

> CULTURA Y FORMACIÓN DE EQUIPOS EMOCIONALMENTE SANOS
> 1. El trabajo y la formación personal son inseparables.
> 2. Se identifica y enfrenta a los elefantes que haya en la sala.
> 3. Se invierten tiempo y energía.
> **4. La calidad del matrimonio o la soltería de las personas es fundamental.**

para organizaciones cristianas. Esperamos un cierto nivel de conducta moral y de estabilidad. Las formas de conducta como las aventuras fuera del matrimonio, el uso de la pornografía y los encuentros de una noche son inaceptables.

Todos nosotros diríamos que creemos que los matrimonios y la soltería deben ser sanos. Y hasta es posible que algunos de nosotros les preguntemos a los miembros de nuestros equipos: «¿Va todo bien en tu hogar? ¿Y en tu vida personal?». Pero también supongo que la mayoría de nosotros tengamos la secreta esperanza de recibir como respuesta un rápido «sí», porque tenemos otros trabajos importantes que realizar en nuestro ministerio.

No obstante, si realmente creemos que el matrimonio y la soltería de los cristianos deben ser señales vivas y maravillosas del amor de Dios por el mundo, y que este aspecto de nuestras vidas es el mensaje más fuerte que predicamos sobre el evangelio, necesitamos hablar con aquellos a quienes guiamos acerca de este aspecto que son su matrimonio o su soltería.[12] En New Life, una de las primeras preguntas que les sugerimos a los líderes que les hagan a los miembros de sus equipos en las reuniones de supervisión uno a uno, es acerca de su matrimonio o su soltería. Esa pregunta es como unos rayos X de la salud y la calidad de su vida y su liderazgo. Hemos encontrado que esto es cierto en todos los contextos concebibles del ministerio durante los últimos veinte años.

A lo largo de los años, nuestro comité de personal en New Life había estado buscando un director que estuviera al frente de nuestra Corporación para el Desarrollo de la Comunidad, nuestro ministerio a favor de los pobres y los marginados de nuestra área. Necesitábamos un líder con un fuerte trasfondo del mundo de los negocios, que se comprometiera a vivir en nuestra comunidad. Al mismo tiempo, necesitábamos que esa persona encarnara nuestros valores en New Life. Nos pareció que Redd, uno de los miembros de New Life, era un candidato ideal. De manera que comenzamos a hablar del asunto con él, preguntándole si pensaría en dejar su trabajo como administrador de proyectos de construcción, aceptar un recorte de la tercera parte de su sueldo y unirse a nuestro personal.

Durante ese proceso, me llegó el momento de conversar con Redd y su esposa Aya. Me dirigí en mi auto a su apartamento un martes por la noche y subí por las escaleras hasta su apartamento en el cuarto piso. Una de las cosas que estaba ansioso por escuchar era lo que pensaba y sentía Aya con respecto a la reducción del sueldo, y lo que significaría para ella que Redd pasara de la construcción al trabajo en la iglesia. Hacia el final de la noche, se había hecho cada vez más claro que Redd aceptaría el trabajo.

En ese momento, le pregunté si conocía el requisito de que «la esposa se debe sentir amada» para los líderes casados.

—No, no lo conozco —me contestó.

—Redd, no es fácil que despidamos a alguien en New Life —le dije—, pero hay una razón por la que puedes estar seguro que te vamos a despedir. Si estás trabajando demasiado y Aya no se siente amada por ti; por eso te vamos a despedir.

Aya sonrió.

Redd me miró incrédulo.

—No estoy bromeando —continué diciendo—. Te despedimos. Las exigencias que te van a caer encima van a ser abrumadoras. Queremos que los miembros de nuestro personal sean líderes basados en su matrimonio y que este desborde con el amor de Cristo. Les vamos a estar preguntando con frecuencia, a ti y a Aya, si servir en el liderazgo del ministerio es algo que está apoyando o hiriendo su matrimonio.

Redd se rió. Entonces me respondió con una sonrisa en el rostro:

—Bueno, de veras que esto es diferente al mundo de los negocios.

Más tarde me diría que él había recibido nuestra conversación como un recordatorio que Dios le estaba haciendo: *Redd, tienes que amar primero a tu esposa y después a tu trabajo; así, en ese orden.*

A Redd y a Aya les encantó el interés que nos tomábamos en su relación, así que aceptó la posición.

Esa conversación brotó de una convicción: las organizaciones emocionalmente sanas son inseparables del nivel de salud que experimentan sus líderes en su matrimonio o su soltería. El apóstol Pablo sabía que a los líderes les era imposible crear una iglesia sana si su propia vida en el hogar no estaba en orden (1 Timoteo 3.8). Por esa razón, hizo de este punto uno de los requisitos previos para servir como anciano. Yo les pregunto a nuestros líderes solteros si cuidan sus momentos para entablar una estrecha relación con las personas con las cuales comparten la vida con la misma deliberación y la misma seriedad que le pido a una persona casada: «¿Estás cuidando el tiempo con tu cónyuge?». Me intereso en sus pasatiempos, en las cosas que les agradan y en sus intereses ajenos al trabajo, del mismo modo que me intereso en las actividades de una persona casada. Cuido sus ritmos de equilibrio entre el Sabbat y el trabajo con la misma intensidad que cuido los de todos los que tienen familia.

Cuando Geri y yo le permitimos a Dios que hiciera una renovación extrema de nuestro matrimonio en 1996, no nos lanzamos a cambiar la Iglesia New Life Fellowship. Nos limitamos a hacer nuestro mejor esfuerzo por aprender nuevas formas de solucionar las diferencias, afirmar nuestras preferencias, lidiar con nuestras reacciones, diferenciar con empatía, fomentar nuestros vínculos afectivos y hablarnos con la verdad y con respeto, por nombrar algunas cosas. Dios nos llevó a quebrantar una serie de legados negativos procedentes de nuestras familias de origen. Nos convertimos en personas diferentes, cada cual consigo mismo, los dos, el uno con el otro y ambos con Dios. Al cabo de unos pocos años, ese poderoso cambio en nuestro matrimonio comenzó a desbordarse sobre toda nuestra iglesia. ¿Cómo no habría de ser así? Dios cambió no solo nuestra relación y nuestra conducta mutua, sino también nuestra vida interior. Era inevitable que después de eso, esa transformación se derramara sobre el resto de nuestras relaciones y sobre la cultura más amplia de nuestra congregación. Cuando les enseño estos materiales a mis líderes, con frecuencia me hacen comentarios como este: «Pete, yo sé que necesito hacer preguntas acerca de las tareas ministeriales de las personas, y de la forma en que están progresando con su trabajo. Pero, ¿cómo se supone que les pregunte acerca de su desarrollo personal y espiritual?». Mi respuesta es: «¿Y cómo se supone que *no* les preguntes? No tienes una manera mejor de servir al propósito de Dios que la transformación de tu gente. ¿Cómo puede llevar tu equipo a otros a una vida con Jesús que los mismos miembros del equipo no tienen? Jesús mismo sabía que no podía evadir esa lenta labor de discipulado que desarrolló con los Doce».

Plantea las cuatro preguntas

Usa las preguntas siguientes, basadas en los cuatro fundamentos de la vida interior que aparecen en la parte 1, para reflexionar en tus experiencias y sobre el estado de tu liderazgo cuando se trata de una cultura y una formación de equipo emocionalmente sanas. También puedes adaptar o desarrollar estas preguntas como punto de partida para comenzar a hablar con tu equipo sobre la cultura y la formación de equipo.

- **Enfréntate a tu sombra.** ¿Cómo estoy creciendo en mi conciencia de que mi sombra existe, de tal manera que no afecte negativamente a la cultura que estoy tratando de crear con mi equipo? Cuando una situación reciente con mi equipo disparó una vieja respuesta automática, ¿qué me habría podido calmar para responder de una forma más madura y considerada? ¿Cuáles son las personas con las cuales me relaciono que me pueden servir de espejo para localizar esos puntos ciegos y esas vulnerabilidades?

- **Sé líder basado en tu matrimonio o en tu soltería.** ¿Hasta qué punto estoy tomando en cuenta y fomentando mi matrimonio o soltería como modelo para crear un equipo y una cultura que sean sanos? Concretamente, ¿qué estoy haciendo para fijar unos límites entre las exigencias del desarrollo de una cultura sana y mi matrimonio o soltería? Si eres casado: ¿cuál diría mi cónyuge que es el mayor desafío que tiene delante nuestro matrimonio? Si eres soltero: ¿qué dirían mis mejores amigos que es el reto más grande para mi soltería? ¿Qué diría yo mismo?

- **Ve más lento para que haya una unión de amor.** ¿Hasta qué punto mi «estar con Jesús» sostiene mi «hacer para Jesús» en este retador trabajo de edificación de una cultura y un equipo? ¿Poco, mucho o nada en absoluto? ¿Cuáles son las prácticas espirituales que me son más útiles ahora mismo para ayudarme a tomar un ritmo de vida más lento? ¿Con cuáles recursos cuento para crecer en mi relación personal con Jesús, que también le puedo llevar a mi equipo? ¿Cuáles son los ajustes que Dios puede estar invitándome a hacer, de manera que pueda llevar un ritmo de vida más lento, para tener unión de amor con él?

- **Practica el deleitarte en el Sabbat.** ¿Cómo estoy practicando mi ritmo de trabajo y de mi Sabbat de una manera que modele lo que estamos tratando de crear en otras personas? ¿Qué me parece más satisfactorio y deleitoso durante el Sabbat y cómo le puede añadir valor esta práctica a nuestro equipo? ¿Cuál es el reto más grande que tengo que vencer para entrar en un verdadero deleite en el Sabbat y en qué se parece esto a las luchas por las que pasan otros miembros de mi equipo? ¿Cómo puedo agregar más juego en mi vida para que haga equilibrio con mi trabajo y cómo puedo ayudar a todos los miembros de mi equipo a hacer lo mismo?

Confío en que este capítulo te haya dado una vislumbre del poder que tiene crear de manera deliberada una cultura y un equipo emocionalmente sanos. No te equivoques. Cuando entremos en esta clase de liderazgo, seremos muy parecidos a Abraham; dejaremos detrás «nuestra tierra y nuestra parentela, y la casa de nuestro padre para entrar a una tierra» que no nos es familiar (lee Génesis 12.1). En otras palabras, se trata de un nuevo territorio que te puede parecer incómodo; al menos al principio. Pero hay algo que sí es seguro: te vas a encontrar con Dios de maneras inesperadas y vas a desatar un nuevo comienzo que te va a bendecir a ti, a tu equipo, a tu ministerio y al mundo que quieres servir para Cristo.

Cómo entender la valoración de tu cultura y la de la formación de tu equipo

Si hiciste la valoración de tu cultura y tu creación de equipo que aparece en las páginas 226–227, aquí tienes algunas observaciones para ayudarte a reflexionar sobre tus respuestas.

Si tuviste mayormente uno y dos puntos, es probable que no te lo hayas pensado mucho, o tal vez hayas recibido mucho entrenamiento en esto, creando culturas y equipos sanos. El hecho de estar consciente de cómo lo que haces, como lo que no haces, afecta a la gente que te rodea, es un punto importante para que un líder sea competente. Puedes dar un primer paso haciendo una lista de los deseos y valores que tienes con tu equipo. Te sugiero que invites a tu proceso a un mentor de tu confianza o a un miembro del equipo. Lee con detenimiento las cuatro características de la cultura sana y la edificación de equipo, escogiendo una de ellas como enfoque principal, y aplicándola a tu propia situación.

Si tuviste mayormente dos y tres puntos, estás algo comprometido con una cultura y una formación de equipo sanas. Te animo a dedicar unas cuantas horas a reflexionar en un ambiente de oración, solo o con otros, sobre tu equipo y tu cultura. Haz una lista de las características que describen en la actualidad a tu cultura y tu equipo. Entonces haz una segunda lista, en la que hagas notar los valores, anhelos y sueños que Dios te ha dado para tu equipo. Identifica entre tres y cinco pasos concretos que puedes dar durante los próximos tres a nueve meses con el fin de llenar el vacío que hay entre tu cultura y tu equipo actuales, y la cultura y el equipo que deseas llegar a tener.

Si tuviste mayormente cuatro y cinco puntos, te felicito. Estás creando una cultura y un equipo sanos. Reflexiona en los ejemplos e ideas concretos de este capítulo que podrían aumentar tu eficacia o que harían que surgieran tus propias ideas. Te sugiero que escribas con claridad tus valores y tu visión para compartirlos con tu equipo. Y dirige un comentario con ellos sobre cuál es la mejor manera de llevar a la práctica tu visión y tus valores para la próxima temporada en que trabajen juntos. También te hallas en una buena situación para multiplicarte, siendo mentor de otros en cuanto a la forma de guiar y desarrollar sus propios equipos.

Capítulo 8

El poder y los límites prudentes

as lecciones más dolorosas que he aprendido en mis treinta y cinco años de liderazgo cristiano han tenido que ver con el ejercicio del poder y con el hecho de tener unos límites prudentes. El manejo del poder es una verdadera prueba, tanto para tu carácter como para tu liderazgo. Estamos más que dispuestos a hablar acerca de los abusos de poder cuando dan la noticia de algún escándalo en la vida de otra persona, pero raras veces reconocemos los campos minados que rodean el uso del poder, y estamos mucho menos dispuestos a hablar de ellos con franqueza en los círculos cristianos. Ese silencio lleva a consecuencias y a daños relevantes con el potencial, no solo de borrar de un golpe toda una vida de buen trabajo, sino de socavar nuestros ministerios por años en el futuro. La buena noticia en todo esto es que, estemos donde estemos en nuestro camino dentro del liderazgo, podemos *aprender* a administrar bien el poder y a fijar unos límites prudentes.

¿Quién te dijo que tú eras mi jefe?

Cuando comenzamos New Life, éramos mayormente familias jóvenes en nuestros veintitantos y treinta y tantos años, que teníamos la visión de vivir en una comunidad basada en el modelo de Hechos 2, la de los primeros tiempos de la Iglesia. Muchos de nosotros nos mudamos deliberadamente con el propósito de vivir en el mismo vecindario. Nuestros hijos jugaban juntos. Compartíamos nuestras vidas, nuestros hogares y, a veces, nuestras finanzas. Yo era el pastor principal de la iglesia, pero no me veía a mí mismo necesariamente de esa forma. Sentía que todos éramos sencillamente amigos y compañeros de trabajo en el reino de Cristo, reunidos con Dios para una emocionante aventura.

Nada de esto fue problema los primeros años, pero después comenzaron a surgir unas cuantas fracturas. Entre ellas estaba un desacuerdo que tuve con Felipe, un líder clave de nuestro equipo. Él y yo comenzamos a tener choques en cuanto a la dirección futura y la estrategia en el ministerio de la iglesia. Felipe tenía la visión de desarrollar pequeñas iglesias en las casas, cuyos miembros dieran un testimonio profético de Cristo por medio de su vida juntos. Cada vez que él hablaba de eso me fascinaba. No obstante, también estaba desarrollando mi propia visión para la iglesia. Quería tener los grupos pequeños como fundamento, pero mi enfoque estaba en convertir nuestras celebraciones dominicales en centrales para nuestra estrategia, proporcionándoles un lugar seguro, tanto a los que buscaban como a los creyentes. Felipe y yo compartíamos la misma meta, la extensión del reino, pero teníamos dos visiones y estrategias muy diferentes en cuanto a la mejor manera de alcanzarla.

—¿Quién te dio el derecho a decidir sobre la dirección que debe tomar New Life? —me preguntó Felipe una semana en una reunión del personal—. Todos hemos dado nuestras vidas por esto. —Me quedé desconcertado y no supe qué decir—. Todos somos partes diferentes del cuerpo, iguales en cuanto a nuestro valor y nuestra contribución —siguió diciendo—. Somos una familia en esto. ¿Quién te dio el derecho de hacer esta decisión de manera unilateral por nosotros?

—Yo soy el pastor principal —dije con algo de tibieza. Me sentí extraño cuando lo dije.

—¡No lo puedo creer! —dijo con escepticismo—. En todos nuestros años, tú nunca has sacado a relucir tu autoridad. ¿Y la sacas *ahora*? ¡Vaya! —Se quedó mirando hacia el suelo, incapaz de mirarme—. Y eso es verdaderamente lamentable.

Yo no tuve nada que decir. Él tenía razón. Mi liderazgo era poco claro y confuso.

Al final, nos separamos y Felipe estableció una vibrante iglesia en el hogar. New Life compró un edificio y prosperó. Sin embargo, el daño que eso le hizo a nuestra relación se tomó años para sanar. Yo lo consideré un desacuerdo personal muy infortunado, pero no pensé mucho acerca de las cuestiones teológicas o de liderazgo que habían suscitado esas tensiones, ni en la ruptura de nuestras relaciones.

Diez años más tarde, volvió a salir a la superficie la cuestión del poder y me encontré en una encrucijada. Geri y yo teníamos una relación particularmente estrecha con varias familias de la iglesia. Veíamos películas e íbamos de vacaciones juntos, y en todas esas familias había alguien que servía en el grupo de líderes. La mayoría eran voluntarios, pero dos pertenecían al personal con sueldo. Al igual que Felipe, eran personas piadosas que encarnaban nuestros valores y nuestra cultura de New Life. Yo los respetaba y amaba profundamente.

A lo largo de los años, la iglesia había crecido lenta, pero constantemente. Ahora había una junta de ancianos, un equipo ejecutivo, un equipo personal de trabajo y un comité de personal que le añadían nuevas capas de estructura formal que iban más allá de aquel grupo original de familias. Había otros que funcionaban en esos momentos en importantes puestos de influencia. Debido a ello, mis conversaciones con esos amigos cambiaron y comencé a retener la información sensible que me parecía inadecuado compartir en nuestras reuniones formales, mientras teníamos un asado un domingo por la tarde o pasábamos juntos un tiempo de vacaciones.

Mis amigos comenzaron a notar que yo me estaba reservando cosas, por lo que sentí que poco a poco nuestras relaciones se iban volviendo tensas, a medida que yo iba dando la impresión de estar más distante y reservado. Cuando entraba en conversaciones serias con nuestro comité de personal acerca de las necesidades de empleomanía a largo plazo en New Life, sabía que estaba metido en un problema. Mis relaciones con unos amigos *que también formaban parte del personal pagado* eran complicadas y se entrelazaban a tantos niveles, que se me hacía imposible ser objetivo acerca de sus talentos y habilidades, y si seguían siendo o no los que debían ocupar sus presentes responsabilidades dentro del personal. Otros de los que formaban parte del comité sabían que aquel tema era altamente sensible, por lo que hablaban poco. Yo me sentía más en conflicto y metido en un enredo de lo que podía expresar.

Estuve pensando en renunciar, dándome cuenta de que me hallaba en el terrible dilema de ser jefe y amigo a la vez. Pensaba que teníamos una especie de acuerdo no escrito según el cual, si alguien era amigo, y formaba parte del personal pagado, ocuparía su posición de por vida... a menos, claro, que surgiera un problema de tipo moral o ético. Al mismo tiempo, por ser el líder principal de New Life, le debía rendir cuentas a la junta de la iglesia en cuanto a una buena mayordomía de nuestros recursos, lo cual incluía la contratación de personal que pudiera hacer avanzar con eficacia nuestra misión en el papel que se le encomendaba.

Al final, después de muchas noches sin dormir, tomé la decisión de violar esa regla sobreentendida y tomé algunas decisiones difíciles, sacando amigos de los papeles que desempeñaban en el personal. Aunque creo que al final, eso fue para bien, no supe manejar el proceso de la manera debida. Me sentía confuso y lleno de ansiedad. Al recordarlo, me avergüenzo por la forma en que hicimos eso. Mi comprensión de la manera en que el poder afecta a las relaciones, y de la necesidad de unos límites prudentes, era lamentablemente inadecuada. Estaba tratando de ser un buen amigo, y un buen «jefe», pero no era ninguna de las dos cosas.

En la iglesia perdimos la confianza; no solo de los que formaban el personal y que habían perdido sus trabajos, sino también dentro de nuestro círculo más estrecho de amigos. Perdí varias relaciones que atesoraba y que me habían costado años de trabajo construir. Hasta hoy, considero que ese fue uno de mis mayores fracasos en mis veintiséis años como pastor principal de New Life. A pesar de todo, Dios lo usó para enseñarme más de lo que yo quería aprender... acerca de la naturaleza de la iglesia y de la comunidad, el ejercicio correcto del poder y la importancia que tiene establecer unos límites prudentes.

Sé que no soy el único cuando se trata de cometer esta clase de errores. Casi todas las iglesias, las organizaciones sin fines de lucro, los equipos y las comunidades cristianas que conozco, tienen profundas cicatrices y heridas que se deben a un fallo en saber administrar el poder y establecer unos límites prudentes. Las iglesias son sistemas frágiles, complejos y confusos. Somos una comunidad, una familia, una misión sin ánimo de lucro. Sin embargo, también hay un aspecto «de negocios» por el hecho de que administramos recursos (contratamos y despedimos, cumplimos con las exigencias de las leyes, manejamos presupuestos, definimos el éxito, etc.). Lo que sigue está muy lejos de ser un análisis completo del asunto del poder en el liderazgo. No voy a hablar de todos los escenarios con los que te podrías encontrar. Sin embargo, tengo la esperanza de ofrecerte algunas ideas; algunas pepitas de oro procedentes de la experiencia; las mismas que quisiera haber comprendido hace años. Espero sinceramente que reflexiones cuidadosamente acerca de ellas mientras tratas de abrirte paso por este campo minado con un cuidado y una integridad mucho mayores que los míos, no solo por tu bien, sino por el de tu familia, tus amigos, tu ministerio y la gloria de Cristo en el mundo.

Vamos a comenzar definiendo lo que es el poder «cristiano».

¿Qué es el poder «cristiano»?

La descripción más elegantemente sencilla del poder que conozco es esta: *el poder es la capacidad para influir.* El autor Richard Gula escribe:

> [El poder] es lo que nos capacita para hacer que pasen las cosas o que no pasen. En este sentido, todo el mundo tiene poder, pero no todos lo tenemos en el mismo grado. El poder como influencia siempre es relativo a nuestros recursos. Uno de los autoexámenes más importantes que podemos hacer es el de nombrar nuestras fuentes de poder, porque cuando más corremos el riesgo de conducirnos de una manera éticamente incorrecta es cuando le quitamos importancia a nuestro poder, o lo ignoramos.[1]

Parte de lo que encuentro convincente en la afirmación de Gula es su deducción de que todo el mundo es líder. En un grado mayor o menor, todo el mundo tiene influencia, lo cual significa que todos estamos llenos de poder. Y todos usamos ese poder, bien o mal; para el bien o para el mal.

El problema está en que son muy pocos los líderes que están conscientes de la naturaleza del poder que Dios les ha dado y mucho menos se dedican a reflexionar sobre él. Como resultado, hay quienes ejercen sin importarle ese poder por medio de la agresión, y lo explotan para su propia ventaja. Funcionan como el proverbial toro en la tienda de vajilla fina, despreocupados, y sirviéndose a sí mismos con su poder. No están conscientes del impacto que tienen en los demás, o de la forma en que los demás los perciben a ellos, o peor aún, no les importa. Las Escrituras nos ofrecen una gran cantidad de líderes de este tipo, entre ellos el rey Saúl y el rey Salomón.

En el extremo opuesto están los líderes que rehúyen al ejercicio de su poder. Su reticencia ante la necesidad de imponerse, deja la puerta abierta para que se aprovechen del vacío de poder las personas que no deben hacerlo, lo cual causa toda clase de caos. No es poco corriente que esos ministerios o iglesias que tienen líderes débiles se adecúen a la siguiente descripción del pueblo de Dios que aparece en el libro de los Jueces: «En aquella época no había rey en Israel; cada uno hacía lo que le parecía mejor» (Jueces 21.25).[2]

En los años que he estado enseñando a líderes y dándoles mentoría, he visto que la misma cantidad de daño ha sido producida por este segundo grupo, los líderes que son ambivalentes y se sienten incómodos con su poder. Tal vez se deba a que me identifico con ellos. Por algún motivo, a estos líderes les parece incorrecto y contrario a la Biblia tomar las riendas y gobernar, porque el poder implica privilegio, una posición social más elevada, y estar por encima de los demás. La idea de tener *poder* como líder les parece distanciada y fría. Así que prefieren negar o reducir al mínimo el poder real que tienen. Hasta es posible que algunos se sientan indignos o temerosos de ejercerlo, en especial en el nombre de Dios. Como consecuencia, viven metidos en una neblina, sintiéndose internamente sin poder alguno y, sin embargo, responsables de ejercer poder para guiar a los demás.

Así que permíteme que te lo diga de nuevo. *Todos* tenemos poder. Los pastores, los líderes del personal, los directores de los ministerios, los miembros de las juntas, los líderes de los grupos pequeños, los miembros que llevan mucho tiempo en la iglesia, los donantes, los padres, los músicos del conjunto musical: todos tenemos poder. El problema está en que no comprendemos de dónde nos viene ese poder, ni comprendemos tampoco cómo debemos ejercitarlo de una manera responsable. Nuestra comprensión del poder es incompleta y estrecha. Esto es cierto tanto para los líderes hambrientos de poder como para aquellos que evitan ejercitar su poder. Para que captes mejor estas situaciones en el liderazgo diario, piensa en los escenarios siguientes:

- «Yo solo predico cada dos semanas», dice Henry, pastor docente en una iglesia grande. «No gobierno la iglesia; ni siquiera tengo control sobre el equipo de líderes. Hay otros que se dedican a eso». Henry aún no se ha dado cuenta de que su papel público en la iglesia y su talento para comunicarse le dan un gran poder.

- «Yo no voy a votar por esa iniciativa nueva», afirma Juanita, miembro de la junta de la iglesia, en una reunión de la congregación. «Pero yo solo tengo una voz. Cada cual tendrá que decidir lo que a él o ella le parezca que es lo mejor». Terminan los comentarios y el voto de la congregación es negativo. La declaración de Juanita revela que no está consciente del poder que los miembros de la iglesia le atribuyen a ella, a causa de su capacidad para enseñar y su larga historia en la grey.

- Dan ha sido el pastor de jóvenes de la Primera Iglesia los últimos quince años. Creció en la iglesia y siete miembros de su familia extendida participan en diversos aspectos del ministerio. El grupo de jóvenes es pequeño, pero muy unido bajo el liderazgo de Dan. Como a Dan se le hace difícil confiar en los demás, no tiene más adultos trabajando con él. Es hábil para coordinar actividades y retiros, pero débil en el desarrollo de la espiritualidad de sus estudiantes. El ministerio se halla estancado. Su supervisor, el pastor ejecutivo, le ha tratado de hablar de eso, pero él se irrita con facilidad y se pone a la defensiva. Más de una vez ha dado por terminada la conversación y se ha marchado de la habitación. Dos veces ha amenazado con renunciar cuando el pastor principal lo ha interrogado acerca del ministerio. La junta de la iglesia siente que no puede hacer nada; si Dan renuncia, temen que tanto su familia extendida como varias familias de los estudiantes que están en su grupo, se podrían marchar de la iglesia. Aunque Dan no se considera a sí mismo incapaz de aprender, ni excesivamente sensible, sí cree que el ministerio de los jóvenes gira alrededor de él con toda razón, porque ha invertido quince años de su vida adulta en su formación.

- «Yo estoy casada con el pastor, pero digo lo que pienso, como cualquier otra persona», dijo la esposa del ministro. «No soy diferente de ninguno de los otros miembros de la congregación». Sin embargo, en realidad la esposa de un líder importante sí es *muy* diferente de todos los demás miembros de la congregación, sobre todo cuando ese líder es el pastor principal. La esposa es «una carne» con el pastor. ¡Duerme con el jefe! Juntos, forman un equipo de dos para toda la vida, aunque la esposa dé la impresión de ser una voluntaria más entre tantas. Esto le da un enorme poder por virtud de su matrimonio. En algunas iglesias, el poder que tienen los cónyuges de pastores detrás del escenario se encuentra entre uno de los elefantes más grandes que hay en la sala.

- El Pastor James es un magnífico predicador, un excelente forjador de visiones y, además, muy eficaz para recaudar fondos. Su iglesia se mantiene en un crecimiento constante. James les ha señalado unas fuertes expectativas a los miembros: que lleguen temprano a los cultos, que asistan a la oración y el estudio bíblico de mediados de semana, que diezmen con fidelidad y que sirvan por lo menos en uno de los ministerios de la iglesia. James y los miembros principales del personal funcionan como la junta de la iglesia, y son ellos los que toman todas las decisiones acerca de las finanzas, la compra de propiedades y el personal. James predica con regularidad acerca de las ofrendas, la autoridad espiritual y la excelencia, como parte de su ritmo de predicación. La congregación admira a James como hombre de Dios, por eso una de sus principales prioridades consiste en servirle bien a él y también a su familia. El pastor James es un buen hombre con muchas cualidades excelentes. No hay escándalos, él ama a su iglesia. El problema es que no está consciente de la gran cantidad de poder que ejerce en realidad y de la forma en que ese poder influye sobre la congregación. La gente no hace preguntas. En cuanto a las finanzas de la iglesia, lo que prevalece es un incómodo silencio. James recibe unos consejos limitados, mientras que los talentos de muchos siguen dormidos. Él no se da cuenta de lo mucho que su cultura y su familia de origen modelan su manera de dirigir.

En cada uno de esos escenarios, los líderes no comprenden la naturaleza de su poder, el cual, con respecto a su liderazgo, está dotado de diversas capas. Como resultado, sus ministerios se hallan restringidos y terminan hiriendo a las comunidades a las que sirven. Para comprender realmente el poder y la influencia que ejercemos sobre los demás, necesitamos saber con claridad de dónde nos viene ese poder. Todos los líderes necesitan estar conscientes de las seis fuentes primarias de poder.[3]

El poder que viene de la posición. Esta es la clase de poder más fácil de reconocer, porque es el que acompaña a una posición o un título. Se nos escoge para que desempeñemos un papel específico, como el de pastor, director, miembro de la junta, líder de un grupo pequeño, encargado de las finanzas o pastor de adoración. Esa posición nos proporciona una plataforma para influir en los demás.

El poder de origen personal. El poder personal se apoya en lo que hacemos con la persona única que Dios quería que fuéramos cuando nos creó. Procede de cosas como nuestro talento, personalidad, conocimientos, estudios y competencia. Algunos de estos valores los tenemos de nacimiento, otros los adquirimos como resultado o bien de los privilegios (como los estudios superiores) o de oportunidades únicas (tener mentores, pasar por nuevas experiencias, tener puertas abiertas al aprendizaje, etc.).

El poder del «factor Dios». Este se refiere al peso sagrado que llevamos con nosotros cuando el papel que desempeñamos nos sitúa formalmente en una posición en la que representamos a Dios. Cuando representamos a Dios y a la iglesia, la gente mira de una manera diferente lo que nosotros decimos y hacemos. Simbolizamos algo que va mucho más allá de nosotros personalmente. En este sentido, los líderes cristianos tienen un poder mayor que los políticos o que los ejecutivos Fortune-500, más poder que los trabajadores sociales y los maestros, más poder que una gran cantidad de profesiones dedicadas también a prestar asistencia. Representamos la presencia de Dios, aunque nos sintamos inadecuados para esa tarea. Servimos a la gente en el nombre de Jesús.[4] La gente confía en nosotros.

El poder proyectado. El poder proyectado es el que otras personas proyectan sobre nosotros de manera inconsciente. El término psicológico usado para definir esta dinámica es «transferencia». Es lo que sucede cuando otras personas proyectan sobre nosotros sus propias necesidades sin satisfacer y sus asuntos sin resolver, con la esperanza de que nosotros vamos a satisfacer esas necesidades y los vamos a ayudar a resolver esos asuntos. Si hablamos acerca de Dios y en su nombre, podremos esperar que algunas personas proyecten sobre nosotros sus sentimientos no resueltos de dependencia, hostilidad, deseos románticos, ira, debido a figuras de autoridad del pasado u otras relaciones significativas.[5] Como principio general, mientras más afligida se sienta una persona, más poder invisible tenderá a proyectar en un líder.

El poder producto de las relaciones. Nuestro poder crece cuando la gente nos confía sus temores y sus secretos. El hecho de saber acerca de las personas cosas que pocos saben, es una expresión de intimidad. Cuando aconsejamos a alguien, escuchamos en oración sus dolorosas experiencias, o maldades imposibles de imaginar, y les guardamos el secreto. Acompañamos a las personas en sus momentos más vulnerables, cuando se enfrentan a la muerte (suicidio, pérdida de un miembro de la familia, muerte de un matrimonio por medio del divorcio), las transiciones (nacimientos, graduaciones, jubilaciones), las tragedias (abusos, accidentes, traiciones) y las crisis de fe (noches oscuras del alma, dudas, ruptura de relaciones). Cada vez que se confía en nosotros en uno de esos momentos, nuestro poder aumenta.

El poder cultural. El poder cultural lo puede incluir todo, desde la edad y la raza, hasta el sexo y la etnicidad. Por ejemplo, las culturas asiáticas y africanas les otorgan poder a sus ancianos basados únicamente en su edad. En algunos casos, las personas más ancianas siguen siendo líderes de grupo hasta su muerte, o le transfieren ese poder a alguien más joven. Los hombres tienen más poder que las mujeres en la mayoría de los países del mundo. Lamentablemente, el color de la piel de una persona o su procedencia étnica conllevan una cantidad mayor o menor de poder, según sea el contexto geográfico, social o histórico. Cada uno de esos factores causa un impacto en la capacidad del líder para influir en los demás.

Cualquiera que sea la fuente, y cualquiera que sea el grado de poder o de influencia que tengamos, los tenemos como un don divino. Y mientras más poder tengamos, mayor será el impacto que ejerceremos, de manera intencional o no, en los que nos rodean. Nuestra necesidad crítica es estar conscientes en cuanto a *la manera* de ejercitar ese poder. Debemos aprender lo que significa usar nuestro poder, y después la forma de establecer unos límites prudentes y sanos en nuestras relaciones con los demás.

¿Hasta qué punto es sano el uso que haces del poder y hasta qué punto son prudentes los límites que le has fijado?

Usa la lista de afirmaciones que sigue para evaluar brevemente la forma en que usas el poder y la prudencia con que has establecido sus límites. Junto a cada afirmación, escribe el número que describa mejor tu respuesta. Usa la escala siguiente:

5 = Siempre es cierto

4 = Muchas veces cierto

3 = Ocasionalmente cierto

2 = Raras veces es cierto

1 = Nunca es cierto

_____ 1 Estoy muy consciente del poder que me ha dado Dios y de la influencia que tengo sobre los que me rodean.

_____ 2. Monitoreo de manera constante la forma en que mi sombra causa un impacto sobre mi uso del poder o mi falta de uso del mismo.

_____ 3. Creo protecciones para mis relaciones dobles con las demás personas, tratando de ser amigo con mis amigos, pastor con los miembros de mi iglesia, mentor con los que reciben mi mentoría y supervisor con los voluntarios y los empleados.

_____ 4. Soy sensible al impacto que tienen la cultura, la procedencia étnica, el sexo y la edad en mi forma de usar el poder y en la manera en que los otros me perciben a mí.

_____ 5. He reflexionado en el modo en que se usaba el poder en mi familia de origen y comprendo de qué manera causa un impacto, tanto en mi uso del poder que tengo en el presente, como en la respuesta de los demás a ese poder.

_____ 6. Me hago responsable de aclarar con todo cuidado los papeles y los límites existentes en nuestro equipo, manteniéndolos tan claros como me sea posible.

_____ 7. Estoy atento a la forma en que los miembros de mi equipo usan su poder y su influencia, o descuidan su uso.

_____ 8. Me siento seguro al ayudar a otros para que comprendan su uso del poder, dándoles consejos sabios y advertencias sobre la manera de ejercitar sabiamente su poder.

_____ 9. Me resisto a la tentación de aprovecharme de los derechos (ventajas y beneficios) que se me ofrecen a causa de mi papel en el liderazgo.

_____ 10. Busco consejos sabios y sostengo conversaciones sinceras con otras personas antes de permitir que los miembros de una misma familia, o unos amigos muy íntimos, sirvan juntos en el liderazgo.

Dedica un momento a revisar brevemente tus respuestas. ¿Qué te parece que se destaca más? Al final del capítulo (página 281) hay algunas observaciones generales para ayudarte a comprender mejor hasta qué punto es sana la forma en que usas tu poder en la actualidad y la prudencia con que has establecido tus límites.

Características de un poder y unos límites prudentes emocionalmente sanos

Una buena manera de probar el carácter de una persona es ver cómo se enfrenta a las adversidades. En cambio, la mejor manera de probar el carácter *de un líder* es ver cómo maneja su poder. Si queremos usar bien nuestro poder como seguidores de Cristo, hay tres cosas que debemos hacer:

- Identificar nuestro poder y hacer un inventario del mismo
- Administrar con cuidado nuestro poder, de manera que quede *debajo* de otros
- Reconocer y monitorear las relaciones con cada una de las demás personas

Veamos detenidamente cada una de estas tres características.

Identificamos nuestro poder y hacemos un inventario del mismo

Los líderes emocionalmente sanos están claramente conscientes de las fuentes de su poder, y también de sus matices en el uso del poder. Una de las cosas mejores que podemos hacer para desarrollar esta conciencia es identificar el poder que Dios nos ha otorgado y hacer un inventario de él. Y al hablar de «inventario», quiero decir que no solo pensamos acerca de nuestro poder, sino que también meditamos acerca de él y lo reconocemos como nuestro. Antes de leer toda la lista que sigue, te sugiero que tomes un bloque de papel o un diario. Allí escribe tus respuestas a medida que vayas pensando en las preguntas para cada una de las seis categorías de poder. Si te parece útil tener una muestra, puedes ver los «ejemplos de inventario de poderes» en la página siguiente.

El poder que viene de la posición. ¿Cuáles son las posiciones formales de influencia que Dios te ha encomendado? Por ejemplo: líder de un grupo pequeño, pastor, cónyuge de un líder, director ejecutivo, organizador comunitario, jefe ejecutivo o responsable de finanzas, ujier, maestro, miembro de la junta, líder de equipo, padre, etc. ¿Cuáles privilegios y oportunidades te abre esta posición?

El poder de origen personal. ¿Cuáles son los talentos exclusivos, habilidades y ventajas que te ha dado Dios? Piensa en tus experiencias, tus estudios, tu competencia, tus talentos naturales u otras capacidades. ¿Cómo ha moldeado Dios de manera única tu personalidad en una forma que contribuye a tu capacidad para influir sobre la gente? Piensa en tu tendencia a ser introvertido o extravertido, tu capacidad para atender a los detalles, para lanzar una visión que se pueda ampliar, etc.

El poder del «factor Dios». ¿De qué modo o formas tienes un «peso sagrado» sobre los que pertenecen a tu iglesia, tu lugar de trabajo, tu familia o tu círculo de amigos? ¿Hasta qué punto busca la gente en ti la sabiduría espiritual y el consejo? ¿Cuáles son las personas, dentro y fuera de la iglesia, que te podrían estar considerando como una autoridad espiritual que habla de parte de Dios?[6]

El poder proyectado. ¿Cuáles personas o grupos te podrían estar atribuyendo poder y autoridad por lo que representas como líder? ¿Hasta qué punto esta atribución de poder procede de sus necesidades sin satisfacer o sin resolver? ¿Quién te podría estar idealizando desde lejos, atribuyéndote una sabiduría, santidad o capacidad mayor de la que realmente posees?

El poder producto de las relaciones. ¿Con quién, y por cuanto tiempo, has ido edificando la historia de una relación (personas que has pastoreado, servido, les has dado mentoría o has caminado con ellas a lo largo de los retos y las transiciones de la vida)? Piensa en personas individuales, en familias y en grupos. ¿Cómo influyen su vulnerabilidad y su confianza en ti sobre su percepción de tu persona y sus expectativas con respecto a ti?

El poder cultural. ¿Cómo podrían servir tu edad, tu raza, tu sexo, tu origen étnico u otros factores culturales como fuente de poder o de influencia para ti? ¿Cómo podría cambiar esto de un grupo a otro dentro de tu ambiente (p.ej., las diferentes culturas y grupos étnicos te podrían tratar de manera diferente, los jóvenes tal vez no te atribuirían poder, o los ancianos, debido a tu posición te podrían respetar y hacer caso a tus palabras sin preguntar siquiera)?

Antes de continuar, dedica un momento a leer de nuevo tus respuestas. ¿Qué se destaca para ti en cuanto a la naturaleza de tu poder y a la gente sobre la cual tienes influencia? Durante unos minutos, invita a Dios para que te hable acerca de tu inventario. Agradécele el haberte dado tu poder, de manera que tu vida y tu liderazgo sean un don para aquellos a quienes sirves, capacitándolos para «llegar a estar más plenamente vivos y florecer».[7]

Ejemplos de inventario de poderes

El pastor principal

El poder que viene de la posición

- Como principal líder espiritual, soy el que establezco la dirección y la visión del ministerio.
- Hablo en nombre de Dios. La gente se sienta cada semana para escucharme mientras enseño en su nombre entre veinticinco y cuarenta y cinco minutos.
- Tengo la voz cantante en cuanto a determinar la distribución de los recursos de la iglesia (finanzas, contrataciones y cesantías, personal y voluntarios, uso de las dependencias, determinación de prioridades en cuanto al tiempo de las personas, etc.).

El poder de origen personal

- Soy buen comunicador y tengo la capacidad de mover a la gente e influir sobre ella por lo que digo y por la forma en que lo digo.
- Estoy más familiarizado con la Palabra de Dios que la mayoría, y mis conocimientos se basan tanto en mis años de estudio como en mi experiencia ministerial.
- Mis dones y talentos me capacitan para guiar y administrar las numerosas y diversas partes de una iglesia, delegando responsabilidades con el fin de mantener y edificar comunidad.

El poder del «factor Dios»

- Cuando hablo y enseño, la gente está escuchando a Dios, que les habla por medio de mí.
- La gente confía en mí como pastor y representante de Jesucristo, y muchas veces me dice cosas acerca de su vida, que pocas personas más conocen.
- Las personas, algunas de las cuales son extranjeras, me invitan a los momentos de transición significativos en su vida: fallecimientos, enfermedades graves, nacimientos, bodas, graduaciones y jubilaciones.

El poder proyectado

- La mayoría de las semanas, la gente ve mis mejores dones y cualidades, pero no ve mis defectos. Algunos idealizan lo que soy más allá de lo que es cierto. Otros tal vez se sientan celosos de mí o tal vez lleguen incluso a despreciarme.
- La gente que no tuvo unas relaciones positivas con sus padres terrenales busca en mí el apoyo y el amor que nunca recibió en sus primeros años de vida.
- Debido a mi personalidad, mis talentos, mi posición y mi éxito evidente como líder, algunas personas reciben todo lo que yo digo y hago sin crítica alguna; nunca se atreverían a dudar de mí.

El poder producto de las relaciones

- Como consecuencia de mis años en la iglesia, los que han sido miembros muchos años me son profundamente leales y no hacen caso a mis absurdos errores ni a mis imperfecciones.
- Cada vez que ofrezco cuidado pastoral en los momentos clave de transición por los que pasa la gente, me aman por hacerlo, lo que aumenta su lealtad hacia mí.
- Cada vez que sirvo como pastor o que enseño y capacito a las personas para tener un encuentro con Dios, adquiero un poco más de poder y de confianza de parte de aquellos a quienes sirvo.

El poder cultural

- Las personas que proceden de culturas en las que el confucianismo ejerce una fuerte influencia, honran mi posición de autoridad (y mi edad, si son más jóvenes que yo), actuando con respetuosa deferencia hacia mi persona.
- Los inmigrantes que están en nuestra iglesia me atribuyen un poder adicional por ser estadounidense y pastor con influencia en la comunidad.
- Los afroamericanos, fieles a su historia, me tratan con un respeto único. Muchos latinos, fieles a sus profundas raíces en el catolicismo romano, y otras personas procedentes de la tradición ortodoxa oriental me ven con un profundo respeto, casi como si fuera un sacerdote, y como si tuviera acceso a los misterios de Dios.

El líder de un grupo pequeño

El poder que viene de la posición

- Yo soy el que establezco la agenda y los parámetros para las reuniones del grupo pequeño.
- Soy el que guío la conversación, dirigiéndola por el rumbo que decida.
- Soy el que decido delegar o no responsabilidades a otras personas.

El poder de origen personal

- Puesto que me preparo y estudio antes de las reuniones, muchas veces sé más acerca del tema que estamos estudiando que el resto del grupo.
- Los integrantes del grupo saben que la iglesia me ha entrenado para ser líder y que puedo responder a las preocupaciones básicas que ellos tengan.
- La gente confía en mi capacidad para integrar los diferentes elementos de una reunión para crear una experiencia espiritual significativa.

El poder espiritual

- Algunas personas que son nuevas en la fe cristiana me ven como un líder que habla en el nombre de Dios.
- La gente me ve como un representante de la iglesia.
- La gente confía en que la puedo guiar y amar en el nombre de Jesús, ayudándola con sus necesidades y problemas espirituales básicos.

El poder proyectado

- La gente mira mis mejores dones y cualidades de líder; no mira mis fallos. Y como consecuencia, hay algunos que me idealizan.
- Unas cuantas personas me ven como figura de autoridad y me atribuyen una sabiduría y unos talentos que puede que posea, o puede que no.
- Algunas veces, la gente tiene unas expectativas poco realistas en cuanto a lo que yo le puedo ofrecer, debido a mi posición como líder de su grupo pequeño.

El poder producto de las relaciones

- Puesto que la gente sabe que yo soy buen amigo del pastor y de su cónyuge, viene a mí para conseguir una información acerca del ministerio que excede mis responsabilidades y mi posición como líder de un grupo pequeño.
- Porque estudié en un colegio universitario cristiano y tomé cursos de Biblia, alguna gente de mi grupo espera de mí que responda las preguntas difíciles cuando surjan.
- La gente de nuestro grupo pequeño sabe que hace algunos años, yo asistía a una iglesia grande y prominente. Algunos dan por sentado que tengo más sabiduría acerca de lo que es el liderazgo y de cómo se dirige con eficacia un grupo pequeño que la que realmente tengo.

El poder cultural

- A causa de mis estudios y de mi profesión como doctor en medicina, algunos miembros del grupo suponen que también soy experto en las cuestiones relacionadas con la Biblia y el liderazgo.
- El hecho de ser hombre me ofrece ventajas y oportunidades como líder que no se les dan a las mujeres, puesto que en nuestra congregación hay algunos que se sienten inseguros, o incómodos con la presencia de mujeres en posiciones de liderazgo.
- El hecho de que crecí en nuestra comunidad, y he vivido en ella por los últimos treinta y cinco años me da credibilidad dentro de nuestra iglesia, que es joven, altamente móvil y con bastante gente que solo permanece en ella durante un poco de tiempo.

Administramos con cuidado nuestro poder, de manera que quede debajo de los demás

Hace diez años, me encontré con que varias casas editoriales cristianas estaban tratando de obtener mis escritos. En aquellos tiempos, mi agente literaria era una sabia dama que tenía más de treinta años de experiencia en el campo de la publicación de libros; así que fijó unas reuniones en tres ciudades distintas con las casas editoriales para que analizara los contratos que me estaban ofreciendo. En todos los lugares se me trataba con gran amabilidad, casi como una estrella en potencia. ¡Aquello me agradaba mientras duraba! Como hijo que soy de un panadero italiano, aquello era una experiencia ajena a mi persona, incómoda y embriagante al mismo tiempo.

En el último día de nuestro viaje, le hice una pregunta a mi agente: «Usted ha estado durante largo tiempo en este negocio de las publicaciones. Ha representado a algunos de los escritores cristianos más populares. ¿Cuál diría que es la mayor tentación de la que yo debería estar consciente?».

«Eso es fácil», me dijo ella. «Se la puedo resumir en una sola palabra: *prepotencia*. Algunos autores tienen una fuerte influencia una vez que se vuelven famosos. Y cambian. Cuando entran en un lugar, actúan como si todo el mundo les debiera algo a ellos y el mundo girara en torno suyo. Eso hace que sea deprimente tener que trabajar con ellos».

Nunca olvidaré esa conversación. A partir de aquel mismo momento, decidí que iba a tratar todas y cada una de las puertas que me abriera Dios para publicar algo, únicamente como un milagro de la gracia.

Los líderes prepotentes actúan como si el mundo girara alrededor de ellos. Su manera de pensar es algo como esto: *Yo he sido bendecido. Yo tengo talento e influencia. Yo he trabajado duro y merezco que me traten bien.* A esto es a lo que me refiero cuando hablo del liderazgo basado en el «poder sobre los demás».

Lo opuesto a un líder prepotente es uno agradecido. Los líderes agradecidos se maravillan continuamente por todo lo que han recibido de Dios. Pero a medida que esa sensación de gratitud va disminuyendo en el líder, va creciendo en una medida igual su prepotencia.

Mientras que el mundo practica una estrategia basada en el «poder sobre los demás», caracterizada por el predominio y una competencia entre ganadores y perdedores, Jesús enseñó una estrategia de «poder por debajo de los demás», caracterizada por la humildad y el servicio sacrificado. En el mundo, dice el propio Jesús, los líderes imponen el peso de su influencia; «Pero entre ustedes no debe ser así. Al contrario, el que quiera hacerse grande entre ustedes deberá ser su servidor» (Marcos 10.42–43). Aunque Jesús es el Dios invisible que mantiene unidas todas las cosas, el Todopoderoso eterno, inmortal e infinito, se hizo humano, temporal, mortal y finito. Jesús manifestó su poder, no por medio de la fuerza o del control, sino decidiendo situarse *debajo* de nosotros, lavando pies en su humildad y muriendo por nuestros pecados. Administró con todo cuidado su poder: «[Jesucristo], siendo por naturaleza Dios, no consideró el ser igual a Dios como algo a qué aferrarse. Por el contrario, se rebajó voluntariamente, tomando la naturaleza de siervo» (Filipenses 2.6–7).

La iglesia no es una corporación. Nosotros no somos ejecutivos de ninguna corporación, ni tomamos decisiones fuertes para que «salga el trabajo». No somos ejecutivos que llevamos a cabo las mejores prácticas con el fin de ampliar nuestro impacto o nuestra penetración en el mercado. La iglesia no es nuestro negocio familiar. En lugar de todo eso, lo que somos es el cuerpo de Cristo, el templo de Dios, la nueva familia de Jesús, la desposada de Cristo. Como líderes, somos mayordomos con un poder delegado que Dios nos ha otorgado por un corto tiempo. El uso de la palabra *mayordomo* es importante. La iglesia le pertenece a Dios, no a nosotros. Nunca debemos olvidar que el poder que ejercemos le pertenece a él. Nuestro poder nos ha sido *dado* para que podamos estar debajo de las personas por su propio bien, para que florezcan, no para que nosotros seamos bien vistos.

El hecho de no situarnos debajo de las personas con nuestro poder toma muchas formas diferentes. Considera la historia de Patrick y Ken. Hace dos años, Patrick y su esposa se mudaron de Nueva York a Virginia del Oeste, para que Patrick pudiera ocupar una posición como pastor de jóvenes en una iglesia rural. Antes de mudarse, había servido como líder voluntario del ministerio de jóvenes en la Primera Asamblea, una iglesia de Nueva York, su estado de origen. Durante un viaje reciente a Nueva York para visitar a su familia, Patrick se comunicó con Ken, el pastor principal de la Primera Asamblea, y le preguntó si podían almorzar juntos. Al principio, Ken no se sintió con deseos de hacerlo, porque él y Patrick no se habían separado en muy buenos términos, pero también sentía curiosidad y aceptó reunirse con él.

Cuando se reunieron, Patrick sorprendió a Ken al pedirle perdón por su falta de sumisión a la autoridad y por su espíritu rebelde cuando servía como líder de los jóvenes en la Primera Asamblea. Describió cómo el pastor principal de su iglesia en Virginia del Oeste lo había confrontado y le había ayudado a ver sus puntos ciegos y su arrogancia.

Ken no podía creer lo que estaba oyendo. Se había sentido aliviado cuando Patrick se mudó para Virginia del Oeste, por lo difícil de manejar que este era. Sus observaciones y formas de conducta inadecuadas le habían causado muchas noches de insomnio, pero él nunca había dicho nada. ¿Por qué? Porque Ken detesta los conflictos y las relaciones desastrosas. Pero ahora Patrick era una persona totalmente diferente: quebrantado, humilde y arrepentido. ¡Unos días más tarde, en una conversación que tuvo conmigo, Ken se preguntaba si no le correspondería ahora a él sacar a Patrick a almorzar y pedirle perdón por no haberlo confrontado nunca con esos problemas cuando Patrick aún se hallaba bajo su liderazgo!

Observa que Ken no supo ejercitar el poder que le había dado Dios para situarse debajo de Patrick con el fin de amarlo bien. No había sabido servirle, permitiendo que su aversión a los conflictos hiciera que abdicara de su poder y su autoridad. Por eso aconsejé a Ken que, en mi opinión, sería bueno para su alma sacar a Patrick a almorzar y pedirle perdón.

Una de las formas en las cuales sabemos que estamos usando de manera deliberada nuestro poder para situarnos debajo de las personas es cuando hacemos algo que es difícil y duro para nosotros, porque va a beneficiar a alguien. Eso es lo que Ken habría debido hacer por Patrick, aunque le hubiera costado la aprobación de este, o incluso una ruptura en sus relaciones.

Otro indicador que monitoreo en mi propia vida para asegurarme de que estoy usando mi poder para situarme debajo de los demás, es examinar mi corazón. Lo observo para ver si me sigo sintiendo agradecido por el privilegio de representar a Jesús y tener un nivel de influencia en la vida de otras personas. Tal vez la mejor prueba que conozco para que me alerte por haberme desviado de un uso sano del poder, es sentirme resentido cuando la gente me trata como el siervo que afirmo ser.

Diez principios para el ejercicio del poder y de unos límites prudentes

1. **Haz un inventario sincero del poder que te ha otorgado Dios.** Para ser fieles, necesitamos estar profundamente conscientes de las fuentes del poder que Dios nos ha concedido. Nos arriesgamos a hacer un uso muy pobre del poder si ignoramos o reducimos al mínimo la amplitud de nuestro poder.

2. **Reúnete con un compañero espiritual maduro cuando te des cuenta de que te encuentras fuera de control.** Es de esperar que las dinámicas de origen familiar aún no resueltas se reafirmen cada vez que tengas responsabilidad y poder. El lugar de trabajo y la iglesia son escenarios clave donde nuestros gatillos y nuestros botones disparadores suelen surgir.

3. **Consigue consejeros sabios que monitoreen tus relaciones dobles.** Los mentores, ancianos y miembros de las juntas de las iglesias, así como los amigos maduros, nos dan una perspectiva distinta y nos aconsejan. Es crítico que conozcamos nuestros límites y tengamos deferencia ante el discernimiento de otros cuando hay unas relaciones dobles (p.ej., jefe y amigo) que forman parte de nuestro liderazgo.

4. **Obedece las señales iniciales de advertencia en cuanto a los peligros.** La gente cambia. Nosotros cambiamos. La iglesia cambia. Lo que

ahora funciona es posible que no funcione dentro de unos cuantos años. Ten conversaciones sinceras con la gente cuando tu relación con ella pase por tensiones y situaciones incómodas. Habla acerca de los riesgos, los reveses y los retos que tienes ante ti.

5. **Mantente sensible a los matices de tipo cultural, étnico, de sexo y generacionales.** Las diferencias culturales e históricas en torno al poder, la autoridad, la edad y el sexo son amplias. Dedícate siempre a aprender. Haz preguntas. Es probable que tu historia y tu experiencia con el poder sean muy diferentes a las de otras culturas, grupos de edad o incluso el sexo opuesto. Invita a personas de los diferentes grupos para que te expliquen sus puntos de vista.

6. **Deja ir a las personas, tanto pagadas como voluntarias, de una forma amorosa.** Esta es una de las tareas más difíciles para los líderes, en especial porque representamos a Dios y desempeñamos una serie de papeles diferentes con la gente: empleador, pastor, guía espiritual, mentor, etc. Asegúrate de recibir sabios consejos para que te cerciores de usar tu poder con equidad, sinceridad y de una manera afectuosa.

7. **Recuerda que la carga de establecer los límites y mantenerlos claramente definidos recae en la persona que tiene el poder mayor.** Aunque haya una persona en nuestro ministerio que trate de manipular una situación, la carga más grande recae sobre nosotros. ¿Por qué? Porque Dios nos ha otorgado a nosotros un poder mayor.[8]

8. **Sé amigo con tus amigos, pastor con los miembros de tu iglesia, mentor con aquellos a los que les das mentoría, y supervisor con los voluntarios y los empleados.** Monitorea y evita las relaciones dobles (como la de ser amigo y empleador a la vez) tanto como te sea posible. Pregúntate: «¿Cuál es el papel primario para mí en esta relación? ¿Quién soy yo para esta persona? ¿Quién es esta persona para mí?».[9]

9. **Medita en la vida de Jesús cuando te encuentres con el sufrimiento y la soledad que trae consigo el liderazgo.** El ejercicio de la autodisciplina necesaria para hacer una buena administración de tu poder se puede convertir en un esfuerzo difícil y solitario. Sintonízate con Cristo, buscando un tiempo extra para leer su vida y su pasión, y meditar en ellas.

10. **Pídele gracia a Dios para perdonar a tus «enemigos»... y perdonarte a ti mismo.** Vas a cometer errores y herir a algunas personas. Pídeles perdón y reconcíliate con ellas en cuanto te sea posible. En algún momento, con razón o sin ella, habrá gente que sentirá que la has traicionado; también tú te vas a sentir traicionado por la gente. Aún no he encontrado un solo líder cristiano que no haya experimentado lo que es una traición. Esas heridas son profundas

> y muchas veces nos conducen a una noche oscura del alma. Pero cuando oremos a diario para pedir el milagro de perdonar a nuestros «enemigos» (y perdonarnos a nosotros mismos), podremos experimentar una de nuestras mayores temporadas de maduración y profundización en nuestra posición de líderes.

Reconocemos y monitoreamos las relaciones con cada una de las demás personas

El ejercicio del poder y el establecimiento de unos límites prudentes pueden ser complejos, cualquiera que sea el escenario. Pero el ejercicio del poder espiritual, o el «factor Dios», en la iglesia o en otras organizaciones cristianas trae consigo complejidades adicionales. Tal vez no haya nada tan complejo para los líderes como el reto de moverse en medio de unas relaciones dobles con familiares y amigos íntimos. Considera la historia que sigue, en la cual se pasó por alto esto, y cuyo resultado fue una espiral descendente de doce años para una iglesia.

Paul, abogado, había sido el presidente de la junta de su iglesia durante más de quince años. En ese papel, sirvió de hecho como «jefe» para el pastor principal y para el personal. Al mismo tiempo, era también el mejor amigo de Ben, el pastor principal. Les agradaba reunirse, por lo que tenían la costumbre de almorzar juntos y acudir también juntos a los juegos.

La iglesia estaba creciendo y todo parecía ir bien hasta el día en que se le informó a la junta que habían hallado a Ben besando a una mujer de la iglesia que no era su esposa. Los miembros de la junta y la iglesia misma se sintieron traicionados. En ese momento, Paul se vio en la obligación de desempeñar su papel como supervisor y autoridad espiritual sobre Ben. Eso era lo que ordenaba la constitución de la iglesia en cuanto a la relación entre el presidente de la junta y el pastor principal, incluso aunque ellos no hubieran operado previamente de esa manera en su amistad. Ben se resintió ante el cambio repentino en su relación, y también ante la intrusión y el que se le pidiera que rindiera cuentas obligatoriamente. Renunció y, desde entonces, él y Paul no han vuelto a hablar.

—¿Qué sucedió? —le pregunté a Paul—. Ustedes dos pasaban mucho tiempo juntos. ¿Cómo fue que no te diste cuenta de lo que le estaba pasando a Ben?—Bueno —admitió—, en realidad sí me había dado cuenta.

—¿Qué quieres decir con eso? —le pregunté.

—Él flirteaba de vez en cuando —me respondió Paul—. Lo vi pasarse un poco de los límites, pero pensaba que quién era yo para llamarle la atención. También era descuidado en otros aspectos: sus finanzas personales e incluso su predicación. Pero su talento le permitía seguir adelante. Aunque no estuviera totalmente preparado cuando predicaba, la gente no se daba cuenta de la diferencia. En cambio, yo sí.

Paul bajó la vista a su taza de café, hundido en sus pensamientos. Hubo un largo silencio y después me dijo:

—En realidad, con quien estoy más enojado es ¡conmigo mismo! No hice el trabajo que me correspondía como anciano y presidente de la junta. Éramos grandes amigos. Por eso la disciplina y el proceso de restauración fueron tan malos. Fueron un inmenso desastre.

Paul se había visto atrapado en un papel doble: amigo por un lado y jefe con autoridad espiritual por otro. Eso produjo unos límites borrosos y una confusión en cuanto a su relación mutua que no pudo sobrevivir cuando la crisis exigió que se produjera un cambio súbito de papeles.

El reto que son las relaciones dobles

Una relación doble es aquella en la cual desempeñamos más de un papel en la vida de alguien. Observamos esto, por ejemplo, cuando la líder de un grupo pequeño levanta su negocio de bienes raíces abordando como clientes a los miembros de su grupo, o cuando un médico se convierte en compañero de golf de uno de sus pacientes, o cuando un pastor contrata a su hijo para que trabaje con él. Cuando alguien acude a un médico, un abogado, un terapeuta, un maestro, un contador o un entrenador profesional, en esa relación deben existir ciertos límites. El profesional le ofrece un servicio y él paga por ello. Cada uno de los dos tiene un solo papel en la vida del otro. No van juntos de vacaciones. No salen a cenar esa noche. No se aconsejan mutuamente sobre sus problemas personales. Tienen una relación con un solo papel en el cual los límites se hallan relativamente claros.

Hay un reconocimiento implícito del poder desigual que existe en esas relaciones. El profesional es el experto. El que acude a él es el que recibe sus servicios y se beneficia de su experiencia. El profesional, por ejemplo, un médico o un abogado, se debe atener a un código de ética y a unas leyes con el fin de conservar su licencia. Los terapeutas no deben salir de cita con sus clientes. Hacerlo sería una violación; un abuso de poder por parte del terapeuta.[10]

No creo que sea sano ni bíblico tratar de eliminar por completo las relaciones dobles en el liderazgo cristiano. La creación de unos límites profesionales rígidos en una iglesia o en una organización paraeclesial podría muy bien constituir una limitación para lo que Dios está haciendo. Sencillamente, es necesario que esos límites sean monitoreados con prudencia y cuidado.

La relación entre Paul y Ben era doble. Eran amigos y, como presidente de la junta, Paul era también el supervisor de Ben. A veces, sentían la tensión, pero no tenían el lenguaje ni la madurez necesarios en su relación para hablar sobre esa tensión. La relación entre Paul y Ben no era de igualdad. Él era el presidente de la junta; en cambio, Ben trabajaba para la junta. La junta podía despedir a Ben, pero él no podía despedir a la junta.

Cuando nos encontremos en una relación doble, es importante que definamos los límites de nuestros papeles. Esos límites son como cercas: nos ayudan a saber dónde termina nuestro patio y comienza el de nuestro vecino. Con los límites adecuados, sabemos de qué somos responsables y de qué no lo somos. Por ejemplo, en la situación entre Paul y Ben, el establecimiento de unos límites prudentes al principio habría significado hablar con toda franqueza acerca de sus papeles y responsabilidades diferentes en la iglesia. Habrían podido invitar a otros miembros de la junta a participar en el dilema, para hablar de los posibles conflictos de interés. Tal vez Paul habría podido renunciar a la presidencia de la junta o a ser miembro de ella. Habrían podido analizar las consecuencias de su relación doble al principio, para asegurarse de ejercitar con sabiduría su poder.

La responsabilidad en cuanto a establecer unos límites sanos depende en primer lugar del líder, no de aquellos a los que él sirve. ¿Por qué? Porque al líder se le ha dado el poder mayor. No es fácil cumplir con esa responsabilidad. Hace falta estar consciente de sí mismo, ser comprensivo, tener la capacidad de hablar de una manera franca y clara, y poseer un saludable nivel de seguridad y de madurez personal. ¿Cómo lo sé yo? Gracias a mis errores. Mi gran cantidad de errores. El que sigue es un doloroso ejemplo de lo que estoy diciendo.

Por años me permití ir convirtiéndome en un verdadero padre con Joan, nuestra antigua pastora de jóvenes. Geri y yo la invitábamos a nuestra casa en los días de fiesta, cenábamos juntos y le ofrecíamos una gran cantidad de ayuda personal para que triunfara en su trabajo. Nuestras hijas la admiraban y la amaban. Con el pasar del tiempo, me convertí en algo así como padre sustituto, pastor y mentor; todas esas cosas unidas. Ella era profundamente leal y agradecida.

Sin embargo, hubo un momento en el cual las cosas no iban tan bien, ni en su ministerio ni en su vida personal, por lo que varios miembros de la junta directiva mostraron su preocupación. En ese momento tuve que intervenir bajo mi responsabilidad de supervisor de ella. Para que permaneciera dentro de nuestro grupo de personal, ella tendría que hacer unos cuantos cambios significativos en su vida. En aquellos momentos, yo no estaba consciente de lo terriblemente confusos que nuestros papeles y nuestros límites se habían vuelto. Cuando sostuve la difícil conversación con Joan acerca de su actuación, ella se sintió herida y traicionada.

«¿Cómo es posible que me trates así? ¿Cómo me puedes hacer esto a mí?», me dijo llorando.

Mi ofrecimiento de encontrarle otro puesto dentro de New Life cayó en oídos sordos. Ella sentía que mi traición era demasiado profunda.

Comprendo por qué. En lo que a ella respectaba, yo era su mayor animador y campeón, el único hombre mayor en su vida en el que podía depender aunque le fallara todo lo demás. Yo era el que había invertido años en ayudarla a crecer desde una posición como estudiante en pasantías a líder influyente de un ministerio vital. Yo era el pastor que la amaba como ama Dios, sin condiciones. No era su «jefe».

Yo no estaba consciente de eso, por lo que usé torpemente mi poder.

Ella renunció.

Una de nuestras cuatro hijas era miembro del grupo de jóvenes y se encontró en medio de una dolorosa transición. Ella no sabía nada de los asuntos de la junta, ni de las violaciones de límites que yo había permitido. Se sentía profundamente herida, tanto que necesitó años para recuperarse. ¿Cuántos hijos de pastores y líderes han sido heridos innecesariamente debido a la falta de sabiduría de un padre en el uso del poder y el establecimiento de unos límites dictados por la prudencia?

Era injusto que yo hubiera puesto a Joan, nuestra pastora de jóvenes, en esa posición. Como supervisor suyo, yo tenía un poder mucho mayor en la relación. Me habría debido limitar en mi mentoría, delegando la mentoría de ella a otros. También me habría debido asegurar de que se hiciera una seria revisión y evaluación laboral para ella, como se hacía con otros miembros del personal. Por haberla tratado como miembro de mi familia, me permití unas expectativas diferentes con respecto a ella. De hecho, ese dilema puede ser más desafiante aun cuando la relación doble tiene que ver con alguien de nuestra propia familia.

El reto de la familia

Aunque no lo creas, se han escrito libros enteros acerca de los pros y los contras que tiene el hecho de contratar a los miembros de la familia en las organizaciones. Algunos expertos sostienen que es más productivo y enriquecedor, tanto para la organización como para las familias, en particular para las parejas que tienen dos trabajos. Otros consideran que favorecer a los miembros de la familia es mal asunto, por lo que las organizaciones no deben tolerar esa práctica, por cuestiones de equidad y de justicia, aunque les sirva para alcanzar sus objetivos.[11]

Hay muchos ejemplos maravillosos en la historia y en la iglesia contemporánea, en los cuales vemos a los miembros de una familia trabajando bien juntos. En las Escrituras encontramos a muchos miembros de familias sirviendo juntos en posiciones de liderazgo.

- Moisés sirvió como líder principal, junto con sus hermanos Aarón y María.
- Aarón y sus hijos sirvieron juntos en el liderazgo como sacerdotes.
- David le transfirió el liderazgo a su hijo Salomón, que a su vez se lo transfirió a su hijo.
- Pedro fue el líder de los doce apóstoles, mientras que su hermano Andrés era miembro de su equipo de líderes.
- Los hermanos Juan y Jacobo estaban en el mismo equipo apostólico.
- Las Escrituras parecen indicar que Pedro, Andrés, Jacobo y Juan eran socios de negocios en la industria pesquera de Capernaum.
- Priscila y Aquila eran un matrimonio del cual es evidente que trabajaban juntos en el personal de su iglesia.
- Jacobo o Santiago, el medio hermano de Jesús, era el líder de la iglesia de Jerusalén, tal como lo describe el libro de los Hechos.

En todos estos casos, había miembros de la familia, tenían vínculos sanguíneos. Pero también habían sido dotados y llamados por Dios para servir juntos en el liderazgo. Como es de suponer, tenemos unas cuantas pistas de que surgieron problemas (por ejemplo, los desacuerdos entre Moisés, Aarón y María, y también las cosas sucedidas entre David y sus hijos), pero no sabemos mucho más allá de eso.

Por otra parte, también tenemos trágicos ejemplos de familias e iglesias que han sido destruidas cuando una familia ha tenido demasiado poder.[12] Hay iglesias y organizaciones que han tenido experiencias tan malas con la presencia de varios miembros de una familia en el personal, que actualmente lo tienen prohibido. No obstante, aunque existen peligros y retos significativos en el hecho de tener miembros de una misma familia sirviendo juntos en el liderazgo, creo que las Escrituras dejan las puertas claramente abiertas a esa posibilidad. Si la permitimos, necesitamos trabajar para proteger a todos los involucrados, conversando con franqueza sobre las cuestiones relacionadas con el poder y las relaciones dobles, para así establecer unos límites, junto con sus comprobaciones y sus equilibrios.

Se va a necesitar que unos líderes maduros, disciplinados y diferentes a los que participan en esa relación doble supervisen el impacto que causan los miembros de esa familia en la salud del cuerpo general, a fin de asegurarse de que no se traspase ningún límite en algo que se podría interpretar como favoritismo o nepotismo.

Antes que Rich se convirtiera en pastor principal de New Life, queríamos contratar a su esposa Rosie como directora de nuestro ministerio con los niños. Era la persona mejor calificada para el trabajo, pero la junta deliberó con sinceridad los posibles riesgos. Si las cosas no funcionaban con Rosie, los podríamos perder a los dos, tanto a ella como a Rich. La pérdida no sería pequeña, puesto que Rich ya había comenzado el proceso de sustituirme en mi puesto. Estudiamos ese riesgo con la junta, con Rich y con Rosie. Finalmente, los ancianos, como principales custodios de nuestra cultura y nuestros valores, decidieron que Rosie se reportaría al director de ministerio pastoral, que se reuniría con el jefe de los ancianos una vez al año para informarle en cuanto al funcionamiento de ella. Se dio por entendido que el jefe de los ancianos apoyaría al director del ministerio pastoral si este llegaba en algún momento a la conclusión de que ella ya no era la persona correcta para la posición de directora del ministerio con los niños. La contratamos, creyendo que teníamos el margen, la capacidad y la madurez necesarios para resolver esa complejidad en particular.

Cuando los miembros de una misma familia pueden servir en el liderazgo y las cosas funcionan bien, es fabuloso. Cuando no funcionan bien, la situación es muy mala y difícil de desenredar. Así que, como con cualquier otra decisión, es necesario que todo se discierna y converse con todo detenimiento.

El reto de los grandes amigos

Permíteme que te lo repita: yo no creo que sea sano, ni bíblico, tratar de eliminar las relaciones dobles en el liderazgo cristiano. Esto no solo se aplica a los miembros de una misma familia, sino también a las amistades muy estrechas. También es necesario que se manejen y supervisen con prudencia. Permitir las relaciones dobles en el caso de amistades muy cercanas ha sido uno de los dolorosos puntos ciegos en mi liderazgo a lo largo de los años. Lamentablemente, no soy el único en esto. Demasiados entre nosotros violan continuamente unos límites que son adecuados y necesarios en las amistades estrechas y después se encuentran profundamente enredados en una situación dolorosa.

Las amistades funcionan mejor entre personas que se hallen en la misma situación y tengan el mismo grado de poder. Ese equilibrio entra en peligro cuando una persona actúa en una posición de liderazgo espiritual o de supervisión de la otra. Martha Ellen Stortz, experta en ética, ha escrito una excelente descripción de las cualidades básicas de la amistad, y de la forma en que entran en conflicto con el ministerio y el liderazgo cristianos.[13] En el texto que sigue, he resumido unas cuantas de las cualidades de la amistad que ella identifica:

La selección. Los amigos se escogen mutuamente. Esto significa a la vez que no escogen a otras personas, sino que las excluyen. Como líderes de una comunidad, cuando excluimos a alguien, nos arriesgamos a tomar partido a favor de alguien y, sin darnos cuenta, definir quién está «dentro», mientras que los demás están «fuera». En los primeros años de nuestra iglesia, mi asistente ejecutiva comentaba con frecuencia lo que ella describía como mi favoritismo con mi círculo íntimo de amigos. Me decía que los trataba a ellos de manera diferente. En aquellos tiempos, yo no hacía caso a sus observaciones, pero ella tenía razón. Nuestros amigos tienen más acceso a nosotros que otras personas. Y eso les da mayor influencia que a la mayoría del resto de la gente a la que servimos.

La igualdad. Los amigos son iguales en cuanto a poder y a categoría. Como líder principal, yo tenía abiertas unas puertas que otros miembros de mi círculo de amigos no tenían. Desde oportunidades para irme de vacaciones hasta oportunidades para crecer, junto con la autoridad para contratar y para despedir. Por ser el pastor principal, también les podía abrir a los que pertenecían a mi círculo íntimo unas oportunidades que ellos no me podían abrir a mí. Debido a mi mezcla particular de poder a causa de mi posición y poder personal, todas las cosas no eran iguales en mis amistades con aquellos que pertenecían a nuestro personal. Esa desigualdad es una de las relaciones por las cuales las amistades con una relación doble se vuelven confusas y problemáticas.

La reciprocidad. Los amigos dan y reciben en un plano de igualdad. Yo trataba de mantener la reciprocidad en mis amistades, pero algunas veces era imposible. Puesto que mis amigos de nuestro círculo íntimo habían servido conmigo a través de los retos y las tensiones del liderazgo, pocos de ellos querían pastorear a su pastor, invitándome a bajar la guardia y compartir todo lo que quisiera, sin retener nada. El problema estaba en que las cosas difíciles que la junta y yo estábamos conversando en aquellos momentos, por ejemplo, no eran las adecuadas para compartirlas en medio de una conversación mientras tomábamos un café en un restaurante. De hecho, no eran adecuadas para hablarlas con nadie que no formara parte de la junta. Los amigos dan y reciben por igual, pero yo estaba reteniendo deliberadamente la parte que me tocaba. Eso fue creando una separación cada vez mayor a lo largo del tiempo.

El conocimiento. Los amigos nos invitan a revelarnos con veracidad. Eso se aplicaba en especial a aquellos para los cuales yo era pastor y amigo a la vez. Había momentos en los cuales yo quería hacer lo mismo con ellos. Sin embargo, no todas las cosas eran iguales. Desde mi posición de poder, mis palabras tenían un peso mayor. Hablar con tanta franqueza y tanta veracidad como algunos de nuestro círculo íntimo querían que yo lo hiciera, habría sido imprudente e inadecuado. Si los hubiera criticado a ellos de la forma en que ellos me criticaban a mí, se habrían sentido aplastados. Por ejemplo, recuerdo haber recibido una crítica extensa y exhaustiva acerca de un retiro de formación espiritual que yo había dirigido, en el cual participaron varios de mis «grandes amigos»; una evaluación que no incluía la categoría de «las cosas que salieron bien». Nosotros no nos podemos dar el lujo de hacer lo que hace la gente que sirve bajo nuestra autoridad, cuando tenemos más poder que ellos. Si lo hacemos, les haríamos más daño que bien. Cuando los líderes hacemos una crítica, es necesario que escojamos con todo cuidado nuestras palabras, intercaladas con confirmaciones positivas y presentadas en un ambiente seguro que proteja la dignidad de las personas.

Te ofrezco estas cuatro características de la amistad como marco para ayudarte a determinar si tus relaciones dobles con tus amigos reúnen estas normas de la amistad en particular.

¿Significa todo esto que estoy opuesto a que los líderes principales tengan buenos amigos en su iglesia? De ninguna manera. Pero sí te digo que después de más de dos décadas de ministerio, he visto muchos finales trágicos. Solo unos pocos líderes están suficientemente conscientes de sí mismos y tienen la habilidad necesaria para atravesar estos peligros bien y con prudencia. Te puedo dar testimonio de que sí *es* posible hacerlo, y creo que mi relación con Andrew, un fiel miembro de New Life, lo ilustra bien.

Fui pastor de Andrew muchos años y nos encantaba reunirnos. Él también participaba en un grupo pequeño que yo dirigía, por eso Geri y yo los invitábamos en ocasiones a cenar, a él y a su esposa. Por ejemplo, en un día caluroso de verano nos íbamos a la casa de ellos y disfrutábamos el alivio de refrescarnos en su piscina. Hablábamos de los deportes en Nueva York y de lo mucho que le gustaban a él los trenes.

Seis o siete años después de habernos hecho amigos, Andrew fue elegido como presidente de nuestra junta de ancianos. En ese momento, se convirtió en mi jefe directo. Se esperaba de mí que le enviara reportes mensuales. Él dirigía la junta regularmente en las evaluaciones de mi actuación. Vigilaba mi carácter y mi integridad. Tenía poder y autoridad para rebajarme de categoría, cesantearme o aumentarme el sueldo.

Yo era el pastor de su familia y ahora él era mi jefe. Hablábamos acerca de nuestras posiciones. Hacíamos bromas en cuanto a no salir juntos de vacaciones.

Nos manteníamos como amigos y seguíamos disfrutando cada vez que nos reuníamos.

Sin embargo, nuestra relación cambió. Ya no había igualdad entre nosotros.

Eso no quiere decir que la relación terminara. Nuestro respeto mutuo ha ido creciendo a lo largo de los veintisiete años que llevamos juntos, como resultado de nuestra decisión de hablar con toda franqueza acerca de los cambios en nuestra relación. La comprensión de esos cambios y su reconocimiento ha mantenido sanos y claros los límites de nuestra relación. Al mismo tiempo, nuestro afecto y nuestra estima mutuos todo lo que han hecho es crecer a lo largo de los años. Su período como presidente de la junta, y también como miembro de la junta, va a expirar pronto. Será interesante ver cómo evoluciona nuestra relación a partir de ese momento.

New Life Fellowship: un estudio de caso sobre la aclaración de los múltiples papeles a desempeñar por el personal pastoral

En el año 2007 comencé a peregrinar batallando con el poder emocionalmente sano y unos límites prudentes en New Life. Quería darle a nuestra gente un lenguaje que pudiéramos usar para hablar acerca de nuestras relaciones como miembros del personal, al mismo tiempo que cultivábamos un sano respeto por el poder legítimo de aquellos que tienen autoridad en New Life. Necesitábamos ayuda porque nos encontrábamos luchando continuamente con los papeles dobles entre el personal pastoral y la junta, entre nosotros mismos, con los supervisores y con los miembros de la congregación. Descubrimos que cuando contratábamos gente y le pagábamos un sueldo (haciendo la transición desde su trabajo voluntario anterior), eso añadía otro nivel de complejidad. Necesitábamos un marco común de referencia que nos ayudara a seguir adelante en medio de la compleja superposición de todas esas relaciones y de nuestro proceso de contratación en New Life, y debíamos hacerlo con sabiduría y claridad.

El resultado fue una regla de vida para el personal pastoral y, más tarde, para el personal administrativo y la junta de la iglesia, que nos sigue guiando hasta hoy.[14] Este resumen describe los tres papeles distintos, aunque superpuestos, del personal pastoral, y la forma en que debemos avanzar correctamente en ellos dentro de nuestras relaciones mutuas:

Usando los talentos que les ha dado Dios, nuestros miembros trabajan y sirven como voluntarios basados en un sentido de pasión y de misión. También trabajamos y servimos movidos por ese sentido de pasión y de misión; no obstante, funcionamos en una relación doble con la junta de New Life Fellowship (NLF) y con su congregación, como «empleados». De hecho, tenemos al menos tres papeles dentro de la comunidad de la NLF: somos miembros de la familia, líderes en la familia de esta iglesia y empleados. Estos papeles conllevan retos en cuanto a nuestra manera de relacionarnos entre nosotros y con la NLF.

Cada año, somos apartados por la junta de ancianos para servir al cuerpo de New Life Fellowship de una forma única. Ya sea a tiempo completo o medio tiempo, se nos entrega un sueldo con el fin de que cumplamos con este llamado especial, libres de las restricciones del empleo secular. El cuerpo en general nos sostiene económicamente, de manera que nos podamos dedicar a servir al cuerpo orando, pastoreando y preparando a los santos para la obra del ministerio (Efesios 4.11ss). Este es nuestro privilegio y nuestro gozo.

Al mismo tiempo, la junta de ancianos es la responsable de la administración de los recursos de la iglesia en nuestro ambiente dinámico y cambiante. El llamado que nos ha hecho Dios al liderazgo pastoral puede durar toda nuestra vida, cualquiera que sea nuestra situación laboral en la NLF. No obstante, reconocemos lo adecuado que es el que las necesidades y los deseos de la NLF cambien con el tiempo. Por tanto, nuestra posición como empleados se halla sujeta a la dirección en la cual Dios está llevando a la iglesia, sus recursos y nuestra eficacia en el liderazgo. Además de eso, cada uno de nosotros se halla sujeto a revisiones periódicas relacionadas con nuestra descripción de responsabilidades, nuestra posición y nuestro contrato.

Estas aclaraciones han guiado nuestra manera de pensar, le han dado claridad al personal y nos han proporcionado un marco para que manejemos nuestros límites y nuestras relaciones como líderes que tratamos de servir a New Life con integridad.

Plantea las cuatro preguntas

Cuando uno es líder de la iglesia de Dios corre grandes riesgos. Tal vez pierdas relaciones que aprecias o dañes el ministerio que amas. Al igual que todo lo demás de lo que hemos hablado en cuanto a ser un líder emocionalmente sano, el manejo del reto multidimensional que significan el poder y los límites prudentes va más allá de un conjunto de técnicas en particular, porque tiene que ver con el núcleo mismo de lo que somos. Estas cuestiones de poder y de límites llegan a tocar nuestras inseguridades y nuestra necesidad de validación. Revelan nuestro nivel de madurez personal como pocos retos lo pueden hacer. Reciben la influencia de nuestra sombra.

Al terminar este capítulo, te invito de nuevo a hacerte a ti mismo y plantearle a tu equipo unas preguntas basadas en los cuatro elementos clave que fueron presentados en la parte 1. Esto te capacitará para madurar en tu ejercicio del poder y en la creación de unos límites prudentes, tanto para tu persona como para tu equipo.

- **Enfréntate a tu sombra.** ¿Qué impacto podría estar causando mi uso del poder, o la falta de él, en mi liderazgo? ¿Cómo podría estar motivando o complicando mis relaciones dobles? ¿Cuáles son los patrones de mi familia o cultura de origen que contribuyen a mi ambivalencia en cuanto a ejercitar el poder o la tentación de ejercerlo con una fuerza excesiva? ¿Cuáles experiencias del pasado con figuras de poder contribuyen a la forma en que entiendo el poder y establezco, o no establezco, mis límites con respecto a los demás?
- **Sé líder basado en tu matrimonio o en tu soltería.** Como líder casado o soltero, ¿hasta qué punto estoy consciente de las proyecciones de otros y las formas en las cuales me podrían estar idealizando? ¿Cuáles son los límites que tengo que establecer para asegurarme de que sirvo a la gente con integridad basado en mi matrimonio o en mi soltería? ¿Cuáles resguardos necesito crear en mi liderazgo a fin de proteger a mi cónyuge, mis hijos o mis mejores amigos?
- **Ve más lento para que haya una unión llena de amor.** ¿De qué maneras me podría ayudar el tiempo que paso en amorosa unión con Jesús a administrar con delicadeza, sabiduría y mayor eficacia mi influencia y mi poder? ¿Cómo podría yo escuchar más de cerca otros puntos de vista acerca de mi uso del poder y cómo puedo manejar de manera más prudente mis relaciones? ¿Cómo puedo usar mi capacidad para influir a fin de ayudar a otros a desarrollar una relación sana con su propio poder?
- **Practica el deleitarte en el Sabbat.** ¿Cómo puede servir el Sabbat de recordatorio semanal para mí y para mi equipo con respecto a la naturaleza transitoria y breve de mi poder terrenal? ¿De qué maneras puede servir el Sabbat como resguardo para no tomarme a mí mismo demasiado en serio como líder? ¿Cómo me puedo enfrentar a estas cuestiones de peso y desafiantes acerca del poder y de los límites prudentes con un sentido de juego y claridad infundido por el Sabbat?

La administración del poder y el establecimiento de unos límites dictados por la prudencia se encuentran entre las tareas más exigentes del liderazgo. Me gustaría que hubiera pasos fáciles que te pudiera mostrar para cubrir todas las situaciones a las que te vas a enfrentar. Si hubiera conocido al principio de mi liderazgo los principios que te he presentado en este capítulo, creo que habría podido evitar muchos de mis más grandes errores. No hay sustituto posible para la meditación y la oración. Crea comprobaciones y equilibrios con aquellos en quienes confías, y busca mentores sabios. Te vas a alegrar de haberlo hecho.

Esta capacidad para pensar con claridad acerca del poder y los límites nos prepara para no aferrarnos a los papeles y las responsabilidades que Dios nos otorga. Cuando lo hagamos, aprenderemos que el poder y la responsabilidad de los cuales disfrutamos en el presente, llegarán un día a su fin. Y como veremos en el próximo capítulo, esto nos ayudará a comprender el futuro y prepararnos para él, puesto que, de esos fines, Dios nos llama a nuevos comienzos.

Cómo entender la evaluación de tu poder y tus límites prudentes

Si hiciste la evaluación sobre el poder y los límites prudentes que aparece en las páginas 259–260, aquí tienes algunas observaciones que te ayudarán a reflexionar acerca de tus respuestas.

Si tu puntuación fue mayormente de uno y dos puntos, es probable que este tema sea nuevo para ti. Hasta es posible que te sientas abrumado por el número de cuestiones que ha hecho surgir esta evaluación. No te preocupes. El crecimiento en este aspecto de tu liderazgo es un proceso.

Comienza haciendo un inventario de tu poder (busca las páginas 262–265). Céntrate en una cuestión que se aplique a ti en el presente (por ejemplo, las relaciones dobles, la familia, los amigos). Puedes volver al resto más tarde. Relájate. Ve con lentitud. Yo aprendí las lecciones que hay en estas páginas durante décadas, no meses. Y aún sigo aprendiendo.

Si tu puntuación fue mayormente de dos y tres puntos, estás parcialmente consciente de tu poder e influencia sobre las personas que te rodean. Es importante que aclares la naturaleza y la extensión de tu propio poder, aunque sientas que no tienes mucho. Usa el inventario de poder (páginas 262–265) para identificar con claridad el poder que tienes. Reflexiona sobre las cuestiones relacionadas con tu familia de origen, junto con otras experiencias que tengas en cuanto a lugares donde hayas trabajado anteriormente o de iglesias anteriores, para determinar cómo esas influencias podrían estar causando un impacto en tu uso del poder y de los límites. Vas a necesitar comprender el concepto de los papeles dobles, creando resguardos cuando sea lo adecuado. Te sugiero que leas detenidamente este capítulo ahora y regreses a él una vez más en el año próximo.

Si tu puntuación fue mayormente de cuatro y cinco puntos, te hallas en una excelente situación para ayudar a otros a resolver sus complejos retos acerca del poder, los papeles dobles, las amistades, la familia y los límites. Usa el lenguaje y las categorías que aparecen en el capítulo como marco para hablar con los miembros de tu equipo acerca de estas cuestiones antes que ellos se encuentren metidos en graves dificultades. Estos temas tienen diversos estratos, con tantas variaciones y complejidades como la cantidad de ministerios y de iglesias que existen. Espera ir adquiriendo nuevos conceptos a medida que sigues aprendiendo estos principios y aplicándolos a tu liderazgo.

Capítulo 9

Los finales y los nuevos comienzos

El Pastor Tom trabajó en la congregación New City Community Church durante treinta y un años. Cuando él llegó, la iglesia estaba en una temporada de decadencia. Sin embargo, bajo su liderazgo, pronto comenzó a crecer, desde setenta y cinco personas hasta más de cuatrocientas en veinte años. No obstante, los últimos once años han sido difíciles. Gradualmente, cada vez han sido más los jóvenes y las familias que se han ido marchando a una iglesia más nueva que hay en el otro extremo de la ciudad. La congregación se ha reducido mucho. A los que se marcharon les encantaban la adoración contemporánea y las oportunidades para conocer a otras familias jóvenes y personas solteras. Tom vio que la cultura había cambiado a su alrededor de manera drástica y trató de hacer que la iglesia se mantuviera al día. La grey cambió su estilo de adoración para incluir más cantos contemporáneos, entró en los medios sociales por vez primera y contrató a un pastor auxiliar brillante y lleno de energía. Aun así, la iglesia siguió envejeciendo; la mayoría de sus miembros tienen cincuenta años de edad o más.

A Tom le encantaba ser pastor. Después de recuperarse por completo de un ataque al corazón hace cinco años, volvió a su trabajo con una dedicación renovada para continuar su programa de radio matutino todos los días y para pastorear New City. Sin embargo, hace tres meses, tuvo un pequeño ataque al corazón y, a insistencia de su médico, aceptó jubilarse. Tenía sesenta y seis años.

La iglesia, que entonces tenía ciento veinte miembros, no estaba preparada para la repentina partida de Tom. La denominación consiguió un pastor interino para un año, pero solo se quedó seis meses. «Sencillamente, no era el pastor

Tom», se lamentaba Susan, que había sido miembro por mucho tiempo. Después de pasar por dos pastores interinos más los tres años siguientes, la iglesia quedó reducida a cincuenta y cinco personas. Les costaba trabajo pagar sus facturas por el mantenimiento del edificio y los sueldos del personal. En un último esfuerzo por salvar la congregación, la junta decidió permitir que el director de mucho tiempo de los niños liberara suficientes fondos para contratar a un joven graduado del seminario con el fin de que resucitara a la iglesia. Aquello no salió bien. Al cabo de tres años, se cerró la iglesia y se vendió el edificio.

Es obvio que aquí no hubo escándalo alguno; en ese caso, ¿qué sucedió? ¿Por qué fracasó esa iglesia? El fallo no era moral, pero era un fallo: no habían sabido discernir la realidad y la necesidad de los finales y los nuevos principios que ya estaban contemplando a la iglesia entera. Además de la señal de advertencia del ataque al corazón del pastor Tom, con su frágil salud, estaba el hecho de que él se estaba acercando con rapidez a la edad de la jubilación. Nadie reconocía ni comentaba eso; ni siquiera el propio Tom. La iglesia no tenía un marco bíblico que le proporcionara sabiduría y valor al acercarse a ese final tan seguro, de manera que la junta hizo muy poco, y muy tarde.

La línea continua de los finales en el liderazgo

Una de las tareas fundamentales de la vida espiritual consiste en aceptar los finales con el objeto de recibir nuevos principios, y esto es especialmente cierto en cuanto a los líderes cristianos. No todos los problemas se pueden o deben resolver o superar; hay algunas cosas que se necesita dejar que mueran. Eso no significa necesariamente un fracaso. Muchas veces es indicación de que un capítulo ha terminado y otro más está esperando a que lo escriban. Esto pasa tanto en nuestra vida espiritual, como en el liderazgo.

Experimentamos los finales personales de muchas maneras con aquellos a quienes amamos y por quienes nos preocupamos. Fallece un ser amado, sufre de cáncer o de otra enfermedad grave, o pasamos por un divorcio, un trabajo que queda reducido a unas pocas horas, unas penurias económicas, una aventura adúltera, un sueño roto... hasta el proceso mismo del envejecimiento. Este es el inevitable sufrimiento que se produce durante las temporadas de la vida: «Todo tiene su momento oportuno; hay un tiempo para todo lo que se hace bajo el cielo» (Eclesiastés 3.1). Nosotros no podemos ni controlar ni detener las temporadas. Sencillamente, llegan en el momento dispuesto por Dios.

Como el ocaso de las estaciones, experimentamos los finales de liderazgo de aquellos con los que servimos. Yo diría que los líderes experimentan más aún los finales y las pérdidas que la persona promedio. Esas pérdidas podrán extenderse por mucho o por poco tiempo, pero una pérdida es una pérdida, y cada una de ellas deja su marca en nosotros. En un grado mayor o menor, esos finales nos agotan la energía y disminuyen nuestra capacidad para ponernos en pie de modo que aceptemos el próximo reto. Nos sacan de equilibrio... al menos por un tiempo.

En un extremo de esa continuidad se encuentran los finales más pequeños, que llevan consigo su propio y exclusivo dolor:

- Tu iglesia envía cincuenta personas a comenzar una nueva congregación. Estás emocionado y triste al mismo tiempo, porque te das cuenta de que tu relación con esas personas nunca va a volver a ser la de antes.
- El ministerio que diriges crece con rapidez desde veinticinco personas hasta más de cien. Los miembros del grupo original se sienten desplazados y echan de menos la cercanía y la sensación de conexión que sentían cuando el grupo era pequeño. Tú también estás desorientado y luchas con esa nueva situación normal.
- Tú comienzas a darte cuenta de que la demografía de tu iglesia ya no refleja a la comunidad que la rodea. Pides una reunión con el pastor y con un miembro de la junta para hablar de la necesidad de hacer cambios y desarrollar un plan a largo plazo.
- Tu asistente te informa que una talentosa familia de seis personas que visitó hace poco la iglesia decide asistir a una congregación vecina, porque tiene un ministerio más fuerte con los niños.
- El ministerio con las damas, que no ha tenido una líder del personal a sueldo los dos últimos años, lucha cuando por fin se contrata a una nueva directora. Tú has dirigido el equipo de voluntarias que ha sostenido el ministerio durante todo este intervalo, y te es difícil no sentirte desplazada e insignificante.
- La integrante de la junta que más te apoya ha recibido un ascenso muy merecido en su trabajo y pronto se va a mudar a un lugar de otro estado donde están las oficinas centrales de la compañía. Te alegras por el logro que ella ha alcanzado, pero sientes la pérdida de apoyo y de compañerismo. El liderazgo al nivel de la junta se acaba de hacer mucho más difícil.
- Una de tus donantes más generosas por los últimos cinco años, la persona a la que has acudido en los momentos difíciles, te informa que va a reducir sus contribuciones para poder invertir en otros proyectos de beneficencia.

- En el otro extremo de esa línea continua están los grandes finales; esos que nos paralizan, nos mantienen despiertos por la noche, y marcan un indeleble «antes y después» en nuestra vida:
- Un líder en quien confiabas es descubierto en una aventura adúltera de mucho tiempo con la esposa de un miembro prominente de la iglesia.
- Te diagnostican un cáncer y le tienes que hacer unos ajustes radicales a tu papel en la iglesia.
- Después de quince años de un liderazgo excelente, tu pastor asociado renuncia repentinamente para ocupar una posición en una congregación más grande y más rica en otro estado.
- Después de diez años de trabajar con una dinámica organización sin fines de lucro en pleno crecimiento en tu ciudad, te das cuenta de que Dios es el que te mantiene inquieto, y que es hora de que te marches y comiences una nueva labor.
- Una pareja ministerial clave en la iglesia se divorcia.
- Cien personas se marchan abruptamente de la iglesia, contrariadas y desanimadas a causa de una decisión reciente del ministerio.
- Tu organización o ministerio se reorganiza y eliminan tu posición.
- Una persona en la que confiabas le envía a tu supervisor una carta en la que le señala con detalle unas alegaciones falsas acerca de tu carácter o tu conducta.

Los cambios son difíciles para la mayoría de la gente. Los experimentamos como un intruso indeseado que descarrila nuestras esperanzas y nuestros planes. Preferimos seguir siendo nosotros quienes controlamos las cosas, para seguir operando con los patrones que nos son familiares, a pesar de que ya no nos prestan un buen servicio. Tal vez reconozcamos intelectualmente que Dios puede sacar de nuestros finales nuevos comienzos y dones preciosos pero, por algún motivo, eso no alivia la herida de la pérdida ni impide que tratemos de evitarla. No es fácil confiar en la voz interior del Espíritu que nos invita a entrar en este doloroso territorio nuevo y desconocido.

Si aceptamos la forma en que la cultura en general considera los finales, como unos fallos que se deben evitar, estaremos descuidando una de las tareas más esenciales del liderazgo, que es ayudar a los demás a atravesar bien los finales y las transiciones. Atravesar bien una transición significa guiar con cuidado, ayudando a los demás a evitar las trampas de la amargura, el endurecimiento del corazón o la resistencia a lo nuevo que Dios podría estar desarrollando en medio de nosotros. Para poder hacerlo, nuestra manera de ver los finales debe ser moldeada por las verdades de las Escrituras. Y sin embargo, con demasiada frecuencia somos moldeados por nuestros valores culturales. Veamos brevemente cómo se suelen ver hoy los finales y los nuevos comienzos en las iglesias y las organizaciones cristianas.

¿Hasta qué punto es sana tu práctica en cuanto a los finales y los nuevos comienzos?

Usa la lista de afirmaciones que aparece a continuación para valorar brevemente tu manera de entender los finales y los nuevos comienzos. Junto a cada afirmación, escribe el número que describa mejor tu respuesta. Usa la escala siguiente:

5 = Siempre es cierto

4 = Muchas veces cierto

3 = Ocasionalmente cierto

2 = Raras veces es cierto

1 = Nunca es cierto

_____ 1. Yo actúo deliberadamente aceptando los finales y las pérdidas, en lugar de tratar de evitarlos, considerándolos como señales de un fracaso.

_____ 2. Puedo descansar en el amor, la bondad y la soberanía de Dios, incluso cuando estoy desorientado y confundido a causa de una pérdida.

_____ 3. Tomo la iniciativa de cambiar para hacer lo que sea mejor para el ministerio, en vez de esperar hasta el último momento posible, cuando las cosas se estén derrumbando.

_____ 4. Espero atentamente en Dios en medio de los campos desorientadores, considerándolos como dadores de vida y fundamentales para mi crecimiento espiritual.

_____ 5. Me permito sentir los finales dolorosos dentro del contexto del liderazgo. Los considero como medios de crecimiento, y como una forma de conocer a Jesús y «participar en sus sufrimientos» (Filipenses 3.10).

_____ 6. Tengo por costumbre pedirle a Dios que me dirija para discernir si ya he terminado lo que puedo (o debo) hacer en mi posición actual.

_____ 7. Cuando un programa o una iniciativa se están viniendo abajo, me resisto ante la tentación de tomar medidas excesivas, o trabajar el doble de fuerte para impedir que fracase.

_____ 8. Cuando estoy en medio de una transición desorientadora en el liderazgo (mía o de otros), busco continuamente consejos sabios y objetivos.

_____   9. Suelo ser capaz de aceptar los finales necesarios, como la eliminación de programas, el despido de un voluntario clave, una conversación difícil, con el fin de abrirles las puertas a los nuevos comienzos procedentes de Dios.

_____   10. Estoy desarrollando continuamente gente que un día me pueda reemplazar, y lo hago con gozo, fe y carencia total de temor.

Dedica un momento a revisar brevemente tus respuestas. ¿Qué te parece que se destaca más en tu caso? Al final del capítulo (páginas 314–315) aparecen algunas observaciones generales para ayudarte a comprender mejor el nivel normal de salud que existe en tu manera de enfocar los finales y los comienzos.

Características de los finales y los nuevos comienzos en la práctica corriente

¿Por qué se manejan tan mal los finales y las transiciones en nuestros ministerios, organizaciones y equipos? ¿Por qué nos perdemos con tanta frecuencia los nuevos comienzos que nos manda Dios; la nueva obra que él está haciendo? En parte, no sabemos ver lo que tenemos por delante, porque no le aplicamos una verdad teológica central: que la muerte es el preludio necesario de la resurrección. Para dar fruto a largo plazo para Cristo, necesitamos reconocer que hay algunas cosas que deben morir para que pueda crecer algo nuevo. Si no aceptamos esta realidad, tendremos la tendencia a temer los finales como señales de un fracaso y no como oportunidades para algo nuevo.

Consideramos los finales como fracasos que debemos evitar

Los finales nos parecen fracasos y estos son dolorosos. En ese caso, ¿qué hacer? Los evitamos por todos los medios posibles. Creemos erróneamente que nuestra responsabilidad como líderes consiste en mantener siempre las cosas en marcha, incluso aunque no estén funcionando, e impedir que nuestra gente experimente el sufrimiento de la pérdida. Observa si te reconoces a ti mismo en alguno de estos ejemplos:

- George, líder del ministerio varonil, no está desempeñando bien su papel, y así ha sido durante años. Tú oyes las quejas, pero evitas tener la conversación difícil con él. Has notado en interacciones anteriores que se pone a la defensiva y se protege a sí mismo; sospechas fuertemente que cualquier pregunta que le hagas, la va a interpretar como un ataque personal, y hasta podría renunciar. Entonces el ministerio quedaría en el aire y la gente se esparciría. Y tu función es sumar, no restar ministerios que capaciten a las personas para que se conecten entre ellas. Así que te pasas semanas tratando de descubrir la manera de mantener el ministerio en funcionamiento sin perder a George. Desde enviarle un asistente con dotes de líder, hasta asignarle un ministerio nuevo, te imaginas todas las soluciones posibles. Ninguna de ellas parece que vaya a funcionar, así que decides dejar las cosas como están, llegando a la conclusión de que tener alguien en esa posición es mejor que no tener a nadie.

- Tu iglesia le ha dado el mismo formato al culto de Navidad para la comunidad los últimos diez años. Las cosas fueron bien los dos o tres primeros años, pero hace ya mucho tiempo que se habría debido producir un cambio. Tú no estás seguro de que el fiel voluntario que invierte una cantidad incalculable de horas cada año para organizar el culto, sea capaz de tomar una dirección nueva. Si intervienes, o invitas a otras personas que sean creativas para que den ideas, tu fiel voluntario lo podría tomar a mal, lo cual a su vez podría crear un final desastroso. Después de sopesar los pros y los contras, no estás seguro de que valga la pena correr el riesgo. Al fin y al cabo, solo es un culto. Así que, ¿qué haces? Decides dejar las cosas como están, llegando a la conclusión de que algo es mejor que nada.

- Caroline se graduó el año pasado como trabajadora social y se siente emocionada porque va a dirigir su primer grupo pequeño en su nueva iglesia. Se ha reunido con el pastor, ha recibido entrenamiento, y ha comenzado con ocho personas. Sin embargo, ha descubierto muy pronto que ser líder de un grupo es algo mucho más difícil de lo que ella esperaba. Un matrimonio joven que se veía claramente que estaba sufriendo, no se ha querido franquear en cuanto a la fuente de su angustia. Un joven de veinte años habla demasiado y domina las discusiones. Sus dos hermanas, que también son miembros del grupo, le han informado a Caroline que el chico tiene una discapacidad mental y no se puede controlar. Las dos solteras restantes, ambas nuevas en la iglesia, eran más observadoras que participantes. Hablaban poco. Al llegar el cuarto mes, las dos se habían marchado, y el grupo había quedado en cinco personas. Caroline les tiene temor a sus dolorosas reuniones semanales. Quiere liquidar el grupo, pero le preocupa dónde se iría la gente. También le preocupa que el pastor no la quiera dejar ser líder de nuevo. Ha decidido dejar las cosas como están, llegando a la conclusión de que algo es mejor que nada.

No es difícil ver que en estas situaciones se necesitan unos finales.[1] Sin duda, van a significar conversaciones difíciles y exigir una gran sabiduría. En cada escenario, el problema subyacente es que los líderes asocian los finales con el fracaso. No ven que aceptar el final es la única manera de abrirse a un nuevo futuro. De hecho, si pudieran ser modelo de apertura en cuanto a los finales y de su aceptación, ayudarían a aquellos que dirigen para que vean que un final es algo normal y valioso, no un fracaso. Cuando el líder es sensible a la necesidad de terminar un programa, los demás ya no tendrán carta blanca para fingir que todo anda bien, cuando no es así. Pero el hecho de considerar los finales como fracasos a evitar solo es nuestro primer problema.

Vemos los finales como desconectados de la formación espiritual en Jesús

Durante la mayor parte de mi vida como líder, he visto los finales como obstáculos a eliminar o arreglar, y pronto. Mi nivel de ansiedad acompañado con frecuencia por una carga y una tensión en mi cuerpo, aumentaba inmensamente cuando me daba cuenta de que alguna persona o algún programa no estaban funcionando. Aumentaba mis esfuerzos para arreglar las cosas en un intento mal dirigido por evitar todo sufrimiento potencial en el futuro. Veía estas situaciones como los inevitables «golpes y flechas» que acompañan al liderazgo. Ni una sola vez las conecté con mi maduración personal en Cristo. Si acaso, escuchaba menos, y no más, lo que Dios me pudiera estar tratando de comunicar por medio del sufrimiento. Permíteme que te dé un ejemplo.

Kevin, un talentoso pastor auxiliar, me informó un día durante el almuerzo que su familia había decidido mudarse de Queens. «La vida es demasiado dura en la ciudad», me dijo. «No queremos criar aquí a nuestros hijos. Si nos mudamos para los barrios residenciales, podremos comprar una casa hermosa por la mitad de lo que cuesta una aquí».

Mi primer pensamiento fue: *¿Cómo es posible que hagas esto? ¿No te das cuenta de que si tú te marchas para un barrio residencial, podrías estar animando a otros a hacer lo mismo? ¿No te importa el impacto que eso va a tener en nosotros? ¿Y qué de aquellos de nosotros que nos quedemos aquí?*

Todo lo que yo podía ver era la cantidad de tiempo y de esfuerzo que haría falta para hallar una persona que ocupara la posición de Kevin. La soledad me inundó el alma. Me saqué de la mente la desilusión y traté de seguir adelante para edificar a New Life. No se me ocurrió preguntarme qué estaría haciendo Jesús en mí y a través de mí en esa situación. Nunca me vino a la cabeza preguntarle:

Señor, ¿cómo estás usando esto para ayudarme a depender más de ti? ¿De qué maneras nuevas quieres hablarme por medio de las Escrituras acerca de cómo eran las cosas para ti en los momentos en que te sentías solo?

¿Cuáles son los nuevos principios que podrían estar escondidos en forma de regalo dentro de esta pérdida? ¿Cómo podríamos estar yo y aquellos a quienes guío en el umbral de la resurrección y de una vida nueva que no podríamos experimentar de ninguna otra manera?

¿Ves lo mucho que nos estamos perdiendo cuando no conectamos el sufrimiento de los finales con nuestra maduración para convertirnos en espiritualmente adultos; cuando no le permitimos que nos conduzca a una conexión más profunda con Jesús? Debido a que tan pocos entre nosotros tienen una comprensión bíblica de lo que realmente significa esperar en Dios, no crecemos ni maduramos por medio de los inevitables finales que acompañan a todo liderazgo. En lugar de eso, comenzamos a desarrollar una dura caparazón protectora, la armadura emocional que sentimos que necesitamos para sobrevivir a los numerosos golpes y las numerosas saetas que nos van a llegar con toda seguridad. Nuestra superficial teología no es capaz de captar el hecho de que la muerte y resurrección de Jesús es no solo el mensaje central del cristianismo, sino también el patrón necesario para nuestras vidas.

Desconectamos los finales de las cuestiones relacionadas con nuestra familia de origen

Las cuestiones que tienen sus raíces en nuestra niñez y en nuestra familia de origen dejan en nosotros una huella profunda, y muchas veces inconsciente. Solo cuando crecemos y se aclara nuestra perspectiva, comenzamos a darnos cuenta de lo profunda que es esa influencia. Sin embargo, esta huella de familia no es algo que se mantenga silenciosamente en el pasado. Funciona como una presencia viva dentro de nosotros, que debemos reconocer y transformar por medio de nuestra participación en la nueva familia de Jesús. Por esa razón, como líderes cristianos que somos, es imprescindible que tengamos en cuenta la forma en que se enfrentaba la familia en la cual crecimos el sufrimiento que acompaña a los finales y las pérdidas, tanto grandes como pequeñas. Nos debemos hacer preguntas como estas:

- ¿Negaba mi familia las pérdidas y los finales, o les restaba importancia?
- ¿Culpaba mi familia a otras personas, exigiendo que algo o alguien tuviera siempre la culpa por las pérdidas?
- ¿Se culpaban a sí mismos los miembros de mi familia por los finales y las pérdidas, retirándose al aislamiento y la depresión?

- ¿Se distanciaban los miembros de mi familia de los finales y las pérdidas intelectualizándolos o fabricándose unas medias verdades destinadas a suavizar la dolorosa realidad de lo que había ocurrido verdaderamente?
- ¿Tendía mi familia a medicar el dolor de las pérdidas por medio de formas de conducta autodestructivas, compulsivas o adictivas?
- ¿Retenía mi familia una sensación de esperanza y expectación sobre lo que el futuro podría traer, incluso cuando las cosas estaban en la peor de las situaciones, o se resignaba a desesperarse y a sentirse inútil cuando se tenía que enfrentar con transiciones difíciles?

Puedo decirte con precisión cómo se sentía mi familia con respecto a los cambios, las transiciones y las pérdidas: *los odiaban*. Mi abuela, Pasqualina Scazzero, emigró desde Italia a la ciudad de Nueva York en busca de una vida mejor para sus seis hijos. Cuando su esposo murió con solo cuarenta y ocho años de edad, se vistió de negro, color que usó por el resto de su vida como señal de luto. Y las cosas no mejoraron mucho en la generación siguiente. En el umbral de todos los cambios en la vida de mi madre, ella maldecía, culpaba y rabiaba contra todos los que tenía a su alrededor. Lo odiaba todo, desde mudarse hasta cambiar de trabajo y adaptarse a las fases en el desarrollo de sus cuatro hijos. (Mi madre sufría de una enfermedad mental). En cambio, mi padre era alegre y optimista. Sin embargo, no le iban bien los cambios. Se escapaba del sufrimiento de los finales y las pérdidas trabajando, muchas veces los siete días de la semana un mes tras otro.

¿Es de extrañarse que yo detestara los cambios y cargara con esa aversión hasta mi edad adulta? Por ser un pastor emprendedor y visionario, me iba estupendamente con los nuevos principios... mientras no supusieran primero la presencia de unos desagradables finales. El hecho de no comprender los finales y los nuevos principios bíblicos me bloqueaba a mí, y también a la iglesia que yo dirigía, impidiéndonos el crecimiento espiritual y emocional.

Nuestra sociedad no enseña a lidiar con los finales. Nuestras iglesias tampoco. Nuestras familias no nos preparan para aceptar los finales como parte del ritmo de la vida. Cuando añadimos nuestras propias inseguridades y nuestros propios temores, nos parece obvio que consideremos los finales como interrupciones que se deben evitar, al precio que sea necesario. El problema está en que, al entrar en ese proceso, bloqueamos los nuevos comienzos que Dios quiere hacer nacer en nosotros y por medio de nosotros.

Si estas características representan la forma normal en que los líderes cristianos de hoy tratan los finales, entonces, ¿qué aspecto tendría que nos comprometiéramos con unos finales y nuevos principios emocionalmente sanos? La respuesta, como veremos, tiene sus raíces en una verdad bíblica contracultural que nos lleva al corazón de la vida cristiana.

Sabes que no estás funcionando bien con los finales y los nuevos comienzos cuando...

- No puedes dejar de rumiar algo del pasado.
- Usas el exceso de trabajo como una excusa para evitar dedicar un tiempo a lamentarte por los finales y las pérdidas, o para admitir la posibilidad de que te puedas encontrar con Dios en medio del proceso.
- Evitas reconocer el dolor de tus pérdidas, en lugar de lamentarlas, explorar las razones que motivan tu tristeza y permitirle a Dios que obre en ti por medio de ellos.
- Con frecuencia, te encuentras airado y frustrado a causa del dolor y el sufrimiento que hay en la vida.
- Te escapas del dolor de la pérdida o la medicas por medio de formas de conducta autodestructivas, como los excesos al comer, el uso de la pornografía, las relaciones inadecuadas, el abuso de sustancias adictivas, el exceso de dedicación a los medios sociales o el exceso de trabajo.
- Luchas con la envidia que sientes hacia aquellos que no parecen recibir los golpes de las mismas dificultades que tú estás experimentando.
- Sueñas con frecuencia a menudo en renunciar, con el propósito de evitar el dolor, las desilusiones, los reveses y los finales que caracterizan al liderazgo de forma rutinaria.
- No eres sincero contigo mismo en cuanto a los sentimientos, las dudas y los sufrimientos que llevas muy por debajo de la superficie de tu vida.
- Raras veces reconoces de manera directa que un programa o una persona ha fracasado abiertamente. Evitas ese sufrimiento modificando la verdad y dándoles un matiz brillante a las pérdidas, los desalientos y las luchas.
- Raras veces piensas en cambiar de papel o de posición, porque te desagradan los cambios.

Características de los finales y los nuevos comienzos que son emocionalmente sanos

Aunque llevo muchos años reflexionando sobre la forma en que Dios engrandece el alma por medio de la angustia y la pérdida en nuestra vida personal, solo en estos últimos he sido capaz de aplicar esta verdad de una manera amplia y profunda al liderazgo. Aunque el proceso de atravesar los finales y los nuevos principios casi siempre es complejo, podemos decir que estamos haciendo una transición sana cuando nuestro proceso nos lleva a través de cuatro fases:

- Aceptamos que un final es una muerte.
- Reconocemos que los finales y la espera en medio del confuso «intermedio», muchas veces se toman mucho más tiempo del que nosotros pensamos.
- Consideramos los finales y la espera como inextricablemente enlazados con nuestra maduración personal en Cristo.
- Sostenemos que los finales y la espera son la puerta de entrada a los nuevos principios.[2]

Cada una de estas fases tiene características diferentes, pero no siempre se van presentando paso a paso. Como veremos, es posible experimentar las cuatro, todas, ¡al mismo tiempo!

Aceptamos que un final es una muerte

Antes que pueda surgir un nuevo principio, se debe producir un final, y ese final debe ser *definitivo*.[3] La mayor parte del tiempo de mi liderazgo, tuve por costumbre aferrarme a lo antiguo, al mismo tiempo que trataba de apoderarme de lo nuevo... por si acaso. Los finales son muertes... y la muerte es algo definitivo.

No hay nada nuevo que se produzca sin que haya un final. En palabras del filósofo romano Séneca, «Cada nuevo principio procede del final de algún otro principio». El que no identifiquemos los finales y no nos preparemos para ellos ni para la pérdida que los acompaña, es tal vez el mayor obstáculo que evita que tantos de nosotros sigamos adelante hacia algo nuevo.

Job tuvo que aceptar que un final es una muerte cuando perdió sus riquezas, sus diez hijos y su manera anterior de entender a Dios. El profeta Jeremías experimentó como muerte una pérdida cuando Jerusalén y el templo fueron arrasados hasta el suelo. Los doce discípulos experimentaron una muerte real cuando Jesús murió de verdad, llevándose consigo todas sus esperanzas y todos sus sueños a la tumba.

Por necesarios que sean los finales, casi siempre desorientan. Un final verdadero, una muerte definitiva, siempre se siente como un desintegrarse, un destrozarse, un deshacerse. Y se siente de esa manera, porque la muerte es así. Es un final que exige que atravesemos un túnel totalmente a oscuras, sin saber cuándo volveremos a ver alguna luz, si es que la volvemos a ver.

La mayor parte de nosotros tendemos a vivir bajo la ilusión de que Dios no nos guiaría de manera intencional hacia un sufrimiento de este tipo, sobre todo si se trata de múltiples ocasiones. No podemos encontrarle sentido a la razón por la cual la gente y las cosas que amamos, deben experimentar, de manera literal y figurada, lo definitivo que es la muerte. Por eso nos sentimos espantados, ansiosos, confusos, y muchas veces airados cuando llegan esos finales.[4]

Aunque hay finales que se producen calladamente, hay otros que sería mejor caracterizarlos como una brutal crucifixión. El líder en particular nos introduce a la experiencia única de seguir la forma de ser un líder como Jesús. Lo creas o no, es uno de los dones más grandes que recibimos de él. Ninguno de nosotros escogería esta clase de muerte y, sin embargo, se convierte en medio de la gracia cuando llegamos a conocer a Jesús en «la participación de sus padecimientos» (Filipenses 3.10). Pablo se refiere a nuestros sufrimientos en el liderazgo como una forma de participar en el misterio redentor cumpliendo «en nuestra carne lo que falta de las aflicciones de Cristo» (Colosenses 1.24). En un esfuerzo por comprender ese texto, les pregunté a un grupo de sabios mentores cuál era su punto de vista al respecto. Todos hablaron de cómo nuestras pérdidas y nuestros sufrimientos por la Iglesia de Cristo hacen avanzar el reino de Dios de una manera misteriosa que sobrepasa todo entendimiento. Si aceptamos esas pérdidas como las severas misericordias que son, Dios hace en nosotros y por medio de nosotros un profundo trabajo de una manera similar a lo que el apóstol Pablo describe diciendo que «así que la muerte actúa en nosotros, y en ustedes la vida» (2 Corintios 4.12).

Puesto que he atravesado personalmente una serie de finales difíciles, comprendo por qué son tan pocos los líderes y las organizaciones que están dispuestos a someterse a esta clase de sufrimiento. Cuando tenía veintitantos años, siendo solo un adulto joven, serví como anciano en una pequeña iglesia bilingüe de sesenta adultos en un centro urbano. Nos reuníamos en un edificio en plena decadencia con unas bancas reparadas en las que había capacidad para seiscientas personas.

La junta y el pastor principal reconocían que el ministerio necesitaba cambiar de una manera drástica con el fin de ser acogedor y tener relevancia para nuestra comunidad de personas pobres y habla hispana. No obstante, cuando se sostuvieron unas conversaciones serias, se vio con claridad que un cambio significativo exigiría varios finales y varias pérdidas que serían dolorosos, y todos ellos parecían demasiado difíciles de soportar. Habría que despedir a un buen número de miembros del personal para abrirle el espacio a un nuevo liderazgo. La música y la programación tendrían que cambiar por completo. Perderíamos el estrecho sentido de comunidad que teníamos como congregación pequeña. Como consecuencia, nunca tuvimos el valor para tomar unas medidas tan drásticas, y la iglesia continuó en su lenta decadencia.

Más tarde asistí a una iglesia que tenía una historia rica en tradiciones y un pastor dinámico. El rápido crecimiento numérico forzó al equipo de líderes a pensar en la posibilidad de una ampliación del edificio, la incorporación de una música más contemporánea, la contratación de un personal más joven y más innovador, y otras nuevas iniciativas. En mi condición de joven seminarista haciendo mis prácticas y viendo las cosas desde el exterior, me parecía obvio que el futuro que Dios tenía para esa iglesia era glorioso. Lo que yo no comprendía era que era necesario el sufrimiento de un final a fin de abrirle paso a lo nuevo. Ese proceso de transición fue tan doloroso y tan difícil, que el pastor se cansó de tratar de resolver una corriente de conflictos internos que era interminable en apariencia. Al final se dio por vencido y pasó a otro ministerio.

Puesto que soy una persona con tendencia a resistirme en cuanto a la aceptación de que se necesitan los finales, hago continuamente cuatro cosas para no desviarme de mi camino:

- Me enfrento a las brutales realidades de las situaciones en las cuales las cosas marchan mal, y hago preguntas difíciles, aun cuando dentro de mí, todo preferiría distraerme o salir huyendo.
- Me recuerdo a mí mismo que *no* debo seguir mis sentimientos durante esos momentos en que hay que aceptar los finales como si fueran muertes. Mis sentimientos me guían de manera inevitable a evitar aquello a lo que necesito enfrentarme.
- Hablo con mentores experimentados que tienen más edad y experiencia que yo, y les pido su punto de vista y su sabiduría.
- Me hago dos preguntas a mí mismo: *¿Cuál es el momento de soltar algo en mi vida personal y en mi liderazgo?* Y también: *Si abrazo esta muerte, ¿cuál sería la cosa nueva que podría estar de pie tras el escenario, esperando para hacer su entrada en mi vida personal y mi liderazgo?*[5] En especial, esta segunda pregunta me anima a ir más allá de mis temores, recordándome que Dios tiene algo bueno para mí en el futuro, aunque aún no vea indicio alguno sobre qué podría ser.

Aunque es posible que te parezcan útiles una o dos cosas de esta lista para tus propios finales, te sugiero que desarrolles tu propia lista, que te ayude a mantenerte en el camino cada vez que te encuentres en una temporada «de muerte» marcada por finales. Es importante que tengamos anclas, porque los finales nos lanzan a una confusa situación intermedia en la que algo ha terminado, pero no ha surgido aún nada nuevo. Nos encontramos en una temporada de espera.

Reconocemos que los finales y la espera en ese confuso «intermedio» muchas veces se toman mucho más tiempo del que esperamos

A nadie le gusta esperar. Sin embargo, esperar en Dios es una de las experiencias centrales de la vida cristiana. También es una de las lecciones más difíciles que los líderes necesitamos aprender.

- Abraham esperó casi veinticinco años para que Dios le cumpliera su promesa con el nacimiento de Isaac.
- José espero entre trece y veintidós años para ver de nuevo a su familia después de haber sido traicionado por sus hermanos.
- Moisés esperó cuarenta años en el desierto a que Dios resucitara el propósito que tenía para su vida.
- Ana esperó años a que Dios le respondiera sus oraciones y le diera un hijo.
- Job no esperó meses, sino años, para que Dios se le revelara, redimiera sus pérdidas y lo llevara a un nuevo comienzo.
- Juan el Bautista y Jesús esperaron casi treinta años antes que llegara el momento del Padre para que sus ministerios llegaran a su plenitud.

«Sí, Pete», es posible que estés pensando, «¿pero *cuánto tiempo* tengo yo que esperar a que brote de mi final un nuevo principio?».

Mi respuesta: «Esta espera es mucho más difícil y probablemente se tome mucho más tiempo del que piensas».

Cuando fundé New Life en 1987, soñaba establecer en Queens una dinámica iglesia multirracial que sirviera a los pobres y marginados de nuestra comunidad y fuera lo suficientemente fuerte para reproducirse a sí misma; todo eso, finalmente, sin mí. Eso ha exigido mucha espera y unos momentos «intermedios» confusos.

Esperé años a que se desarrollara un grupo básico y después que se formara un grupo incipiente de líderes. Me hicieron falta once años para comenzar a comprender lo que significaba ser pastor, y para liberarme a mí mismo y a mi liderazgo de los enfermizos enredos de mi historia familiar, ¡y aún sigo aprendiendo! Esperamos dieciséis años para comprar finalmente un edificio, y once más para renovarlo, proceso que aún sigue en marcha. Esperé más de veinte años a que surgiera mi sucesor y director a largo plazo de la corporación de desarrollo de nuestra comunidad. Esperé casi veinticinco años para que se nos abrieran de par en par las puertas para hacer un impacto en la Iglesia mundial a partir de la obra de Dios en New Life. Eso se produjo de manera explosiva y repentina por medio del ministerio de la Espiritualidad Emocionalmente Sana, hace solo unos pocos años. La lista sigue, pero creo que ya te he comunicado la idea. La espera en ese «momento intermedio» tan confuso, no solo se lleva más tiempo del que pensamos, sino que es la situación normal de un líder cristiano.

¿Por qué es tan importante esperar? El propósito de Dios con los finales y las pérdidas no es solo cambiar tu ambiente externo o tus circunstancias. Él está haciendo algo mayor aún: iniciando un nivel más profundo de transformación en ti y a través de ti, que irá mucho más lejos de lo que tú mismo querrías.

Consideramos los finales y las esperas como inextricablemente unidos a nuestra maduración personal en Cristo

Jesucristo es formado profundamente en nosotros cuando confiamos en Dios lo suficiente como para aceptar los finales y las pérdidas. Esos finales y esas esperas nos ponen frente a la cruz, a la muerte, al fuego refinador que Juan de la Cruz describía como «la noche oscura del alma». Una noche oscura es una experiencia de desolación espiritual y también la forma ordinaria en que crecemos en Cristo los líderes. He aquí cómo Juan de la Cruz describe la razón de ser de esa noche oscura:

> Dios percibe las imperfecciones que hay dentro de nosotros y, debido al amor que nos tiene, nos anima a crecer. Su amor no se contenta con dejarnos en nuestra debilidad, y por esa razón nos lleva a una noche oscura. Nos aparta de todos los placeres, dándonos unos tiempos de sequía y de oscuridad interna... Ningún alma puede crecer con mayor profundidad en la vida espiritual, a menos que Dios obre pasivamente en esa alma por medio de la noche oscura.[6]

En esta temporada de sequía, tal vez nos sintamos indefensos, agotados, vacíos y consumidos por una sensación de fracaso o de derrota. No recibimos consolación alguna de parte de Dios, ni sentido alguno de su presencia. No tenemos manera de regresar a la forma en que las cosas eran antes y no podemos ver el futuro. Dios nos envía a lo que Juan de la Cruz describe como «la noche oscura del fuego de amor», con el propósito de purificarnos y liberarnos. Es su manera de programarnos de nuevo y «purgar nuestros afectos y pasiones» de modo que nos deleitemos en su amor y entremos en una comunión más rica y plena con él.[7]

Gran parte de mi crecimiento como líder ha salido de esta clase de experiencias dolorosas, misteriosas y confusas, esos tiempos intermedios sobre los cuales tengo tan poco control. Cuando me le he resistido a Dios en momentos así, sencillamente buscando más trabajo y añadiendo programas nuevos, por ejemplo, me he perdido los nuevos principios que Dios tenía para mí y para aquellos a quienes guío. Cuando he permanecido con él, he descubierto que esa tierra intermedia de confusión estaba repleta de nuevas percepciones y misericordias. Lo que parecía un tiempo inactivo, borroso y vacío, ha resultado ser el lugar de mi transformación más profunda.

Incluso este libro que estás leyendo fue escrito a partir de una noche oscura del alma; una noche oscura tan dolorosa, que me preguntaba si la sobreviviría. Mucho menos me parecía posible que fuera a escribir un libro basado en esa experiencia. De hecho, puedo identificar cuatro o cinco noches oscuras significativas en mi caminar de casi cuarenta años con Cristo. Sin embargo, la última, la que describí al principio del libro como mi cuarta conversión (páginas 12–21), fue particularmente larga e intensa.

En aquellos momentos, me estaba enfrentando a una serie de problemas relacionados con mi familia de origen, que habían salido recientemente a la superficie en mi liderazgo, particularmente alrededor de mi dificultad para tener conversaciones sinceras con los líderes clave. Cuando cavé en las razones por las que mentía, y vivía entre medias verdades, llegaba a momentos de mi historia que prefería evadir. Eso me llevó a una temporada de terapia y de dirección espiritual que fue dolorosa y liberadora a la vez. Al mismo tiempo, comencé a guiar de una manera más clara y más fuerte en New Life, haciendo los cambios que se necesitaban para el futuro a largo plazo. En medio de todo eso, pasé por un doloroso malentendido con unos amigos que me hirió profundamente. Las críticas que ellos me hacían eran válidas, lo que hacía más difícil aún la situación, y mis dudas sobre mí mismo se elevaron a nuevas alturas. Aunque esos dos o tres años fueron terribles para mí, sabía que Dios me estaba podando y me estaba enseñando cosas que no podría aprender de ninguna otra manera. Muchas de las percepciones que contiene este libro surgieron de mis diarios de ese período.

A lo largo de todo ello, lo que hacía que siguiera adelante era una verdad: la muerte siempre lleva a la resurrección.

Sostenemos que los finales y las esperas son la puerta a los nuevos comienzos

La verdad central de que Jesús resucitó de entre los muertos es la que nos capacita para sostener que los finales siempre son una puerta abierta a nuevos comienzos, incluso cuando nosotros no podemos discernir que pueda surgir de nuestra pérdida algo con valor redentor. La clave consiste en estar dispuestos a esperar. Y mientras esperamos, pasamos largos momentos a solas con Dios. Procesamos nuestros pensamientos y emociones con otras personas, o en un diario. Nos situamos como peregrinos llenos de expectativas que vamos por el camino. Escuchamos y aprendemos, buscando y esperando ver las señales de una nueva vida.

Y entonces, sucede. En medio de nuestro oscuro túnel, un poco de luz se cruza en nuestro camino. Viene del otro lado de una puerta abierta; una puerta que nunca supimos que existiera. El autor y educador Parker Palmer lo expresa bien:

> «En el peregrinaje espiritual... cada vez que se nos cierra una puerta, el resto del mundo se nos abre. Todo lo que necesitamos hacer es dejar de dar puñetazos sobre la puerta que se acaba de cerrar, dar media vuelta, lo cual hace que la puerta quede detrás de nosotros, y darle la bienvenida a la grandeza de vida que ahora aparece abierta para nuestras almas.[8]

Quisiera poder decir que mi liderazgo se ha caracterizado por un continuo dejar puertas detrás de mí y recibir la «grandeza de vida» a la que Dios me ha estado llamando, pero no han sido así las cosas. He sido uno de esos líderes que les entran a puñetazos a las puertas, tratando de lograr por todos los medios que esas puertas cerradas se nos vuelvan a abrir. Sin embargo, como lo ilustra la historia que sigue, esas puertas cerradas pueden ser la entrada a los nuevos comienzos que Dios tiene para nosotros.

Peter ha formado parte del personal de New Life por veintidós años. En los veinte primeros, sirvió como pastor de adoración. Hizo un trabajo asombroso, formando equipos de adoración en nuestro contexto multirracial y transcultural. Mi próxima transición a un nuevo papel en New Life ha traído consigo la sensación de que el papel de Peter también debería cambiar. En ese punto, el final estaba claro: Peter ya no seguiría dirigiendo los equipos de adoración. En cambio, el nuevo comienzo no estaba claro. Durante los dos años siguientes, los líderes de la iglesia comprendieron junto con Peter que era muy posible que su tiempo en New Life aún no hubiera terminado. Debido a su sabiduría y madurez, se le ofreció una nueva posición en el equipo de líderes ejecutivos. En realidad, era un papel que se le había ofrecido años antes, pero que había rechazado. Ahora lo aceptó, y encontró que disfrutaba realmente de su nueva posición. En el verano siguiente, cuando los dos miembros del equipo ejecutivo se fueron de vacaciones, Peter entró en acción, y fue la persona encargada de la iglesia todo un mes.

Al observarlo ese mes, me quedé atónito. ¡Era maravilloso observarlo! Salían de él tanto liderazgo, tanta pasión, tanta sabiduría y autoridad, que llamé a Geri después de una reunión del personal y le dije: «Geri, no vas a creer esto, pero Peter es una persona diferente. Apenas lo puedo reconocer. ¿Recuerdas al Peter de antes, que nunca se quería aventurar más allá de sus responsabilidades como líder de la adoración? Bueno, ese desapareció. Aquí hay alguien nuevo en el cuerpo de Peter... ¡y está haciendo un trabajo increíble!». Peter siguió aquel verano con un descanso sabático de tres meses que lo ayudó a reorganizarse para la siguiente fase de aquel nuevo papel que se estaba desarrollando delante de él.

¿Se sintió Peter desorientado los dos años que pasamos en la transición? ¡Por supuesto! ¿Luchó con la atroz muerte de desprenderse del papel en el equipo de adoración que había construido la mayor parte de su vida adulta? ¡Claro! ¿Experimentó la confusa temporada intermedia de espera? Sí. De hecho, aún está tratando de entender bien su nuevo papel. Aunque el nuevo comienzo no ha surgido plenamente, Peter está supervisando ahora a nuestro personal pastoral, y haciendo un trabajo excelente.

Este nuevo comienzo para Peter se habría podido descarrilar si él, sus supervisores o la junta no hubieran sido capaces de vivir con la tensión de la verdad que consiste en que los finales y la espera son las puertas que dan a los nuevos comienzos. Y la capacidad de Peter para prestarles atención a los diferentes cambios y emociones que experimentó, lo capacitaron para mantenerse paciente en el período de espera, hasta que eso nuevo que Dios tiene para él comenzó a tomar forma.

Mi transición en New Life Fellowship después de veintiséis años: un estudio de caso sobre la sucesión

Los últimos seis años y medio me han proporcionado un curso de inmersión sobre finales y nuevos principios, debido a mi transición desde el puesto de pastor principal hasta una nueva función como pastor docente sin una asignación determinada. El proceso no ha sido fácil, pero me ha ayudado a descubrir unas inesperadas riquezas dentro de la complejidad, la profundidad y los matices de este poderoso tema bíblico de los finales y los nuevos principios. Así que te quiero hablar de mi experiencia en esta sucesión, en la cual dejé de manera deliberada mi posición como pastor principal de New Life. Mi meta es no repetir las numerosas percepciones y los muchos principios bosquejados en otros libros excelentes sobre el tema de la sucesión,⁹ sino ofrecerte una mirada al hecho de que la vida interior de un líder es la que hace posible la vida exterior de finales y nuevos principios.

El inicio de la sucesión

Aunque tal vez no lo creas, comencé a pensar en mi plan de sucesión durante los primeros tiempos de New Life. Se me había enseñado que debía dar lo que Dios me había dado, y que debía seguir el camino del apóstol Pablo: «Lo que me has oído decir en presencia de muchos testigos, encomiéndalo a creyentes dignos de confianza, que a su vez estén capacitados para enseñar a otros» (2 Timoteo 2.2). Pero cuando compramos nuestro edificio en el año 2003 fue cuando comencé a pensarlo con detenimiento. Sentía una responsabilidad mucho mayor, porque nuestra iglesia había hecho una gran inversión financiera, y me preocupaba profundamente el impacto a largo plazo que tendría New Life en nuestra comunidad más allá del tiempo que yo ocupara en el pastorado.

A lo largo de los siguientes años, hablé con los ancianos numerosas veces acerca de la necesidad de un plan de sucesión, pero la iglesia estaba creciendo y marchaba bien, de manera que no había gran urgencia. Ellos sabían que yo estaba feliz. La iglesia estaba feliz también. Dos miembros de la junta habían presenciado unas desastrosas sucesiones en otras iglesias anteriores, y no estaban demasiado entusiasmados en cuando a la posibilidad de seguir ese mismo camino en New Life.

Aun así, di pasos deliberados con el propósito de preparar a la iglesia para un cambio en el nivel más elevado de liderazgo. Lentamente, hicimos la transición hacia un equipo de predicación y enseñanza, de manera que la gente se pudiera acostumbrar a tener a otros pastores en el púlpito. Yo hice deliberadamente de mentor para los miembros jóvenes del personal que podrían servir como sucesores. Decidí no extender la iglesia de maneras que pudieran aumentar su dependencia de mí. Oré y comencé a buscar unos modelos de sucesión que nos pudieran dar el éxito.

No me quería pasar a otra iglesia, ni tomar otra posición, como la de dar clases en un seminario. Quería quedarme en New Life bajo un nuevo líder y ser modelo en el papel de apoyo del siervo. Lo había visto hacer con éxito en órdenes religiosas como los Trapenses y en monasterios ortodoxos. Estos llevaban a la práctica la Regla de San Benito, con su insistencia en el quebrantamiento de la voluntad propia por medio de la sumisión a la autoridad.[10] Conocía a un monje en particular que anteriormente había sido abad (el líder de la comunidad), y había dejado su posición para volver a ser de nuevo un miembro más de la comunidad. No echaba de menos en absoluto su puesto anterior. De hecho, se sentía agradecido, porque tenía más tiempo para la oración y la contemplación.

Su identidad tenía unas raíces tan profundas en el amor de Cristo, que para él aquella transición había sido un gozo muy puro. Y yo creía que la aventura de la espiritualidad emocionalmente sana había hecho en mí y en la congregación de New Life una obra de transformación que convertía la sucesión en algo posible. Quería usar mi poder y mi posición como fundador de la iglesia para asegurar la existencia de una New Life llena de vida y de energía en la próxima generación.

En febrero de 2009, les escribí una carta formal a los ancianos, en la cual les indicaba que mi renuncia sería efectiva en el otoño del año 2013. Eso nos daría más de cuatro años y medio para que la transición se hiciera bien. La carta lo cambió todo. En ese momento, todo el mundo supo que estaba terminando una época. La incertidumbre llenó la habitación aquella noche en la reunión de la junta.

«Pete, ¿por qué hacer algo así ahora?», me preguntó uno de los ancianos. «Tú estás joven [yo tenía cincuenta y tres años]. La iglesia está creciendo y nos va bien».

«¿De veras crees que esto es de Dios?», me preguntó otro anciano.

«Lo creo», le respondí sin titubear. Entonces les expliqué que tal vez esa fuera la contribución más importante de liderazgo que le podía hacer a New Life para los veinticinco años siguientes. Hablé acerca de la sucesión entre Moisés y Josué, y entre Elías y Eliseo.

Entonces se oyó la pregunta que yo sabía que alguien me iba a hacer.

«Supongamos que no encontramos a nadie a tiempo. ¿Te quedarías hasta que lo encontráramos?».

«No», respondí serenamente.

Se hizo un gran silencio en aquella habitación. El hecho de tener una fecha en firme lo cambiaba todo. En aquellos momentos, yo ya llevaba en New Life casi veintidós años. Para muchas personas, yo no era simplemente el fundador; era New Life misma.

Les informé a los ancianos que había preparado una llamada en videoconferencia para la junta con un consultor experimentado que se especializaba en sucesiones. Su trabajo con una amplia variedad de denominaciones e iglesias étnicas era el ideal para nuestro contexto tan único. Puesto que venía desde fuera de nuestra iglesia, traía al proceso un punto de vista claro, sin emociones y lleno de experiencia. Aunque nos recordó que solamente el treinta y tres por ciento de las sucesiones de pastores principales fundadores lograban un verdadero éxito, agradecimos su franqueza. Me fui a casa aquella noche terriblemente estremecido. Se había desatado algo poderoso e inesperado cuando escribí una fecha. *¿Dónde iba todo aquello? Supongamos que esto nos saliera mal. ¿Se dividiría New Life según los grupos raciales que había allí? (Teníamos gente de setenta y tres naciones). ¿Cuál sería el papel que yo desempeñaría en NLF? ¿Qué haría si el nuevo pastor principal no me quería tener cerca?* En el fondo de mi mente tenía otra pregunta: *¿Por qué la junta no se opuso con mayor fuerza a que yo dejara el puesto? ¿Se sentirían secretamente aliviados?*

La espera

Nuestro proceso se tomó los cuatro años y medio completos. Los ancianos y yo investigamos las formas en que otras iglesias habían hecho su transición desde el pastor fundador hasta un nuevo líder. Encontramos muy pocas historias de éxito. Una transición sana nos llevaría a otra generación de servicio productivo e impacto a favor del reino de Dios. Un proceso pobre nos llevaría a años de fallos antes que New Life se pudiera enderezar, si es que lo lograba, y estabilizarse. Según supimos, la mayoría de las iglesias nunca recuperan los «días gloriosos» de los que han disfrutado bajo el liderazgo de su fundador. Con todo, yo seguía convencido de que los mejores años de New Life se hallaban aún en el futuro.

En ese período de espera, un buen número de pastores y líderes me aconsejaron que no siguiera adelante con la sucesión.

«¡No lo hagas!», me dijo un pastor amigo mío. «Esa es tu iglesia, tú la levantaste con tu sangre, tu sudor y tus lágrimas. Una vez que abras ese vacío de poder que significa el que tú te marches, se va a desatar todo un infierno, y van a querer que te marches de la iglesia tan pronto como sea posible».

Otro pastor al que respeto grandemente, una persona con cuarenta años de experiencia, me escribió un largo mensaje electrónico para advertirme que lo más posible era que la iglesia nos hiriera a mí y a mi familia en el proceso. No comprenderían nuestra situación. Me recomendó que le avisara a la iglesia con seis meses de anticipación cuando estuviera listo para marcharme, me fuera de la ciudad y nunca volviera la mirada atrás.

Otro pastor y líder de una iglesia muy grande me informó que él había puesto legalmente, aunque en secreto, el edificio y las propiedades de la iglesia a nombre de su familia, en caso de que alguien intentara arrebatárselos.

«Pete, vas a echar de menos el poder y los beneficios adicionales que tiene el que da las órdenes cuando ya no los tengas», me advirtió otro. «Es posible que pienses que le quieres dar poder al liderazgo joven, pero las cosas van a ser muy diferentes cuando ellos sean los que manden. ¡Acaba con ese absurdo tan pronto como puedas!».

Por último, un antiguo pastor, ahora dedicado a la labor de consultor, me dijo: «Pete, ¿piensas que te vas a poder sentar allí en una reunión del personal, siguiendo las órdenes de un pastor joven que tenga menos de la mitad de la experiencia que tú tienes? ¡Debes estar bromeando!».

El presidente de nuestra junta en NLF también me dijo en privado que no creía que yo seguiría de verdad el plan de transición en siete etapas que habíamos desarrollado con gran trabajo. Se sentía pesimista en cuanto a los resultados y se preguntaba en secreto cuántos años le harían falta a New Life Fellowship para recuperarse.

Las siete etapas de nuestro proceso de transición

A continuación encontrarás las siete etapas del proceso de transición que desarrollé con la junta. Estas etapas se las presenté a la congregación en el año 2011.

1. *Definir el nuevo papel del pastor fundador.* Puesto que me iba a quedar en New Life, lo primero que tuvimos que determinar fue cuáles serían mi papel y mi contribución, una vez que estuviera en su posición un nuevo líder principal. Eso causaría un impacto significativo en los contornos de la descripción de responsabilidades para el nuevo líder principal. Yo estaba convencido de que era voluntad de Dios que entregara mi poder y me sometiera a un nuevo pastor principal, por el bien del futuro de New Life.

2. *Definir el papel del nuevo pastor principal.* Determinamos la descripción de responsabilidades para el nuevo líder principal y su relación con la junta de ancianos.

3. *Establecer un grupo de trabajo.* Los ancianos comisionaron a un grupo de trabajo dedicado a la transición, para que comenzara a buscar un nuevo líder principal.

4. *Identificar los posibles candidatos.* El grupo de trabajo y los ancianos llegaron a la conclusión de que teníamos dos posibles candidatos internos en New Life. Comenzamos las conversaciones con cada uno de ellos para discernir cuál era el escogido por Dios para desempeñar ese papel. Durante ese proceso, uno de los candidatos decidió que permanecer en New Life no era la voluntad de Dios para él.

5. **Completar un año entero de «pruebas».** Entonces, los ancianos establecieron el marco de un año para «probar» a Rich, el candidato que había quedado, y posiblemente elegirlo a él como el próximo pastor principal.

6. **Apoyar a un nuevo líder.** Ese año «de prueba» terminó con éxito en diciembre de 2011, y la junta de ancianos confirmó a Rich como el nuevo pastor principal que me sucedería. En ese momento, Rich comenzó a funcionar como mi «número dos», y todo el personal de la iglesia le rendía informes a él.

7. **Comunicar públicamente la transición.** Hicimos un anuncio formal en la Reunión Anual de Visión de New Life, en junio del año 2012, en la cual le informamos a la congregación que la transición tendría lugar entre septiembre y octubre de 2013. Esto nos dio quince meses para entrenar y desarrollar a Rich en su nueva posición. También les dio a los miembros de New Life quince meses en los que se pudieron preparar emocionalmente para el cambio.

Lo que estaba sucediendo en mi interior durante el proceso de transición

Por una parte, me encantaba la idea de guiar a nuestra iglesia a través de un difícil proceso y derramar mi vida en unos líderes nuevos para el futuro a largo plazo. En los primeros años, cuando comenzamos New Life, habría deseado tener un pastor y mentor de más edad que me guiara. Me prometí a mí mismo que yo sí lo haría a favor de la generación que me seguiría.

Entendí que era un administrador para la gente de New Life: administraba su dinero, su tiempo, sus energías, el ADN de la iglesia y la misión única a la que Dios nos había llamado.[11] La iglesia era de Dios; no mía. Creía con firmeza que probablemente una sucesión exitosa sería el regalo más grande que le daría a New Life en mis veintiséis años de liderazgo.

También Geri sentía que aquel era el momento correcto para hacerla. Aún éramos relativamente jóvenes. ¿Quién conocía los planes que Dios pudiera tener para nuestras vidas? Ella amaba también a New Life, pero sentía el deseo de verme libre del peso que significa ser el pastor principal, y que tenía que cargar día tras día.

Así que todo aquello constituía el lado positivo.

No obstante, al mismo tiempo, yo sentía una profunda tristeza.

La tendencia a la angustia y la depresión

Sentí esa tristeza casi dos años. No me podía imaginar plenamente por qué estaba deprimido, puesto que al fin y al cabo, yo mismo era el que había iniciado el proceso. La sucesión era algo bíblico. Estaba plenamente convencido de que estaba en la voluntad de Dios. Sin embargo, había en mí algo que quería regresar al papel familiar del que había disfrutado por tanto tiempo. La gente ya me estaba tratando de una manera diferente.

Las Escrituras señalan con claridad que buscar consejo sabio es la clave para hacer la voluntad de Dios. «Afirma tus planes con buenos consejos; entabla el combate con buena estrategia» (Proverbios 20.18).[12] Mis emociones estaban tan en carne viva, que sabía que necesitaría un consejo bueno y sabio. Así que encontré personas que habían atravesado con éxito esa transición ellas mismas, o ayudado a otras en ese proceso. Aquello resultó ser de un gran valor. Me reuní con tres personas clave en ese período de dos años.

La primera de ellas era un consejero cristiano que respetaba altamente. Analizamos las cuestiones relacionadas con mi familia de origen y la forma en que causaban un impacto en mi estado emocional. Me reuní con un mentor de largo tiempo que me había conocido por más de treinta años, y escuché su sabio punto de vista. Después pasé tiempo con un pastor de más edad que había atravesado la sucesión después de servir a su iglesia por más de treinta años. Este me habló francamente acerca de los errores que había cometido (habían perdido miles de miembros en el proceso). Y sus luchas internas eran notablemente similares a las mías.

Estos tres hombres me mantuvieron firme. Nunca dudé que la sucesión era la voluntad de Dios en aquellos cuatro años y medio. Sin embargo, me preguntaba si sobreviviría a la poda tan dolorosa que Dios estaba haciendo dentro de mí. Soltar mi posición era una muerte mucho más turbulenta y sangrienta que lo que yo me había imaginado.

Dios como mi apoyo

La iglesia dio fruto y creció a lo largo de todo el proceso de transición. Con el tiempo, me permití a mí mismo sentir la pérdida de la posición a la que me había llegado a acostumbrar casi tres décadas. Nuestro personal pastoral se toma un día a solas con Dios cada mes. Yo añadí un segundo día al mes para mí mismo. Me sentí irresistiblemente atraído a aumentar mi tiempo a solas con Dios.

Por vez primera en mi vida, me pasé una cantidad incalculable de horas meditando en los pasajes de las Escrituras relacionados con el camino que llevó a Jesús a la cruz. ¿Cómo se desprendió él literalmente de todo, hasta el punto de morir desnudo en una cruz, mientras los demás entendían de una manera incorrecta toda su vida y todo su mensaje? El versículo que me daba vida en ese período era el que contenía las palabras que Jesús le dirigió a Pedro: «De veras te aseguro que cuando eras más joven te vestías tú mismo e ibas adonde querías;

pero cuando seas viejo, extenderás las manos y otro te vestirá y te llevará adonde no quieras ir» (Juan 21.18).[13]

Era una experiencia humillante que permitió que mi poder menguara mientras el poder de Rich crecía en los años que nos llevaron a la sucesión real. Lo vi dirigir a nuestro personal con una seguridad interna y una naturalidad que me dejaron maravillado. Su poder de decisión y su claridad me sorprendieron y me impresionaron. La iglesia siguió funcionando y creciendo como si nada hubiera cambiado. Y él hizo unas notables mejoras en una serie de aspectos. Presentó una emocionante visión para un futuro de cinco a diez años. La gente que en el pasado había necesitado que yo la abrazara cada domingo, ahora acudía a Rich. El número de mensajes que recibía en mi teléfono disminuyó al cincuenta por ciento. En mi mente, sabía que eso era bueno. En mi corazón, luchaba con la voz de mi madre ya fallecida, que me susurraba: *¿Ves? No te necesitan. Vete ahora. En realidad, tú no sabías lo que estabas haciendo. Dale gracias a Dios por haberte quitado tú mismo del medio antes que ellos te sacaran a la fuerza.*

Me estaban llevando hacia donde yo no quería ir: hacia un punto de vulnerabilidad que estaba fuera de mi control. No quería abrazar un sendero de movilidad descendente que me guiara al olvidado lugar de la cruz. Dios me estaba invitando a morir con él en un nivel totalmente nuevo... y no tenía nada de agradable.

El encuentro de una nueva identidad en la cruz

Al fin acepté la realidad de que mi identidad estaba al menos parcialmente casada con mi papel como pastor principal. Después de veintiséis años, era natural que mi identidad se hubiera apegado a una posición en particular: Pete Scazzero, pastor principal de la iglesia New Life Fellowship.

Ahora venía la ruptura; la separación. Las mejores palabras para describir ese emocional corte son *sangrienta, atroz* y *horrorosa.* Creía literalmente que me iba a morir. Juan de la Cruz describió en el siglo dieciséis una segunda noche oscura del alma que era tan violenta en nuestro interior, que nos preguntábamos si sobreviviríamos. El proceso de sucesión abrió al escrutinio mis puntos fuertes y mis debilidades; mis talentos y mis limitaciones, mis éxitos y mis fracasos. Era duro ver cómo otros iban asumiendo lentamente el liderazgo, y haciendo las cosas mucho mejor que yo. Recuerdo haber estado observando a Rich mientras dirigía las reuniones del personal. Él aportó unas dotes y una creatividad más naturales a nuestros momentos de reunión. Aprendí de él.

Unas vergonzosas voces internas, junto con una o dos externas, me bombardeaban diciéndome:

Y ahora, ¿para qué sirves? ¿Por qué no hacías tú esto cuando eras el líder? Gracias a Dios que te vas a marchar. Es probable que la gente estuviera orando para que le entregaras el papel principal a otra persona. Pete, habrías debido hacer esto antes. Mira cómo han mejorado las cosas.

Todos los fines exigen un trabajo interior. La sucesión exigía un profundo trabajo interior que tocaba unas vulnerabilidades profundas y unas heridas sin sanar. Ahora comprendía por qué tan pocas iglesias en el mundo hacen bien el proceso de sucesión. El dolor es profundo e incansable, en especial para el que se marcha.

Yo tenía una fuerte dimensión contemplativa en mi relación con Cristo. Estaba razonablemente consciente de mí mismo. Mi identidad estaba, o así yo creía, en ser «amado por Dios». Predicaba sermones y escribía libros sobre cómo uno encuentra en Cristo su verdadero yo. Sin embargo, ese final me llevó a un crisol que quemó otra capa falsa más, pero esa capa estaba muy cercana a mis huesos.

Dios me dio gracia en ese período de dos años. El dolor se fue desvaneciendo gradualmente, aunque todavía no estoy seguro de cómo lo hizo, y me encontré a mí mismo moviéndome lentamente hacia la resurrección, e incluso la exuberancia, en el año tercero y en el cuarto. Quince meses antes de la transición oficial, le expliqué mi nueva posición a la congregación. Esta es la carta que le envié a la iglesia en el año 2012:

Mi primera prioridad sigue siendo la integridad y la salud de New Life. Seguiré siendo el «Primer defensor y animador» de Rich, Redd, el personal, los ancianos y todos ustedes. ¡Amo a New Life! En el mundo entero no hay una iglesia como la nuestra. Seguiré sirviendo como pastor maestro, predicando y dirigiendo retiros y clases bajo el liderazgo de Rich. Además de eso, actuaré de mentor, dirigiré grupos pequeños y me convertiré en un recurso para nuestros líderes. Aunque reconozco que tendremos que atravesar un proceso normal de sufrimiento durante esta transición, también los quiero invitar a unirse a nosotros en nuestro entusiasmo con el futuro. New Life está llamada a ser un movimiento de personas; no un monumento o una institución erigida alrededor de una persona o un edificio. Por esa razón, uno de los mayores regalos que Geri y yo les podemos ofrecer es la inversión en una nueva generación de líderes que pueda seguir adelante con la misión de New Life por los próximos veinticinco años. ¡Estamos esperando con ansias el año 2039! Esto es lo que les estoy pidiendo que hagan: comiencen a aceptar a Rich como la persona que Dios ha llamado a guiarnos en New Life a partir de septiembre de 2013. Unámonos en lo que Dios quiere hacer en nuestra iglesia en este tiempo que seguramente va a ser uno de los más emocionantes y expansivos de nuestra historia.

Mi agradecimiento a todos ustedes por ser una iglesia tan maravillosa.

Pete

Recibo el nuevo comienzo

Quince meses antes de la fecha oficial de transición, Rich y yo intercambiamos funciones. Él operaba como si fuera el nuevo pastor principal; yo trabajaba como si fuera el pastor maestro sin asignación fija bajo su liderazgo. Él dirigía todas las reuniones del equipo ejecutivo y del personal. Se reportaba directamente a la junta de ancianos. Yo dejé de asistir a las reuniones de la junta y a las del equipo ejecutivos. Él establecía la visión y el calendario de predicaciones, y contrataba nuevos miembros para el personal. Fue un año magnífico. Nuestro entusiasmo ante lo que Dios estaba haciendo fue en aumento en ese tiempo. La iglesia seguía creciendo. Cuando nos estábamos acercando a la toma de posesión de Rich en el otoño de 2013, no había grandes cambios para el personal o la junta. Ya estábamos viviendo en la nueva realidad.

Tuvimos todo un mes de preparación con respecto a la toma de posesión. Una semana, Geri predicó un mensaje sobre las lecciones que ella había aprendido en los veintiséis años pasados de ministerio. Yo prediqué la semana siguiente sobre «las cuatro lecciones que aprendí en mis veintiséis años en New Life Fellowship».[14] Nuestra iglesia organizó una gigantesca fiesta para celebrar nuestros años en New Life.

Mientras se aproximaba el día de la toma de posesión de Rich, muchos de nosotros sentimos que estaba a punto de ocurrir algo profundo en esa transferencia de autoridad espiritual. Me di cuenta de que la toma de posesión de un nuevo pastor tiene algunas similitudes con una boda. La iglesia se estaba comprometiendo con Rich y este se estaba comprometiendo con ella. En cierto sentido, yo era como el padre que entrega en matrimonio a su hija, la hija que yo había engendrado. Desde aquel momento, la primera lealtad de New Life iría dirigida de manera formal y oficial a Rich, el nuevo pastor principal. En su fundamental obra *Generation to Generation: Family Process in Church and Synagogue* [De generación en generación: el proceso familiar en la iglesia y la sinagoga], el psicólogo Edwin Friedman escribe acerca de esta forma de transición: «El éxito depende de que el socio anterior sea capaz de soltarlo todo... pero mantenerse conectado».[15]

También sentíamos que Dios nos guiaba a enmarcar la toma de posesión en la realización de un pacto, un acuerdo solemne entre dos personas, cada una de las cuales tiene sus responsabilidades y obligaciones. Como sucede en una boda, una vez que se realiza el pacto, algo muy significativo ocurre en el ámbito espiritual.

Por días, estuve meditando en la clase de compromiso que tenía la esperanza de que Rich hiciera con la gente de New Life. También reflexionaba cuidadosamente en la clase de compromiso que anhelaba que New Life hiciera con Rich. Después de investigar en diversas tradiciones eclesiales, escribí unas declaraciones de intención, tanto para Rich como para New Life, para que se los declararan mutuamente de forma pública en el culto de toma de posesión, el 6 de octubre de 2013.[16]

Entre Rich y yo no cambió nada, en cuanto a nuestra relación de trabajo, con respecto a lo que había sido en los quince meses anteriores; y sin embargo, todo cambió. La autoridad había pasado de un líder a otro. Todos los que estuvieron presentes en nuestros tres cultos supieron que algo hermoso y sobrenatural había ocurrido en aquel día. Aunque no teníamos palabras para describirlo, era realmente una maravilla digna de ser contemplada.[17]

A lo largo de los años, Geri me había dicho muchas veces: «Pete, tú te crees indispensable. La gente te va a olvidar cuando hayan pasado seis meses de tu ida».

Estaba equivocada.

¡La mayoría de la gente me olvidó *antes* que se completara el proceso de sucesión! Había una sensación tan grande de la poderosa presencia de Dios en medio de nosotros, que no importaba quién estuviera al frente. La gente se encontraba con Dios y lo escuchaba de maneras nuevas y frescas en los cultos de los domingos. Las transformaciones radicales se seguían produciendo. La iglesia seguía recibiendo lo mejor que le podíamos dar Geri y yo. Solo que ahora, New Life estaba recibiendo una visión, unas ideas y unas energías nuevas de parte de Rich y de una nueva generación de líderes.

El fruto de esos dos años pasados ha sido mucho mayor de lo que se habría podido imaginar cualquiera de nosotros. New Life ha prosperado y se está preparando para pasar al modelo multisitios. La Espiritualidad Emocionalmente Sana funciona como un ministerio que fluye desde New Life y se ha propagado a más de veinticinco países. Geri y yo seguimos amando nuestra relación de trabajo con Rich y con New Life.

Mientras escribo esto, nos encontramos casi al final del segundo año en nuestras nuevas funciones. Geri y yo nos seguimos ajustando a nuestra nueva normalidad. Yo me siento desorientado algunos días, pero hasta el momento, consideraría nuestro final y nuestro nuevo comienzo uno de los puntos más destacados de mis veintiséis años en la iglesia New Life Fellowship.

El punto de vista de Rich sobre la sucesión

El proceso de convertirme en el pastor principal de New Life Fellowship fue uno de gozo y de renovación vital. Aunque experimenté muchos temores y me sentí inadecuado, pude recorrer este proceso de sucesión con claridad y seguridad. Les atribuyo esta experiencia a cinco dones de liderazgo emocionalmente sano que recibí.

1. Pete creó una cultura revitalizadora que dio a New Life una posición floreciente sin que él fuera la voz principal del liderazgo. Años antes de la transición, Pete estableció un equipo de predicación. Eso preparó a nuestra congregación para escuchar las voces de otros líderes y responder a ellas. Cuando llegamos a la transición, nuestra iglesia ya estaba familiarizada con mi voz y mi liderazgo.

2. Pete me dio el espacio suficiente para «probar la situación» como pastor principal sin que él estuviera presente. En el año 2012, dieciséis meses antes de la transición, se marchó a un descanso sabático de cuatro meses. En su ausencia, tuve que tomar decisiones difíciles, guiar al personal, predicar con frecuencia y absorber la imagen general de lo que es realmente dirigir una iglesia. Este período de tiempo fue indispensable.

3. Pete, Geri y los ancianos de New Life Fellowship respetaron el camino y la forma separada de actuar que tuvo mi esposa. En ningún momento, ni Pete, ni Geri, ni los ancianos, presionaron a Rosie para que se amoldara a cierta forma de ser la esposa de un pastor. Respetaron su propio caminar y la animaron a ser ella misma. Si la hubieran tratado de cualquier otra forma, a mí me habría sido difícil seguir adelante en esta nueva responsabilidad.

4. Fue crítico el que tuviéramos un proceso claro y predecible. Tuvimos un proceso de cuatro años, y cada uno de esos años estaba cuidadosamente pensado para reflejar la realidad cambiante de la transición. Al llegar el cuarto año, que era un «año de práctica», funcionamos internamente como si ya se hubiera producido la transición. El hecho de tener unas claras expectativas ayudó a guiarnos en nuestras conversaciones y en la planificación.

5. Lo que hizo que esta experiencia de transición fuera increíblemente gozosa, fue el constante apoyo que recibí de Pete, de los ancianos y del personal. Cuando escuchaba sus palabras de aliento, me sentía seguro al saber que estaba haciendo un buen trabajo y guiando con eficacia a nuestra iglesia. Esas palabras de apoyo me dieron una gran sensación de paz, al entender que iba por el camino correcto.

Plantea las cuatro preguntas

Al terminar este capítulo, te invito a aceptar los finales y los nuevos principios de una manera emocionalmente sana. Nos esperan nuevas percepciones, gozo, dones sorprendentes, fruto, revelaciones y paz que nos vienen de Jesús cuando colaboramos con él en este proceso. ¡Y solo son un adelanto de lo que nos espera! Recordemos de nuevo los cuatro temas principales en la vida interior de los líderes emocionalmente sanos (parte 1); de manera específica, su aplicación al discernimiento sobre los finales y los nuevos comienzos.

- **Enfréntate a tu sombra.** ¿De qué maneras mi sombra y los problemas procedentes de mi familia de origen me dificultan el discernimiento de los finales y los nuevos principios? ¿Cómo podrían causar también que yo evitara unas esperas o unas noches oscuras del alma que me son necesarias? ¿Cuáles problemas de mi pasado me podrían impedir que suelte lo que debo soltar y permanezca con Dios en las temporadas de desorientación, cuando las cosas parecen estarse viniendo abajo?
- **Sé líder basado en tu matrimonio o en tu soltería.** ¿Cómo me podrían ayudar mi cónyuge (si es aplicable) o mis amigos íntimos a prestarle atención a Dios en medio de los finales en los que me encuentro? ¿Cómo podrían servirme de consejeros sabios durante ese tiempo? ¿De qué manera o maneras puede servirme mi vocación como señal viviente del amor de Cristo, casado o soltero, de ancla estabilizadora durante este tiempo?
- **Ve más lento para que haya una unión llena de amor.** ¿Cómo podría conseguir el tiempo suficiente para mantenerme en una unión de amor con Jesús durante este tiempo, de manera que pueda discernir los finales y los nuevos principios que podría tenerme reservados Dios en esta temporada? ¿Cuáles prácticas espirituales pueden ayudarme a mantenerme en la posición de «esperar en el Señor»? ¿Cómo podría integrar estas dos preguntas en mi manera de pensar acerca de los finales? Helas aquí: *¿cuándo ha llegado el momento de soltar lo que tengo en mi vida personal y en mi liderazgo? ¿Qué cosas nuevas podrían estar detrás del escenario, esperando para hacer su entrada en mi vida personal y en mi liderazgo?*[18]
- **Practica el deleitarte en el Sabbat.** ¿Estoy escuchando a Dios en las cosas pequeñas que surgen de mis Sabbats semanales? Si lo hago, ¿qué siento que Dios me pudiera estar diciendo? ¿Necesito un descanso sabático más largo para discernir las nuevas temporadas hacia las cuales podría

estarme guiando Dios? ¿Cómo puedo aprender de mi práctica actual del Sabbat y su imposición de límites y de cese de trabajos, de manera que esté mejor preparado con el fin de parar y terminar bien las cosas?

El análisis en oración de estos cuatro puntos te ayudará en tu proceso de discernimiento, capacitándote para colaborar en lo que Dios está tratando de hacer, en vez de resistírtele. Además de eso, el hecho de estar consciente de las cuestiones que hacen surgir te ayudará a identificar las distintas fases del proceso de Dios alrededor de los finales y los nuevos comienzos.

Puedes estar seguro de que cuando te confrontes a finales y nuevos comienzos en tu liderazgo, te tendrás que enfrentar a numerosos temores y preguntas. Si eres como yo, es posible que tu mente gravite de vez en cuando hacia escenarios que te presenten las peores situaciones. Entonces es cuando aparece el pánico. Cuando eso suceda, permíteme animarte a mantenerte firme en tu camino. Lo cierto es que hay una resurrección esperando por ti al otro lado de los finales y de la muerte. Ese es el corazón del cristianismo: la vida surge realmente de la muerte. Si nos mantenemos en el camino con Jesús, siempre habrá un nuevo comienzo para nosotros.

Cómo entender tu práctica de los finales y los nuevos comienzos

Si hiciste la evaluación de los finales y los nuevos comienzos que aparece en las páginas 287–288 aquí tienes algunas observaciones que te ayudarán a reflexionar sobre tus respuestas.

Si tu puntuación fue mayormente de uno y dos puntos, es probable que tengas la tendencia a evitar los finales y te desalientes ante los cambios, en vez de sentir una atenta expectativa ante lo que Dios podría estar haciendo en ti y por medio de ti. Recibe esto como una invitación de Jesús para que atravieses la puerta y aprendas lo que significa «tomar tu cruz cada día, y seguirlo» (lee Lucas 9.23). Esta semana, dedica un tiempo para reflexionar en estas dos preguntas y escribir acerca de ellas: ¿qué es lo que debo dejar en mi vida personal y mi liderazgo ahora mismo? ¿Cuál cosa nueva podría estar tras el escenario, esperando para hacer su entrada, tanto en mi vida personal como en mi ministerio?

Si tu puntuación fue mayormente de dos y tres puntos, es probable que hayas comenzado a aplicar a tu vida personal y a tu liderazgo una teología de finales y nuevos comienzos. Es una oportunidad para que busques más tiempo con Dios a fin de escribir en tu diario y reflexionar de manera concreta sobre los aspectos que él te está invitando a soltar. Pídele discernimiento para reconocer los finales y los nuevos principios que pudieran estar surgiendo en ti y a tu alrededor. Y por último, permítele que haga su trabajo de transformación en tu vida mientras lo esperas y lo sigues a lo largo de todo el proceso.

Si tu puntuación fue mayormente de cuatro y cinco puntos, puedes esperar que Dios te guíe a una revelación más profunda de esta poderosa verdad en los próximos años. También te hallas en posición de servir al resto de la iglesia como madre o padre en la fe. Puesto que Jesús nos guía a todos nosotros a lugares donde no queremos ir (Juan 21.18), ahora les puedes servir de compañía espiritual a los líderes que van a seguir tus pasos.

La puesta en práctica de la EES
en tu iglesia o ministerio

La Espiritualidad Emocionalmente Sana (EES) es un paradigma que les da forma a todos los aspectos de una iglesia, un ministerio o una organización.

Por ese motivo, hay una pregunta que emerge continuamente en nuestro trabajo con los líderes: «¿Cómo llevo la EES a nuestra iglesia y después, cómo la mantengo en ella?».

Hay una variedad de herramientas, libros, conferencias y planes de estudio para los líderes que quieren enseñar y entrenar a su gente en una espiritualidad emocionalmente sana. Una herramienta en particular que es esencial para la conversión en una iglesia transformada por la EES es *El líder emocionalmente sano*.

Los tres cursos básicos

1. El curso EES. Este curso de ocho semanas de formación espiritual proporciona una visión fundamental de conjunto sobre el paradigma de la EES para tu iglesia o ministerio. Incluye la lectura de *La espiritualidad emocionalmente sana* y el aprendizaje del cultivo de un ritmo para reunirte dos veces al día con Jesús usando *La espiritualidad emocionalmente sana día a día: Un recorrido de cuarenta días con el Oficio Diario*. Las devociones diarias se corresponden con los ocho temas semanales del curso. El cuaderno de trabajo del Curso EES lo usan los participantes durante el curso. Sus ocho sesiones son:

1. El problema de la espiritualidad emocionalmente enferma (Saúl)
2. Conócete a ti mismo para que puedas conocer a Dios (David)
3. Regresa para poder avanzar (José)
4. El viaje a través del muro (Abraham)
5. Ensancha tu alma por medio de la angustia y la pérdida (Jesús)
6. Descubre los ritmos del Oficio Diario y del Sabbat (Daniel)
7. Crece hasta ser un adulto emocionalmente maduro (el Buen Samaritano)
8. Da un paso más para desarrollar una «Regla de vida» (La Iglesia en sus primeros tiempos)

Son muchas las iglesias en diversos lugares del mundo, entre ellas la nuestra, que ofrecen *el Curso EES* por lo menos dos veces al año para reforzar estos valores en su cultura. De ser posible, animamos a las iglesias para que lo ofrezcan como un curso para toda la congregación, debido a lo importante que es procesar bien este poderoso y nuevo contenido. Para ayudarte a dirigir un curso de alta calidad, te proporcionamos recursos adicionales en nuestro portal de la web: http://www.emotionallyhealthy.org/about/espanol/. Si estás pensando en ofrecer el curso, te sugiero que te inscribas en línea a fin de recibir las continuas actualizaciones y el apoyo que necesites.

2. El líder emocionalmente sano. Los temas que se tocan en este libro requieren de comentarios continuos, aplicaciones personales y en equipo, y matizaciones de acuerdo a tu contexto particular. La lectura del libro sola no es suficiente para hacer cambios significativos en cuanto a la forma en que tú y tu equipo guían a los demás. Para ayudarte a conocer y aplicar este material con mayor profundidad, desarrollamos un libro de trabajo para comentarios que es gratuito, y que puedes bajar de www.emotionallyhealthy.com o de www.zondervan.

com. En nuestro portal de la web también hay más podcasts, videos y recursos adicionales para líderes.

Herramientas adicionales para la EES

El libro *La mujer emocionalmente sana* se centra en las cosas que necesitamos eliminar a fin de entrar seriamente por el camino de la EES. Por ejemplo, dejar de sentir temor ante lo que piensan los demás, dejar de mentir, dejar de funcionar en exceso y dejar de vivir la vida de otra persona.

La iglesia emocionalmente sana les ofrece a los pastores y los líderes un fundamento teológico para los principios de la EES, como los de vivir en el quebrantamiento y la vulnerabilidad, abrazar la angustia y la pérdida y recibir el don de las limitaciones.

El *Paquete de campaña para la iglesia* contiene los elementos necesarios para que el liderazgo de la iglesia pondere la aplicación de EES en su iglesia. Desafiando nuestros métodos convencionales de «crecimiento espiritual», el material del paquete presenta no solo un modelo de espiritualidad que funciona verdaderamente, sino una guía de siete pasos hacia la transformación, que ayudará a los participantes a vivir una fe auténtica caracterizada por un espíritu de contemplación y sed de Dios. El paquete incluye DVD-ROMs con videos y materiales de promoción, estudio y conservación de resultados.

Si estás interesado en aprender más acerca de lo que significaría llevar la EES a tu iglesia o ministerio, te animo seriamente a que tú o un miembro clave de tu equipo, se conviertan en una persona punta de la EES. Mientras trabajas lenta y metódicamente para introducir la espiritualidad emocionalmente sana en tu contexto, visita nuestro portal, http://www.emotionallyhealthy.org/about/espanol/, a fin de aprender más acerca de una gran cantidad de recursos disponibles y actividades, entre ellas conferencias sobre la EES, actividades de entrenamiento con base en la web, y nuevos materiales, a medida que se vayan desarrollando.

CARACTERÍSTICAS DE LAS IGLESIAS TRANSFORMADAS POR UNA EES

¿Qué aspecto tendrían las cosas si la Espiritualidad Emocionalmente Sana se convirtiera plenamente en realidad en la vida y cultura de tu organización? Las características descritas a continuación han sido pensadas para ayudarte a imaginar lo que sería la EES como una realidad en tu contexto. Las descripciones de cada una de las seis categorías fueron desarrolladas y afinadas en un período de veinte años. No son metas, logros, ni tampoco una lista de cosas que tachar como «terminadas». Son descripciones de lo que significa en términos concretos estar en un auténtico caminar con Cristo por la vida y convertirse en una presencia de la misión para la cual Dios nos ha dejado en el mundo.

1. La espiritualidad a un ritmo más lento

- Los ritmos y el paso de nuestra vida personal son más lentos y más deliberados. Operamos a partir de un activismo contemplativo, en el cual el *hacer para* Jesús fluye del *estar con* él.
- Tenemos comunión con Jesús y somos transformados por él a través de una práctica diaria constante de la lectura de las Escrituras.
- Favorecemos, respetamos y valoramos la observancia del Sabbat como una de las disciplinas espirituales clave.
- Consideramos y practicamos la oración como parte de un estilo de vida que consiste en una unión de amor con Jesús.

- Consideramos que el hecho de pasar tiempo en la soledad y el silencio es fundamental para mantenernos centrados en Cristo.
- Creemos que el discernimiento de la voluntad de Dios exige sensibilidad en cuanto a lo que está pasando dentro de nosotros (consolaciones y desolaciones), y también la búsqueda de percepciones procedentes de las Escrituras y de los consejos sabios.
- Hacemos unos cambios radicales y deliberados en nuestra vida, adoptando una «Regla de vida» con el fin de cultivar una relación personal con Jesús y evitar el estar viviendo según la espiritualidad de otras personas.
- Sostenemos y practicamos una teología del deleite, tanto personal como colectivo.

2. La integridad en los líderes

- Los pastores y los líderes de los ministerios dirigen a partir de una profunda vida interior con Cristo.
- Los líderes consideran su matrimonio o su soltería como su mensaje más fuerte a favor del evangelio; hacen deliberadamente de ese aspecto de su vida un reflejo de su destino eterno, que es el matrimonio con Cristo.
- Los pastores y maestros experimentan las Escrituras como un profundo pozo para sus propias almas, no solo una herramienta para enseñar a los demás.
- El trabajo de gobernar a la iglesia (junta de ancianos, equipo de líderes, etc.) brota de un proceso deliberado de discernimiento espiritual centrado en seguir la voluntad de Dios cuando se toman unas decisiones estratégicas.
- Los líderes tratan de estar adecuadamente conectados con los demás, aunque diferenciando serenamente su «ti verdadero» de las demandas y las expectativas de aquellos que los rodean.
- La iglesia y sus líderes están conscientes de la complejidad que tiene la dinámica del poder y los retos que significa el desempeño de papeles dobles en el transcurso de la obra del ministerio y la edificación de la comunidad.
- Los líderes predican humildemente y viven de acuerdo con la verdad y la autenticidad; se niegan a dedicarse a fingir, manipular para causar una impresión o exagerar.
- La autoridad espiritual permite y anima a que las personas hagan preguntas y digan que «no» cuando sea lo adecuado.

3. El discipulado «debajo de la superficie»

- Retrocedemos para poder avanzar, tratando de quebrantar los patrones negativos procedentes de nuestras familias de origen y nuestras culturas, que nos sirven de obstáculo en cuanto a seguir a Jesús.
- Reconocemos y respetamos nuestros límites personales y los de los demás.
- Nos mantenemos profundamente conscientes de nuestro quebrantamiento y lo valoramos.
- Tratamos de integrar un amor sano con nosotros mismos y un buen cuidado de nuestras personas, con nuestro amor a Dios y a los demás.
- Nuestra medida de lo que constituye una espiritualidad madura es el amor, la humildad y la disponibilidad; no los talentos, el poder o el éxito.
- Vemos las pérdidas y las desilusiones como oportunidades para encontrarnos con Dios y descubrir más acerca de nosotros mismos.

4. Una comunidad sana

- Apoyamos y practicamos la costumbre de escuchar con profundidad como un medio indispensable para amar bien a los demás.
- Expresamos nuestras suposiciones y expectativas acerca de lo que los demás puedan estar pensando, en lugar de apoyarnos en una especie de «lectura de la mente».
- Tratamos de usar un nuevo lenguaje que nos capacite para expresar de una manera respetuosa nuestros deseos, necesidades y diferencias. Por ejemplo: «Me sorprende que...», «He notado...» o «Yo prefiero...», en lugar de hacer acusaciones o tener arranques de ira.
- Tratamos continuamente de dominar las habilidades y los matices de las «peleas limpias».
- Mantenemos una sensibilidad sana en cuanto a funcionar en exceso (hacer por otros lo que ellos pueden y deben hacer por sí mismos) y a funcionar en defecto (apoyarnos en otros para que ellos hagan lo que podemos y debemos hacer nosotros mismos).
- Buscamos la unidad de la iglesia, respetando las diferencias individuales (valorando los diferentes puntos de vista, las diferentes decisiones y los caminos espirituales).
- Nos retamos a nosotros mismos y animamos a los demás a compartir con nuestras debilidades y vulnerabilidades.
- Nos invitamos mutuamente siempre a ser responsables todos por nuestras propias vidas, y hacerlo sin culpar ni avergonzar a nadie.

5. Matrimonio y soltería apasionados

- Reconocemos, honramos, celebramos y apoyamos, tanto la soltería como el matrimonio. Esto se refleja en todo, desde los sermones normales, hasta los retiros y las reuniones de formación.
- Las parejas casadas y los solteros comprenden que se están convirtiendo en señales vivas del amor de Dios por el mundo, y cultivan un amor por los demás que es apasionado, íntimo, libre y vivificante.
- Nuestra unión con Cristo se halla estrechamente conectada con nuestra unión a nuestros cónyuges (en las parejas casadas) o a nuestra comunidad íntima (en las personas solteras).
- Hablamos con franqueza acerca de la sexualidad, reconociendo que la hermosa relación existente entre Cristo y su Iglesia se debe reflejar en la relación sexual entre el esposo y la esposa, o en la castidad de los solteros.
- Diferenciamos entre «usar» y «amar», vigilando los movimientos internos del corazón, tratando a los demás como irrepetibles y de un valor incalculable.
- Aceptamos el paradigma del matrimonio como dos individuos diferenciados y separados (cada cual con esperanzas, valores, ideas y preferencias diferentes), como camino hacia la unidad.
- Podemos expresar una teología de la soltería, y abrazamos tanto como valoramos su relación con la espiritualidad de cada persona.

6. Obreros con una misión

- Tenemos un profundo sentido de que nuestras esferas de actividad diaria, pagada o no, trabajando o jubilados, en la casa o fuera de ella, constituyen nuestro ministerio y tienen una importancia igual a las actividades de aquellos que trabajan a tiempo completo o con un ministerio vocacional.
- Vemos el trabajo como un acto de adoración y lo consideramos como parte de la edificación del reino de Dios y la manera de sacar orden del caos.
- No hacemos distinción entre lo «sagrado» y lo «secular», y nos negamos a separar en compartimentos el trabajo y la espiritualidad.
- Tratamos de crear y moldear deliberadamente la comunidad dentro de nuestras esferas de influencia, integrando en ella nuevas habilidades y un nuevo lenguaje que favorezca el amarnos bien.
- Constantemente buscamos el desarrollo de unos ritmos más lentos y más deliberados, a fin de practicar la presencia de Jesús, es decir, estar con él en el contexto del trabajo diario y de nuestras actividades.

- Damos pasos prácticos para darles a los demás y servirlos, tanto dentro de nuestras propias comunidades, como fuera de ellas.
- Sirviéndonos del profundo fundamento que es el evangelio, tratamos de combatir males como el racismo, el clasismo y el sexismo, comprometiéndonos deliberadamente con el mundo, de manera que nuestra vida sirva como un don para los demás.

APÉNDICE 2

Hoja de trabajo para la regla de vida

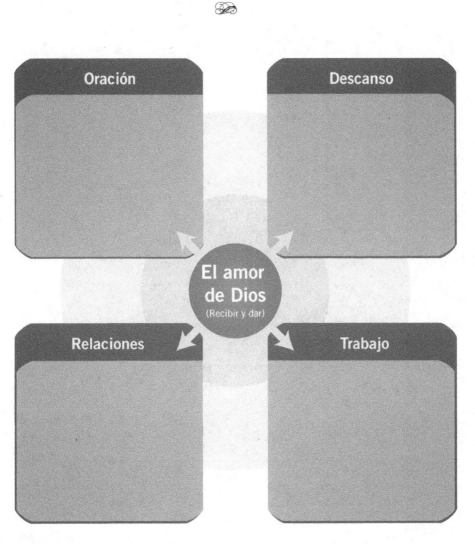

HAZ EL GENOGRAMA DE TU FAMILIA

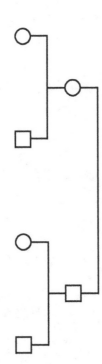

Relación	Dinámica de la relación	Símbolo
En conflicto	Un patrón constante en el cual las relaciones nunca se resuelven entre las personas.	
Con cortes	Los miembros de la familia se dejan de hablar y evitan los contactos entre ellos.	
Distante/Pobre	Conexión emocional escasa o mínima entre los miembros de la familia.	
Atrapados	Se presiona a los miembros de la familia para que piensen, sientan y actúen igual. Hay poca tolerancia para los que se separan, no están de acuerdo o quieren ser diferentes.	
Abusos	Un grave cruce de los límites personales, ya sean sexuales, emocionales o físicos, que lesiona gravemente la dignidad y la humanidad del otro.	

Temas

Sucesos catastróficos

Símbolos de la situación de la relación

Matrimonio — Divorcio — Viven juntos — Divorcio — Separados — Vuelto a casar

RECONOCIMIENTOS

Yo habré sido el escritor de este libro, pero nació en el contexto de dos comunidades. La primera y más importante es mi comunidad con Geri, mi mejor amiga y esposa con la que llevo casado treinta y un años, y nuestras cuatro hijas adultas y nuestro yerno: María, Christy, Jesse, Faith y Eva. Las percepciones de Geri, sus dones de sabiduría y sobre todo, su integridad, se encuentran esparcidos por todas estas páginas. En segundo lugar, mi agradecimiento a la familia de la iglesia New Life Fellowship, en Queens, Nueva York, donde he servido durante los últimos veintinueve años.

Este libro fue escrito a partir del crisol de nuestra vida juntos como una comunidad multirracial comprometida a superar las barreras raciales, culturales, económicas y de sexo, y a servir a los pobres y marginados. De ese suelo surgió el libro; la apertura de ellos al Espíritu Santo y a los nuevos comienzos es un don. Quiero expresar de manera específica mi agradecimiento a los ancianos (en particular Andrew Favilla y Jackie Snape), el personal, los líderes, los miembros de New Life y todos aquellos que leyeron borradores y partes de este libro a lo largo de su recorrido (son demasiados para mencionar los nombres de todos). Gracias a todos. También le quiero dar las gracias a Rich Villodas, el nuevo pastor principal de New Life, por ser un valeroso modelo de liderazgo lleno de salud emocional, y por nuestras numerosas conversaciones acerca de la aplicación de este material a la próxima generación. Greg Jao, vicepresidente en InterVarsity y miembro del equipo de predicación de New Life Fellowship, ofreció numerosas ideas que hicieron de este un libro mejor. Lance Witt, Scott Sunquist, Kathy y Ron Fehrer, Chris Giammona, Steve Treat y Ken Shigematsu ofrecieron cada uno de ellos sus contribuciones teológicas, prácticas e históricas a este libro. Christine Anderson sirvió de manera destacada como editora, retándome más allá de lo que yo creía posible, para que fuera mejor escritor.

Sus perceptivas y profundas preguntas fueron indispensables a través de todo el largo y arduo proceso de escribirlo. Y finalmente, mi profunda gratitud a Chris Ferebee, mi agente, y con él a todo el equipo de Editorial Vida, por su excelente labor y colaboración para llevar este libro hasta su publicación.

Notas

Mi marcha a lo largo de un liderazgo emocionalmente enfermo

1. Para leer más acerca de la historia de Geri, busca *The Emotionally Healthy Woman: Eight Things You Have to Quit to Change Your Life* (Grand Rapids, MI: Zondervan, 2010).
2. Esta historia aparece con todo detalle en el libro de Peter Scazzero, *The Emotionally Healthy Church: A Strategy for Discipleship that Actually Changes Lives*, edición puesta al día y ampliada (Grand Rapids, MI: Zondervan, 2010).
3. En Peter Scazzero, *Emotionally Healthy Church*.

Capítulo 1: El líder emocionalmente enfermo

1. Conté con la ayuda de un ensayo no publicado cuyo título es «Growth Matters, Numbers Count: Biblical Reflections on Numerical Growth» [«El crecimiento importa, los números cuentan: Reflexiones bíblicas sobre el crecimiento numérico»], escrito por Daniel J. Denk para el uso interno de InterVarsity Christian Fellowship.
2. Conversaciones con Scott Sunquist, decano de la Escuela de Estudios Interculturales en el Seminario Teológico Fuller. Consulta Dale T. Irvin y Scott W. Sunquist, *History of the World Christian Movement: Volume 1: Earliest Christianity to 1453* (Maryknoll, NY: Orbis, 2001), pp. 257–288.
3. Busca dos excelentes artículos introductorios en http://www.nwlink.com/~donclark/hrd/bloom.html y http://thesecondprinciple.com/instructional-design/threedomainsoflearning/.
4. Le agradezco a Wendy Seidman esta simplificación de la taxonomía de Bloom.

Capítulo 2: Enfréntate a tu sombra

1. «Leading from Within», de Parker Palmer, en *Insights on Leadership: Service, Stewardship, Spirit, and Servant-Leadership*, Larry Spears, ed. (John Wiley: Nueva York, 1998), p. 202.
2. Connie Zweig y Jeremiah Abrams, «Introduction: The Shadow Side of Everyday Life», en *Meeting the Shadow: The Hidden Power of the Dark Side of Human Nature* (Nueva York: Tarcher/Penguin, 1991), p. xvii.

3. Es importante observar que las iglesias y las organizaciones también pueden desarrollar algo que ha sido llamado «misión sombra». Estas fluyen con frecuencia de nuestra vida personal como líderes. Por ejemplo:

   • Queremos alcanzar personas para Jesucristo. La misión sombra podría ser que el deseo de crecer numéricamente se convirtiera en la forma *exclusiva* en que el ministerio considera válida su eficacia y dirige todas sus decisiones. Aunque el crecimiento numérico forma parte de una manera legítima de medir nuestra eficacia, no es suficiente, y los miembros del equipo se pueden convertir fácilmente en medios con el único interés de alcanzar ese fin.

   • Estamos dedicados a contextualizar el evangelio en nuestra cultura rápidamente cambiante. Aprendemos de las últimas tecnologías, los últimos medios sociales y las últimas ideas, y nos dedicamos a ellos. Esto es bueno. La posible misión sombra se convierte en la creación de una identidad para el ministerio que reaccione contra las demás, dándole a toda la organización una sensación de superioridad por encima de los que son más «tradicionales».

   Para leer más al respecto, busca John Ortberg, *Overcoming Your Shadow Mission* (Grand Rapids, MI: Zondervan, 2008).

4. Travis Bardberry y Jean Greaves, *Emotional Intelligence 2.0* (San Diego, CA: Talent Smart, 2009), pp. 20–21.

5. Travis Bardberry y Jean Greaves, *Leadership Intelligence 2.0* (San Diego, CA: Talent Smart, 2012), pp. 129–134.

6. *The Desert Fathers: Sayings of the Early Christian Monks*, traducción al inglés de Benedicta Ward (Nueva York: Penguin Classics, 2003), p. 172.

7. En Ernest Becker, *Denial of Death* (Nueva York: Free Press, Simon and Schuster, 1973), p. 128.

8. Aunque por la gracia de Dios nos podemos ir liberando cada vez más del poder escondido de la sombra, es importante notar que la sombra misma nunca desaparece por completo. Nunca nos podremos «liberar de ella». De una manera muy parecida a Jacob después de su encuentro con el Señor en Génesis 32, cojeamos al caminar. La diferencia clave es que ahora estamos muy conscientes de esto, y dependemos de Dios en todos los pasos que demos.

9. Joshua Wolf Shenk, *Lincoln's Melancholy: How Depression Challenged a President and Fueled His Greatness* (Nueva York: Houghton Mifflin, 2005), p. 159.

10. Busca el trabajo de Robert E. Kaplan y Robert B. Kaiser sobre el desarrollo de un liderazgo versátil en http://sloanreview.mit.edu/article/developing-versatile-leadership/.

11. Jesús le preguntó al hombre endemoniado de Gerasa: «¿Cómo te llamas?». Y respondió diciendo: «Legión me llamo; porque somos muchos» (Marcos 5.9–10). Nombrar el problema era uno de los medios que usaba Jesús para tomar autoridad sobre la energía maligna, desatada y aparentemente incontrolable que tenía ante sí.

12. Geri Scazzero, *The Emotionally Healthy Woman* (Grand Rapids, MI: Zondervan 2010), capítulo 4; Pete y Geri Scazzero, *Emotionally Healthy Skills 2.0* (Nueva York: Emotionally Healthy Spirituality, 2012); Peter Scazzero, *The Emotionally Healthy Church*.

13. Para un estudio más amplio en cuanto a nombrar las emociones, lee Geri Scazzero, *Emotionally Healthy Woman*, capítulo 4.

14. Para aprender más acerca de «360», ve al Inventario del Cociente Emocional. El EQ-I 2.0 y el EQ-360® son herramientas recomendadas de retroalimentación. Para información acerca de conseguir un entrenador ejecutivo para estas evaluaciones, ve a www.missiontomeasurement.com.

15. Para un resumen del Eneagrama y otros recursos adicionales, busca Scazzero, *Emotionally Healthy Woman*, pp. 80–88.

Capítulo 3: Sé líder basado en tu matrimonio o en tu soltería

1. Busca nuestro *Emotionally Healthy Skills 2.0 Curriculum*, sesión 5.
2. Para una explicación más completa del Yo-Tú de Martin Buber, busca Peter Scazzero, *Emotionally Healthy Spirituality* (Grand Rapids, MI: Zondervan, 2006), p. 183.
3. Para un estudio completo del matrimonio como la analogía menos inadecuada para describir nuestra relación con Dios, busca el trabajo seminal del papa Juan Pablo II llamado *Man and Woman He Created Them: A Theology of the Body*, traducido al inglés por Michael Waldstein (Boston: Pauline Books and Media, 1997, 2006).
4. La literatura antigua de la Iglesia en los siglos tercero, cuarto y quinto indica que la mayoría de las iglesias consideraban el celibato como superior al matrimonio. Este punto de vista se volvió tan prevalente, que el Concilio de Paflogonia (año 345) tuvo que excomulgar a los que sostenían que el matrimonio le impedía al cristiano la entrada al reino de Dios. No obstante, esto hizo poco en cuanto a cambiar la popular posición de la iglesia en la cual el matrimonio era considerado como una tercera clase después de la virginidad y la viudez (Carolyn A. Osiek y David L. Balch, *Families in the New Testament World: Households and House Churches* (Louisville, KY: Westminster John Knox Press, 1997).
5. Los católicos romanos siguen insistiendo en la prohibición del matrimonio para los sacerdotes y los miembros de las órdenes y congregaciones religiosas. Las iglesias ortodoxas permiten que actúen como líderes tanto los hombres casados como los solteros.
6. Busca Sandra M. Schneider, *Selling All: Commitment, Consecrated Celibacy, and Community in Catholic Religious Life* (Mahwah, NJ: Paulist Press, 2001), pp. 117–159.
7. Me siento profundamente agradecido a Ron y Kathy Feher, fundadores de Living in Love, quienes comparten de manera significativa nuestra comprensión del matrimonio como nuestra primera aspiración y pasión, y nuestro mensaje más fuerte sobre el evangelio. Busca su portal en la web: www.livinginlove.org.
8. Las raíces de esta rica aplicación de la teología bíblica se remontan al «grupo de reflexión» marital cuyo pionero fue el sacerdote jesuíta Chuck Gallagher, que reunió a una amplia gama de teólogos, matrimonios y practicantes de la salud mental con el fin de desarrollar y expresar por escrito una espiritualidad matrimonial anclada en Cristo. Por su labor, y la del ministerio Living in Love (http://livinginlove.org), Geri y yo nos sentimos profundamente agradecidos.
9. Sin embargo, como lo destacara tan bien el papa Juan Pablo II, Dios quiso que su plan para el matrimonio nos fuera tan evidente, que lo estampó en nuestros cuerpos al hacernos hombre y mujer. La unión sexual, el convertirnos en una sola carne, es un profundo misterio que señala hacia algo que se halla más allá de él mismo. Es la sombra previa a nuestra unión definitiva con Jesucristo, nuestro amante perfecto. Para el mejor estudio de esto, busca Juan Pablo II, *Man and Woman He Created Them: A Theology of the Body* (Boston: Pauline Books and Media, 2006); Christopher West, *Theology of the Body for Beginners* (West Chester, PA: Ascension Press, 2004).
10. Les estoy agradecido a Ron y Kathy Feher, del ministerio con matrimonios llamado Living in Love, por esta frase y por la forma en que nos sirvieron de modelo y de mentores en cuanto al aspecto que tiene vivir con pasión el amor.
11. Todo cristiano ha sido llamado a una vida célibe (de soltero) en el sentido de que, aunque estemos casados, nuestro cuerpo y nuestra sexualidad solo le pertenecen a Cristo. El celibato cristiano no es un rechazo al cuerpo ni a la sexualidad, sino una afirmación de la unión y la comunión con Jesús, cuyo propósito es dar fruto y producir hijos para él. Busca Christopher West, *Theology of the Body I: Head and Heart Immersion Course* (West Chester, PA: Ascension Press, 2007). Yo asistí a ese seminario de cinco días con Christopher West en 2012.

12. Una de las infortunadas consecuencias de la Reforma Protestante en el siglo dieciséis fue la eliminación de todos los monasterios en las regiones de Europa controladas por el protestantismo. Por ejemplo, entre los años 1536 y 1540, Enrique VIII abolió todo el sistema monástico de Inglaterra, cerrando más de ochocientos monasterios, abadías, conventos de monjas y conventos de frailes, donde vivían más de diez mil monjes, monjas, frailes y canónigos. En abril de 1540 ya no quedaba uno solo.

13. Además de los centenares de comunidades monásticas anglicanas que hay en muchos lugares del mundo, encontramos personas con voto de celibato en órdenes monásticas protestantes de Alemania, como la Communität Christusbruderschaft Selbitz [Comunidad de la Hermandad de Cristo en Selbitz], que forma parte de la Iglesia Luterana Evangélica de Bavaria, y la Hermandad Femenina Evangélica de María, una orden religiosa ecuménica fundada por la Madre Basilea Schlink. En Francia, el Hermano Roger Schütz, pastor luterano, fundó la Comunidad Ecuménica de Taizé. También existe en Australia el Monasterio de la Santa Transfiguración, fundado por la Unión Bautista de ese país, y en Estados Unidos, encontramos la Comunidad de Jesús y el Monasterio de la Santa Sabiduría, comunidades ecuménicas de mujeres ambas, para nombrar unos pocos casos.

14. Solo el profeta Jeremías fue llamado a observar el celibato como una señal profética para Israel.

15. Rodney Clapp, *Families at the Crossroads* (Downers Grove, IL: InterVarsity Press, 1993), pp. 95–98.

16. Sandra M. Schneiders, I.H.M., *Selling All: Commitment, Consecrated Celibacy, and Community in Catholic Religious Life* (Mahway, NJ: Paulist Press, 2001), pp. 29–30.

17. Parker Palmer, *Let Your Life Speak* (San Francisco: Jossey-Bass, 2000), pp. 30–31.

18. Rodney Clapp, *Families at the Crossroads*, p. 101.

19. Esta oración ha sido adaptada de un folleto distribuido por el Ministerio Living in Love, de Ron y Kathy Feher.

20. El cuidado de la calidad, tanto de los líderes casados como de los solteros, exige de nosotros que nos tomemos en serio las relaciones entre hombres y mujeres, y no solo como una posible fuente de tentaciones. Con frecuencia, el hecho de no cuidarlas tiene por resultado que las mujeres solteras permanecen subdesarrolladas como líderes, y se invierte en ellas menos de lo debido. Este tema es extenso, pero vitalmente importante para que creemos ambientes en los cuales tanto los solteros como los casados se relacionen entre sí de formas maduras, para que puedan prosperar todos en sus vocaciones. Busca Ruth Haley Barton, *Equal to the Task: Men and Women in Partnership* (Downers Grove, IL: InterVarsity Press, 1998); Carol E. Becker, *Becoming Colleagues: Women and Men Serving Together in Faith* (San Francisco: Jossey-Bass, 1998).

Capítulo 4: Aminora tu ritmo de vida para que tengas una unión llena de amor

1. Frederick Dale Bruner, *Matthew: A Commentary, Volume 1* (Dallas: Word, 1987), p. 287.

2. Para leer más del sermón de Edwards sobre «El amor, más excelente que los dones extraordinarios del Espíritu», basado en 1 Corintios 13.1, acude a www.biblebb.com/files/Edwards/charity2.htm.

3. Hans Urs von Balthasar, *Prayer* (San Francisco: Ignatius Press, 1976), p. 171.

4. Jesús es Dios encarnado. Pero debemos recordar que es también plenamente humano. Y es nuestro modelo de lo que es una vida humana plenamente redimida en el Espíritu, tal como se supone que se debe vivir: en una amorosa unión con el Padre.

5. A Geri y a mí nos agrada decir: «El cuerpo no es uno de los profetas menores, sino uno de los profetas mayores». En otras palabras, muchas veces, el cuerpo sabe antes que la mente cuándo nuestra vida se ha salido de su sintonía con Dios. Por ejemplo, se me hace un nudo en el estómago, se me pone tenso el cuello, sudo, cierro los puños, se me endurecen los hombros, no puedo dormir, etc.

6. Números 2.32.

7. «No creísteis en mí» (Números 20.12) y «fuisteis rebeldes» (Números 20.24).

8. Es importante observar que estos hijos de Aarón murieron en el mismo lugar, por ofrecer un incienso que no se les había ordenado ofrecer. Moisés y Aarón recibieron unas consecuencias mucho menos fuertes.

9. El erudito J. de Vaulx sugiere que, al golpear la roca, Moisés estaba golpeando a Dios . «Se compara a Dios con una roca (p.ej., Salmos 18.2; 31.3; 42.9). El apóstol Pablo, al escribir acerca de los años en el desierto, dice: "Y todos bebieron la misma bebida espiritual; porque bebían de la roca espiritual que los seguía, y la roca era Cristo" (1 Corintios 10.4)», citado por Gordon J. Wenham, *Numbers: An Introduction and Commentary* (Downers Grove, IL: InterVarsity Press, 1981), p. 151.

10. Recomiendo un excelente libro sobre este tema: Alicia Britt Chole, *Anonymous: Jesus' Hidden Years and Yours* (Nashville: Nelson, 2006).

11. Para más detalles, busca Richard Peace, *Conversion in the New Testament: Paul and the Twelve* (Grand Rapids, MI: Eerdmans, 1999), pp. 52, 67, 89–91.

12. Henri Nouwen, *In the Name of Jesus: Reflections on Christian Leadership* (Nueva York: Crossroad, 1991).

13. Robert C. Gregg, *Athanasius: The Life of Antony and the Letter to Marcellinus*, Classics of Western Spirituality (Mahwah, NJ: Paulist Press, 1980), p. 81.

14. *The Sayings of the Desert Fathers: The Alphabetical Collection*, traducida al inglés por Benedicta Ward (Kalamazoo, MI: Cistercian, 1975), p. 8.

15. Yo dedico todo un capítulo al desarrollo de una regla de vida en La Espiritualidad Emocionalmente Sana. Otros dos libros excelentes sobre el tema son el de Ken Shigemastu, *God in My Everything* (Grand Rapids, MI: Zondervan, 2013) y el de Steve Macchia, *Crafting a Rule of Life* (Downers Grove, IL: InterVarsity Press, 2012).

16. De ordinario, el Oficio Diario incluye silencio, Escrituras, oración y tal vez una lectura devocional. Para una orientación mayor, busca Peter Scazzero, *Emotionally Healthy Spirituality Day by Day: A 40-Day Journey with the Daily Office* (Grand Rapids, MI: Zondervan, 2014).

17. Busca "Reflection and Our Active Lives", www.ignatianspirituality.com/ignatian-prayer/the-examen/reflection-and-our-active-lives/ y "The Daily Examen," ignatianspirituality.com, consultado el 10 de diciembre de 2014.

Capítulo 5: Practica el deleitarte en el Sabbat

1. Wayne Muller, *Sabbath: Finding Rest, Renewal, and Delight in Our Busy Lives* (Nueva York: Bantam, 1999), p. 69.

2. Todavía sonrío cuando recuerdo el artículo de Eugene Peterson sobre el Sabbat en la revista *Leadership,* hace ya muchos años. En él había una foto suya detrás de las rejas de una celda, vestido de preso y con un cartel colgado al cuello, que decía: «Quebrantador del Sabbat».

3. Para una explicación más completa de estas cuatro cualidades del Sabbat, acude a Peter Scazzero, *La Espiritualidad Emocionalmente Sana*, pp. 165–171.

4. Abraham Heschel, *The Sabbath: Its Meaning for Modern Man* (Nueva York: Farrar, Straus, Giroux, 1951).

5. Adaptado de Brene Brown, *I Thought It Was Just Me (But It Isn't): Making the Journey from "What Will People Think?" to "I Am Enough"* (Nueva York: Gotham, 2012); Ernest Kurtz, *Shame & Guilt*, 2ª ed. (Nueva York: iUniverse, Kindle edition), posición 211.

6. Kurtz, *Shame & Guilt*, posición 211.

7. «¿Cómo sé si soy un trabajólico?», www.workaholics-anonymous.org. Consultado el 15 de noviembre de 2014.

8. Busca "Pull the Plug on Stress", www.hbr.org/2003/07/pull-the-plug-on-stress. Consultado en febrero de 2015.

9. David N. Laband y Deborah Hendry Heinbuch, *Blue Laws: The History, Economics, and Politics of Sunday-Closing Laws* (Nueva York: Lexington, 1987), pp. 45–46. Para un estudio excelente y bien documentado sobre el Sabbat judío en los tiempos de Jesús, busca C. S. Keener, *The Gospel of John: A Commentary, Volume One and Two* (Grand Rapids: Baker, 2003), 1:641–645.

10. Lo irónico era que en la familia de Geri la cantinela era *Sal a jugar*. El juego era lo primero; las tareas de la escuela iban en segundo lugar. Se esperaba de ella que al regresar de la escuela, se cambiara el uniforme por otra ropa y se fuera a jugar. Aunque luchó inicialmente para establecer unos límites alrededor de su Sabbat de veinticuatro horas y privarse de trabajar durante ese tiempo, no experimentó culpa alguna en cuanto a su práctica recién hallada, como me pasó a mí, y a muchos otros que conozco.

11. Busca http://www.kwiat.com/diamond-education/diamond-facets/5815; y http://www.hardasrocks.info/diamond-facets.htm.

12. Francine Klagsbrun, *Jewish Days: A Book of Jewish Life and Culture around the Year*, ilustrado por Mark Podwal (Nueva York: Farrar Straus Giroux, 1996), pp. 9–10.

13. Le debo esta idea a Eugene Peterson y sus numerosos libros y artículos sobre este tema, y a su cuidadosa obra exegética en *Christ Plays in Ten Thousand Places: A Conversation in Spiritual Theology* (Grand Rapids, MI: Eerdmans, 2005).

14. Estoy en deuda con Walter Brueggemann, *Sabbath as Resistance: Saying No to the Culture of Now* (Louisville, KY: Westminster John Knox Press, 2014) por su exégesis sobre el éxodo y el título de esta sección.

15. Walter Wink, *Naming the Powers: The Language of Power in the New Testament*, (Minneapolis, MN: Fortress Press, 1984), p. 5.

16. Brueggemann, *Sabbath as Resistance*, p. 10.

17. Gary Sterns, "How B&H Photo thrives in Amazon's jungle using both bricks and clicks — and without Black Friday," *Business Journal*, 27 de noviembre de 2012, consultado en www.bizjournals.com el 15 de noviembre de 2014; Associated Press, "New York's B&H Camera Shop Mixes Yiddishkeit and Hi-Tech Savvy", consultado en www.jpost.com el 15 de noviembre de 2014.

18. Elie Wiesel, *All Rivers Run to the Sea: Memoirs* (Nueva York: Alfred A. Knopf, 1995), p. 87.

19. Jürgen Moltmann, *Theology of Play* (Nueva York: Harper and Row, 1972), p. 17.

20. R. Paul Stephens, *Seven Days of Faith: Every Day Alive with God* (Colorado Springs: NavPress, 2001), p. 211.

21. Ben Witherington III, *The Rest of Life: Rest, Play, Eating, Studying, Sex from a Kingdom Perspective* (Grand Rapids, MI: Eerdmans, 2012), p. 49. Busca también Ben Witherington III, *Work: A Kingdom Perspective on Labor* (Grand Rapids, MI: Eerdmans, 2011).

22. Moltmann, *Theology of Play*, p. 18.

23. Moltmann, *Theology of Play*, p. 13.

24. Witherington, *Rest of Life*, pp. 52–53.

25. Busca recursos gratuitos y preguntas frecuentes en www.emotionallyhealthy.org/sabbath.

Capítulo 6: La planificación y la toma de decisiones

1. Deuteronomio 17.14–17; 1 Reyes 10.23–11.6.
2. Malcolm Muggeridge, "The Fourth Temptation of Christ", en *Christ and the Media* (Grand Rapids, MI: Eerdmans, 1977).
3. Resumido por Jeannine K. Brown, Carla M. Dahl y Wyndy Corbin Reuschling, *Becoming Whole and Holy: An Integrative Conversation about Christian Formation* (Grand Rapids, MI: Baker Academic, 2011), p. 188.
4. Para leer más acerca de una teología sobre «Recibir el don de las limitaciones», busca el capítulo 8 de Peter Scazzero, *La Iglesia Emocionalmente Sana*.
5. Robert Barron, *And Now I See: A Theology of Transformation* (Nueva York: Bantam, 1999), p. 37.
6. Bernardo de Claraval, *Five Books on Consideration: Advice to a Pope* (Kalamazoo, MI: Cistercian, 1976), pp. 27–28.
7. Como se explicó en el capítulo 4, el Examen, o Examen Diario, es una práctica desarrollada por Ignacio de Loyola (1491–1556) para ayudar a los cristianos a reflexionar sobre los sucesos del día con el fin de detectar la presencia de Dios y discernir su dirección.
8. Estoy en deuda con Russ Nitchman por haber pasado tiempo pacientemente conmigo para explicarle a este neoyorquino urbano y lento para aprender lo intrincada que es la vida vegetal.
9. Ignacio de Loyola, *Spiritual Exercises*, p. 12.
10. Kevin O'Brien, SJ, *The Ignatian Adventure: Experiencing the Spiritual Exercises of Saint Ignatius in Daily Life* (Chicago: Loyola Press, 2011), pp. 57–58.
11. Joan Chittister, *Wisdom Distilled from the Daily: Living the Rule of St. Benedict Today*, reimpresión (Nueva York: HarperCollins, 2013).
12. Judy Brown, «Fire», en *The Art and Spirit of Leadership* (Bloomington, IN: Trafford, 2012), pp. 147–148. Usado con autorización.
13. Para un excelente ejemplo, busca la parábola de Jesús sobre el administrador astuto en Lucas 16:1–12.
14. Para una rica descripción de las partes de la prudencia, lee a Tomás de Aquino, *Summa Theologica*, II-I, q. 23, a.1, ad.2; Joseph Pieper, *The Four Cardinal Virtues* (Notre Dame, IN: University of Notre Dame, 1966), pp. 3–40.
15. Ruth Haley Barton, *Pursuing God's Will Together: A Discernment Practice for Leadership Groups* (Downers Grove, IL: InterVarsity Press, 2012), pp. 187–200.
16. «Hiere al escarnecedor, y el simple se hará avisado» (Proverbios 19.25).
17. «Los azotes que hieren son medicina para el malo, y el castigo purifica el corazón» (Proverbios 20.30).
18. «Los pensamientos son frustrados donde no hay consejo; mas en la multitud de consejeros se afirman» (Proverbios 15.22).
19. Busca el capítulo 8, «Recibe el don de las limitaciones», en Peter Scazzero, *La Iglesia Emocionalmente Sana*.
20. Busca http://bobbbiehl.com/quick-wisdom2/questions-to-ask/decide-to-make-any-major-decision/.

Capítulo 7: La cultura y la formación de equipo

1. Edwin H. Friedman, *Friedman's Fables* (Nueva York: Guilford Press, 1990), pp. 25–28. Reimpreso con autorización de Guilford Press.

2. Desarrollado por Murray Bowen, el fundador de la teoría de los sistemas en la familia moderna. La diferenciación se refiere a la capacidad de una persona para, como afirma Bowen, «definir sus propias metas y sus propios valores en la vida, sin ceder a las presiones de aquellos que le rodean». El grado en el cual seas capaz de solidificar tus valores y metas propios sin tener en cuenta las presiones que tienes a tu alrededor (separación) al mismo tiempo que te mantienes cerca de la gente que es importante para ti (cercanía) ayuda a determinar tu nivel de diferenciación. Las personas con un alto nivel de diferenciación tienen sus propias creencias, convicciones, direcciones, metas y valores, ajenos a las presiones que las rodean. Pueden escoger ante Dios cómo quieren ser, sin estar controladas por la aprobación o desaprobación de los demás. La intensidad de los sentimientos, el fuerte estrés o la ansiedad de los que las rodean, no las abruman en su capacidad para pensar de una manera inteligente.

3. Scott W. Sunquist, *Understanding Christian Mission: Participation in Suffering and Glory* (Grand Rapids, MI: Baker, 2013), p. 244.

4. Esta es la definición de cultura dada por el periodista Ken Myers, tal como la resumió Andy Crouch en *Playing God: Redeeming the Gift of Power* (Carol Stream, IL: InterVarsity Press, 2013), p. 17.

5. Quiero expresar mi gratitud a la Fundación Pairs por el desarrollo de la herramienta llamada «Guía del Diálogo», que nos sirvió como prototipo para el desarrollo de la Escalera de la Integridad; busca http://emotionallyhealthy.org/theladderofintegrity.

6. Pete Scazzero y Geri Scazzero, *Emotionally Healthy Skills 2.0.*

7. Observa que esta herramienta se usa para pequeñas molestias, no para conflictos graves. Estas dos frases se explican más completamente como parte de una herramienta más grande que enseñamos en New Life Fellowship, llamada «Lectura de la Temperatura de la Comunidad», que es la primera habilidad que aparece en el plan de estudios del curso llamado *Emotionally Healthy Skills 2.0.*

8. Si una iglesia tiene más de ochocientas personas que reúnen los tres criterios, se expanden de treinta a un número mayor. Es posible tener una asistencia de diez mil personas en cinco cultos, pero aun así, tener solo ochocientas que reúnen los criterios. La NCD recomienda que se hagan evaluaciones separadas para los locales diferentes en un contexto multisitios, o con tipos muy diferentes de cultos de adoración (p.e., idiomas diferentes, tradicionales contra contemporáneos, de jóvenes contra los de personas mayores, etc).

9. Esto se basó en conversaciones con líderes y practicantes canadienses de Natural Church Development. Busca «How to Take the NCD survey» en http://ncd-canada.com o en el sitio mundial de la NCD: http://www.ncdinternational.org/.

10. Busca Peter Scazzero, *La Iglesia Emocionalmente Sana,* pp. 34–35.

11. Busca Jim Loehr y Tony Schwartz, *The Power of Full Engagement* (Nueva York: Free Press, 2003), pp. 4–5, 41.

12. Para una explicación más completa de una teología del liderazgo para casados y para solteros, busca el capítulo 3, «Sé líder basado en tu matrimonio o en tu soltería».

Capítulo 8: El poder y los límites prudentes

1. Richard M. Gula, *Just Ministry: Professional Ethics for Pastoral Ministers* (Mahwah, NJ: Paulist Press, 2010), p. 123.

2. Le agradezco a Kaethe Weingarten, del Departamento de Psiquiatría en la Escuela de Medicina de Harvard por la idea de su útil rejilla y su trabajo sobre el hecho de que las personas que no están conscientes de su poder son las personas más peligrosas de la tierra,

y transmiten sus traumas de una generación a la siguiente. Esto se aplica a políticos, padres, gobierno, iglesias o sinagogas. Busca Kaethe Weingarten, «Witnessing, Wonder, and Hope», Magnum, Family Process, invierno del año 2000, p. 39, no. 4.

3. Esta es mi adaptación del estudio de Richard Gula sobre la dinámica del poder en *Just Ministry*, pp. 117–155.

4. Stanley Hauerwas y William H. Willimon, *Resident Aliens: A Provocative Christian Assessment of Culture and Ministry for People Who Know Something Is Wrong* (Nashville, TN.: Abingdon, 1989), pp. 121–127.

5. Richard A. Blackmon y Archibald D. Hart, «Personal Growth for Clergy», en *Clergy Assessment and Career Development*, eds. Richard A. Hunt, John E. Hinkle Jr. y H. Newton Maloney (Nashville: Abingdon, 1990), p. 40.

6. Steve, uno de mis mentores, es un jefe ejecutivo muy respetado, con un doctorado en consejería matrimonial y familiar. Él no contrata a nadie que tenga problemas importantes sin resolver con sus padres o con las personas que lo criaron. ¿Por qué? Porque cree que es inevitable que estas cuestiones vuelvan a aparecer y se proyecten sobre las figuras de autoridad que hay en el lugar de trabajo. Si la relación entre una persona y uno de sus padres estuvo llena de conflictos y de reacciones negativas, esos conflictos se volverán a producir con las figuras de autoridad futuras, a menos que hayan hecho su propio trabajo interno. Su punto de vista me ayudó a comprender la forma aparentemente irracional de conducta que encontraba yo de vez en cuando en personas sobre las cuales tenía una posición de autoridad.

7. Esta frase procede de un excelente libro sobre el poder, escrito por Andy Crouch: *Playing God: Redeeming the Gift of Power* (Downers Grove, IL.: InterVarsity, 2013), p. 14.

8. Busca Marilyn Peterson, *At Personal Risk: Boundary Violations in Professional-Client Relationships* (Nueva York: Norton, 1992), donde ella presenta su tesis según la cual los profesionales que se niegan a aceptar la autoridad que procede del papel que desempeñan, son los que más riesgo corren de hacerles daño a los demás.

9. Gula, *Just Ministry*, p. 137.

10. Busca Marilyn Peterson, *At Personal Risk: Boundary Violations in Professional-Client Relationships* (Nueva York: Norton, 1992), donde ella presenta su tesis según la cual los profesionales que se niegan a aceptar la autoridad que procede del papel que desempeñan, son los que más riesgo corren de hacerles daño a los demás.

11. Busca, por ejemplo, Robert G. Jones, ed., *Nepotism in Organizations* (Nueva York: Routledge, 2012).

12. Encontrarás un ejemplo trágico reciente en «Where Are the People? Evangelical Christianity in America Is Losing Its Power: What Happened to Orange County's Crystal Cathedral Shows Why», *The American Scholar*, www.theamericanscholar.org/where-are-the-people/#.VO–ejr2102g. Consultado en febrero de 2015.

13. Martha Ellen Stortz, *PastorPower* (Nashville: Abingdon, 1993), pp. 111–117.

14. Puedes encontrar en su totalidad la regla de vida para el personal pastoral en el apéndice de La Iglesia Emocionalmente Sana: Puesto al día y ampliado, o en www.emotionallyhealthy.org/resources.

Capítulo 9: Los finales y los nuevos comienzos

1. Busca Henry Cloud, *Necessary Endings: The Employees, Businesses, and Relationships That All of Us Have to Give Up in Order to Move Forward* (Nueva York: HarperCollins, 2010).

2. Busca Peter Scazzero, capítulo 5, *La Iglesia Emocionalmente Sana,* pp. 159–179, donde hallarás una explicación bíblica más extensa de estas tres fases.

3. Le estoy agradecido a William Bridges, *Transitions: Making Sense of Life's Changes: Strategies for Coping with the Difficult, Painful, and Confusing Times in Your Life* (Cambridge, MA: Da Capo Press, 2004) por este concepto inicial que abrió para mí numerosos textos bíblicos acerca de los finales.

4. Es importante observar que no todos los finales nos parecen una muerte. De hecho, hay algunos que son bienvenidos, según una serie de factores. Por ejemplo, si finalmente se marcha un miembro del equipo que trabaja menos de lo que debe, y se resiste a tu liderazgo cada vez que encuentra ocasión, tú te podrás sentir aliviado. Sin embargo, es posible que ese miembro que se fue sienta una pérdida terrible. Recientemente, una dama que era miembro de nuestro personal de New Life se marchó para entrar a un monasterio. Nosotros, como equipo de líderes y como iglesia, lo vimos como una dolorosa muerte, y sentimos la gran pérdida de su presencia. En cambio, la emoción primaria de ella era un inmenso gozo, cuando dio valientemente el paso decisivo hacia el llamado de Dios a su vida. Ha habido ocasiones en las cuales yo me he sentido aliviado, y ha habido un nuevo comienzo cuando un líder o voluntario clave ha pasado a hacer otra cosa; sin embargo, ellos han sentido una enorme tristeza.

5. Adaptado de Bridges, *Transitions*, p. 87.

6. San Juan de la Cruz, *Dark Night of the Soul*, traducción del español al inglés por E. Allison Peers (Nueva York: Image, Doubleday, 1959).

7. Para un estudio más completo de este material, busca el capítulo 6, «El viaje a través del muro», Peter Scazzero, *La Espiritualidad Emocionalmente Sana*.

8. Parker J. Palmer, *Let Your Life Speak: Listening to the Voice of Vocation* (San Francisco: Jossey-Bass, 2000), p. 54.

9. Busca de William Vanderbloemen y Warren Bird, *Next: Pastoral Succession that Works* (Grand Rapids, MI: Baker, 2014); y de Carolyn Weese y J. Russell Crabtree, *The Elephant in the Boardroom: Speaking the Unspoken about Pastoral Transitions* (San Francisco: Jossey-Bass, 2004).

10. Busca Timothy Fry, ed., *RB 1980: The Rule of St. Benedict in English* (Collegeville, MN: Liturgical Press, 1981).

11. La declaración de misión de New Life Fellowship especifica que la forma en que nosotros realizamos nuestra misión es por medio de cinco valores únicos. Los llamamos «las cinco eme».

12. Busca también Proverbios 12.15; 15.12; 15.22; 19.11; 28.26.

13. Busca de Henri Nouwen, *In the Name of Jesus: Reflections on Christian Leadership* (Nueva York: Crossroad, 1991), pp. 53—73. He aprendido que leer y predicar sobre este tema es más fácil que vivirlo.

14. Se pueden encontrar estos sermones en www.emotionallyhealthy.org/sermons.

15. Edwin Friedman, *Generation to Generation: Family Process in Church and Synagogue* (Nueva York: Guilford Press, 1985), pp. 250–273.

16. Nosotros enmarcamos la investidura de una forma similar a la celebración de un pacto; esto es, un solemne acuerdo entre dos personas, cada una de ellas con sus responsabilidades y obligaciones. Como sucede en las bodas, una vez hecho el pacto, sucede algo espiritualmente significativo. Nosotros descubrimos que esto es cierto. Para tener acceso a los intercambios del pacto, acude a www.emotionallyhealthy.org/succession.

17. Puedes ver este culto en Youtube. Ve a http://emotionallyhealthy.org/succession.

18. Adaptado de Bridges, *Transitions*, p. 87.

Espiritualidad emocionalmente sana

Es imposible tener madurez espiritual si somos inmaduros emocionalmente

978-0-8297-6564-9

Peter Scazzero

Peter Scazzero aprendió de la forma más difícil: no puedes ser espiritualmente maduro si permaneces emocionalmente inmaduro. A pesar de que era pastor de una iglesia en crecimiento, hizo lo que la mayoría de las personas hace:

- Evitar conflicto en nombre del cristianismo
- Ignorar la ira, tristeza y miedo
- Usar a Dios para huir de Dios
- Vivir sin establecer límites

Con el paso del tiempo Dios lo despertó a una integración bíblica de salud emocional, una relación con Jesús y las prácticas clásicas de la espiritualidad contemplativa. Lo que creó era nada más ni nada menos que una revolución espiritual, transformándolo radicalmente a él y a su iglesia.

En este libro *best seller*, Scazzero resume su jornada y los signos reveladores de una espiritualidad emocionalmente enferma. Luego ofrece siete maneras bíblicas, comprobadas para iniciar la vida revolucionaria que Cristo quiere para nosotros. «La combinación de la salud emocional y la espiritualidad contemplativa», afirma, «libera al Espíritu Santo dentro de nosotros para que podamos conocer, a través de la experiencia, el poder de una auténtica vida en Cristo».

¡Disponible en su librería y tienda en línea favoritas!

La mujer emocionalmente sana

Cómo dejar de aparentar que todo marcha bien y experimentar un cambio de vida

978-0-8297-6089-7

Geri y Peter Scazzero

Geri Scazzero sabía que había algo mal en su vida. Se sentía como una madre soltera criando a sus cuatro hijas. Finalmente, le dijo a su esposo, «renuncio» y abandonó la floreciente iglesia que su esposo pastoreaba para comenzar un viaje que la transformó positivamente a ella y a su matrimonio.

En *La mujer emocionalmente sana*, Geri te proporciona una salida de la espiritualidad no auténtica y superficial a una libertad genuina en Cristo. Este libro es para toda mujer que piensa: *¡No puedo seguir pretendiendo que todo está bien!*.

El viaje hacia la salud emocional comienza al renunciar. Geri renunció a tener miedo a lo que piensen los demás. Renunció a mentir. Renunció a seguir negando su enojo y tristeza. Renunció a vivir la vida de alguien más. Cuando renuncias a esas cosas que son perjudiciales para tu alma o para el alma de los demás, serás libre para elegir otras formas de ser y de relacionarte que tienen sus raíces en el amor y conducen a la vida.

Cuando renuncias por las razones correctas, en el momento adecuado y de la manera correcta, estás en el camino no sólo hacia la salud emocional, sino también hacia el verdadero propósito de tu vida.

Una iglesia emocionalmente sana

Una estrategia para el discipulado que de veras cambia vidas

978-0-8297-3886-5

Peter Scazzero con Warren Bird

Todas las congregaciones se encuentran tarde o temprano con algún momento de crisis. En este volumen, Peter Scazzero comparte sus experiencias tanto personales como corporativas en un llamado a desarrollar los seis principios de una iglesia emocionalmente sana: «Ver por debajo de la superficie», «quebrar el poder del pasado», «vivir en una actitud de quebrantamiento y vulnerabilidad», «recibir el don de los límites», «aceptar el dolor y la pérdida» y «hacer de la encarnación un modelo a seguir para amar». Para los líderes, pastores y laicos se incluyen herramientas comprobadas, preguntas para reflexionar y muchos testimonios de miembros de la congregación *New Life Fellowship*, cuyas vidas han sido impactadas y transformadas al aplicar los poderosos conceptos analizados en este libro.

Espiritualidad emocionalmente sana Estudio en DVD

Es imposible tener madurez espiritual si somos inmaduros emocionalmente

978-0-8297-6364-5

Peter y Geri Scazzero

Para quienes desean tomar los pasos en su fe cristiana y discipulado, para liberarse de las ataduras del pasado y experimentar la sanidad, este es un estudio bíblico de ocho sesiones con vídeo sobre la integración de la salud emocional y la espiritualidad contemplativa. Muchos seguidores de Cristo, que están realmente apasionados por Dios, se unen a una iglesia, participan semanalmente en un grupo pequeño, sirven con sus dones, y quienes son considerados «maduros», permanecen estancados en un nivel de inmadurez espiritual, especialmente cuando enfrentan conflictos y crisis interpersonales. El estudio en vídeo *Espiritualidad emocionalmente sana* y la guía de estudio que lo acompaña ofrecen una estrategia para que el discipulado aborde este vacío, ofreciendo poderosos caminos hacia la transformación que ayudará a las personas maduras a llegar a una fe llena de autenticidad y un profundo amor a Dios.

¡Disponible en su librería y tienda en línea favoritas!

Espiritualidad emocionalmente sana Guía de estudio

Es imposible tener madurez espiritual si somos inmaduros emocionalmente

978-0-8297-6363-8

Peter y Geri Scazzero

Es una sencilla verdad, pero una verdad que hace tropezar a muchos creyentes en todo el mundo: no puedes ser espiritualmentes sano si estás emocionalmente enfermo.

Muchos seguidores de Cristo, que están realmente apasionados por Dios, se unen a una iglesia, participan semanalmente en un grupo pequeño, sirven con sus dones, y quienes son considerados «maduros», permanecen estancados en un nivel de inmadurez espiritual, especialmente cuando enfrentan conflictos y crisis interpersonales. El estudio en vídeo *Espiritualidad emocionalmente sana* y la guía de estudio que lo acompaña ofrecen una estrategia para que el discipulado aborde este vacío, ofreciendo poderosos caminos hacia la transformación que ayudará a las personas maduras a llegar a una fe llena de autenticidad y un profundo amor a Dios. Esta guía de estudio está diseñada para ser usada con *Espiritualidad emocionalmente sana – Estudio en DVD*.

¡Disponible en su librería y tienda en línea favoritas!

Espiritualidad emocionalmente sana Paquete de Campaña para la iglesia.

Es imposible tener madurez espiritual si somos inmaduros emocionalmente

978-0-8297-6384-3

Peter Scazzero

Es una sencilla verdad, pero una verdad que hace tropezar a muchos creyentes en todo el mundo: no puedes ser espiritualmentes sano si estás emocionalmente enfermo.

Muchos seguidores de Cristo, que están realmente apasionados por Dios, se unen a una iglesia, participan semanalmente en un grupo pequeño, sirven con sus dones, y quienes son considerados «maduros», permanecen estancados en un nivel de inmadurez espiritual, especialmente cuando enfrentan conflictos y crisis interpersonales. El estudio en vídeo *Espiritualidad emocionalmente sana* y la guía de estudio que lo acompaña, ofrecen una estrategia para que el discipulado aborde este vacío, ofreciendo poderosos caminos hacia la transformación que ayudará a las personas maduras a llegar a una fe llena de autenticidad y un profundo amor a Dios.

El KIT contiene:

- Espiritualidad emocionalmente sana
- Espiritualidad emocionalmente sana – Día a día
- Espiritualidad emocionalmente sana – Guía de estudio
- Espiritualidad emocionalmente sana – Estudio en DVD
- Espiritualidad emocionalmente sana – Guía de inicio del curso
- Cómo estudiar el Curso Espiritualidad emocionalmente sana
- Cómo estudiar los recursos para la iglesia de Espiritualidad emocionalmente sana
- Espiritualidad emocionalmente sana – DVD de recursos para la iglesia

¡Disponible en su librería y tienda en línea favoritas!

Nos agradaría recibir noticias suyas.
Por favor, envíe sus comentarios sobre este libro
a la dirección que aparece a continuación.
Muchas gracias.

Vida@zondervan.com
www.editorialvida.com